Lieutenant Louis DES...

DE L'INFANTERIE COL...
LAURÉAT DE L'INSTITUT ET DE LA SOCIÉT...
PRIX POTRON

Le Plateau Central Nigérien

Une Mission Archéologique et Ethnographique au Soudan français

Illustré de 236 reproductions photographiques prises par l'auteur
et accompagné d'une carte en couleurs

contenant :

Une étude anthropologique de M. le Dr HAMY, membre de l'Institut, professeur au Muséum.
Une note minéralogique de M. E. LACROIX, membre de l'Institut, professeur au Muséum.
Et une note de M. O. HOUDAS, professeur à l'École des Langues orientales.

Ouvrage honoré d'une souscription officielle de l'Afrique Occidentale Française

PARIS

ÉMILE LAROSE, LIBRAIRE-ÉDITEUR

11, RUE VICTOR COUSIN, 11

—

1907

Le Plateau Central Nigérien

PRÉFACE

RAPPORT DU Dr E. T. HAMY, DE L'INSTITUT

A LA COMMISSION DES PRIX

DE LA SOCIÉTÉ DE GÉOGRAPHIE DE PARIS

Le reliquat de la fondation Potron a servi à constituer un
prix que nous sommes appelés à donner pour la première
fois cette année et qui est attribué à M. le lieutenant L. Desplagnes, de l'infanterie coloniale. La Commission des prix
s'est souvenue de la prédilection particulière du regretté
défunt pour tout ce qui touchait à l'ethnographie et c'est à un
mémoire particulièrement important, se rattachant à cette
branche de nos études, qu'elle a attribué la rente de 600 fr.
et la médaille dont elle disposait.

M. Desplagnes, qui ouvre ainsi une page nouvelle de notre
livre d'or, s'est attiré la distinction qui lui est décernée par la
brillante mission qu'il a poursuivie pendant deux ans dans
la boucle du Niger pour le compte de l'Académie des inscriptions et belles-lettres. Vous avez entendu le récit pittoresque
et animé de ce beau voyage qui a donné des résultats, tout à

1

fait inattendus pour l'ethnographie et l'archéologie de pays nouveaux pour la science. L'itinéraire de M. Desplagnes l'a conduit d'abord jusqu'au confluent du Sirba et, dans la première partie de son voyage, il découvre, à 150 kilomètres au Sud de Gao, les ruines de Koukya, qui fut la première métropole de l'Empire des Sonrhays.

Le voyageur traverse ensuite en divers sens les territoires situés au Sud du fleuve entre le 14⁰ et le 17⁰ de lat. N. et non seulement il nous en rapporte une saisissante archéologie de l'âge de pierre, avec la monographie fort originale de troglodytes nègres, comparables à de vrais *cliffdwellers* du Colorado, mais aussi de fort belles cartes qui nous montrent pour la première fois l'orographie de la chaîne des monts Hombori et l'hydrographie d'une série de bassins lacustres à peu près inconnus jusqu'ici, symétriques de ceux de Faguibine et des autres masses d'eaux situées au Nord du grand fleuve.

Les collections, tout à fait uniques dans leur genre, recueillies par M. Desplagnes, vont remplir deux grandes vitrines au Musée d'ethnographie, et le voyageur a exécuté, en cours de route, plus de 500 clichés photographiques, les plus beaux, sans contredit, qu'on ait jamais faits en Nigritie.

Dr HAMY.

Fig. 1. - Boubou Songo.
Fourrés de la Sirba.

Fig. 2. — Mohamed ould Badi.
Plateaux du Hombori.

INTRODUCTION

Les monuments préhistoriques, ruines souvent barbares ou informes d'un passé lointain, et les traces d'une civilisation remontant aux origines millénaires de l'industrie humaine sont toujours pour l'homme civilisé un spectacle qui le remplit d'admiration et d'étonnement.

Mais combien s'accroît sa surprise quand la vision de ces vestiges surgit, imprévue, au détour d'une piste, au milieu de la brousse désertique de l'Afrique centrale, sur les rives de nos grands fleuves soudanais ou dans les régions à peine explorées que nous étions, jusqu'à ce jour, habitués à considérer comme le domaine exclusif de tribus primitives, figées depuis des siècles dans le même stade arriéré de Barbarie.

Rechercher les origines de cette civilisation, étudier les causes qui l'ont fait se développer et disparaître dans l'Afrique occidentale sont de captivants problèmes, offrant le plus grand intérêt pour les nations colonisatrices qui ont assumé la lourde tâche de faire gravir aux peuples soudanais les divers degrés de la hiérarchie humaine pour les

élever jusqu'à nos conceptions modernes d'une humanité
civilisée.

Il faut donc nous efforcer de reconstituer ce passé lointain
avec les phases de sa civilisation aujourd'hui à peu près disparue ; essayer de faire revivre ces anciennes peuplades dispersées depuis longtemps par des invasions de barbares et,
enfin, rétablir ces premiers civilisateurs africains à la place
qui leur revient dans l'histoire de la race humaine.

Il nous faut encore, pour reconstituer ce passé au point de
vue social et religieux, étudier les vestiges de leur industrie
et les monuments laissés par eux dans les plaines fécondes du
Niger qui furent le champ de leur activité et de leurs arts ;
rechercher aussi les survivances de leurs coutumes, mœurs
et traditions dans les fractions de tribus indépendantes retirées dans les montagnes, les déserts et les forêts, asiles naturels des peuples vaincus et refuge de leurs dieux.

Pendant le cours de ma mission au Soudan, en 1903-1906,
ce but n'a été que très imparfaitement atteint, mais s'il m'a
été possible de rassembler quelques documents nouveaux sur
l'archéologie préhistorique et l'ethnographie soudanaise pouvant ultérieurement servir de base ou d'indication pour des
recherches sur l'origine des populations nigériennes, je le
dois tout particulièrement aux précieux conseils de M. le docteur E.-T. Hamy, membre de l'Institut et professeur au
Muséum. Ce fut, d'ailleurs, sur la proposition de cet éminent
savant que l'Académie des inscriptions et belles-lettres me fit
l'honneur de me charger de cette mission en m'affectant une
part de la fondation Garnier (1).

(1) Fondation B. Garnier, Cf. *Compt. rend. Acad. Inscript.* 1904,
t. XXXII, p. 20, 327, 359.

●

Je me permets de lui témoigner ici touté ma reconnais-sance ainsi qu'à M. Roume, gouverneur général de l'A. O. F., et à M. Merleau-Ponty, lieutenant-gouverneur du Haut-Séné-gal-Niger, qui n'ont cessé, pendant toute la durée de mon séjour au Soudan, de m'accorder leur haute protection et leur puissant appui moral.

A M. Chailley-Bert, directeur de l'Union coloniale fran-çaise, qui, dès mon départ de France, voulut bien s'intéres-ser à mes travaux, j'adresse aussi mes plus sincères remer-ciements.

Enfin, à mes camarades de l'armée coloniale et aux mem-bres de l'Administration coloniale commandant les différents cercles soudanais, chez qui j'ai trouvé, avec l'aide la plus efficace, l'accueil le plus cordial, j'exprime ici le sincère témoignage de ma profonde gratitude.

Je ne puis toutefois oublier, en commençant l'exposé de mes travaux, que je dois la plupart des résultats obtenus et des découvertes faites pendant cette mission au concours intelligent et courageux de mes compagnons de route, indi-gènes, et principalement à la sagacité et au dévouement de mes interprètes Boubou Songo et Mohamed ould Badi, qui, tous deux, victimes d'un sort injuste et cruel, se virent bru-talement arrachés aux joies d'un repos bien gagné, par une de ces terribles maladies qui terrassent soudainement les plus forts dans ces régions tropicales.

Mais le souvenir de leur dévouement restera intimement lié dans mon esprit à ces années de jeunesse et de voyages dans l'infini de l'espace et de la liberté, quand, échappés aux mille entraves des conventions, nous passions heureux et sans soucis des lendemains au milieu de l'existence de ces primitifs qui vivent sans efforts et sans lois, une vie naturelle dans les steppes immenses, les rochers abrupts ou les mystérieuses forêts.

(Cliche des Annales de Geographie)

Fig. 3. — Mont Guitram.
Route de Bandiagara à Hombori.

(Cliche des Annales de Geographie)

Fig. 4. — Mont Tombori, près de Douentza.

Fig. 5. — Mont Boubani-Kani.
Abrite d'anciens villages de troglodytes.

Fig. 6. — Aiguille de Ouallam, 1.100 mètres (Mont Hombori).
Dans ses flancs on remarque de nombreuses grottes sépulcrales.

APERÇU GÉOGRAPHIQUE

GÉOLOGIE ET MINÉRALOGIE

Le Niger est l'âme du vaste Soudan, et son cœur aussi, écrivait Félix Dubois, dans son livre resté célèbre sur Tombouctou.

En effet si, à travers ses immenses plaines, il cessait un jour d'épandre ses flots infinis, la vie s'en retirerait comme elle quitte le corps des hommes quand le cœur a cessé de battre, Et le Soudan rentrerait dans le néant : le Sahara.

Là sur les rives de ce grand fleuve se sont développées tour à tour toutes les civilisations qui ont pris naissance dans ces espaces immenses de l'Afrique centrale à la limite de la grande forêt et des régions désertiques. C'était donc au milieu de ces plaines fécondées par les inondations nigériennes qu'il fallait venir rechercher dans les vestiges du passé les traces des peuples disparus.

Dans cette partie moyenne de son cours, le Niger, après avoir reçu le Bani, décrit un grand arc de cercle vers le Nord, autour d'un haut massif rocheux, véritable Plateau Central soudanais.

Le système montagneux de ce plateau situé au centre de la

boucle nigérienne se trouve constitué par un énorme soubassement de grès généralement ferrugineux orienté S.-O. — N.-E. faisant suite aux plateaux granitiques du Haut Dahomey et dont les ramifications vont dans le N.-E. se ressouder au plateau de l'"Adrar oriental en plein Sahara. Au-dessus de ce soubassement se dressent des séries de plateaux, massifs rocheux, tables, pitons séparés les uns des autres par de profondes déchirures.

Ils dominent de 400 à 600 mètres les plaines environnantes, formant de véritables masses chaotiques, et érigent brusquement dans le ciel clair leurs silhouettes découpées, leurs rochers monstrueux et leurs pics isolés. Toutefois, le rebord des grands plateaux se présente le plus souvent sous la forme de murs abrupts surplombant une série 'd'éboulis escarpés, d'où le nom de Falaises de Bandiagara, de Hombori, etc... qui leur a été donné. La partie supérieure de ces plateaux est traversée par de fortes rides rocheuses toutes dirigées vers le N.-E. au pied desquelles coulent des torrents dans des ravins encaissés. L'aspect général de ces régions montagneuses rappelle assez bien nos Causses du Quercy.

* *

Le plateau central nigérien semble formé d'une série de plissements des roches sédimentaires sur le massif granitique du Haut-Dahomey, dus très probablement au soulèvement des massifs sahariens du Hoggar.

Les longues arêtes rocheuses de ces plissements nigériens sont toutes dirigées S.-W.-N.-E. Dans les massifs du Hombori et de Bandiagara les assises gréseuses sédimentaires

Fig. 7. — Silhouettes des Monts Hombori.
Boubakar Maïga, chef du Hombori et son escorte.

Fig. 8. — Falaise de Gapeti.
Pic de Botha.

Fig. 9. — Ravin du Mont Ouallo.
Village et indigènes Habbés.

Fig. 10 — Falaise de Tireli-Engem.

sont légèrement relevées vers le N.-E. (18°) ; tandis que les roches sédimentaires calcaires au Nord du massif du Hombori sont complètement redressées, les bancs alignés dans la direction N.-N.-O.

Ce sont ces assises calcaires connues sous le nom de marbre de Hombori, teintées noires ou roses, qui sont exploitées par les villages situés sur les derniers contreforts des monts Hombori. Actuellement on fabrique avec ces roches des bracelets en marbre vendus sur les marchés de la région. Autrefois à l'époque néolithique africaine on a fabriqué avec ces mêmes roches un grand nombre d'instruments que l'on retrouve dans les environs.

Note minéralogique de M. le Professeur A. LACROIX,
membre de l'Institut.

M. le professeur M.-A. Lacroix, membre de l'Institut, a bien voulu, avec son obligeance habituelle si connue de tous les coloniaux, examiner et déterminer les échantillons rapportés de ces régions nigériennes. D'après le savant professeur, ces roches se classent ainsi :

1° **Roches éruptives**, région de Dounzou :

a) *Diabase à grands éléments* ; cette roche évolue vers le *Gabbro*. Se rencontre en abondance aux environs immédiats de Dounzou.

b) (Roches vertes : *amphibolites*) des environs de Yatakala, paraissent être des diabases rendues schisteuses par actions dynamiques.

2° **Roches métamorphiques**, au sud de Dounzou :

Roche compacte formée essentiellement de *pyroxènes* avec quelques paillettes de chlorite. Cette roche a l'aspect d'une cornière de contact. Il n'y aurait rien d'étonnant à ce qu'elle résulte du métamorphisme d'un *calcaire* au voisinage d'une roche éruptive du type *a*) de la région de Dounzou, *diabase* à grands éléments.

3° Roches sédimentaires :

a) *Grès.* Type presque exclusivement constitué par des grains de quartz (monts Douentza, mont Toure, mont Tombori, mont Dalla, plateau de Bandiagara).

b) *Grès riches en débris de feldspath* : arkose, indiquent le voisinage d'un massif granitique (monts Kikera, massifs du Hombori, et soulèvements du Nord du Niger de Tondidarou à Goundam).

Les roches des massifs de Hombori ne présentent pas de différences essentielles entre les *conglomérats* à gros éléments et les grès *arkoses* à grains fins, sauf cependant que ceux-ci sont en moyenne plus feldspathiques.

c) *Quartzites feldspathiques.* Ce sont des roches métamorphisées appartenant sans doute à une série plus ancienne que les grès. Ces quartzites se rencontrent sur la rive gauche du Niger : 1° au Nord vers Niodougou et Sumpi; 2° le long et à l'Est du fleuve, vers les rapides de Bentia, Fafa, Ouatagounna Karou en amont des rapides de Labezenga.

Ces roches ont servi à fabriquer un grand nombre d'instruments préhistoriques; c'est au Nord de leurs massifs de l'Est Nigérien que se trouvent des gisements importants de psilomelane formant le pic d'Agaula en aval d'Ansongo.

d) *Calcaires* : rien de spécial à en dire au point de vue minéralogique, se rencontrent au Nord et à l'Est des massifs

Fig. 11. — Falaise de Ouro-Baïlo.

Fig. 12. — Falaise et village de Nombori.
Grotte sacrée des fondateurs du village.

Fig. 13. — Une mare d'hivernage en saison sèche.
Mare de Simbi sur le plateau du Hombori.

Fig. 14. — Un village de pêcheurs sur les bords du Bani
près de son confluent avec le Niger.

du Hombori, formant les marbres roses et noirs exploités par les indigènes; elles se présentent par assises redressées verticalement, dirigées vers le N.-N.-O (fig. 27).

c) Les *minerais de fer* de cette région sont constitués par de l'*hématite* noir et des *limonites*.

En résumé le massif central nigérien est peu intéressant au point de vue minéralogique (1). Il est essentiellement constitué par des assises sédimentaires calcaires ou gréseuses avec les minerais de fer habituels à ces régions; seuls les gisements de *psilomelane* présenteraient un intérêt économique. Ils sont situés sur la rive gauche du Niger entre Ansongo et Dounzou, affleurant sous forme de collines ayant 25 à 50 mètres de haut (pic d'Agaula) sur une longueur de 800 à 2.000 mètres (fig. 25 et 26).

Malheureusement la grande distance qui sépare de la côte, ces gisements d'oxyde double de manganèse utilisé dans les aciéries, hauts fourneaux et céramiques, n'en permettra pas facilement l'exploitation ; d'ailleurs actuellement l'Angleterre fournit l'Europe de ce minerai qu'elle exporte de ses colonies des Indes et de Birmanie.

Au point de vue géologique d'intéressantes trouvailles furent faites pendant le cours de cette mission, et comprennent divers gisements fossilifères à oursins (*Linthia*) et à huîtres (*Lopha*) du *crétacé supérieur* exploré dans la vallée sèche (*dallol*) de l'oued Telemsi, aboutissant au Niger près du coude de Bourem.

Cette découverte a été complétée par celles du capitaine

(1) Les indigènes recueillent, par le lavage des terres vers Hombori et et Belia, des nitrates qui leur servent à fabriquer de la poudre. Mais les affleurements ne paraissent pas très importants (fig. 28).

Théveniaut recueillant des huîtres du même genre dans le calcaire de Tabankort à 100 kilomètres plus au Nord dans cette même vallée du Telemsi, et rapportant de Mabrouk à 400 kilomètres au N.-N.-E. de Tombouctou des calcaires à « *Cardita-Beaumonti* » qui sont à peu près du même âge (1).

M. de *Lapparent* a montré, dans une communication faite en 1904 à l'Académie des sciences, la grande portée théorique de ces découvertes paléontologiques.

Aujourd'hui il paraît évident qu'une *mer crétacée*, prolongement de la Méditerranée, baignait la partie septentrionale du massif ancien du Tchad et du Niger ; elle était limitée au Nord par le massif également ancien de l'Aïr et de l'Ahaggar ; elle communiquait vraisemblablement vers l'Atlantique à l'Ouest, mais il faudrait le démontrer.

Les observations faites par des voyageurs étrangers viennent de prouver que cette mer crétacée du Damerghou communiquait du côté du Sud avec le golfe de Guinée par un bras de mer plus ou moins large, ouvert entre les schistes cristallins et les roches éruptives du Bornou, du Baguirmi, etc., à l'Est et ceux de la rive gauche du Niger à l'Ouest.

Des *ammonites turoniennes*, en effet, ont été trouvées à Gongola dans la Nigéria septentrionale et sur le même méridien, mais plus au Sud, dans le bassin moyen du Muugo (Cameroun) par M. Esch ; enfin on sait que des fossiles du même âge sont connus au cap Lopez et à Libreville (2).

(1) Extrait de la *Revue Coloniale* « Résultats minéralogiques et géologiques de récentes explorations dans l'Afrique Occidentale Française », par M. M.-A. Lacroix, membre de l'Institut. Conférence faite au Muséum d'Histoire Naturelle, le 11 mars 1905.

(2) M. A. Lacroix, *op. cit.*

Fig. 15. — Les seuils de Fafa-Bentia sur le cours oriental du Niger
en saison sèche (mai-juin).

Fig. 16. — Une pirogue indigène dans un bras des rapides de Labezenga
aux hautes eaux (février).

Fig. 17. — Une pirogue courrier sur un bras du Niger, vers El Oualedji
pendant la crue des eaux (décembre).

Fig. 18. — Un convoi de riz transporté par barques traversant les plaines
inondées de la région lacustre.

*
* *

Tout le massif central Nigérien délimite le rebord Sud de
la grande cuvette lacustre nigérienne, reste d'une mer quaternaire dans laquelle se jetaient les grands oueds sahariens, ainsi que le démontrent les documents rapportés par
M. E.-F. Gautier, au retour de son récent voyage à travers
le Sahara (1).

Ce sont les contreforts N.-E. de ce plateau que le Niger a
rompus et franchis non sans peine dans la branche orientale
de son cours pour se frayer un chemin vers le golfe de Guinée
au Sud, tandis que ses eaux s'étaient librement et largement étalées dans la plaine, au pied des falaises rocheuses,
avant d'atteindre vers Tombouctou le point culminant de
leur course dans le Nord.

Actuellement il ne reste de ce primitif bassin intérieur que
la double série des grands lacs nigériens qui, au Nord et au
Sud du fleuve, retiennent au milieu des sables de cette
immense plaine les eaux fertilisantes de l'inondation annuelle.

En effet, le Niger, avec ses inondations, ses dérivations et
ses déversoirs, constitue à lui seul le réseau hydrographique
stable de la région ; car les masses d'eau jetées sur le pays
par les tornades de l'hivernage n'arrivent pas à constituer un
régime régulier. Elles forment des marigots torrentiels dans
la montagne et s'épandent brusquement dans la plaine, où
elles sont absorbées par des terrains sablonneux.

Le Niger, grossi du Bani, couvre de ses inondations dès la

(1) Voir Emile F. Gautier, *Voyage de MM. Gautier et Chudeau à travers le Sahara* (Annales de Géographie, XIV, 1905, p. 460).

fin de septembre toutes les plaines riveraines, qui ressemblent alors à de vastes prairies d'où émergent, sur des îlots
de sable, les paillotes des villages entourés de leurs palmiers doums. En novembre et décembre l'eau, par d'innombrables canaux entre les dunes, cherche à se frayer un chemin vers les bas-fonds de la cuvette et forme alors des
chapelets de lacs. En janvier, la crue se termine et les
eaux refluent vers le Niger, laissant à découvert des terrains immédiatement cultivables, autour d'une réserve d'eau
qui subsistera toute l'année (1). Dans le Sud, au pied de la
falaise, ces lacs sont au nombre d'une douzaine, formant
deux groupements principaux ayant chacun leurs canaux de
remplissage particuliers. Cependant ces deux groupes lacustres sont reliés entre eux par un large marigot, le Foko (2).

Malheureusement, le régime du Niger étant très irrégulier,
ces immenses cuvettes ne sont complètement remplies qu'aux
années de grandes inondations.

Aussi lorsque la crue vient à manquer, ces lacs cessent
d'être alimentés, et peu à peu, comme les Daouna à l'O. de
Goundam, ils se dessèchent complètement et sont perdus pour
l'agriculture jusqu'à ce qu'une nouvelle grande crue vienne
féconder leurs bords.

Malgré cette instabilité, l'immense plaine nigérienne, mer-
veilleuse zone de pâturages et riche terre à céréales, fut de
tout temps un puissant attrait pour les peuples. Aussi paraît-

(1) Voir planche XII, fig. 23-24.
(2) Le relevé topographique de la région lacustre Sud a été fait pendant
le cours de cette mission (voir la carte ci-jointe) car jusqu'à ce jour la région
soudanaise s'étendant au pied du plateau de Bandiagara n'avait pas été complètement cartographiée.

Fig. 19. — Village de pêcheurs Bozos sur les bords du Bani
pendant l'inondation.

Fig. 20. — Région lacustre.
Un village de Korongoï sur les bords d'un marigot (Dongol)
pendant l'inondation et la floraison des nénuphars (février).

Fig. 19. — Village de pêcheurs Bozos sur les bords du Bani
pendant l'inondation.

Fig. 20. — Région lacustre.
Un village de Korongoï sur les bords d'un marigot (Dongoï)
pendant l'inondation et la floraison des nénuphars (février).

Fig. 21. — Zone d'inondation nigérienne (Sud) en saison sèche.
Chevaux indigènes.

Fig. 22. — Aspect en saison sèche de la zone d'inondation nigérienne
Colporteurs se rendant au marché.

elle avoir été le but de nombreuses migrations dès la plus
haute antiquité.

* *

Les vallées, ces grandes voies naturelles de communication, lieux de stationnement préférés des sédentaires et points
de passage forcés des nomades, se trouvent généralement
parsemées de très nombreux vestiges laissés par des peuples
très primitifs.

Mais les thalwegs qui aboutissent à l'admirable plaine
nigérienne, véritable carrefour des routes africaines du N.-O.
dont le nœud se trouve formé par les grands gués qui tra-
versent le coude septentrional du fleuve, recèlent une abondance extraordinaire de ces débris et de monuments barbares
laissés par les diverses populations qui, à plusieurs époques,
attirées par ces terres irriguées, cherchèrent à imposer leur
suprématie au Soudan.

Sur les plateaux bordant les sinuosités du fleuve, aux cols
des arêtes montagneuses, près des confluents des vallées et
aux abords des gués, on retrouve de nombreux monuments
mégalithiques, une grande quantité d'armes et d'instruments
en pierre, témoins indubitables d'une humanité préhistorique
très ancienne, remontant aux origines de l'âge de la pierre
polie africaine.

Dans ces mêmes vallées et plaines lacustres, superposés
à ces débris préhistoriques, on voit d'autres grands monuments élevés par des envahisseurs venus à une époque moins
éloignée, mais encore bien antérieure à notre ère. Leurs
constructeurs apportaient avec eux l'industrie métallurgique
et l'art d'élever des maisons en pierre et en briques.

Les gigantesques tumuli érigés dans toutes les vallées soudanaises pour servir de tombeaux à des chefs puissants nous
prouvent l'existence de cette civilisation déjà si experte dans
le travail des métaux, l'art de tisser les étoffes et de fabriquer
de belles poteries, etc., dont la perfection n'a pu être atteinte
de nos jours par les derniers conquérants du Soudan, Sousous, Malinkés et Bambaras, sortis des forêts du Sud.

Toutefois ces vestiges d'industrie et ces monuments mal
définis situés dans la même zone et souvent sur le même
emplacement, chevauchant parfois les uns sur les autres,
laissent encore une tâche des plus ardues à ceux qui tente-
ront de retracer l'histoire de l'humanité dans ces régions :
problème d'autant plus difficile à résoudre qu'il nous est
actuellement impossible de nous appuyer sur la science des
terrains et sur les jalons que pourrait nous fournir l'histoire.

Car, l'étude géologique de cette partie de l'Afrique reste
encore à entreprendre, et l'histoire de ces peuples ne remonte
pas au delà du moyen âge. Les seuls documents écrits que
nous possédions sont dus aux écrivains arabes, Ibn. Khadouln,
Ibn. Batouta et à l'auteur du *Tarick-es-Soudan*, etc. ; les
historiens de l'antiquité ne nous ayant légué qu'une vague
nomenclature de tribus accompagnée d'indécises désignations
géographiques.

Donc, pour essayer de soulever même légèrement le voile
qui recouvre ce passé africain, il importe d'étudier attentivement tous ces vestiges laissés par des populations aujour-
d'hui disparues ; de noter les ressemblances, les similitudes
et les points communs que peuvent avoir ces vestiges avec
les monuments, les outils et les gisements déjà étudiés dans
l'Egypte, le Nord de l'Afrique et principalement dans les

Fig. 23. — Défrichage d'une rizière dans la plaine de Kounari (juin).

Fig. 24. — Bellahs repiquant du riz dans la vase de la zone
d'inondation lacustre (Lac Dô).

Fig. 25. — Aspect des affleurements de psilomélane sur la rive Est du Niger
vers l'Ile Boura.

Fig. 26. — Pic d'Agaula : Bloc de minerai de psilomélane.
(Oxyde double de manganèse et de baryum).

régions sahariennes rapprochées du Niger ; régions dans lesquelles, à la suite des récents travaux de M. Flamand, on doit faire remonter aux temps quaternaires l'existence des populations qui couvrirent les rochers sahariens de leurs inscriptions ou dessins rupestres en parsemant les Oueds des débris de leur industrie.

En outre, il convient de rechercher des explications sur l'utilisation des monuments découverts et les divers rites funéraires des primitifs, dans les coutumes et les usages qui se sont conservés chez les tribus fétichistes réfugiées dans les rochers abrupts dominant la zone inondée, dans les groupements de pêcheurs indépendants retirés dans les îles du fleuve, enfin chez les peuplades cachées dans les forêts et restées sans contact avec l'Islam.

A l'observation des usages et traditions de ces populations, chez qui l'indépendance politique et religieuse reste toujours pour nous un précieux gage d'intacte conservation de coutumes séculaires, il nous importe beaucoup de recueillir les chansons et les légendes par lesquelles ces peuples se sont transmis le souvenir des grandes épopées du passé. En effet, si, dans ces récits, des événements importants ont été plus ou moins embellis, grossis, déformés ou dénaturés par l'imagination de nombreuses générations de conteurs, le fond de ces traditions populaires n'en contient pas moins toujours de nombreuses parcelles de vérité historique.

Il nous faudra encore, pour rechercher scientifiquement les origines de cette humanité africaine, contrôler les documents fournis par les recherches archéologiques et appuyés par des observations géologiques, avec les documents qui nous seront révélés par l'ethnographie des peuples soudanais et confirmés

2

par la linguistique et le recueil des traditions et légendes populaires. Ainsi, pourrons-nous peut-être retracer quelques-unes des grandes lignes de l'histoire soudanaise dès l'aube de ses premières civilisations.

Fig. 27. — Belia, près de Hombori.
Exploitation d'une carrière de marbre et fabrication de bracelets.

Fig. 28. — Palmeraie de Hombori, dans laquelle les indigènes viennent
recueillir par lavage des terres de l'azotate de potasse (salpêtre) pour
fabriquer leur poudre.

I

PREMIÈRE PARTIE

———

ARCHÉOLOGIE

Etude des vestiges laissés par les anciennes civilisations
soudanaises

ARCHÉOLOGIE SOUDANAISE

Les vestiges des civilisations disparues, instruments et monuments, qui nous ont été légués par une antiquité préhistorique, « nous apparaissent actuellement comme apparte-« nant presque tous à une époque qui, dans nos contrées, « serait qualifiée de néolithique » (1). A ces documents viennent s'adjoindre de nombreuses ruines et des sépultures très caractéristiques remontant seulement à la protohistoire soudanaise, longue époque qui n'est encore dans ces régions africaines que très mal connue par les écrits des auteurs arabes et qui s'est prolongée pour ainsi dire jusqu'à l'arrivée des conquérants européens.

D'ailleurs dans ces vallées nigériennes, sans fouilles méthodiques, on ne pouvait espérer rencontrer en surface avec certitude des objets paléolithiques, ni sans études stratigraphiques ou paléontologiques, fixer une date aux gisements et objets recueillis. En outre, à l'époque quaternaire, cette région africaine paraît avoir formé un immense lac intérieur

---

(1) Docteur E. T. Hamy. — Néolithique n'est donc pris ici et dans tout ce travail que dans le sens d'âge de la pierre polie, sans tenir compte des périodes géologiques et simplement par rapport à l'existence d'une civilisation plus primitive qui a pu végéter antérieurement.

dont l'étendue et l'aspect a dû être probablement remanié plusieurs fois par le régime instable des eaux. Peut-être aussi la civilisation a-t-elle évolué sur les bords du Niger comme sur les bords du Nil, où l'on constate que la distinction entre le paléolithique et le néolithique a été très peu marquée. Seules des études méthodiques sur place des divers emplacements d'ateliers et de monuments préhistoriques, permettront de trancher cette question.

Les principaux monuments préhistoriques et documents archéologiques découverts dans le Soudan occidental sont :

1° Des campements et des ateliers de l'âge de la pierre soudanaise, de vieux établissements de pêcheurs dans la région lacustre et d'anciens ateliers de noumous ;

2° Des instruments, armes et outils néolithiques soudanais ;

3° Des monuments lithiques ; pierres levées et menhirs anthropoïdes ;

4° Des sépultures anciennes, tombes, chambres funéraires et tumuli ;

5° Des murs de défense, enceintes mégalithiques, emplacements d'anciennes villes historiques ;

6° Des dessins rupestres, tafinagh berbère, inscriptions arabes et manuscrits relativement récents.

I. — Campements et ateliers

Les ateliers de l'âge de la pierre s'observent particulièrement autour des puits creusés dans les lits des anciens oueds sahariens de l'Azaouad (1), puis sur les berges N. et N.-E.

(1) Sénégal (N, Diakan.) Guinée (Kakimbon), Timbo, Tchad, Congo.

du Niger, aux abords des gués et au pied des dunes qui
dominent le fleuve dans la partie orientale de son cours à la
sortie de la région lacustre, de Rhergo aux rapides de Labezenga. D'anciens lieux de stationnement de pêcheurs primitifs parsemés de nombreux instruments en pierre existent en
pleine région lacustre, surtout dans les îlots rocheux du
Debo. Mais ces localités, par suite de leur position favorable
pour la pêche, paraissent avoir été habitées presque continuellement jusqu'à nos jours. Elles présentent, avec un outillage différent de celui des ateliers de l'Est, des traces de l'âge
du fer ; aussi feront-elles l'objet d'une étude spéciale.

1° **Ateliers de l'Est nigérien.** — Les plus importants des
ateliers de l'âge de la pierre soudanaise sont établis les uns
sur les dunes de la rive gauche du Niger, en face des îles
Zamgoï, en amont des rochers si connus de Baror et Chabor,
puis sur les falaises à l'ouest du poste de Bourrem ; les autres
au sommet du plateau de Tondibi et au fond de l'anse du
Niger à Lotokoro, mais le plus considérable et le plus riche
de tous ceux que j'ai pu visiter attentivement en cours de
route, se trouve au confluent de l'oued Telemsi et de la plaine
nigérienne, à quelques kilomètres dans l'Est de Gao.

Ces ateliers, souvent situés à de grandes distances de tout
affleurement rocheux, sont remarquables par la grande quantité d'éclats, de rognons et de nucleï dont ils sont parsemés. Ces morceaux de roches ont été importés soit du centre
de la boucle nigérienne (amphiboles, quartzites, marbres),
soit des massifs sahariens de l'Adrar (silex, syenites, por-
phyres, etc.).

Au milieu de ces éclats on peut recueillir une multitude de
percuteurs ovoïdes ou sphériques, quantité de hachettes,

gouges, ciseaux minuscules admirablement polis, accompagnés de tout un outillage de petits instruments en silex, couteaux grattoirs, forets, poinçons, pointes de flèches, tous éclatés et très retouchés. Ces objets sont mélangés à quelques débris de poteries, modelées sur des nattes, légèrement décorées, autour des restes et résidus de larges foyers, dans lesquels on aperçoit beaucoup d'ossements de phacochères, d'antilopes et surtout de poissons, même en pleine région désertique, autour des puits creusés dans les oueds asséchés de l'Azaouad ; ce qui tendrait à prouver qu'un climat plus humide régnait dans cette région sud saharienne à l'époque même de cette civilisation lithique.

Certains de ces ateliers ont l'aspect de légers monticules hauts de 3 à 4 mètres ; ceux de Lotokoro et de Telemsi sont dans ce cas, nous laissant supposer un long stationnement de populations sur le même emplacement. On trouve presque toujours dans ces monceaux de débris, ou aux environs, des sépultures d'hommes accroupis dans des trous verticaux dont l'orifice supérieur est fermé par un cercle de 5 à 6 grosses pierres.

Actuellement, des tribus bellahs ou imrahds, vassales des Touareg, enterrent leurs morts dans des cimetières placés (peut-être par tradition) à proximité de ces tombes, il devient par suite difficile de faire des fouilles, car ces nomades montrent beaucoup de méfiance pour toutes recherches entreprises dans ces localités.

Sans doute, plus tard, des fouilles méthodiques permettront de déterminer à quelle époque géologique remontent ces stations et à quelle variété de la race humaine appartiennent les auteurs de cette industrie de la pierre. Peut-être trou-

vera-t-on leurs liens de parenté avec les populations sahariennes quaternaires qui ont laissé dans le Nord de si nombreuses traces de leur existence et dont M. Flamand étudie
avec tant de science les dessins rupestres. Dans le massif de
l'Adrar oriental, on retrouverait même, au dire de nos nomades Kounthas et Iguellads, dans le voisinage de gravures
rupestres, des tombes sous roches, dans lesquelles le mort,
assis dans une fente de rocher, est entouré d'armes et d'instruments en pierre, de la grandeur et de la forme de ceux
qui sont placés sur les tombes indigènes au bord du Niger.

Dans nos ateliers nigériens, à part quelques broyeurs cylindriques, meules ou fragments de grosses pièces, tous les
grands et beaux instruments polis ont été enlevés par les
indigènes et placés, en raison de leur origine, soi-disant surnaturelle, sur les sépultures de leurs parents dans les cimetières voisins ; mais en revanche, ces indigènes ont toujours
négligé les petits instruments, dont les plus intéressants
recueillis à la surface de ces ateliers sont :

1° Des galets en quartzite, ayant servi de percuteurs et
montrant des traces de coups sur tout le pourtour ; ces grossiers instruments sont très nombreux dans tous les gisements
soudanais, ils se rencontrent avec un instrument rappelant le
« coup de poing » souvent en quartzite noir, dans l'Est, au
talon piqueté, pour en faciliter l'utilisation(Pl. XV. fig. 4).

Dans tous les lieux de stationnement on trouve également
empruntés aux roches des localités elles-mêmes, un grand
nombre d'outils grossiers qui, les uns, paraissent avoir dû
s'utiliser comme couteaux et, les autres, rappellent un peu
les types de Chelles et du Moustier ;

2° Des percuteurs sphériques de diverses grosseurs, tirés

de toutes les variétés de roches de la région et souvent si nombreux dans certains ateliers qu'on se croirait dans une fabrique de projectiles. Il est possible que quelques-uns de ces globes de pierre aient pû servir de projectile à fronde, instrument de jet, dont l'usage s'est conservé très fréquent chez les enfants des pêcheurs, gardiens des champs de riz. En tous cas, la plupart de ces instruments montrent des traces indubitables de leur utilisation comme percuteurs ou polissoirs ;

3° De petits instruments éclatés en silex extrêmement nombreux, seulement dans les ateliers de l'Est, taillés dans des nodules ou des nucléi de silex provenant des massifs Sud sahariens. Ces instruments de formes variées, sont généralement très finement retaillés sur leurs bords. D'aspect vaguement solutréen, ils ont une grande analogie et souvent une ressemblance frappante avec les instruments récoltés par la mission du Bourg de Bozas sur les plateaux éthiopiens et ceux de la collection saharienne de M. Fernand Foureau. Plusieurs pièces de ce genre ont été récoltées en Basse-Guinée, dans la grotte de Kakimbon. On remarque des poinçons et des pointes en silex, des perçoirs allongés, retouchés sur les côtés, quelquefois portant un talon.

Des burins de base élargie, des retouchoirs, des lames formant couteaux, instruments tranchants et surtout une grande variété de petits couteaux en forme de croissant à dos rabattus.

Des racloirs et des grattoirs (1) très bien accusés, enfin un

_____

(1) L'industrie des peaux est encore très développée, les bellahs Touareg (gara sa), ne sont vêtus que de peaux, et les tentes des Touareg sont également en cuirs tannés.

couteau éclaté, de forme circulaire, quelquefois poli sur une des faces avec une arête rabattue et polie. Cet instrument est tiré de toutes les roches de la région et on le retrouve jusque dans les ateliers de la Haute-Guinée en limonite ; il existe assez semblable dans le gisement de la grotte Kakimbon et dans les pièces recueillies par Revoil à la côte des Somalis (1).

Des armes représentées par des pointes de lance polies, du type des lances éthiopiennes ou somalis, et par des pointes de flèches et de sagaies taillées, généralement pédonculées, de base concave.

Des récipients représentés d'abord par des fragments de vases, coupelles en pierre (vers Tondibi et Telemsi) puis par de la poterie non vernissée, décorée d'un chevronnage ou de dents de loup, formant une petite bande autour du rebord ; cette décoration est faite à la pointe et ce genre de poterie se rapproche un peu plus de celles des campements de pêcheurs et des ateliers de Noumous que de celles des Tumuli (Gourgoussous). La pâte argileuse porte souvent l'impression des nattes en feuilles de « doûms » sur lesquelles a été roulé le vase. Il semblerait donc que l'art de la poterie n'a été importé ou découvert au Soudan que longtemps après l'utilisation de récipients en pierre ou en bois.

Des fusaïoles se rencontrent aussi nombreuses dans ces ateliers que dans tous les lieux de stationnements soudanais, même récents.

Enfin, les objets de parure sont très nombreux : morceaux de quartz troué, perles en cristal de roche, ou agathe, frag-

(1) *Revue d'Ethnographie*, t. I, p. 6, 1882.

ments de bracelets, grains de colliers en os ou en terre.
Parmi ces objets il faut noter des épingles en os et une en
cristal de roche trouvée à Lotokoro avec des fragments
de bracelets de pierre et de petites plaquettes de schistes
colorés.

Les ateliers récemment découverts par M. l'administrateur
Guebhard dans le Fouta-Djallon aux environs de Timbo, contiennent dans les foyers situés autour des tombes surmontées
d'un petit cercle de pierre, des instruments (1) dont les formes rappellent ceux des rives orientales du Niger. Toutefois,
les matériaux employés proviennent presque tous des affleurements rocheux de la région (quartzites, grès, limonites,
labradorites, etc.), ce qui donne à ces pièces archéologiques,
un faciès particulier ayant une très grande analogie avec les
instruments récoltés dans les anciens campements de pêcheurs
de la région lacustre ou les vieux ateliers de Noumous, de
Koulikoro, et les pièces provenant de la grotte de Kakimbon,
près de Konakry, ou des rives de la Falémé et de la Du-
breka.

2° **Vieux campements de pêcheurs et restes d'ateliers de
Noumous.** — Les emplacements d'anciens campements néolithiques situés dans la région lacustre, sont également caractérisés par une grande variété de petits instruments fabriqués, pour la plupart, avec les roches de la région grès ou
quartzites.

Mais ces stations se distinguent des précédentes, par la présence de laitiers de haut-fourneaux, de fragments de fer, et

(1) Au musée d'Ethnographie Africaine du Trocadéro. — *Bull. du Mus.*,
1897, p. 282-283. Dr. E.-T. Hamy.

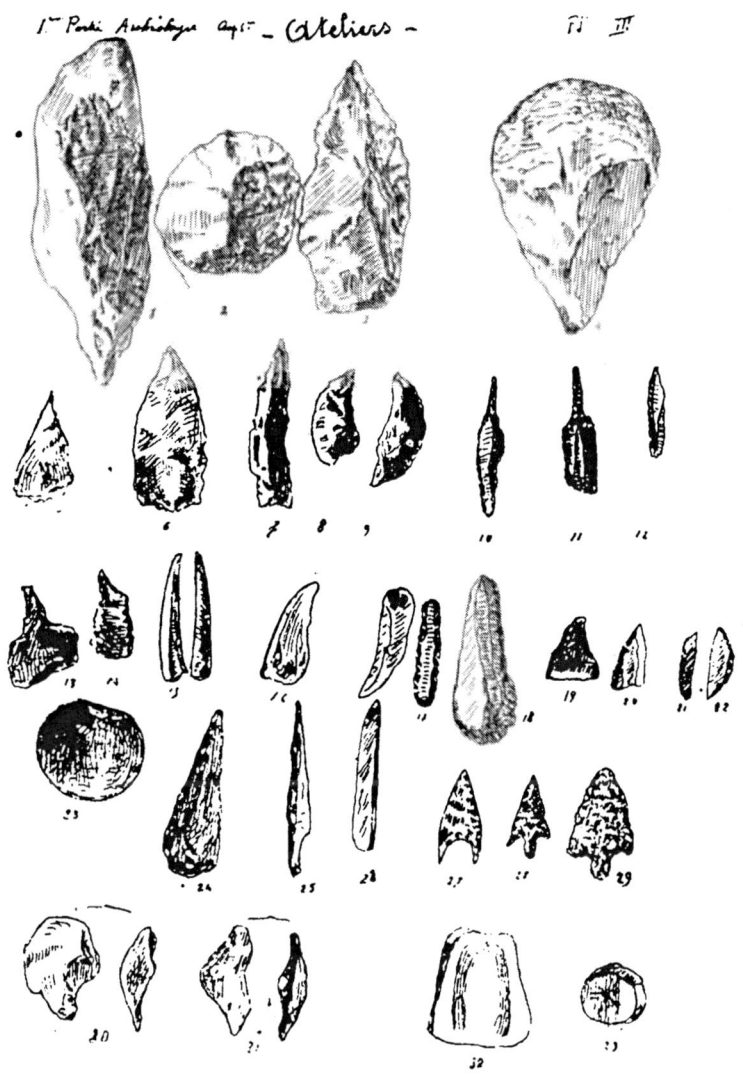

Fig. 29.—Instruments des ateliers soudanais : silex, quartzites, limonites, etc.
1, 3, 4, Grandes pointes torillées et coups de poings à talon retouché ; 5, 6,
7, poinçons ; 10, 11, 12, perçoirs à côté retouché et à talon ; 13, 14, burin ; 15,
16, lames, couteaux ; 17, retouchoirs ; 18, grattoirs rouloirs ; 19, 20, tranchets;
8, 9, 21, 22, lames demi-circulaires ; 2, 23, couteaux circulaires ; 24, 25, 26,
pointes de lances ; 27, 28, 29, pointes de flèches et de sagaie ; 30, 31, poinçons
grattoirs des ateliers de noumous ; 32, 33, meule dormante et son broyeur.

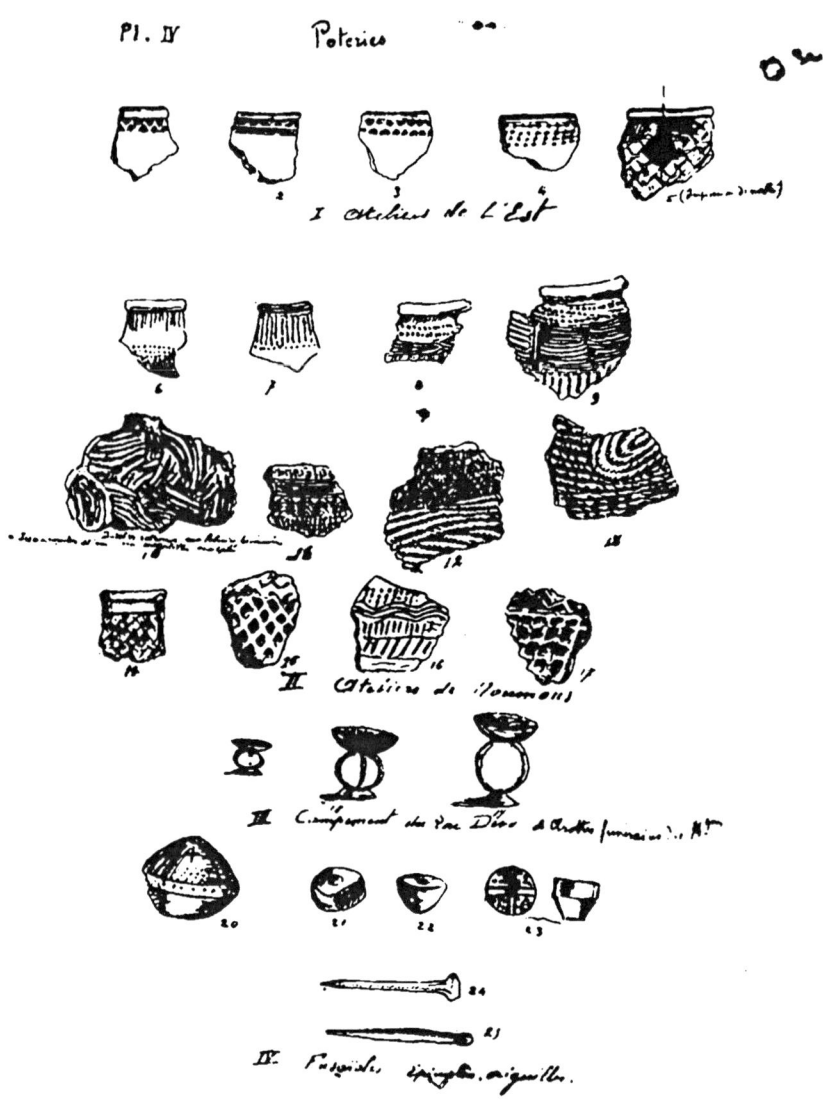

Fig. 29 *bis*. — Poteries des campements et ateliers soudanais.

une abondance extraordinaire de poteries ornementées de
dessins extrêmement variés et originaux, poinçonnés en creux.
L'aspect des amas de débris que les indigènes de Koulikoro
nomment « de vieux ateliers de Noumous (forgerons) » nous
présentent également ce même mélange de fer et poteries
avec des instruments en pierre.

Retrouvons-nous là des restes de la période de transition
de l'âge de la pierre à l'âge du fer africain ? ou sommes-nous
en présence de quelques individus d'une tribu plus civilisée
venue du Nord, apportant leur industrie nouvelle au milieu
de pêcheurs usant encore de leur outillage de pierre ? Les
divers modes de sépultures que l'on observe autour de ces
ateliers pourraient le laisser croire ? .

Toutefois il est certain que l'usage des instruments en
pierre a dû se conserver très longtemps dans la région nigérienne et se prolonger en plein âge du fer. Car dans les
grands tumuli nigériens à côté d'une grande variété d'instruments, d'armes et de parures en cuivre ou en fer, on trouve
toujours quelques instruments néolithiques. D'ailleurs des
écarts profonds dans le degré de civilisation des diverses tribus soudanaises existent encore de nos jours dans une même
province malgré des contacts séculaires.

Les campements de cette nature que j'ai pu visiter pendant mon voyage au Niger, sont ceux de Sumpi, de Gourao
et de Koulikoro.

Le campement néolithique de Sumpi était placé sur la rive
N.-O. du lac, dans le voisinage de deux grands tumuli de
l'âge du fer. Au milieu d'une grande quantité d'éclats,
mélangés à quelques scories, parmi des meules dormantes,
et de petits fragments de poteries on retrouve tout un maté-

riel fait avec les grès de la région, dont les instruments particuliers sont :

Des masses-marteaux, à tête en forme de pomme de pin, montées sur un talon cylindrique, instrument retrouvé au Debo et dans les abris sous roches du plateau Bandiagara-Hombori : des percuteurs, polissoirs, lances, pointes, couteaux, etc..., enfin un poinçon-grattoir, très répandu dans toute la région.

La station des pêcheurs néolithiques du Debo était placée sur les gradins formés par les strates horizontaux du massif gréseux de Gourao (mont Saint-Henri) vers la pointe N.-E. de la montagne, dominant une petite anse abritée et boisée du lac.

Sur les assises de grès, on trouve parmi des fonds de cases et de foyers, tout l'outillage néolithique de l'atelier de Sumpi avec quelques scories, des agraffes en fer, quelques hameçons et beaucoup de grains de colliers en argile. La poterie est mal cuite, peu ornementée, cependant on y trouve un genre de coupe supportée par deux ou trois arceaux dont j'ai revu plusieurs échantillons dans les grottes et abris sous roches des monts Bandiagara.

D'après cet aperçu des objets récoltés, il semble que nous sommes en présence d'une population pauvre de pêcheurs, apparentée ou en relation avec des tribus montagnardes. En outre, la crête du massif rocheux de Gourao méritera, avec les îlots du lac, d'attirer l'attention des futurs archéologues africains, car ils paraissent avoir servi de refuge à une population primitive ; on y voit les restes de grands murs de défense et de nombreux fragments de poteries très grossières. Peut-être y trouvera-t-on également des tombes anciennes.

8° Anciens ateliers de Noumous. — Les indigènes du plateau Mandingue et du Haut-Niger, désignent comme anciens ateliers de Noumous (forgerons), des amas détritiques formés d'éclats de pierres, de scories, et de laitiers de hauts-fourneaux, mélangés à des fragments de poteries, très décorées par une ornementation qui n'est plus en usage aujourd'hui dans les tribus Bambaras ou Malinkés occupant la région (1).

J'ai visité les stations de ce genre situées dans le Jardin agronomique de Koulikoro, près du petit marigot qui traverse la concession. Partout, mélangées à ces résidus laissés par des indigènes traitant le fer, on retrouve des poteries, non vernissées il est vrai, mais couvertes d'une ornementation rectiligne obtenue soit par impression de cordelles sur la pâte fraîche, soit par incision, chevronnage, dents de loup, ondulations, ou figures circulaires. La présence parmi ces débris de meules et mortiers, qui ne sont plus en usage dans cette région, avec quelques instruments néolithiques, marteaux, poinçons, grattoirs, etc... (fig. 29, n° 30), mérite d'attirer l'attention. Ce plateau Mandingue a, du reste, possédé son âge de la pierre, ainsi que le démontrent les récentes découvertes de M. deZeltner, ex-membre de la mission du Bourg de Bozas.

Il est à remarquer en outre que dans ce même site nous

---

(1) L'usage de la poterie décorée et des meules dormantes en pierre ne s'est conservée que chez les tribus descendant des aborigènes, car les envahisseurs Malinkes, Foulbé, Bambara n'usent, comme récipients, à part quelques vases grossiers, que de plats en bois et de calebasses (coque de fruit d'une curcubitacée ; et au lieu d'écraser leurs grains avec des meules dormantes en pierre (Bellahs, Gourmankes, Habbès Tombi Tomas Kipirsi Songhoï de l'Est), ils broient leurs céréales dans des mortiers en bois (fig. 39-40).

nous trouvons en présence de plusieurs modes d'inhumation
anciens : Près des ateliers de Noumous, sur les bords du
Niger s'élèvent de petits tumuli. (*Village de Liberte de la
station agronomique. Dépôt de remonte, etc*), alors que sur
les paliers de l'arête montàgneuse dominant la vallée, sont
érigés des tombeaux en forme de « bazinas » (voir Tombeaux).

Ces divers monuments seraient à étudier, en même temps
que les diverses grottes de la montagne qui, au dire des
indigènes, auraient servi d'habitation à une époque très
reculée.

II. — Instruments, armes et outils néolithiques, soudanais

La civilisation néolithique qui a laissé des traces nombreuses et variées dans toute l'Afrique occidentale (1), fut particulièrement développée dans les vallées nigériennes.

Si, pour la confection du petit outillage, le silex a été
particulièrement employé dans les ateliers de l'Est où il
paraît avoir été importé des plateaux sahariens ; et si, dans
les autres régions soudanaises on a vu se créer et se développer tout un outillage tiré des roches du pays, souvent des

(1) Voir Guinée (grotte du Kakimbon prés de Rotouma), M. Mouth.
Dr Maclaud (Guinée Portugaise) M. Guebhard (Timbo) M. F. Colin, (Dubréka),
Cne Moreau, Falemé (Dr E.-T. Hamy), *Bull. du Mus.* 1900. Sénégal à
N. Diakan, près Rufisque 6 à 7 kil. N.-E. ; Plateau Mandingue, M. Zeltner ;
Mauritanie. M. Arnaud ; Sud Saharien et Adrar. MM. Foureau, Flamand,
Gauthier, Chudeau ; Somali, Revoil (*Revue d'Ethnographie*, 1882),
v. Dr Hamy (*Bul. du Muséum*, 1897).

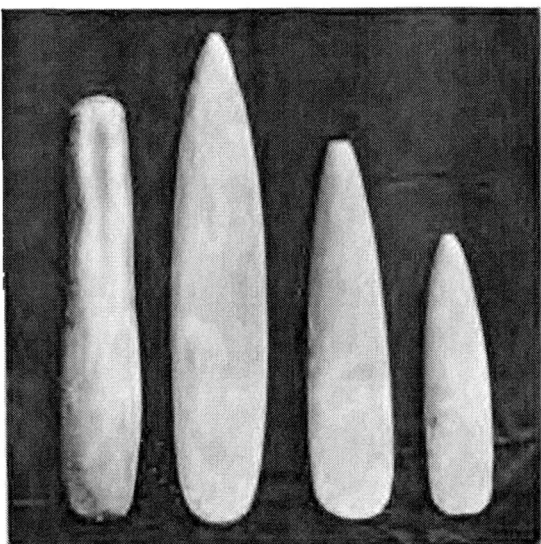

Fig. 30. — Massues et grandes haches coniques (0,65).

Fig. 31. — Grands polissoirs, broyeurs, planes (0,40).

Fig. 32. — Instruments polis : Hache plate. Gouge et hache à talon conique.
Instruments taillés : Haches-ciseaux en silex rosé de l'Adrar.

Fig. 33. — Foreurs.

limonites et labradorites ; en revanche, tous les grands instruments que nous allons étudier, ont été fabriqués avec diverses roches dures provenant souvent de régions éloignées. Ces grands instruments, comme nous l'avons déjà fait remarquer, se rencontrent rarement en surface dans les ateliers eux-mêmes, à part les meules, les gros broyeurs coniques ou les percuteurs sphériques.

Dans toute l'Afrique occidentale, comme dans la plus grande partie de l'Europe, les instruments polis en « pierre », et surtout les haches, sont regardés comme des objets d'origine céleste. Pour tous les indigènes, même lettrés musulmans, ces instruments sont envoyés par la Divinité pendant les orages dans les coups de foudre et ce sont eux qui ébranchent les arbres et tuent les individus foudroyés.

Par suite de cette origine céleste, tous ces instruments sont précieusement recueillis. Dans le N.-E. du Soudan français, les nomades des tribus Berbères, placent les plus beaux outils ou armes qu'ils découvrent, sur les tombes de leurs parents, pour imiter peut-être l'usage en cours chez les anciens néolithiques de l'Adrar. Les pièces plus petites sont conservées par les musulmans, comme porte-bonheur, ils s'en servent même comme objet purificateur pour leurs ablutions avant de faire leurs prières rituelles. Les fétichistes soudanais les considèrent tous, comme de bons talismans ; ils les placent dans les gris-gris protecteurs, comme signe d'alliance avec la Divinité. Désignés par les termes de « pierre de feu, (1) pierre de foudre, hache d'Allah, flèche d'Amma,

---

(1) Les Bambaras disent : San-pere-Kourou (Pierre du coup de tonnerre de la tornade), San = Tornade ; pere = foudre ; Kourou = pierre et Kaba-Kourou (Etonnante pierre). — Les Peuls de Nioro disent : Diambe-

ou même pierre des ancêtres », ces instruments sont placés dans les autels coniques des tribus de la montagne. Les indigènes érigent spécialement avec eux des autels sur lesquels ils offrent des libations en temps de sécheresse pour amener la pluie par principe magique ; enfin ils en placent toujours dans les greniers à mil (1) et dans les semailles, pour faire germer les récoltes en raison de leur affinité avec le feu, générateur de la chaleur fécondante, et avec la pluie bienfaisante.

Dans la belle collection de ces instruments qu'il m'a été possible de rapporter, et qui se trouve aujourd'hui au Musée d'Ethnographie africaine du Trocadéro, la plupart des pièces proviennent des cimetières nigériens, les autres furent récoltées dans les grottes des plateaux « Bandiagara-Hombori », enfin quelques-unes, mais *en petit nombre,* furent découvertes dans les ateliers eux-mêmes.

1° *Massues.* — Les massues sont certainement les plus grands et les plus curieux instruments de cet outillage de la pierre. Leur longueur varie de 0 m. 50 à 0 m. 70. De forme cylindro-conique, avec poignée, elles sont ornées de bagues circulaires. Seule la plus petite de ces massues (forme de la massue d'Hercule) est parvenue au Trocadéro, les deux autres ayant été détournées en cours de route.

2° *Grandes haches,* polies, cylindro-coniques, à coupe circulaire, semblent caractéristiques de la vallée nigérienne vers

Allah (Hache d'Allah). — Les Peuhls du Maçina disent : Diambe-Dioundé (Hache de Tornade). — Les Songhoy disent : Ahéré-Kamou (Pierre d'orage). (Poulo) et Bahna-Tondi (Pierre d'orage) (Songhoï).

(1) Cette coutume se retrouve chez les tribus de la Falémé au Sénégal (capitaine Moreau).

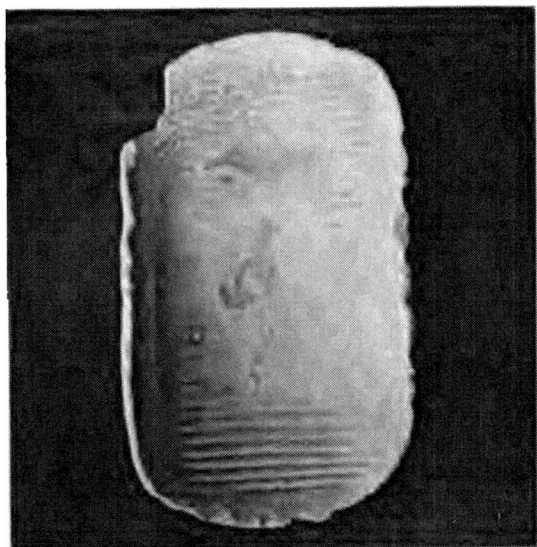

Fig. 34. — Polissoirs fixes et pierres à aiguiser.

Fig. 35. — Meules dormantes, à rainures cannelées.

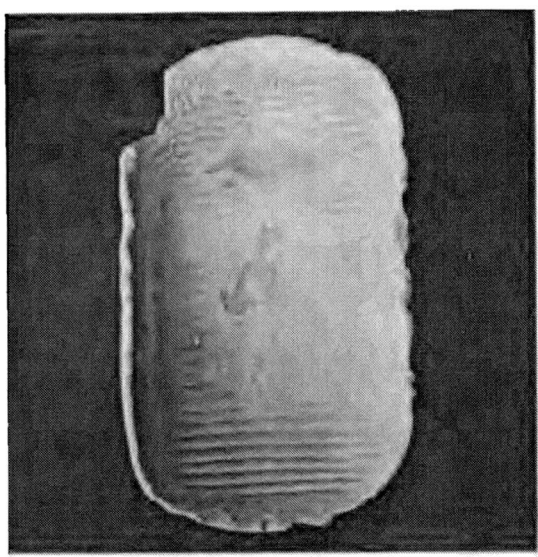

Fig. 34. — Polissoirs fixes et pierres à aiguiser.

Fig. 35. — Meules dormantes, à rainures cannelées.

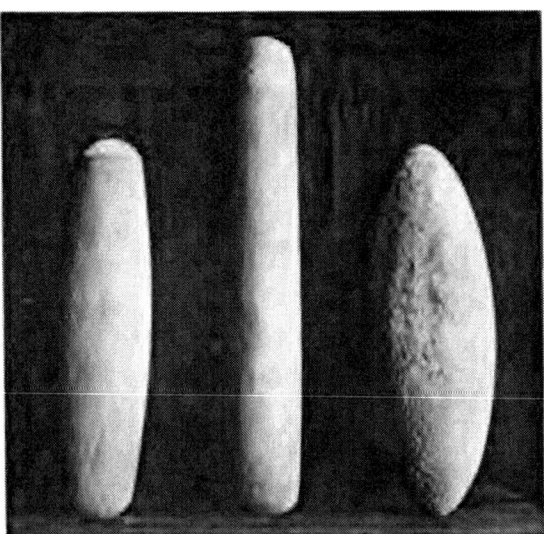

Fig. 36. — Masses ovoïdes, broyeurs

Fig 37. — Hache-casse-tête à talon et à emmanchure centrale.
Broyeur et hache ayant servies de pierre à aiguiser.

l'Est. De forme « bourrelet » ou « boudin », leur longueur
varie de 0 m. 27 à 0 m. 60. Elles sont taillées dans des quartzites, grès noirs ou marbres du Hombori, et généralement
très patinées. Une d'elles porte une inscription arabe écrite
par un Touareg : « *Il n'y a de dieu que Dieu... Mohamed...* ; »
une autre, un dessin étoilé, gravé à une époque lointaine.

Ces grandes haches cylindriques rappellent les types
connus trouvés d'un côté au Congo belge et de l'autre aux
environs d'Alger (E. Cartailhac, *Anthropologie*, 1905, t. XVI,
n° 1, p. 120).

3° *Grandes haches* polies à talon ou à rainure d'attache
centrale.

4° *Grands polissoirs* (broyeurs, casse-têtes, planes, bâton
cylindriques, etc.).

5° *Masses ovoïdes*, à extrémités effilées, pouvaient être
utilisées comme broyeurs, mais quelques-unes portent des
traces d'attache dans la partie médiane. Nombreuses dans les
ateliers du Tondibi dont les conglomérats gréseux ont été
employés pour fabriquer la plupart de ces instruments.

6° *Cônes et pyramides.* — Instruments très bien polis, de
différentes grandeurs, qui se retrouvent un peu partout dans
le Soudan ; et peuvent avoir eu une utilisation cultuelle comme
chez les Habbés (1) ?

6 *bis. Disques.* — *Disques* semblables à de jolis galets
ronds (et dont plusieurs ne sont que des galets de 0,06 c. de
diamètre) tirés de schistes, grès ou marbres ; se trouvent

(1) Les cônes sont employés dans les populations Habbés comme figuration
du principe mâle de la Divinité. En outre dans la série des « *poids emblèmes* » servant à peser l'or dans les tribus de la Côte d'Ivoire, on observe de
nombreuses figurations de pyramides.

dans les ateliers, les tumuli, et entre les mains des indigènes actuels, même musulmans, qui s'en servent comme objet purificateur « pierre à Salam » et s'en frottent les mains avant de faire leurs prières.

La destination de ces pièces est difficile à saisir. On en a retrouvé de semblables dans les tombeaux anciens d'Abydos en Haute-Egypte ; et également dans les tombes de la nécropole punique de Douîmès à Carthage (1).

7° *Sphères* de grandeurs différentes et de roches variées, se rencontrent un peu partout dans le Soudan : percuteurs, polissoirs, broyeurs, molettes ou pierres de fronde ? A Rhergo et à Tombouctou existent des sphères polies de 0 m. 40 à 0 m. 60 de diamètre, qui servent actuellement à caler les portes, mais dont l'usage primitif est inconnu.

8° *Haches* de formes variées : haches plates de forme triangulaire, à talon conique, tranchant élargi, coupe ovale. Longueur variant de 0 m. 26 à 0 m. 10.

Haches à talons coniques, haches cylindriques, haches ovoïdes, haches ovales, haches plates rectangulaires.

9° *Ciseaux.*

10° *Masse-marteaux* avec tête de pomme de pin surmontant un col cylindrique et marteaux divers.

11° *Herminettes et gouges.* — Nombreuses sur les bords du Niger indiquent une population qui travaillait le bois.

12° *Hachettes, ciseaux, petites gouges, etc... et petits instruments minuscules* faits souvent avec des cristaux de roches

(1) La Nécropole Punique de Douimès à Carthage, P. Delattre, Paris, 1897, *Extrait des Mémoires de la Société des Antiquaires de France*, t. LVI.

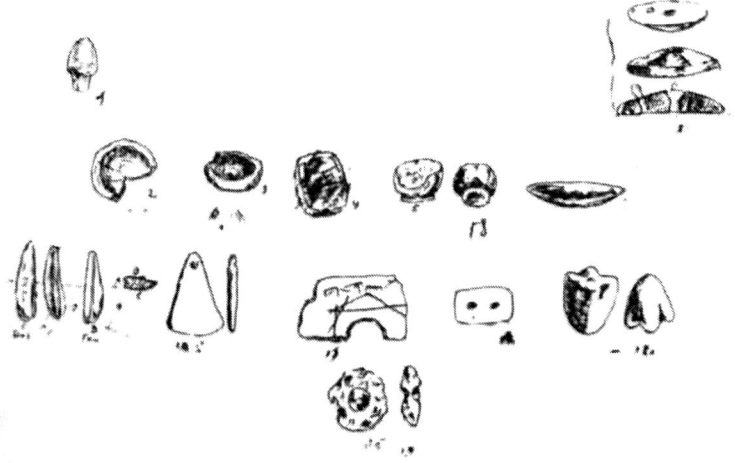

Fig. 38. — 1, masse-marteau à tête pomme de pin ; 2, 3, 4, plats-coupes en pierre (quartzite) ; 5, bols ; 6, grande coupe en pierre (gris) ; 7, 8, moulin à bras (face profil et coupe) ; 9, instrument indéterminé à trois faces dont une arrondie ; 10, 11, 12, plaques ornementales ; 13, cône à trois pointes vers la base ; 14, parure en cristal de roche.

Fig. 39. — Moulin des Koroméï et Gourmankés formé d'un bâti cylindrique
en terre abrité par un chapeau de paille et portant sur sa plate-forme supérieure de nombreuses meules dormantes fixes pour écraser les céréales.

Fig. 40. — Décorticage et broyage des céréales dans des mortiers en
bois chez les Sousous, Malinkés, Bammanas, etc.

dures, encastrées dans les grès ; quelques hachettes sont tranchantes aux deux extrémités, à bords à peu près droits et parfois aplatis ; enfin d'autres sont très petites, de forme aplatie et trapézoïde (1).

13° *Belles haches, ciseaux, gouges* (9 pièces), en silex rosé, taillées et polies, provenant des ateliers entre Bourrem et Bamba, longueurs variables entre 0 m. 10 et 0 m. 16 ressemblant à des pièces américaines (Mexique).

14° *Pierres à aiguiser. Polissoirs fixes.*

Dans plusieurs localités des plateaux de Bandiagara-Hombori on trouve des entablements de roches portant des trous d'usure et des rainures, laissées par de longs polissages.

Actuellement, au-dessus de Douentza et près des carrières de marbre du Hombori, les indigènes polissent encore les bracelets sur les entablements gréseux des plateaux rocheux.

On voit également de nombreuses coupelles sur les roches dures des régions où se font des exploitations métallurgiques. Elles sont formées par l'écrasement et le broyage avec de gros blocs sphériques de quartz ou granites, des résidus et scories du haut fourneau, contenant le minerai, dans leur mélange, à la sortie de la coulée.

15° *Foreurs.* — Instruments destinés à percer des bracelets, creuser des coupes, etc....

16° *Meules dormantes.* — Se rencontrent très nombreuses et fréquemment dans tous les vieux emplacements de villages

---

(1) Une pièce de cette nature a été déjà signalée par M. de Beaufort dans ses *Recherches Archéologiques* (Mém. Soc. des Antiq. de l'Ouest, 1851, p. 190), comme provenant des bords du Sénégal, E. Cartailhac, *Anthropologie*, 1905, t. XVI, p. 121.

et lieux de stationnement des primitifs. Mais ne sont restées en usage que chez les tribus qui se prétendent les descendants des aborigènes, car les envahisseurs Bambaras, Malinkés et Foulbés ne se servent exclusivement que du mortier en bois malgré la présence de ces meules dans les ruines des localités qu'ils occupent; cette même remarque s'applique à l'utilisation de la poterie.

17° *Deux moulins à bras.* — Ressemblant au catillus des Romains, mais du type de ceux que M. le docteur Verneau a recueillis aux Canaries. Cet instrument est totalement inconnu actuellement dans la région. Il a pu être importé par des émigrants arabes ou par les conquérants marocains.

18° *Vases et récipients en pierre.* — Plats, assiette, coupe, bols, petites coupelles, etc...

Deux de ces instruments avaient été récemment ultilisés, comme stèle funéraire dans un cimetière Kountah, aussi portent-ils une inscription, à la louange du défunt. Les nomades accordent aux médications préparées dans ces vases préhistoriques des vertus souveraines ; c'est d'ailleurs leur ressource suprême employée dans les cas désespérés.

19° *Bracelets, grains de colliers ; plaque ornementale, parures diverses, etc.* — Parmi les fragments de bracelets on retrouve les deux types actuellement en usage; la couronne plate noire à bords tranchants (*anneau-disque*) que portent spécialement les Touareg et les Berbères, et le bracelet-bourrelet en marbre veiné, parure préférée des indigènes noirs appartenant aux tribus aborigènes, mais qui n'est pas en usage chez les Bambaras, Malinkés, Sosés.

Fig. 41. — Pierres levées de Moribabougou, près de Bammako.

Fig 42. — Monuments lithiques de Tondidarou.

Fig. 43. — Monument lithique du cercle de Niafunké Sumpi
(Issa Berry).

Fig. 44. — Monument lithique sur les bords du lac Takadji
(Tondidarou).

III. — Monuments lithiques. Pierres levées.
Menhirs-Anthropoïdes

Les monuments lithiques rencontrés dans la vallée du Niger sont des pierres levées réunies par groupes.

Le groupe le plus connu se trouve érigé entre la route de Bammako à Koulikoro et la voie ferrée, sur les bords du Niger, près du village de Moribabougou à 12 kilomètres de Bammako (fig. 41).

Ce monument se compose de trois grandes pierres frustes, verticales placées à 0 m. 45 l'une de l'autre à angle droit, formant ainsi trois côtés d'un rectangle.

La pierre médiane s'élève à 2 m. 70 au-dessus du sol les autres de 1 m. 50 seulement.

Un autre monument semblable existait à une centaine de mètres de là vers le nord-ouest, mais il a été détruit par les travaux du chemin de fer.

Ces monuments anciens se rattachent probablement à ceux formés également de pierres dressées que l'on trouve aujourd'hui encore dans tous les villages habbés, servant d'autel à une « triade divine » et sur lesquelles les indigènes font des libations et des sacrifices (1).

Le fameux rocher de Tapa, près de Koniakary, que signale Raffanel, est un monument de ce genre.

D'autres groupes de pierres levées existent dans le cercle de Sumpi (Issa-Ber). Ils dénotent un travail bien supérieur,

---

(1) Le capitaine Figeac cite deux groupes de pierres levées (1 m. 60) qu'il a découverts dans la Boucle du Niger entre le poste de Yatakala et la mare de Saouga (*Bull. Société de Géograghie de Rochefort*, T. XXV.

car ils sont formés de monolithes cylindriques et polis ; ornés pour la plupart de sculptures, avec quelques types de figuration humaine se rapprochant vaguement des sculptures des monuments nommés en France « menhirs anthropoïdes ».

Ils n'ont pu être construits que par des hommes connaissant bien le travail de la pierre.

D'autre part, des outils de pierre polie ayant été trouvés en asez grand nombre dans leur voisinage, il paraît assez probable que leurs constructeurs vivaient à l'époque néolithique.

Ces monuments, dont plusieurs groupes existent dans la région de Niafunké (1), sont attribués aux pêcheurs Sorkos (Bozos), premiers habitants du pays, au dire des légendes, ou aux « Hommes-Rouges », leurs premiers suzerains.

Le plus curieux de ces groupes est situé à Toudidarou, au pied d'un plateau rocheux dominant le lac Takadji que forment les inondations nigériennes. Il se compose de plusieurs monolithes érigés verticalement de 1 m. 50 à 2 m. 50 polis et taillés en forme de fût de colonne, ornés de dessins linéaires ou sculptés grossièrement en forme de tête humaine. Toutes ces pierres dressées sont réunies par groupes de 15 à 20, très serrées les unes contre les autres et sans ordre bien apparent.

On a réservé vers la base de chacune d'elles deux protubérences servant à les encastrer dans une sorte de dallage qui s'étend de 0 m. 60 à 1 mètre au-dessous du sol.

(1) Il existe encore des monolithes de ce genre à Dabi et à Nouhnou sur le marigot du lac Takadji. Enfin une autre de ces pierres sert d'enclume aux forgerons de Baba-Denga à 7 kilomètres de Niafunké.

Fig. 45. — Une des pierres sculptées du monument de Tondidarou.

Fig. 46. — Monument lithique du cercle de Niafunké-Sumpi ressemblant au monument trouvé dans le Hoggar (monolithe à « tête de chouette ».

Une inscription arabe gravée récemment sur le sommet d'une de ces pierres semble indiquer une idée votive. On lit sur un de ces monolithes :

« *Pour les gens de la maison* ».

Il faut probablement rapprocher de ces types de monuments nigériens ceux qui viennent d'être découverts dans le Hoggar et que M. Flamand a présentés au XIII⁰ Congrès d'Anthropologie préhistorique de Monaco, comme monolithes à « *tête de chouette* » ; puis ceux que la mission du Bourg de Bozas a rencontrés sur les plateaux éthiopiens ; et enfin peut-être toute la série des « mégalithes » de la Gambie décrits par le capitaine Duchemin (1). Nous devons également y rattacher les alignements de pierres debouts que M. Robert Arnaud, adjoint à la mission Tagant Adrar (1904-1905) a rencontrés au lieu dit Zirt-el-Aïch (entre le Ksar-el-Barca et le passage de Dikel dans la barrière du Tagant), ou ceux du même genre des environs d'Aguïet près de la barrière du Tagant, dans l'Aftout, signalés par le capitaine Payn.

Ces pierres levées sont de grandes dalles de grès de 1 m. 20 de hauteur moyenne sur 1 mètre de large et 0 m. 40 d'épaisseur, ressemblant aux autels de Ga-gara (hommes-rouges) du Plateau central nigérien et ne portent aucune trace de signes quelconques. M. le docteur Hamy est disposé à rapprocher ces monuments des s'nobs des Denhadja décrits autrefois par Sergent dans les bulletins de la Société d'Anthropologie (2).

(1) *Anthropologie*, t. XVI, n⁰ 6, 1905.
(2) *La Géographie*, t. XIII, n⁰ 4, 1906, 324.

IV. — Sépultures

Tout le Soudan nigérien est couvert de sépultures dont les
formes extérieures seules suffisent le plus souvent à confirmer
incontestablement l'occupation du pays par différentes races.
Cependant quelques-unes de ces sépultures remontent à une
époque très reculée et leurs constructeurs leur ont donné des
formes si différentes de celles utilisées par les peuplades
actuelles qu'aujourd'hui les indigènes eux-mêmes ignorent
totalement la destination de ces monuments.

Il est à remarquer que toutes les populations du centre de
la Boucle et de l'Est nigérien, qui enterrent leurs morts assis
ou accroupis, se servent de meules en pierre pour broyer leur
grain et connaissent bien la fabrication de la poterie, paraissant ainsi avoir conservé en partie les traditions néolithiques,
tandis que les populations de l'Ouest stationnées dans toutes
les plaines à partir de la région montagneuse, qui est là
comme une zone de transition, ne font que des inhumations couchées, quelle que soit la forme du monument
funéraire, cercles de pierres, tuyaux de poteries, petites
cases sépulcrales de la montagne, tumuli. En outre, beaucoup de ces peuplades ignorent presque totalement l'art
de fabriquer la poterie et l'usage des meules pour broyer
le grain, n'utilisant que des récipients et des mortiers en
bois, quoique le sol qu'elles occupent soit parsemé d'instruments de l'âge de la pierre et de débris de poteries. On voit
donc que de nombreuses influences et de grands mouvements
démographiques ont bouleversé les traditions, les coutumes
et les populations de ces contrées soudanaises, à une époque

Fig. 47. — Tombe Basinas, sur le plateau de la station agronomique
de Koulikoro.

Fig. 48. — Cimetière de La Bezengar.
Petits cercles jointifs de pierres dressées, dont plusieurs portent des signes
et des inscriptions Lybico-Berbères.

bien antérieure à l'Islam car ces différences de rites funéraires existent dans des monuments antérieurs au Mahomé-
tisme et de nos jours chez des populations non musulmanes :
Mossi, Bambara, Malinké.

L'étude de ces sépultures et leur fouille méthodique permettront sans doute plus tard de déterminer ethnographi-
quement les populations qui les ont érigées et leur rapport
avec les populations actuelles.

Les plus caractéristiques parmi les tombes anciennes ou
modernes que l'on rencontre en parcourant le Soudan sont
marquées par divers cercles de pierres, des tuyaux de poteries ; ou sont placées sous dolmens naturels, dans des grottes,
dans de petites cases funéraires, ou sous tumuli.

1° **Les Basinas ou chouchets** se composent d'un mur extérieur ovale, fait de grosses pierres, haut de 0 m. 70 à 1 mètre
à l'intérieur duquel se trouve un remplissage de pierres
et de gravats. Ces vieilles tombes sont situées sur le plateau
formant palier au-dessus de la vallée du Niger et dominant
les ateliers de « noumous » (forgerons) de la station agronomique de Koulikoro. On en retrouve une douzaine sur cette
terrasse dont quelques-unes paraissent accouplées, mais les
indigènes en signalent d'autres dans les environs vers le
Nord.

J'ai fait ouvrir deux de ces monuments : au-dessous du
massif de pierres rapportées qui, sans fondations, s'arrêtaient
au sol naturel, nous avons mis à jour, creusée dans la roche
ferrugineuse, une fosse (1,25-0,45 et 0,37) dirigée N.-O.-S.-E.
dont les parois obliques allaient en s'élargissant vers la base.
A l'intérieur de cette fosse il ne restait aucune trace apparente du corps inhumé.

Je crois devoir faire un rapprochement entre ces « chouchets » qui dominent les ateliers de « noumous » forgerons et les monuments du même genre découverts par M. Chudeau dans son voyage au Sahara jusque sur les pentes du Hoggar (*La Géographie*, t. XIII, 1906).

« Dans l'oued Sissouf, surtout vers l'Amoud, il y a une « grande quantité de petits chouchets recouverts de pierres « plates ; ils sont parfois réunis par deux et souvent accolés « à un rocher. Ce serait, d'après la légende, les tombes « d'une tribu de forgerons morts de faim, il n'y a pas très « longtemps. Ces forgerons forment encore une caste à part, « fort méprisée autrefois, un peu moins mal vue actuellement « — on ne les tue pas dans les combats. C'est, je pense, une « race distincte, presque noire ; je n'en ai vu que deux ou « trois et leur voile est bien gênant... »

Ces forgerons sont très nombreux chez les Touareg nigériens, ce sont des noirs assez peu prognathes, nommés à Tombouctou « Gara sa » (1). Ils enterrent leurs morts, dans la région nigérienne, au milieu d'un cercle de pierres, selon le rite islamique, et placent souvent au milieu du cercle un amoncellement de pierres ou de terre.

2° **Tombes berbères.** — Les tribus mulâtres et métissées de Schérifs (Cherfigs...) ou celles ralliées aux Kel-es-Souk de la rive droite du Niger vers Bamba ont adopté, à peu près, ce mode de sépulture. Dans un cercle ou un ovale de pierres

---

(1) Garasa, terme qui sert à désigner une population qui s'est soumise aux Touareg et qui est devenu leur « forgeron », c'est-à-dire leurs ouvriers et au besoin leurs conseillers sont connus sous le nom de Sa-nké (Homme du Serpent) et Garasa signifie : les hommes rouges de la Confédération du Serpent. Au pluriel on dit : Garasadie ou Gargasadie fils des Serpents-Rouges.

avec deux blocs marquant la tête et les pieds du mort, ces
nomades élèvent un léger tertre rectangulaire, recouvrant
le corps, sur lequel ils déposent des vases et des instruments
préhistoriques.

Les cercles de pierres, de formes plus ou moins variées,
paraissent être le type de sépultures généralement admis par
les tribus Berbères ou Berbérisées du N.-E. soudanais. Mais
souvent la forme et les dispositions de ces tombes se modi-
fient considérablement, suivant les familles, dans la même
confédération (1), et même suivant la région de parcours
occupée au moment du décès, qui fait adopter les coutumes
locales pour l'inhumation du mort. Ainsi les Tengueriguifs
enterrés au cimetière de Bankoré près de Goundam, n'ont
qu'une simple pierre debout à leur tête, comme les rigoristes
musulmans, Foulbes, les noirs islamisés de l'Ouest et les
marabouts ou lettrés des villes soudanaises, tandis que ceux
qui sont inhumés au cimetière de « Tacoubao » en face de
Dongoï, ont leur place entourée d'une enceinte circulaire,
et leur tombeau orné de tuyaux de poterie et de vases,
comme les pêcheurs voisins.

Cependant certaines familles ont des cimetières atitrés ;
nous voyons celles qui forment la confédération des Iguellads
sous la direction des Kel Antassars, ou celles ralliées au clan
des Kounthas vers Bourrem, inhumer leurs morts dans un
cimetière composé de tombes jointives circulaires ? limitées
par des pierres debout. Ces cercles plus ou moins réguliers

(1) Mon interprète Ould-Badi m'a affirmé que certaines familles Idenanes
vers Es-Souk Adrar, n'enterrent pas leurs morts, mais qu'après les avoir
roulés dans un linceul en leur recouvrant la tête ils les attachaient dans les
branches de gros arbres. Cette assertion n'a pu être vérifiée.

ont 1 m. 50 à 2 mètres de diamètre et contiennent beaucoup d'instruments préhistoriques déposés en surface et quelquefois des inscriptions : (en arabe dans les cimetières récents comme à Dioumarane (près de Tenga), en face de Zamgoï, ou en Berbère (1) comme dans celui de Labezenga).

Mais les tribus guerrières de l'Est, Oulminden, Iguadaren, semblent préférer pour leurs chefs de grandes tombes isolées, dont l'enceinte circulaire, 3 ou 6 mètres de diamètre, est faite soit d'une seule rangée de grosses pierres soit par un mur de pierrailles (Rive N.-E. du Niger vers Baror et Chabor, Tondibi, Tinhanaziten, etc.), ou même de plusieurs cercles concentriques (fig. 49-50).

Ces grandes tombes berbères sont irrégulièrement semées dans le pays, et ont été placées de préférence sur les plateaux rocheux, bordant le fleuve de Bamba aux grands rapides du Niger, ou dominant les plaines de l'Est ; mais dans leur voisinage subsistent toujours, auprès des ruines de village, comme à Hondou-Houdia, près de la falaise de Lotokoro, des séries de petites tombes à enceintes circulaires de petit diamètre (0 m. 60 à 0 m. 80) dont l'intérieur est paré de pierres plates, formant des allées, des croix ou des raies parallèles.

C'est également dans cette même région que les ateliers contiennent des sépultures surmontées d'un petit cercle de 8 à 10 grosses pierres (fig. 59, n° 19).

_____

(1) Ce cimetière est situé sur la rive droite du Niger en face des rapides de La bezenga, on y remarque une quantité énorme de tombes jointives, délimitées par des entourages de pierres dressées, mais dont le cercle est si étroit, que l'on peut supposer que plusieurs des inhumations ont eu lieu assises, comme dans les cimetières fétichistes voisins (fig. 48).

Fig. 49. — Tombe Touareg.
Cercle de grandes pierres (Dioumarane).

Fig. 50. — Tombe Touareg.
Cercle formé avec du cailloutis (Mont Tondibi).

3° Tombes des Noirs fétichistes de l'Est nigérien. — Le mode de sépulture, assis ou accroupis, reste encore en usage chez la plus grande partie des fétichistes de l'Est, dans la Boucle soudanaise, Songhoï de Téra et de la Sirba, Kouroumeï Gourmankés, Doforobes et Oumbebe des Montagnes du Plateau central nigérien.

Chez toutes ces tribus les tombeaux se composent d'un puits vertical creusé en tronc de cône ; dans les terrains sablonneux le puits est souvent remplacé par un grand canari (jarre). Le corps du défunt y est placé accroupi avec ses instruments, ses armes et ses bijoux (1). L'ouverture supérieure est fermée avec une poterie renversée entourée d'un petit cercle de 8 à 10 grosses pierres. Les chefs de famille sont toujours enterrés près de leur case ou même à l'intérieur de leur habitation, les autres membres sont portés à l'extérieur. Ce mode de sépulture a été très employé, car sur les bords du Niger, dans les ruines d'anciens villages, on voit fréquemment de ces grands canaris renfermant des fragments d'ossements humains. De même le pourtour extérieur des grands tumuli élevés aux chefs, sont, sur les rives de la branche orientale du Niger et près des montagnes, garnis de sépultures secondaires placées ainsi dans des canaris et marquées par un petit cercle de pierres. Les bellahs et les forgerons touareg qui occupent actuellement le pays fouillent continuellement ces tombeaux pour

_____

(1) Ces coutumes funéraires seront décrites dans la partie ethnographique. En tout cas dans ces tombes les hommes sont enterrés assis face au soleil levant ou couchés la tête à l'Est les pieds à l'Ouest, les femmes au contraire face au soleil couchant ou tête à l'Ouest pieds à l'Est ; enfin les chefs assis face au Nord ou couchés tête au Nord pieds au Sud.

s'emparer des grains de colliers et parures qui sont accu-
mulés au fond de ces grands vases funéraires.

Comme nous l'avons fait observer. en nous rapprochant
des plaines de l'Ouest, l'inhumation couchée remplace la
position accroupie. Ce sont surtout les classes nobles des
Mossis, les Moros, qui, après leur mort, sonté tendus couchés
Est-Ouest, avec leurs armes, dans des tombes très élargies à
la base, mais dont l'orifice circulaire est recouvert par une
pierre. Celle-ci est surmontée d'un léger tertre de terre sur
lequel on abouche un vase entouré d'un cercle de pierres
(fig. 59, nᵒˢ 20-21).

4° **Tombes surmontées d'un tuyau de poterie** (*cheminée*).
— Un type de monument funéraire très curieux qui paraît
avoir été fréquemment employé dans de vastes régions à une
époque très reculée, se trouve caractérisé par l'emploi des
« tubes de poterie » spéciaux, placés au-dessous de la tête du
mort.

Des tombes avec un dispositif analogue ont été retrouvées
à Carthage par le P. Delattre, à Boulogne-sur-Mer par
M. Hamy, et dans les fouilles du camp du Causse par le
général Pothier.

Quelques-unes des populations nigériennes actuelles ont
conservé l'usage de ce type de monument. Ce sont les
pêcheurs « Korongoï » (1) du Niger et du Bani, puis les
habitants de Djenné, mais ces derniers, musulmans fervents, ne se servent de ces poteries que comme « stèle »
funéraire, tandis que les pêcheurs des villages et des cam-

---

(1) « Korongoï » signifie les Hommes rouges : (les chefs rouges) leur tanna
sont la hyène et la panthère ; tribus des pêcheurs anciennement soumis aux
gens des clans de Gannathar.

Fig. 51. — Tombes de pêcheurs Sorkos et Bozos du Bara Issa.
Tombes surmontées d'un tuyau de poterie.

Fig. 52. — Grottes et fentes sépulcrales près du village de Garmi
(Monts Hombori). Au premier plan Boubakar Maïga, chef du Hombori.

pements les utilisent toujours pour y déposer des offrandes
et des libations aux morts. Les coutumes des Foulbés,
pasteurs du Ferlo, que signale le lieutenant Moreau (1), se
rattachent à ces idées d'offrandes : « Ils se ménagent par
« un bambou creux ou tout autre moyen, une communi-
« cation avec le mort, par où ils pourront lui verser le lait
« dont il a besoin ». D'ailleurs la disposition même des
grands tumuli nigériens rappelle cet usage par la présence
d'un puits central chargé de débris de vivres et donnant
accès dans la chambre sépulcrale.

Mais si dans toutes les tombes récentes nous retrouvons sur
les rives du Niger-moyen l'usage de l'inhumation couchée
selon les rites islamiques, au contraire, dans le Yagha, j'ai
eu la chance de rencontrer en cours de route plusieurs petits
tumuli, formés par une série de sépultures de gens accroupis,
surmontées de tuyaux de poterie. Poteries rouges, sûrement très
anciennes, ornées d'une décoration très semblable à celle des
fragments de vases tournés dans les ateliers de « Noumous »
à Koulikoro.

Ces petits tertres funéraires, avec tuyaux de poterie, situés
près du village de Kokienga, sur la route qui de Alfasi conduit
à Yama, seraient, au dire des indigènes, les sépultures des
« Koromei » (2), qui habitaient le Yagha avant les invasions
Mossis du xiᵉ siècle (fig. 60).

5° **Sépultures du Plateau central nigérien.** — Dans les
régions montagneuses du Plateau central nigérien, le type des
sépultures et des monuments funéraires varie beaucoup et

(1) *Ethnographie Soudanaise*, p. 20. Notice publiée par le général de
Trentinian à Kayes.
(2) Les « vieux » ou les rouges (Koron), anciens habitants.

4

indique très bien la juxtaposition et le mélange de populations diverses venues à des époques différentes chercher un
refuge dans ces escarpements.

Sur les plateaux de Hombori, occupés depuis le xv* siècle par
des chefs musulmans dépendant de Tombouctou, il est facile
d'étudier les anciens tombeaux des primitifs sans susciter les
méfiances de la population, et par suite d'y recueillir de nombreux documents anthropologiques. Malheureusement la plupart de ces tombeaux ont déjà été plusieurs fois fouillés par
les musulmans eux-mêmes, qui en ont plus ou moins dérangé
l'aménagement intérieur, pour s'emparer des armes, bijoux
ou parures qu'ils renfermaient.

Au contraire, dans toutes les autres provinces encore
occupées par des tribus non islamisées, les cimetières restent
toujours des lieux sacrés et vénérés dont on ne doit s'approcher qu'avec beaucoup de prudence, même pour noter seulement leur faciès extérieur.

6° Grottes sépulcrales. — Les plus anciennes de ces
sépultures paraissent être celles que l'on retrouve dans les
crevasses profondes des rochers au fond de grottes et d'excavations surbaissées ou dans des fissures étroites de la
montagne. — Mais il m'a toujours été impossible de voir le
dispositif de l'inhumation, car toutes celles que l'on m'a
montrées avaient déjà été bouleversées, et l'on n'apercevait que des fragments d'ossements avec quelques grains
de colliers, restes de parures. On y a toujours recueilli
beaucoup d'instruments en pierre polie, au dire de mes guides. Une cinquantaine de pièces, de la collection du Trocadéro, qui m'ont été offertes par le chef du Hombori,

Fig. 53. — Dolmen ? du Hombori.

Fig. 54. — Tombe dolmen sur fissure naturelle, près du village
de Hombori Maiga.

Fig. 55. — Tombe-dolmen sur fissure naturelle.
Plateau de Garmi (Hombori).

Fig. 56. — Case funéraire du massif de Ndalla.

Bakari-Maïga-Surkouf, proviendraient de ces fentes sépulcrales, près du village de Garmi.

7° **Dolmens ?** — Mais sur le plateau lui-même, à la surface du sol, on remarque de nombreuses sépultures sous des monuments « en forme de dolmens ». Elles sont tout particulièrement nombreuses à la sortie du village de Hombori-Maïga en bordure de la route le long du ravin de la Source. Les corps ont été placés par groupes de 5 à 6, quelques-uns accroupis, les autres couchés Est-Ouest (la tête indifféremment d'un côté ou de l'autre) dans une des crevasses qui gercent à la surface de la roche. En recouvrant cette fente avec des dalles à la partie supérieure, et en en fermant les extrémités avec de grosses pierres on a formé ainsi facilement une chambre funéraire.

Dans ces tombeaux rappelant soigneusement la forme des dolmens (1), on a recueilli des pointes de flèches et des couteaux en fer, des ornements en cuivre, des parures et grains de colliers en agate jaspe…, etc., avec de petites figurines d'animaux en terre et des plaquettes d'ivoire placées sous les têtes des cadavres.

8° **Cases funéraires.** — Dans les strates horizontaux des falaises gréseuses du massif de Bandiagara et sous les abris de roches des pentes abruptes, on remarque une grande quantité de petites constructions surbaissées, rectangulaires ou circulaires, dont l'accès reste toujours très difficile. Plusieurs de ces groupes de constructions ont servi certainement de gre-

---

(1) Des dolmens de ce genre ont été trouvés et signalés en Tunisie (dolmen sur fissure) Nécropole de Chouach, *Anthropologie*, XIV, p. 21. Dr Carton. Voir à l'ethnographie les coutumes en usage chez les tribus non islaminées pour l'orientation des corps dans les sépultures.

niers à céréales, d'habitation et de village de refuge dans une période troublée, mais beaucoup de ces petits édifices sont utilisés encore aujourd'hui comme chambres funéraires par les familles de la montagne (1).

J'ai pu, en cours de route, visiter dans des régions occupées actuellement par des Foulbés musulmans, deux séries de sépultures de ce genre, mais paraissant remonter à une époque assez lointaine, car elles contenaient des poteries d'un type ancien : Dans ces deux groupes les corps avaient été certainement accroupis, tandis que dans le cimetière, formé de petites cases récentes, que j'ai visitées peu après, a Fombori-Douentza, l'inhumation avait eu lieu couchée Est-Ouest, comme cela se pratique généralement dans cette partie de la montagne où seuls, certains chefs religieux, dignitaires et chefs de vieilles familles ont conservé le droit à l'inhumation accroupie.

Le premier groupe de ces sépultures anciennes est situé sur le pourtour d'un massif rocheux au-dessus de N, Dalla. Sous des abris de roches sont placées des cases ovales hautes de 0 m. 80 sur 3 à 4 mètres de diamètre, avec une seule petite ouverture rectangulaire faisant face à l'Est. A l'intérieur de ces chambres se trouvaient les ossements de 15 à 20 individus.

Le second groupe est construit dans les strates d'une ride rocheuse dominant la route de Bandiagara à Kouna, à quelques kilomètres de Singara ou Sigama.

Les tombes de ce groupe sont caractérisées par une double

---

(1) Voir : *Ruines de villages et de constructions*, puis *Rites et coutumes funéraires des Habbès*.

Fig. 57. — Massif rocheux sur le plateau de N. Dalla
contenant dans ses strates et fissures de nombreuses cases funéraires.

Fig. 58. Case sépulcrale.

(Cliche de la Société d'anthropologie)

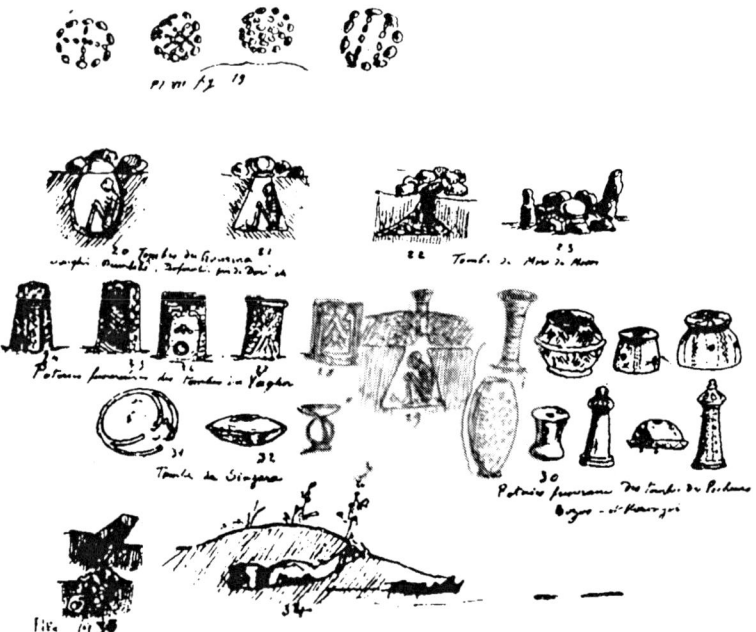

Fig. 59. — 19, Tombes de Latokoro (Hondon Houdia) ; 20, 21, Tombes Gourmankés et Songhoï ; 22, Tombe de Mossi ; 33. Tombe des plaines de l'Ouest ;
34, Tombe sous tertre naturel dans les plaines Sud.

Fig. 60. — Poteries du Yorghor (tombes anciennes) ; Poteries funéraires des
tombes des Bozos (modernes) ; Poterie de la tombe de Singama ou Syngara
(M. Bondiagarra.

enceinte circulaire tangente située dans une excavation de
la roche. Par suite de ce mode de construction la chambre
funéraire dans laquelle reposent les corps de 25 à 30 individus est précédée d'un vestibule. Là étaient déposées des
offrandes sur des coupes à pied circulaire, d'un type tout
particulier, déjà signalé dans les débris de poteries des campements de pêcheurs du lac Débo.

9° Sépultures des plaines de l'Ouest nigérien. — Il semble que le principe dominant appliqué par toutes les populations nigériennes à leurs sépultures, a été de ménager à leur
mort une chambre sépulcrale, car on retrouve l'application de
cette idée non seulement chez les tribus fétichistes descendues des montagnes dans les plaines du S.-O. vers les Bobos
et les Samos, mais encore dans les tombes des musulmans
habitants les bords du Bani.

Maheureusement les tombes des fétichistes de la plaine
anciennes ou modernes, fosses avec excavations latérales,
ou chambres funéraires creusées au fond d'une galerie sous
un tertre naturel (1), ne laissent généralement aucun indice
extérieur permettant de les découvrir. Les inhumations s'y
font, comme nous le verrons en étudiant les mœurs et coutumes de ces tribus, accroupies ou couchées ; et parfois de
légers tumuli semés de débris de poteries, permettent seuls
pendant quelques années de reconnaltre l'emplacement de ces
sépultures (fig. 59, n° 33).

En effet l'emploi de tumulus, comme monument funéraire a été d'un usage constant aux temps préislamiques chez

_____

(1) En Tunisie la sépulture fouillée par le Dr Hamy nous présente le
type modèle de ce genre de sépulture.

presque toutes les populations des plaines nigériennes et soudanaises.

10° **Tumuli soudanais.** — Ces tumuli sont particulièrement
nombreux dans la région lacustre comprise entre les tristes
dunes qui enserrent Tombouctou à l'Est et les grandes plaines de pâturages que féconde le lac Débo à l'Ouest ; on en
rencontre partout, des bords rocheux et mouvementés du
Faguibine, au Nord, jusqu'aux immenses plateaux herbeux
bordant les lacs Dô et Nyangaÿ au Sud. Aussi le voyageur
est-il réellement surpris de la grande quantité de ces monticules artificiels trouvés à chaque pas sur des espaces immenses.

Ces tertres souvent gigantesques couvrant d'une ceinture
de débris les marigots et les lacs qui en baignent le pied,
sont presque toujours cachés au milieu de la brousse dense des
zones d'inondation, dans les fourrés de palmiers nains, de
rhoniers ou d'arbres épineux, sur les bords du grand fleuve
Niger ou de ses déversoirs.

Devant ces masses agglomérées d'argile, de poteries et de
pierres, généralement érigées en forme de pyramide tron-
quée, dont le sommet de terre cuite, émerge rouge brique des
massifs de verdure qui l'entourent, l'Européen se demande
par quel peuple, dans quel but et à quelle époque ces monuments ont-ils été dressés ?

L'étude de ces tertres indubitablement dus à l'activité
humaine, à une époque plus ou moins reculée de l'histoire
africaine, permet d'établir par l'observation de leurs formes,
de leur orientation générale, des matériaux qui les composent ainsi que par la similitude des objets qu'on y découvre,
qu'ils ont été construits suivant les mêmes règles, dans le
même cycle chronologique et dans le même but.

Fig. 61. — Rocher dominant la route de Bandiagara à Kouna, près de Singara ou Sigama ; à côté du garde cercle se trouve une case funéraire à double enceinte construite dans la fissure horizontale.

Fig. 62. — Cases funéraires du cimetière de Fombori-Douentza.

En effet, tous sont élevés au bord de l'eau ou des terrains inondés, dans une région boisée, ayant comme direction générale du grand axe de leur base la ligne Est-Ouest.

Lorsque plusieurs de ces monuments se trouvent réunis dans le même site, ils sont disposés les uns à côté des autres, en demi-cercle, la concavité de ce demi-cercle tournée au Midi et la corde de l'arc toujours sensiblement orientée Est-Ouest.

Quelquefois au centre de ce croissant, un tertre plus petit se trouve isolé. Leur forme générale, comme nous l'avons déjà dit, est celle d'un tronc de pyramide, souvent érodé ou affaissé par place, mais atteignant jusqu'à 15 ou 18 mètres de haut sur une base de 150 à 200 mètres carrés. Ils sont tous revêtus extérieurement d'une couche de terre argileuse mélangée de débris de poteries de toutes formes, de pierres et de résidus de laitiers de hauts-fourneaux.

Sur le sommet et le pourtour on trouve des traces nombreuses de fourneaux et de foyers qui ont fortement cuit la couche d'argile en lui donnant une belle teinte rouge.

La surface extérieure d'un grand nombre de ces monuments a été utilisée par les populations des villages voisins, à une époque indéterminée, comme cimetière. En effet dans la région de Sumpi on trouve leur surface garnie de sépultures secondaires, tombes à tuyaux de poteries, ou à enceinte circulaire avec inhumation couchée tandis que dans l'État nigérien et au pied des monts de Hombori, ce sont des sépultures d'individus, accroupis dans de grands vases, surmontées d'un petit cercle de pierres.

Beaucoup de ces tertres funéraires ont subi des altérations diverses dues à plusieurs causes. Les uns, sous l'influence

des pluies violentes des tropiqnes se sont affaissés : leurs
masses, désagrégées et entraînées par l'eau des tornades,
couvrent encore de leurs débris de grands espaces, ne formant plus que de légers mamelonnements facilement recon-
naissables aux nombreux fragments de poteries qui en parsè-
ment la surface. Les autres, arrêtant les sables mouvants
qu'entraînent les souffles puissants du Nord-Est, servent
de noyau à une dune qui peu à peu les recouvre, effa-
çant ainsi ces vestiges de l'activité humaine, dont seuls les
termes de leurs appellations feront survivre parmi les générations ces souvenirs d'un autre âge.

Quant à ceux que l'imprévoyance des constructeurs a
dressés trop près du grand fleuve ils voient leur base érodée
chaque année par les eaux de la crue. Peu à peu ils s'effritent,
puis s'effondrent partagés en leur milieu sous l'action désa-
grégeante des eaux et montrent ainsi au grand jour les
secrets qu'ils devaient garder.

Les noms que l'on donne actuellement à la plupart de
ces tertres, transmis d'âge en âge par la tradition, sont le
plus souvent des noms d'hommes auxquels se rattachent
encore quelque vagues légendes (1).

Quant à l'appellation générique de ces monuments elle est
caractéristique : les Songhoy de l'Ouest les désignent par le
terme de « Gourgoussou » (de Gourrey *butte* et Goussou *creux*)
et les Foulbés de la région parlant le dialecte de Bandiagara
par le terme de Tongomahé (monticules de ruines) tandis que
les pécheurs Songhoï de l'Est nomment ces grands tertres
Koïgourou ou Kaïgourou (butte du chef), réservant le terme

---

(1) Voir : *Anthropologie*, t. XIV, *Etude sur les Tumuli du Killi.*

Fig. 63. — Tumulus nigérien dans les palmiers de Thébaïde.

Fig. 64. — Tumulus de Bara.
Mohamed ould Badi et ses sloughis soudanais.
(lévriers schillouko).

de « Denderi » (monticules de débris) pour les petits tumuli, les ruines de villages détruits ou les tas de détritus formés à l'extérieur des agglomérations urbaines.

Dès 1896, peu après la prise de Tombouctou, le capitaine Florentin, commentant les légendes locales, signala ces monticules simplement comme des ruines d'anciens villages indigènes, la situation politique de la région ne lui permettant pas de pousser plus longuement cette étude. Mais, en 1901, la soumission des Touaregs étant complète, j'ai pu, pendant mon séjour à Goundam, faire fouiller un des tertres du monument de Sinfansy, que la tradition locale désignait avec une certaine vraisemblance comme la sépulture d'un chef, Si. ou Sin, qui gouvernait le pays des Lacs avant les invasions Malinkés, du xii⁰ siècle.

Ces fouilles, qui furent réellement très fructueuses par la variété et la quantité des beaux objets recueillis (1), ne permirent cependant pas de se rendre compte exactement de la forme et de la disposition de la chambre funéraire. Aussi, profitant de la subvention que l'Académie des inscriptions et belles-lettres (2) voulut bien m'accorder en 1904, j'entrepris la fouille du Tumulus d'El Oualedji.

Construit au bord du Niger, sur la dune qui ourle la rive Nord du fleuve, en face du confluent du Bara-Issa et de l'Issa-Bery, ce monument s'élève au milieu des palmiers de Thébaïde.

Sa masse imposante, en forme de dôme arrondi, et teinté rouge brique par l'argile cuite de sa surface, attire de très

---

(1) Ces objets actuellement au musée d'ethnographie du Trocadéro sont décrits dans l'Etude sur les Tumuli du Killi, *Anthropologie*, t. XIV.

(2) Fondation Garnier. Cf. *Compt. Rend. Acad. Inscript.*, t. XXXII, p. 20, 327, 359,

loin les regards des voyageurs naviguant sur le Niger. Son
sommet domine de 17 mètres le niveau moyen des eaux du
fleuve et sa base couvre avec ses éboulis plus de 100 mètres
carrés. Aussi ce tumulus, au pied duquel fut bâti l'ancien
poste d'El Oualedji est un des plus connus de la région de
Tombouctou.

Il offre d'ailleurs la particularité de porter le nom d'un
célèbre marabout ayant habité le Binga et dont le corps
encore vénéré de nos jours repose sous une petite kouba à
une centaine de mètres du monument préhistorique (1). Ce
voisinage de la construction historique, sanctuaire connu de
tous les Musulmans de la région, et du vieux tertre tumulaire
a souvent causé de nombreuses confusions.

M. Félix Dubois fut un des premiers à le décrire dans sa
Tombouctou-la-Mystérieuse en 1897 (2). Il devina d'ailleurs
la véritable destination de ces collines artificielles en leur
attribuant avec à-propos le passage d'El Bekri sur les funérailles et les tombeaux des chefs soudanais dans le courant
du x⁰ siècle de notre ère.

Grâce aux travaux entrepris à El Oualedji en 1905 il fut
possible de déterminer assez exactement la méthode de
construction employée par les indigènes nigériens pour élever
ces monuments et d'observer quelques-uns des rites funéraires en usage chez ces populations protohistoriques.
Malheureusement l'effondrement déjà ancien de la chambre
sépulcrale, par suite de la décomposition des bois du cadre,
et la mauvaise conservation des ossements n'a pas *permis*,

(1) *Tarikh-es-Soudan* (Trad. O. Houdas), p. 45-46.
(2) *Tombouctou-la-Mystérieuse*, p. 220.

Fig. 65. — Campement de bergers Foulbés au pied du tumulus de Dongo.

Fig. 66. — Tumulus du Killi dans la zone d'inondation.
Chef de village apportant la diffa.

malgré toutes les précautions prises, de recueillir des pièces
anatomiques dans un état de conservation suffisant pour faire
de fructueuses observations anthropologiques.

La partie centrale inférieure du tumulus était occupée par
une chambre funéraire de forme ovale (2 m. 50 sur 6) au
grand axe E.-O. Cette chambre était circonscrite par des
rangées de troncs de rhoniers fichés debout en terre sur plusieurs lignes formant un palanquage de près de 3 mètres
d'épaisseur. Sur les accottements ainsi formés reposaient des
poutres superposées formant une toiture arrondie que recouvraient des débris de paille.

La communication de la sépulture avec l'extérieur était
assurée par un puits de 0 m. 80 de diamètre qui, s'ouvrant
dans le fond Ouest de la chambre, débouchait à la partie
supérieure du tumulus.

Ce puits était destiné à faire parvenir aux mânes des morts
les vivres nécessaires pour leur existence nouvelle. Nous y
avons trouvé de grandes quantités d'ossements calcinés,
bœufs, moutons, sangliers, poissons, tortues, etc., avec les
récipients qui les contenaient. De même dans l'intérieur de
la chambre, reposant sur une forte couche de sable rouge
(ocre rouge et oxyde de fer mélangé), avait été déposé
autour d'une grande jarre (0,80-0,60) tout un mobilier formé
de divers récipients en poteries renfermant des aliments et
des boissons. Dans le milieu de cette chambre, nous avons
découvert les ossements de deux corps humains, éparpillés,
mélangés et amalgamés à des débris de bois fusés. Des bracelets, bagues et ornements de cuivre se trouvaient auprès,
avec des armes en fer, lames de sabres, couteaux, pointes
de sagaies, lances et flèches ; dans la poussière rouge du

fond nous avons recueilli de nombreux grains de colliers en cuivre, agathe, jaspe, etc., avec quelques figurines d'animaux en terre et de nombreux poinçons ou aiguilles en os.

La masse des bois fusés et des détritus de paille délimitant et circonscrivant la chambre, était recouverte d'une enveloppe de terre argileuse pétrie et durcie au feu qui formait le tertre tumulaire proprement dit.

La surface extérieure de ce tertre était très riche d'objets de toute nature, les uns jetés dans les immenses foyers de sacrifices qui recouvraient la plus grande partie du monument, les autres déposés pendant longtemps en offrande par les populations ayant gardé le culte de leurs morts.

Dans le foyer principal placé sur le sommet S.-E. du tumulus, nous avons recueilli, au milieu des cendres, des ossements de chevaux avec une partie de leur harnachement, grelot de cuivre, clochettes, ornements de cuivre dont deux bijoux discoïdes ajourés d'un travail très soigné.

Des objets en fer s'y trouvaient nombreux mais dans un très mauvais état de conservation ; plaque de poitrail pour cheval, bouterolle de sabre, lames, lances, haches, flèches, etc., etc.

Dans les cendres des autres foyers furent récoltés, mêlés à des ossements d'animaux sacrifiés, des armes en fer, puis des polissoirs, molettes, haches en pierre, des ornements en terre, des figurines grossières d'animaux. Enfin, répartie à peu près également sur toute la surface extérieure, avec des grains de colliers, une grande quantité de fragments de poteries vernissées et décorées ayant appartenu à des récipients de formes les plus variées.

Les seuls objets recueillis et apportés par les relations

Fig. 67. — Travailleurs des champs prenant leur repas,
et Silhouette d'un tumulus de la région de Goundam.

Cliche de la Société d'anthropologie

Fig. 68. — Tumulus de Kondi (Killi).

commerciales extérieures et pouvant nous rattacher au monde méditerranéen sont des grains de colliers en verre et en pâte émaillée trouvés près des cadavres et parmi les offrandes de la surface ; grains faits avec des verres translucides bleu cendré (1), ou grains globulaires de pâte vitreuse bleue à décor *oculé*, ou orné de bandes blanches spiralées, enfin perles décorées d'incrustations émaillées. Il serait peut-être intéressant de les comparer aux produits industriels de l'Egypte que l'on a retrouvés si nombreux en Phénicie, à Carthage, Utique et dans tout le monde méditerranéen ; car plusieurs de ces perles rappellent beaucoup les verres égyptiens du nouvel Empire (Fabrique de Tell-Amarna, époque d'Amenaphis IV).

On remarquera que tous les objets recueillis tant dans la chambre funéraire que dans les foyers extérieurs sont du même type que ceux trouvés dans le petit tumulus de Sinfansi, près de Goundam (2).

Les poteries découvertes dans ces tumuli dénotent une industrie céramique bien plus avancée que celle des indigènes actuels de la région nigérienne. L'engobe des vases anciens, l'élégant décor à pointillé que montre un certain nombre d'entre eux, ne se rencontrent plus sur les produits modernes qui, en outre, sont loin de présenter les variétés de types que nous avons rencontrées.

A côté de ces poteries soignées se trouvaient un grand nombre de vases grossiers informes et minuscules pouvant

(1) Voir dans *Anthropologie*, tome XIV, la description des objets recueillis.

(2) Ces grains de verre bleu nommés « perles d'aïgris » se retrouvent jusque dans les tumuli de la Forêt equatoriale et de la Côte d'Ivoire.

laisser supposer que nous nous trouvions en présence de
jeux d'enfants s'amusant à cuire leurs ébauches aux feux des
sacrifices, à moins que ces petites poteries informes, ces
grains de colliers d'argile et ces figurines d'animaux, semblables à celles des tombes sous dolmens du Hombori (1), ne
soient que des symboles d'offrandes que l'avarice, la pauvreté ou la tiédeur des sentiments inventaient à la longue
pour se dispenser d'offrandes réelles.

Le travail des métaux nous apparaît très perfectionné, surtout celui des bijoux de cuivre. métal précieux à cette époque
primitive. L'utilisation de motifs filigrannés semble déjà
faire son apparition dans l'ornementation des parures.

Si dans les fouilles du petit tumulus de Sifanssi, près de
Goundam, nous avions mis à découvert les sépultures des
femmes et des captives du chef avec leur riche mobilier de
bijoux et de parures diverses, dans celles du tumulus d'El
Oualedji, au contraire, nous avons retrouvé le corps d'un
chef militaire inhumé avec un de ses compagnons, écuyer ou
serviteur, dans une chambre funéraire construite en troncs
de palmiers et renfermant, avec leurs armes, tous les objets
usuels de l'existence journalière de ces guerriers.

Cette chambre, recouverte d'un haut tertre tumulaire de
terre argileuse, communiquait avec l'extérieur, comme nous
venons de le décrire, par un puits destiné à faire parvenir
aux mânes des morts les vivres nécessaires pour leur existence de l'au delà, pendant que sur tout le pourtour extérieur

---

(1) Des figurines grossières, avec trous de suspension ont été rencontrées
également dans les nécropoles de la Haute-Egypte (Abydos-Negada).

Fig. 69. — Le tumulus d'El Oualedji et pasteurs Foulbés.

Fig. 70. — Objets récoltés dans les fouilles du tumulus d'El Oualedji (1901).
Types des poteries.

du monument des victimes étaient sacrifiées et des offrandes
déposées à leur intention.

Les objets recueillis dans les monuments de Goundam et
d'El Oualedji montrent que ces deux tumuli, comme la plupart de ceux de la région lacustre, datent à peu près de la
même époque. Leurs constructeurs étaient en pleine connaissance de l'usage et de l'utilisation des métaux. C'est dans
cette belle période de civilisation barbare qu'El Bekri trouva
ces populations nigériennes dans son exploration de l'Empire de Ganatha en 1050, quelques années avant la fondation de Tombouctou. Et son récit des funérailles indigènes
s'applique exactement à ces tombeaux.

« A la mort du roi, dit-il, ces nègres construisent avec du
« bois de rhonier un grand dôme qu'ils établissent sur le
« lieu qui doit servir de tombeau.

« Ensuite ils étendent le corps sur une couche garnie de
« tapis et de coussins et le placent à l'intérieur du dôme.

« Ils disposent auprès du mort ses parures, ses armes, les
« plats et les tasses dans lesquels il avait mangé et bu, et
« diverses espèces de mets ou boissons.

« On recouvre l'édifice de nattes et de toiles, et la foule
« assemblée s'empresse de jeter de la terre sur le tombeau
« et d'y former ainsi une très grande colline.

« Ils entourent ce monument d'un fossé qui n'offre qu'un
« seul passage à ceux qui voudraient s'en approcher.

« Ils sacrifient des victimes à leurs morts et leur appor-
« tent comme offrande des boissons énivrantes. »

Ce sont des monuments érigés d'après cette méthode de
construction que nous retrouvons très nombreux dans la
région lacustre, ancien centre des populations de l'Empire

de Ganatha. Sous le long travail des siècles, ces tumuli ont vu leurs arêtes effritées et emportées par les tornades. Peu à peu, ils se sont effondrés, ravinés par les eaux, et leurs chambres funéraires se sont comblées. Dans cet état plus ou moins informe, quelques-uns ont résisté jusqu'à nos jours et nous sont parvenus comme les seuls témoignages de l'acti- vité, de l'industrie et de la civilisation de ces peuples « rouges » dont nous ignorons les noms et l'origine véri- table.

L'aire de dispersion fort étendue dans laquelle sont signa- lés ces grands tumuli, caractérisés par de belles poteries et une industrie des métaux très avancée, semble devoir nous servir de base pour déterminer exactement les territoires sur lesquels s'étendait l'influence de Ganatha (1). Dans l'Est, quelques-uns de ces monuments sont situés près des mares d'Aménaka, vers Zinder, et sur les rives du Niger jusqu'aux grands rapides de Boussa ; dans le Sud, M. l'administrateur Delafosse a décrit ceux de la Haute-Côte d'Ivoire, du Baoulé (Montagne des Perles, Butte sacrée de Gueangomenou) (2) et des environs de Kong. Dans l'Ouest, nous connaissons ceux des environs de Sikasso, des rives de la Falémé et du Sénégal (Mafou). Enfin, sur le plateau central soudanais, j'en ai ren- contré de très nombreux près d'Aribinda et sur les pentes de la falaise de Bandiagara au-dessus de Kani-Kombole.

Mais l'usage d'élever des tumuli s'est conservé dans toute

---

(1) Une partie des tribus de l'Empire de Ganatha existent encore plus ou moins métissées et islamisées sous les noms de Wakorés-Sarakolles-Souni- nknés, Nono, ou Markas, tous de même origine.

(2) Cf. *Anthropologie*, t. XI, 1900.

l'Afrique du Nord et même dans les plaines nigériennes pendant de longs siècles. Si certains tertres tumulaires nous paraissent devoir remonter à la fin de l'âge de la pierre polie africaine, d'autres de ces monuments sont encore érigés par des populations soudanaises actuelles, non seulement sur le plateau nigérien, mais jusqu'aux rives de l'Atlantique. Les Sérères inhument toujours leurs morts d'après les rites des anciennes populations de l'empire de Ganatha (1).

L'étude plus approfondie et comparée des divers tumuli africains, érigés aux temps les plus reculés de la préhistoire, avec ceux de construction récente : grands monuments nigériens, tertres funéraires à inhumations accroupies ou couchées des plateaux soudanais, vieux tumuli du Sud-Oranais (2), de Gambie (3) et des Somalis, tombes récentes des chefs sérères, etc., etc., nous permettra peut-être de trouver des indices nouveaux pour jalonner les migrations de peuples envahisseurs ou de découvrir les traces d'une influence qui, partie des bords de la Méditerranée, s'étendit jusqu'au fond du golfe de Guinée.

Nous voyons d'ailleurs distinctement se révéler tout à la fois des affinités avec les anciennes populations berbères du Nord et les peuples nègres des contrées guinéennes, dans les grands tumuli nigériens.

(1) Voir Dr Lasnet, *Une mission au Sénégal*, p. 147 (Paris, A. Challamel, 1900) comme le démontre le général Faidherbe par la linguistique et les traditions les Sérères ont été fortement impressionné par les « Rouges » Foulbès. Cf. *Grammaire de la Langue Peulh*, p. 6, 7, 8, par le général Faidherbe.

(2) Petit M., *Bull. Soc. Geogr. Archéol.*, Oran, juil.-sept. 1905, p. 285-294 et capitaine B. Normand, *Anthropologie*, XV, 2, p. 251.

(3) Cf. *Anthropologie*, t. XVI, 1905, n° 6, *Les Mégalithes de Gambie*, capitaine Duchemin.

5

Ces tumuli ont été construits par les peuples « rouges » de l'Empire de Ganatha, descendants probables des peuples garamantiques, si célèbres dans le monde romain ; et que Duveyrier (p. 280) considérait comme « ayant occupé le « Sahara avant toute autre race, et y avoir atteint un degré « de civilisation qui n'a jamais été dépassé depuis par leurs « successeurs ».

D'ailleurs, ces affinités entre les anciennes populations du Nord de l'Afrique et les tribus guinéennes nous seront encore révélées par d'autres monuments d'un style architectural très caractéristique, par des traditions et des coutumes communes, enfin par la survivance de rites religieux spéciaux éparpillés dans un grand nombre de peuplades.

V. — Murs de défense. Enceintes mégalithiques. Villages de refuge. Emplacements d'anciennes villes historiques.

Sur le plateau central nigérien, comme dans les régions montagneuses mauritaniennes et sahariennes, on rencontre souvent des enceintes mégalithiques et les restes de grands murs de défense érigés pendant les longues luttes de races du passé.

Ces murs de défense sont formés de gros blocs de rochers amoncelés ; ils barrent en général les vallées d'accès et les cols des montagnes, dans les massifs du Oualo, sur le plateau de Bandiagara (Nandouli, Sanga, etc.), le long des crêtes du Gourma dominant la vallée de la Sirba, et même sur la

Fig. 71. — Anciens murs de défense vers Nandouli.

Fig. 72. — Ruines d'un vieux village construit en pierre
sur un plateau rocheux du massif central.

Fig. 73. — Ruines du vieux village de Songo, 15 kil. au N.-O. de Bandiagara

Fig. 74. — Ruines d'un village de refuge (troglodytes) dans la falaise
de Boubani-Kani.

croupe du mont de Gourao surplombant le lac Débo.

Afin d'étudier rationnellement ces camps, oppidum ou enceintes si fréquents dans tout le monde méditerranéen et dont de nombreux exemplaires se retrouvent dans l'Afrique saharienne et soudanaise, le XIII⁰ Congrès d'anthropologie préhistorique, réuni à Monaco en 1906 a émis le vœu de voir les recherches et les observations sur ce sujet continuées et coordonnées.

Sur le sommet des pitons, des falaises ou des plateaux rocheux africains, à côté de vieilles enceintes mégalithiques de formes très archaïques et primitives comme celles que M. l'administrateur Robert Arnaud, adjoint à la mission Tagant-Adrar (1901-1905), a découvertes en Mauritanie, on rencontre également des ruines de villages construits tout en pierre, que les tribus maures, nomades occupant actuellement le pays, disent avoir été habités par des « Gagara » (Gens Rouges) que leurs ancêtres les « Beïdanes » (Les Blancs) ont chassés vers les plateaux soudanais. Des villages du même type existent encore dans les monts Hombori et sur le plateau de Bandiagara, les uns abandonnés et détruits, ayant servi de refuge aux populations de la plaine, les autres encore habités par des tribus qui se disent de race rouge (Nononkés-Korongoï-Gara). On retrouve ces vestiges d'anciennes habitations en pierre et l'aménagement des flancs de montagnes en terrasses pour les couvrir de cultures, très loin dans le Sud.

En effet, si dans le Nord, en Mauritanie, nous avons les ruines du Hodh et du Tagant, et celles des monts de Goundam (Fata-Kara et Bankore), nous voyons dans le centre de la boucle celles des monts Bandiagara-Hombori, et dans le

S.-E., celles des montagnes du Yagha qui entourent la
mare de Igha ; enfin M. le Dr Ruelle (1) nous a signalé
dans le S.-O. de nombreuses constructions en ruines du
même genre et des vestiges de travaux existant sur une large
bande de terrain qui s'étend du Bangouri-Ba, affluent de la
Volta (ligne Lokhosso-Bobo-Dioulasso), jusqu'à la Côte
d'Ivoire, aux environs de Boussa.

Cette immense région africaine couverte de ruines de villages en pierre d'un type bien particulier nous permet de
suivre les peuples de la confédération « des Rouges » et de
retrouver les traces de leur influence ; car un grand nombre
des tribus noires de ces territoires qui furent, soit affiliées ou
alliées à leur confédération, soit soumises à leurs lois, portent encore les titres de : « Oulé » ou « Gara », les Rouges.

C'est ainsi que nous pouvons contrôler les traditions et les
légendes qui font descendre du Nord les « peuples rouges »
et leur donnent la suprématie sur toute la boucle nigérienne
aux temps protohistoriques, avec « Ganna » (2) comme capitale.

Dans les massifs rocheux du Plateau central soudanais
où nous avons retrouvé sur les crêtes les ruines des villages de refuge des « hommes rouges », on aperçoit accrochées aux parois verticales des rochers au-dessus des villages
construits dans les éboulis par les indigènes actuels, d'innombrables petites constructions en briques ou en maçonnerie,
auxquelles on ne peut accéder souvent que par des crampons

---

(1) Cf. *Anthropologie*, t. XV, n° 6, Dr E. Ruelle, *Populations noires
du 2ᵉ territoire militaire*, Lobi.

(2) Ce royaume fut fondé trois siècles après J.-C. (El Bekri-Yakout-
Ebn-Kaldoun) Gahanna veut dire (campement des gens-Anna). Le titre
Anna-gara (Anna-Rouge) est encore donné dans les montagnes aux vieil-
lards.

Fig. 75. — Petite case accrochée à une saillie de rocher
du piton de Boubani-Kani.

Fig. 76. — Falaise de Ibi-Engem dont les strates sont garnies
de petites constructions de troglodytes.

de fer plantés dans le roc et en se hissant par des cordes.

Les légendes attribuent également ces petites constructions aux « Hommes rouges » qui apportèrent sur les rives du Niger l'art de fabriquer des briques et l'industrie du fer. Ces peuples s'étaient établis dans la région lacustre après avoir fait alliance avec les pêcheurs primitifs, Sorkos, premiers habitants sortis des « trous de la terre ». Ils faisaient partie alors de la grande confédération de Mâ (poissons)(1). Ces tribus commençaient à prospérer lorsqu'elles eurent à subir les attaques farouches de hordes de cavaliers envahisseurs dirigées par le puissant chef San-San (2). Incapables de résister à ces barbares qui tuaient les hommes, emmenaient les femmes et les enfants en esclavage, les primitifs s'enfuirent dans les montagnes qui bordent le Sud des grands lacs nigériens. Là, ils s'établirent dans des sites où, selon leur expression, les chevaux des vainqueurs ne pouvaient les poursuivre.

Toutes les légendes s'accordent à dire qu'à cette époque reculée, la région montagneuse était habitée par des « Diallams », nains chasseurs vivant sous des abris de rochers.

Ces nains, troglodytes, frères sans doute des négrilles de la forêt équatoriale s'allièrent aux fugitifs pour repousser les attaques des envahisseurs, et à ce que prétendent encore les conteurs indigènes, aidèrent leurs alliés à construire ces petites cases minuscules que l'on trouve groupées dans les abris sous roches, aux points les plus difficilement accessibles de la falaise.

(1) Mânde = Père-lamentin, Grande famille de la Confédération des Poissons.
(2) San-San ou Sousous, Envahisseurs de la Confédération des Serpents Sâ.

J'ai pu visiter, superficiellement il est vrai, une trentaine
de ces bizarres groupes de constructions, formés de petites
cases rectangulaires ou ovales de 2 à 3 mètres de longueur sur
1 m. 50 de large et 1 mètre à 1 m. 70 de haut. Bâtis en briquettes (0 m. 20 × 0 m. 05) ou en pierres cimentées par de
l'argile, n'ayant pour la plupart qu'une ouverture de 0 m. 60,
ces petits logements sont toujours érigés dans la partie abrupte
de la montagne, entre les strates des rochers, accrochés aux
aspérités et saillies des pics escarpés entre 150 et 250 mètres
d'altitude au-dessus des éboulis dominant la plaine. Quelquefois construites dans une grotte, avec un couloir central sur
lequel s'ouvrent de petites chambres (Boubani-Kani), ces
cryptes prennent l'apparence des Haouanet de Tunisie, de
Chouach ou du Djebel-Behelil (1).

Placées souvent dans une fente horizontale des rochers,
toujours dans un abri sûr, elles ne sont abordables que par
un sentier d'accès très difficile, serpentant sur des corniches
étroites. Dans certaines montagnes, les corniches qui permettaient l'accès de ces villages se sont éboulées et il ne reste
plus aucun moyen d'escalade pour arriver à ces vieilles constructions.

En tout cas, dans un certain nombre de ces « abris » ou cases
dont l'accès reste encore praticable, j'ai remarqué des traces
de foyer, des fragments de vieilles meules à broyer le grain,
et l'aménagement en terrasse des éboulis de la montagne, qui
permettaient de vagues cultures au-dessus des plaines et des

---

(1) De Foucauld signale également des habitations de troglodytes du même
type dans l'Atlas Marocain.
Reconnaissance au Maroc — de Meknès à Quasba-Beni-Mollal, p. 61-62,
et dans la vallée de l'Oued Ouaouizert (fig , p. 70).

Fig. 77. — Falaise de Tireli abritant dans ses strates au-dessus du village
de nombreuses petites constructions de troglodytes.

Fig. 78. — Constructions de troglodytes dans les strates des falaises
du plateau de Bandiagara.

plateaux facilement abordables. Tous ces indices, avec des pistes, conduisant aux points d'eau situés aux environs (Elli-Boni, Guitram, Boubani-Kani), permettent de supposer que ces cases, ou cryptes, ont à un moment donné servi de refuge aux populations de la région. Mais à part l'exiguïté de ces petits logements, je n'ai rien vu qui puisse confirmer l'existence d'un peuple de nains. Or, comme je m'étonnais devant mes guides de ne retrouver aucune trace et pas même les ossements de ces négrilles, il me fut répondu que ce n'était pas étonnant, car ces populations enterraient leurs morts dans le lit d'un cours d'eau détourné, et qu'elles faisaient reprendre son cours à la rivière après l'inhumation pour en effacer toute trace (1).

Dans les massifs de l'Est, vers le Hombori, ces petites cases ont été ouvertes et fouillées depuis longtemps ; elles sont utilisées actuellement comme greniers à céréales par les habitants des villages qui continuent à cultiver les petites terrasses des flancs des montagnes. Dans les Monts Ouallo près de Douentza et de Dalla, beaucoup d'entre elles servent de sépultures à des groupes d'individus inhumés avec leurs vêtements et leurs armes.

Je serais assez tenté de croire que ces petites constructions regardées par les indigènes comme remontant à une très haute antiquité et nommées « *Maisons des anciens hommes* » ou « *cases des Rouges* » ; sont d'anciens sépulcres, construits par des populations habitant des villages situés sur les pla-

(1) Cette coutume est pratiquée par les négrilles de la grande forêt équatoriale. Ce qui tendrait à démontrer que les traditions locales ont conservé des notions assez exactes sur ces peuplades de nains qui ont bien pu habiter ces régions.

teaux inférieurs de la montagne ; constructions qui, à un moment donné, furent sans doute utilisées en partie pour mettre les récoltes à l'abri d'un coup de main, ou comme refuge par des tribus fuyant les conquérants des plaines.

D'ailleurs, actuellement les populations des falaises de Bandiagara inhument encore leurs morts dans quelques-unes de ces constructions et même se construisent, comme sépulcres, de grossières cases en pierre présentant beaucoup d'analogie avec ces monuments.

En tout cas l'étude minutieuse de ces petites cases et cryptes sépulcrales, qui présentent tant d'analogie avec les « *Haouanets* » tunisiens, leurs fouilles ainsi que celles des dolmens sur fissure de rochers des mêmes régions, et des grottes, abris, ou anciens villages de refuge en pierre des « *Hommes Rouges* » présenteront un intérêt considérable et devront être entreprises dès que la défiance et l'ombrageuse susceptibilité des montagnards le permettront.

Emplacement d'anciennes villes historiques.

Mais si nous devons attendre plusieurs années avant d'entreprendre des recherches sérieuses sur ces plateaux de Bandiagara et du Hombori, les vallées nigériennes peuvent offrir dès maintenant à l'activité des chercheurs d'intéressantes questions à élucider.

On peut déjà rechercher l'emplacement exact des vieilles villes soudanaises et des Kasbah marocaines ; identifier les localités actuelles avec les différents noms qu'elles ont portés dans les chroniques locales de *Tarick-es-Soudan* ; faire de

fructueuses observations dans les ruines des grandes métropoles noires à peu près disparues de nos jours ; visiter sur
l'emplacement de Gao au milieu des mamelonnements de
débris de la vieille capitale, à l'intérieur des anciens rem-
parts, les vieilles tombes fétichistes avec leur entourage circulaire de briques cuites posées soit verticalement, soit à plat
de façon à former une tombe « cratériforme » ; recueillir également les inscriptions du vieux cimetière musulman accolé
aux murs de la célèbre mosquée de Gao construite vers 1324,
par Kankan Moussa, rentrant de La Mecque, comme nous le
raconte l'auteur du *Tarikh-es-Soudan* : « A son retour, le
« prince passa par le Songhaï et fit bâtir en dehors de la
« ville de Kâgho, une mosquée avec mihrâb ou il fit la
« prière du Vendredi. Cette mosquée existe encore aujour-
« d'hui » (1) (fig. 79).

Au cours de ma descente en pirogue sur le Niger j'ai
cherché à retrouver l'emplacement exact et les ruines de
deux des plus célèbres capitales soudanaises : Koukiya et
Ganna.

Si pour l'une, Koukiya, j'ai pu parcourir le sol même qu'elle
recouvrait et contrôler la tradition indigène par le recueil d'inscriptions arabes sur les tombes de son cimetière ; pour l'autre
au contraire, Ganna, il m'a été impossible de visiter moi-
même ses ruines situées au dire de témoins dignes de foi, à une
trentaine de kilomètres du Niger au Nord vers Banamba et
vers Touba sur les deux rives d'un marigot qui se jette dans
le fleuve auprès de Nyamina. Mais ces présomptions si fortes
soient-elles demandent à être confirmées par une visite aux

---

(1) *Tarick-es-Soudan*, Traduction de O. Houdas, p. 14.

monticules de détritus qui marquent les emplacements de la vieille cité des « *Hommes Rouges* » (1).

Koukia était au contraire la capitale des noirs et la première métropole do l'empire Songhaï avant l'établissement des Askias à Gao. Le *Tarikh-es-Soudan* dit (page 6) « Kou- « kiya, la cité très ancienne élevée au bord du fleuve sur le « territoire du Songhaï. Cette ville existait déjà au temps de « Pharaon... » (2). Mais l'existence et la position douteuse de cette ville disparue dans le courant du xviii° siècle a fait émettre par les savants et les explorateurs des opinions très différentes (Ralfs, Barth, Binger, F. Dubois... O. Houdas *Tarikh,* note p. 6).

Pourtant d'après les textes mêmes du *Tarikh*, il était permis de supposer que Koukiya ne devait pas être très éloignée de Gao, quoique formant une agglomération différente, en se basant surtout sur le passage suivant (*Tarikh* p. 165) : « Daoud fut proclamé souverain le dimanche, 25 du mois de « safar de l'année qui vient d'être indiquée (24 mars 1549)

---

(1) Cet emplacement d'ailleurs met de l'harmonie et accorde tous les textes anciens. Le *Tarik-es-Soudan,* dit p. 8 : La capitale était Ghâna, grande cité sise dans le pays de Bâghena », mais Sokolo qui occupe le centre du . Baghena, se trouve au Nord de cette position, en outre la province où se trouvent ces ruines s'appelle aujourd'hui (Gannia-ga : campements des gens de Gannia). Or, *El Bekri* (édit. de Slane, texte arabe, p. 174) et Yaquout (édit. Wüstenfeld, t. III, p. 770) disent formellement que Ghâna n'était pas dans le voisinage immédiat du Niger et Ebn-Khaldoun (*Histoire des Berbères,* trad. de Slane, t. II, p. 110), assure que la ville était formée de deux parties séparées par une rivière. C'était d'un marigot sans doute qu'il voulait parler et non du Niger.

(2) Le Pharaon de l'écrivain arabe est peut être tout simplement le chef Farang ou Pharam dont les exploits légendaires recueillis par M. Yakoula Dupuis se passent dans cette région nigérienne.

Fig. 79. — Vieille mosquée de Gao construite vers 1324 par
Kankan-Mansa-Moussa.

Fig. 80 — Inscription arabe gravée sur une meule dormante utilisée comme
stèle funéraire dans un cimetière Kountah (Tondibi).

Fig. 81. — Inscription Libyco Berbère, recueillie sur un rocher de la
Bezenga.

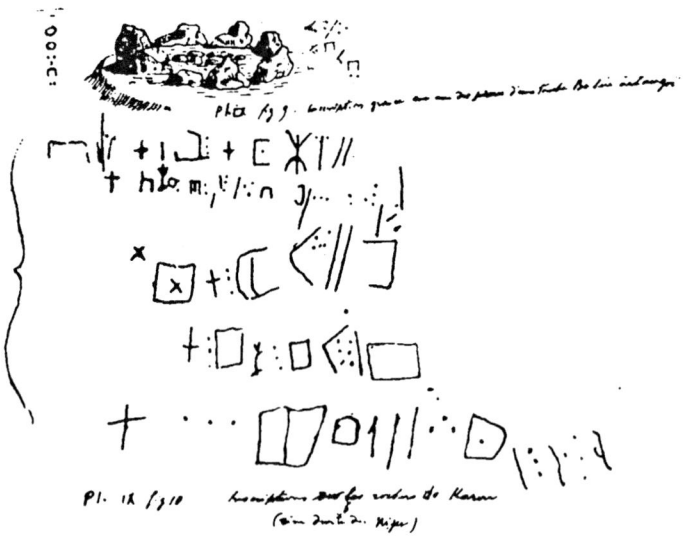

Fig. 82. — Inscriptions Libyco-Berbère et Tamachek (tafinagh) recueillies
vers Karon. Ouatagouna Zangoï sur la branche orientale du Niger.

« dans la ville de Koukiya. Il rentra à Kâgho le premier jour
« du mois de rebi 1er (30 mars) ».

En effet les ruines de cette capitale, qui m'ont été montrées
par Issa de Bentia un des derniers descendants des Askias, se
retrouvent sur la rive Est du Niger à quelques jours de marche de Gao (150 kil. au S.-E. environ) ; en face de la petite île
sur laquelle le village de Bentia (Binting de Barth) a été construit et que les indigènes appellent également Kotia Kokia
ou Koukia.

Aux pieds de cette capitale, s'arrête le grand bief navigable du Niger moyen ; car, plus au Sud, cet immense ruban
d'eau qui fait communiquer tout le Soudan nigérien se voit
divisé et barré par de nombreux récifs rocheux, qui par les
rapides et les chutes qu'ils déterminent dans le cours du
fleuve rendent la navigation très périlleuse.

Dès la plus haute antiquité, selon les traditions, la population noire primitive habitant ces îles, protégée par les flots écumeux du Niger, et aguerrie par sa lutte incessante contre les
éléments en courroux, avait construit à la tête du bief navigable, sa capitale commerciale Koukiya d'où s'est élancé le peuple Songhaï pour conquérir le Soudan et former le plus grand
et le plus fameux empire Noir.

Aujourd'hui, sur les bords du fleuve bouillonnant, il ne
reste de cette vieille métropole populeuse et célèbre, que de
vagues éminences d'argile parsemées de débris de poteries,
d'éclats de pierres et de fragments de meules en grès couvrant d'immenses espaces qu'envahit peu à peu la maigre
brousse des régions désertiques. Les seuls monuments intacts
qui ont résisté à la destruction du temps et des hommes, sont
de nombreuses pierres tumulaires dressées verticalement,

ou groupées en cercle sur la dune qui domine ces ruines informes. Leur sombre silhouette et leurs longues inscriptions s'efforcent, dirait-on, de vouloir faire échapper au néant, la gloire et les vertus de ceux qui ont fondé et illustré cette ville à jamais disparue.

Le pays de Tekrour situé sur le Niger moyen dont parle Ibn Batouta et que nous signalent tous les écrivains arabes comme s'étant converti le premier à l'islamisme n'avait pas encore été identifié exactement (1).

J'ai pu visiter heureusement cette région située comme le disait déjà Faidherbe en 1854 sur le Niger en amont de Tombouctou, et dont la capitale, réduite actuellement à l'état d'infime village porte encore le titre de Tokoro-Rundée (île de Tokrour) (2).

Voici d'ailleurs la tradition locale conservée dans la province du Farmaga sur les origines des pays musulmans de Tekrour.

Le royaume de Ganna habité par des gens de la Confédération des Rouges comptait déjà vingt-deux règnes de princes, lorsque dans le courant du Xe siècle les Arabes et les Berbères y apportèrent l'islamisme. Les peuples de la Confédération, Foulbés, Markas, Dia, etc. se convertirent nombreux à la religion nouvelle et bâtirent plusieurs mosquées dans les régions lacustres. Une des premières mosquée fut élevée par les habitants d'une bourgade commerçante située dans

(1) Voir général Faidherbe, *Grammaire et vocabulaire de la langue Peulh*, p. 4 et 5.

(2) La carte de « Spicq » de la Boucle du Niger (Henri Barrère, édit.) porte bien ce nom mais mal orthographié. Togoro-Kunde au lieu de Tokoro-Rundée sur le marigot de Dia entre Diafarabe et le Debo.

Fig. 83. — Le rocher de Songo, qui porte sur sa partie verticale blanche
de nombreux dessins.

Fig. 84 — Dessins rupestres de Songo.

Fig. 83. — Le rocher de Songo, qui porte sur sa partie verticale blanche
de nombreux dessins.

Fig. 84 — Dessins rupestres de Songo.

Fig. 85. — Types d'indigènes Habbé-Kas-Amba devant les dessins rupestres de Songo.

Fig. 86. — Dessins rupestres à 15 kil. au N.-O. de Bandiagara.

une île du Macina sur le Marigot de Dia à la limite du Bourgou et du Farimaké (Farmaga). Cette île se nommait Tokoro-
Rundée (l'île des Nénuphars). Cette bourgade, par la suite des
événements, devint réellement le centre de l'Islamisme soudanais, lorsque les bandes fétichistes des Soussous ravagèrent
et pillèrent Ganatha vers 1230-1240. Car pendant la guerre,
tout ce qui était musulman à Ganna, ville possédant alors,
dit-on, douze mosquées, se réfugia derrière le marigot de
Dia, dans l'île de Tokror. Les habitants de la région, noirs et
Peuhls mélangés, furent nommés les gens de Tekror (1),
Tokoror, Tokolor, nom qui est resté depuis à tous les métis
de Foulbés, qui a été appliqué par les Arabes et les Berbères
à tous les musulmans noirs soudanais et dont nous avons fait
Toucouleurs.

VI. — Dessins rupestres. Tafinagh berbères. Inscriptions arabes. Manuscrits récents.

Analyses des Manuscrits par M. O. Houdas, *professeur
à l'Ecole des Langues Orientales*

Le capitaine Koch et le docteur Jacquot découvrirent, en
1847, au cours d'une expédition du général Cavaignac dans
le Sud oranais, les premières gravures et dessins rupestres
africains à Thyout et à Mograr-et-Tahtani.

(1) Tokoro veut dire nénuphars, lotus, plante très abondante dans la
région lacustre et dont les pommes et les racines servent de comestibles cou -
ramment à tous les pêcheurs Bozos et aux gens du Farimaké. Au dire des
Bozos Tokoror Tokolor est synonyme de mangeurs de nénuphars, lotophages, terme appliqué primitivement aux habitants de la région lacustre.

Depuis cette époque, toutes les explorations du Nord de l'Afrique et du grand Sahara ont fait connaître de nombreuses stations nouvelles dispersées sur une aire vraiment considérable. Mais jusqu'à ces dernières années, il semblait que ces manifestations primitives de l'art et de l'écriture n'avaient pas pénétré en Nigritie.

Or, pendant la mission Tagant-Adrar, 1904-1905, M. Robert Arnaud découvrait en Mauritanie sénégalaise, dans les abris sous roche de la gorge de Garaoual, des dessins et des inscriptions rupestres. Ces dessins représentant surtout des animaux, sont tracés en noir et en rouge, accompagnés de plusieurs signes rappelant ceux des alphabets libyco-berbères.

A cette même époque, j'avais la chance de retrouver également sur les bords de l'inondation nigérienne et dans le plateau central soudanais, deux stations comportant des dessins du même genre.

A la vue des figures et des signes qui tapissaient, dans une de ces stations la paroi rocheuse d'une falaise du plateau de Bandiagara, mes interprètes et Maki Tall, petit-fils d'El Hadj Omar, ex-fama de Dinguiray, qui m'accompagnaient, m'indiquèrent immédiatement plusieurs autres stations du même genre situées, d'après eux, sur le plateau Mandingue et dans le massif guinéen. Ces stations restent encore à explorer.

Les premiers dessins rupestres que j'ai découverts m'avaient été signalés par les indigènes de Tondidarou pendant ma visite aux mégalithes sculptés. Ils me furent décrits comme des représentations de peignes de femmes, et c'est réellement l'impression première que vous donnent d'un peu loin ces grossières figurations.

Fig. 87. — Abri-repos d'un village Habbé de la plaine de Bankassi dont les piliers de bois portent des sculptures, figurations humaines, seins de femmes, marques de pas. . etc...

Fig. 88. — Kroukrou ou grenier à céréales orné en haut relief d'une figuration humaine et d'un oiseau animal totémique d'une tribu du clan des oiseaux.

Fig. 89.— Types des figures dessinées et peintes sur les rochers de Niodougon.

Fig. 90. — Types des figures peintes sur les rochers de Songo, et reproduites
souvent dans les décorations Habbés.

En réalité, ces dessins représentent des animaux et des cavaliers, accompagnés de quelques signes ; ils n'ont guère plus de 0,11^c et sont peints en rouge avec de l'oxyde de fer sur les gros blocs de quartzites de l'arête rocheuse de Niodougou qui n'est séparée de la région des mégalithes de Tondidarou que par un golfe du lac Takadji (fig. 89).

Beaucoup de ces figures, mal abritées des pluies par les têtes de rochers, sont à demi-effacées ou recouvertes de la patine noire qui envahit la pierre ; les autres, placées un peu haut sous les abris de roc ne peuvent être que difficilement photographiées. Mais cet ensemble de signes et d'animaux mêlés rappelle exactement les petits dessins figurés sur une Hadjra Mektouba « Pierre écrite », de la frontière marocaine reproduite dans un numéro de la Revue *Armée et Marine* (n° du 16 mars 1902) (1).

Les dessins rupestres, de la seconde station, avaient été exécutés en trois couleurs (rouge, noir et blanc) sur la paroi verticale du rocher, au-dessus des éboulis d'une falaise, auprès des ruines du vieux « Songo », dont les maisons éventrées se silhouettent pittoresquement au sommet d'un piton voisin.

Les habitants actuels du nouveau village de Songo construit dans la plaine à une quinzaine de kilomètres à l'Ouest de Bandiagara, prétendent que ces figures, de sacoches ? animaux, hommes, signes bizarres, diables, génies ou instruments, ont été tracés, il y a très longtemps, par les premiers habitants du vieux « Songo » qui apportèrent l'art de fabriquer le fer aux temps même où les négrilles habitaient

(1) *Anthropologie*, XVI, I, p. 119.

les rochers. Ce seraient ces mêmes métallurgistes, au dire des
légendes, qui introduisirent les coutumes de la circoncision en
Nigritie ?

Actuellement encore, ce sacrifice rituel sanglant se fait par
tradition, disent les indigènes de la région, au pied de cette
falaise, ornée de dessins coloriés représentant des emblèmes
de famille, des animaux protecteurs, génies du foyer ou des
instruments.

Ce mode d'ornementation en couleur, avec l'emploi des
mêmes motifs décoratifs, a persisté jusqu'à nos jours dans les
tribus « Rouges » des montagnes. Non seulement, on retrouve
ce mode d'ornementation dans les grottes contenant les restes
des anciens chefs, dont les petites chambres sépulcrales
en maçonnerie sont agrémentées et décorées extérieurement
de bandes parallèles, de chevrons, carrés, triangles, étoiles..., etc., tracés en plusieurs couleurs, rouge, noir, blanc,
mais nous voyons ces motifs réapparaître peints dans l'intérieur des cases, modelés en ronde bosse, sur les maisons des
chefs religieux et sur tous les krous-krous à mil (greniers à
céréales) ou sculptés en plein bois sur les poutres des
maisons ou les piliers des abris de villages (1) (fig. 87-88).

Les indigènes donnent actuellement encore une signification
à la plus grande partie de ces figures, emblèmes de tribus, de
familles, signes de reconnaissance, génies protecteurs, marques de corporation.

Il serait du plus haut intérêt de recueillir leurs explications

---

(1) Seront étudiés dans la partie ethnographique (ornementation et décoration). Ils semblent que plusieurs de ces signes figurent encore parmi les
marques des tribus Berbères nomades appliquées sur leur bétail comme signe
de propriété.

à ce sujet, car un grand nombre de ces dessins comme l'autruche, une figure spéciale d'homme, des génies, des traces
de pied, des seins de femmes, des instruments, crosse…, etc.,
employés dans l'ornementation actuelle, se retrouvent sur des
débris de vieilles poteries (du Yagha), dans les dessins rupestres et paraissent avoir été employés et reproduits en gravures dès la plus haute antiquité sur les rochers du Sahara.

Les deux autres stations de dessins et gravures rupestres
que Maki me signala en pleine Nigritie sont situés sur le plateau Mandingue.

La première serait placée dans l'arête rocheuse comprise
entre Sampigna et Kouragué sous un abri de rochers ou
grotte non loin de la grande route qui conduit de Dinguiray
à Kitha ; mais au delà du village de Kinikana et près de Sira-
koro.

La deuxième, contenant surtout, me dit-on, des gravures
ou lignes gravées sur blocs de rochers, serait située sur un
petit marigot près des ruines très anciennes d'un vieux village entre Bagnagna et Takoutala à une trentaine de kilomètres au S.-E. de la route Dinguiray-Tomba.

M. l'administrateur Chaffaud, commandant le cercle de Dinguiray, a bien voulu me confirmer ce fait.

Toutefois ces deux stations que je n'ai malheureusement
pu visiter pendant mon voyage, sont encore à explorer et à
étudier.

Parmi les figures d'hommes ou d'animaux représentées
dans les dessins rupestres on aperçoit des signes analogues à
certains caractères de l'écriture Lybico berbère ; d'ailleurs
les inscriptions en « tafinagh » quoique peu nombreuses se
retrouvent pourtant dans ces mêmes régions soudanaises.

principalement sur des pierres des enceintes circulaires de
vieilles sépultures ; c'est ainsi que j'ai pu en recueillir sur
une tombe à double enceinte de Zamgoï et dans le cimetière
de Labezenga, avec quelques autres, qui avaient été gravées
sur les rochers de la rive droite du Niger en face du village
de Karou (fig. 81-82). Les indigènes en signalent également
d'autres à la limite de l'inondation nigérienne gravées sur
des blocs rocheux ; elles sont encore à retrouver et à
recueillir.

Si les traces de l'écriture berbère restent toujours rares en
Nigritie, l'écriture arabe est représentée par de nombreuses
inscriptions sur les frustes stèles funéraires des cimetières
musulmans des grandes villes soudanaises, et sur les pierres
tombales des tribus nomades maraboutiques, berbères-arabi-
sés (Kountah, Iguellads, Kel-Antassars, Kel-es Souk) (fig. 80).

Ce fut grâce à la traduction de plusieurs inscriptions funéraires d'un cimetière datant des vii⁰ et viii⁰ siècles de l'Hégire
et placées au milieu de nombreuses ruines dominant le cours
du Niger en face des rapides de Bentia, qu'il a été possible
de certifier la véracité des légendes locales qui plaçaient en
ce site l'antique Koukia, première métropole de l'empire
Songhoï.

Parmi ces inscriptions, si quelques-unes ne donnent que
des indications générales sur le défunt et son lieu d'origine,
d'autres contiennent de vrais panégyriques.

Voici la traduction de deux de ces textes arabes ;

1° *Inscription d'une tombe de Sansanding* : « Louange à
« Dieu seul. O mon Dieu répands tes bénédictions sur Celui
« après Lequel il n'y a plus de Prophète. Ceci est le tombeau

« de feu Salem-ben-Abbaker-ben-Mohamed-Essellami, de
« Tichit où il est né et où il demeurait.

« O mon Dieu fais miséricorde à tous.

« Amen. »

2° *Inscription recueillie sur la tombe d'un marabout célè-*
bre, dans un cimetière nigérien : « Au nom de Dieu clément
« et miséricordieux ! Que Dieu répande ses bénédictions sur
« le Prophète généreux. Ceci est le tombeau du défunt,
« pieux, pur, ascète, animé de la crainte de Dieu, qui don-
« nait généreusement son bien pour la satisfaction de son
« Seigneur, dont il se contentait, et qui pendant sa vie se
« préparait à sa fin ayant en vue, ce faisant, le contentement
« de son Maître, feu Omar-ben-El-Hadj-ben-Ahmed-El-Hadj
« Mohamed-ben Aadjou-ben-Mohham-ben-El-Habib-ben-Et-
« Taleb-Yahga-ben-Ez-Zenhaf-Mohamed. Que Dieu soit pour
« moi et pour eux un protecteur et un défenseur.

« O mon Dieu fasse que la fin de mes paroles au moment
« du dernier soupir soit : Il n'y a de Divinité que Dieu. »

Ces belles inscriptions appartiennent généralement à la
brillante période littéraire qui se développa en Nigritie dans
le courant des xv° et xvi° siècles.

La chronique du *Tarick-es-Soudan* nous fait connaître en
partie l'histoire des empires noirs à cette époque, malheureusement à part ce manuscrit il ne nous est parvenu qu'un très
petit nombre de documents historiques.

Note de M. O. HOUDAS, *professeur à l'Ecole des langues orientales.*

J'ai bien glané, à mon passage, chez divers marabouts, des copies, de manuscrits et de lettres traitant d'événements historiques, mais la récolte n'a pas été très brillante. Cependant M. O. *Houdas, professeur à l'Ecole des langues orientales,* a bien voulu faire l'analyse de ces divers documents et voici son opinion sur chacun de ces manuscrits.

1° Le premier est une lettre circulaire écrite par Nouh-ben-Et-Tahar, disciple du Cheikh Sidi-El-Mokhtar-ben-Ahmed-El-Kounti et adressée à toutes les tribus sahariennes du Soudan occidental. L'auteur annonce qu'Ahmed-ben-Ahmed-ben-Bou-Beker (1), qui fait la guerre sainte dans le Macina, est le 22ᵉ khalife dont parle Mahmoud-Kiato dans son ouvrage historique intitulé : *El-Fettâhi.* Le fragment du *El-Fettâch,* qui est cité, donne une certaine valeur à cette circulaire et il serait assez intéressant d'en publier une traduction.

2° Le deuxième manuscrit comprend avec des anecdotes survenues à Tombouctou, au temps des pachas, la nomenclature des mosquées construites au Soudan depuis Askia jusqu'à nos jours.

3° Le troisième manuscrit est une lettre d'Askia-El-Hadj, habitant Koukia, écrite à son retour du pèlérinage de La Mecque, pour faire part au sultan du Maroc à Fez de son entretien avec le prince des Croyants, au sujet de la guerre sainte.

(1) Amahdou Scheikou.

Le n° 4 est une consultation juridique sur la question de savoir si les nègres amenés au Touat peuvent être considérés comme esclaves et par suite être vendus. L'auteur, Ahmed-Baba-ben-Ahmed-ben-Ahmed-El-Hadj-Ahmed, indique les conditions qui, d'après la loi musulmane, permettent de réduire un homme à l'esclavage et, à ce propos, il cite à plusieurs reprises l'historien Ibn-Khaldoun.

Le n° 5 a pour auteur : Otsman-ben-Mohamed-ben Otsman, surnommé Ibn-Fodié (1). Son but est de faire connaître quelles sont les populations soudanaises qui peuvent être réduites en esclavage. Il distingue chez les nègres trois catégories d'hommes : 1° les vrais musulmans ; 2° les faux musulmans ; 3° les infidèles. Il appelle faux musulmans ceux qui, ayant embrassé l'islamisme, ont conservé des pratiques religieuses païennes et il énumère toutes ces pratiques en même temps qu'il trace les devoirs que l'islamisme impose à ses adeptes. Cette brochure est intéressante et mériterait d'autant plus d'être traduite que la description des coutumes rituelles fétichistes lui donne une valeur ethnographique sérieuse.

Le n° 6 contient une liste des rois bambaras qui ont précédé El-Hadj-Omar et son fils. La durée de chaque règne est notée et la période comprise dans cette nomenclature s'élève à 176 ans.

Le n° 7 répond aux reproches que le prince des croyants Ahmed-ben-Mohammed avait adressés à Mohammed-ben-Otoman-El-Bokhâri (2) qui avait refusé de lui prêter serment de fidélité et avait quitté ses Etats. El-Bokhâri demande au

(1) Conquérant Foulbé du Haoussa et du Sakoto au commencement du xix° siècle.
(2) Amahdou Scheikou, aux chefs de Djigoldi et Liptako.

prince de formuler ses griefs par écrit au lieu de les lui faire connaître de vive voix par un messager. Il cite néanmoins les textes sur lesquels il s'appuie pour méconnaître l'autorité du souverain.

Le n° 8 rappelle à une pratique plus régulière de l'islamisme les Rouma de Djénné et leurs partisans de race blanche ou de race noire. L'auteur de cette épître est Mohammed-ben-El-Mokhtar-ben-Ahmed-ben-Bou-Beker.

Le n° 9 est un fragment de l'histoire du Soudan en 1821. C'est une compilation qui renferme quelques détails curieux. Malheureusement le copiste ne comprenant pas le texte qu'il avait sous les yeux a fait des fautes si grossières qu'on aurait beaucoup de peine à donner une traduction exacte de certains passages.

VII. — Anthropologie

*Note sur les collections anthropologiques recueillies par
M. le lieutenant Desplagnes dans le moyen Niger, par
M. le professeur* E.-T. HAMY, *membre de l'Institut.*

Les deux campagnes, conduites avec autant de succès que
de courage par M. le lieutenant Desplagnes dans la région
moyenne du Niger, n'ont pas eu seulement des résultats de
l'ordre géographique. Aux renseignements tout nouveaux
qu'il a recueillis sur la chaîne qui limite la boucle du fleuve
dans la direction du Sud, aux indications précises qu'il a
rapportées sur le long chapelet de lacs à peu près inconnus
qui reproduisent dans la plaine à l'Est du grand fleuve les
mêmes phénomènes qu'on avait observés déjà vers sa rive
occidentale, M. Desplagnes a ajouté, en effet, une quantité
énorme de documents particulièrement précieux sur les premières populations de ce vaste bassin, dont il a retrouvé les
restes, à l'état d'îlots ethniques, soit dans les îles et les
marécages, soit dans les hautes falaises méridionales (1).

Ces tribus, à peu près inconnues jusqu'ici, portent les
noms de *Sorkos*, dans la vallée, de *Habbés* dans la montagne,
et M. Desplagnes a fixé dans ses notes, ses photographies (2)
et ses collections les survivances qui distinguent les unes et
les autres des nouveaux venus qui ont dépossédé ces anciens

---

(1) Cf. L. Desplagnes, *Une mission archéologique dans la vallée du
Niger* (La Géographie, t. XIII, pp. 81-90, fig. 17-20, 1906). — *Id., Le
plateau central nigérien* (Bull. de geogr. hist. et descriptive, 1906,
pp. 65-81, carte. — *Bull. Soc. d'Anthrop.*, 1er février 1906, pp. 73-86).
(2) Au nombre de plus de 500.

habitants du sol et les ont refoulés dans les sites où on les retrouve aujourd'hui.

Sorkos et Habbés avaient largement développé jadis une civilisation analogue à celle de notre *période néolithique*, et M. Desplagnes a réuni dans une étonnante vitrine du Musée du Trocadéro des spécimens à la fois très nombreux et fort remarquables de cette archéologie caractéristique.

Les Habbés de nos jours ont, d'ailleurs, conservé un certain nombre d'habitudes et de pratiques représentées aussi dans les matériaux de la mission de M. Desplagnes par un certain nombre d'objets dont l'interprétation lui a fourni des données ethnographiques instructives.

Enfin, grâce à une petite collection de crânes et d'ossements offert au Muséum et provenant d'anciennes sépultures fouillées par ce voyageur dans les falaises de Bandiagara et des monts Dalla et Hombori, nous sommes en mesure de commenter, à un autre point de vue encore, cette ethnologie si nouvelle, et je me propose d'aborder rapidement, dans les lignes qui vont suivre, l'étude des *affinités anatomiques* de ces néolithiques nigériens, *hier encore tout à fait ignorées des anthropologistes.*

I

La première série que nous ayons à analyser se compose de trois crânes exhumés d'une sorte d'abri sous roche, entre Tougoume et Sigama, dans le cercle de Bandiagara. La sépulture avait été déjà violée ; on y reconnaissait toutefois des restes fort apparents de deux enceintes en pierres sèches de formes arrondies ; la plus interne contenait de nombreux

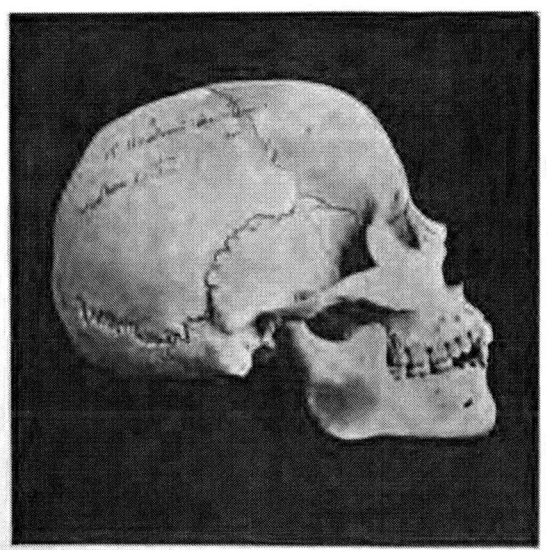

Fig. 91. — Crâne trouvé dans un dolmen sur fissure naturelle au Hombori.

restes humains, orientés de l'Ouest à l'Est et des poteries
rouges, bien cuites, sorte d'escabeaux à pieds courbes ajourés, qui avaient dû servir d'offertoires.

Les crânes recueillis dans cette tombe sont tous trois masculins, et relativement volumineux (cap. crân, moyenne
1455 cc. ; circonf. horizont. 0 m. 513). Cette augmentation
de volume se traduit dans toutes les mesures diamétrales qui
l'emportent, inégalement d'ailleurs, sur les mesures corres-
pondantes des Soudaniens actuels. Les diamètres moyens
antéro-postérieur et transverse s'élèvent, en effet, à 0 m. 189
et 0 m. 137 et comme ce dernier a pris une importance rela-
tive un peu plus considérable, l'indice céphalique, de 69,7
qu'il est chez les Soudaniens de la région du Niger s'élève à
72,4 chez les Habés de Bandiagara. Par contre, l'accroisse-
ment du diamètre basilo-bregmatique étant moins sensible
que celui des deux autres diamètres, le rapport de la hauteur
à la longueur s'abaisse à 71,9 et l'hypsisténocéphalie, habituelle à tous les groupes nigériens actuels disparaît, l'indice
de hauteur-largeur demeurant inférieur à 100 (99,2).

Ces crânes offrent d'ailleurs la morphologie habituelle aux
Soudaniens vrais avec quelque chose de plus massif et de
plus brutal. Ils ont surtout les arcades sourcilières plus pro-
noncées et les insertions de la base beaucoup plus appa-
rentes. La région pariétale est relativement plus importante.

La face est d'une rudesse frappante. Toutes ses dimensions
sont augmentées à la fois en largeur et en hauteur, mais
l'ampliation des dimensions verticales étant plus considérable,
l'indice facial de 71,0 qu'il est chez les Soudaniens modernes
monte à 73,1. Les arcades zygomatiques se détachent notablement, surtout sur un des trois sujets, le plus grossier d'aspect

de cette petite série, où elles deviennent de véritables *ansæ capitis*.

Les mesures de l'orbite varient peu du Soudanien moderne au noir ancien de Bandiagua et l'indice orbitaire change à peine d'un groupe à l'autre (haut. 33 mm., larg. 38 mm. ; ind. orb. 86,8). L'indice nasal, pris sur deux de nos sujets seulement (le troisième est déformé par un vaste polype) est un peu plus platyrrhénien chez les Habbés que chez les Soudaniens ; la largeur du nez atteignant 28, la hauteur demeurant la même (50), l'indice nasal se chiffre par 56 au lieu de 54.

Le prognathisme se traduit par des angles faciaux, al- véolaire et sous-nasal de 68° et de 78° ; les mêmes angles mesurent chez les Soudaniens 63° et 76°.

Un fémur gauche, le seul os long rapporté par M. Des- plagnes de Bandiagara, mesure 477 mm., ce qui correspon- drait à une taille de 1 m. 75 au moins.

II

Une deuxième série de crânes provient des montagnes de Dalla. Ils ont été tirés, le 12 février 1905, d'une petite case en maçonnerie de 4 mètres de long sur 2 mètres de large et 1 mètre de haut, ménagée dans un abri sous roche à 200 mètres environ d'altitude dans la falaise qui borde au Sud le bassin lacustre dont il était question plus haut. M. Des- plagnes suppose que cette sépulture, qui renfermait les restes d'une quinzaine d'individus, serait antérieure à l'arrivée des Sonrhays dans la région (xii° siècle).

De ces cinq crânes de Dalla, quatre sont masculins ; le

cinquième·a appartenu à une femme relativement vigoureuse et un peu homasse, pour ainsi dire ; ces gens du Dalla appartiennent à deux types notablement différents, l'un qui se rapproche plus à certains égards des Soudaniens modernes ; l'autre qui s'en écarte davantage au contraire.

Le premier type de Dalla, tout en conservant dans ses trois dimensions une suprématie notable sur le Soudanien actuel présente des indices crâniens presque identiques. Les trois diamètres mesurent respectivement 0 m. 191, 0 m. 133, 0 m 139. Les indices correspondants se chiffrent par 69,6 ; 72,7 ; 104,5. Chez les Soudaniens les mêmes diamètres sont représentés par 0 m. 182, 0 m. 127, 0 m. 133, mais les indices demeurent 69,7 ; 73,0 ; 104,7.

Il en est de même des proportions faciales ; les dimensions sont un peu plus grandes, mais l'indice facial varie peu (71,4 au lieu de 71,0), l'indice orbitaire est exactement le même, l'indice nasal exagéré (62,5 au lieu de 54,0) dans le sens de la platyrrhonie.

Les angles faciaux sont presque les mêmes ; l'alvéolaire un peu plus fermé (61°), le sous-nasal à peine un peu plus ouvert (77°).

Le second type de Dalla tend vers cette autre race négritienne dont j'ai essayé naguère de dégager le type sous le nom de *Nouba-haoussa* (1) et dont les sept tribus de ce dernier peuple représentent l'élément occidental. Ce sont presque les mêmes diamètres et les mêmes indices que l'on relève chez les uns et chez les autres (Dalla (2), ind. céph. 76,7 ; 73,5 ; 95,7. Haoussas 77,2 ; 73,4 ; 95,0). Les variations des indices

(1) Cf. *Crania Ethnica*, pp. 340 et suiv.

sont plus étendues à la face qui est proportionnellement un peu plus haute, mais avec un nez qui reproduit les éléments numériques du type Dalla n° 1.

Les crânes des monts Hombouri, dont il me reste à dire quelques mots, ont été trouvés le 8 février 1905 dans des fentes naturelles de rochers de ces montagnes, que recouvrent des blocs de pierre rapportés, formant de petites chambres irrégulières. Plusieurs sujets à la fois occupent la même cavité et sont habituellement assez emmêlés pour qu'il soit impossible de faire, suivant l'expression du voyageur, l'attribution individuelle exacte de chaque ossement. Un sujet sur quatre qui nous ont été rapportés, est atteint de scaphocéphalée ; c'est une femme. Les trois autres sont masculins. Ils diffèrent considérablement les uns des autres ; le premier paraît rentrer plutôt dans le type que je viens de définir sommairement sous le nom de Dalla n° 1, tandis que le troisième rappelle de préférence le type n° 2 de la même région.

Par les chiffres, la petite série du mont Hombouri s'écarte même assez peu de ce deuxième type, et quelques mensurations seules accentuent certaines particularités telles qu'une brièveté un peu plus marquée de la face et du squelette nasal en particulier.

Le taille moyenne donnée par trois fémurs recueillis par le voyageur serait à peu près la même que celle du sujet de Bandiagara, mais il n'est pas inutile d'observer que l'un de ces trois os atteint 524 mm., ce qui correspond à une taille des plus élevées.

En résumé, le rapide examen que nous venons de faire

nous apprend que les Habbés sont très franchement nègres, dolichocéphales en moyenne (74 d'indice) beaucoup plus prognathes que ne le soupçonnait notre voyageur (angl. fac. s. nas. 76° alv. 64°). Ils sont en outre d'une taille très élevée (moy. 4 fémurs 0 m. 475) ainsi qu'il le proclame. Ces nègres des montagnes ne constituent pas une race particulière (M. Desplagnes l'avait bien constaté) (1), mais rappellent les deux types fondamentaux du Soudan actuel. Soudaniens et Noubas (2) sans qu'il soit possible d'établir, d'ailleurs, avec les Barbaresques les affinités que leur ethnographie paraît mettre en évidence.

(1) *Bull. de géogr. hist. et descript.*, 1906, p. 69.
(2) Cf. *Crania Ethnica*, pp. 346 et 352.

Mesures	Crânes anciens de la collection DESPLAGNES					Crânes modernes	
	Bandia-gara	Dalla			Hom-bouri	Souda-niens pp^t dits	Nou-bas-Haous-sas
		1er type	2e type				
	3 ♂	2 ♂	2 ♂	1 ♀	3 ♂	7 ♂	8 ♂
Cap. crân.	1455	»	»	»	»	1300	1455
Circonf. horizontale .	513	525	520	500	»	501	513
D. ant. post.	189	191	186	178	180	182	181
transv. max. . . .	137	133	143	138	136	127	140
basil. bregm. . .	136	139	136	134	129	133	136
Indice larg. long. . .	72,4	69,6	76,8	77,5	75,5	69,7	77,2
— haut. long. . .	71,9	72,7	73,1	76,5	71,1	73,0	73,4
— haut. larg. . .	99,2	104,3	95,1	97,1	94,8	104,7	95,0
Diam. front. max. .	115	111	116	113	115	109	116
— — min. .	93	99	96	94	93	96	97
— biorb. ext. . .	110	110	110	100	105	104	108
— bizygom. . . .	134	133	136	126	129	128	130
Face haut.	98	95	97	77	87	91	89
Indice facial.	73,1	71,4	71,3	61,1	67,4	71,0	68,4
Orbite long.	38	38	40	36	38	38	38
— haut.	33	34	35	31	33	34	34
Indice orbitaire. . . .	86,8	89,4	87,5	86,1	86,8	89,4	89,4
Nez larg.	28	30	29	27	27	27	26
— haut.	50	48	51	44	45	50	47
Indice nasal.	56,0	62,5	56,8	56,6	60,0	54,0	55,3
Angle fac. alv. . . .	62°	61°	63°	64°	65°	63°	62°
— s. nas.	74°	77°	74°	81°	75°	76°	76°

DEUXIÈME PARTIE

ETHNOGRAPHIE

CHAPITRE PREMIER

GÉNÉRALITÉS

L'examen attentif des documents anthropologiques, que renferment nos musées et laboratoires d'Europe, rapportés de l'Afrique soudanaise à diverses époques, nous donnent l'impression d'un mélange de types très différents dans des groupements compris souvent sous la même dénomination ethnique. D'ailleurs cette impression de diversité de types dans une même tribu et souvent dans une même famille, frappe vivement l'Européen qui parcourt la brousse depuis quelques mois.

Il semble donc qu'en général un type homogène n'existe pas dans chacun des groupements indigènes que nous rencontrons si nombreux et portant des noms si divers, dans tous nos territoires de l'Afrique occidentale française.

Cependant il paraît aussi que dans la composition de ces diverses peuplades noires subsistent deux types d'hommes bien distincts, mélangés en proportions très variables.

C'est une impression qui frappe aussi bien le voyageur dans la brousse que le savant dans son laboratoire.

Le premier type est celui d'un homme, de haute stature, large d'envergure, au thorax bien développé, aux membres

7

longs, bien musclés, terminés par des attaches fines. Avec
un teint très noir et des traits quelquefois adoucis, il présente souvent un prognathisme relativement atténué.

Le second type nous offre un homme plus trapu, plus
ramassé, d'aspect massif, avec un buste long et des jambes
courtes : il joint à un teint, généralement rouge-brun, une
tête plus arondie, une mâchoire plus prognathe.

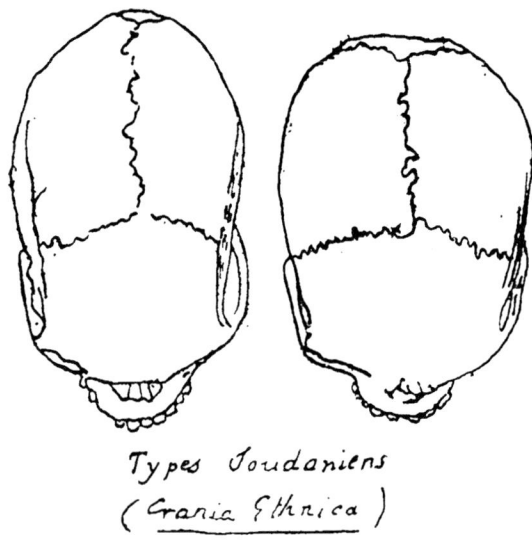

Types Joudaniens
(Crania Ethnica)

Mais ces deux types de noirs n'ont pas seulement réagi l'un
sur l'autre, ils se sont très diversement mélangés avec des
peuplades blanches ou « rouges », Sémites ou Berbères,
descendues du Nord, déjà plus ou moins métissées elles-
mêmes.

Aussi devant cet amalgame de peuplades, de tribus et de
familles si diverses, il est très difficile d'en déterminer les
origines, ou d'établir les migrations et les mélanges succes-

sifs qui en ont été la conséquence. Car des guerres, aussi nombreuses qu'interminables entre les tribus, ont amené des mélanges entre certaines fractions, puis la création des castes et de la captivité.

Chacun des nouveaux groupes créés par ces événements a reçu une désignation nouvelle, souvent dans des idiomes différents. Ces appellations servent plus généralement à rappeler le fait politique qu'à désigner le groupement ethnique d'une population.

Si donc des individus d'une même famille en arrivent ainsi à faire partie de castes différentes et à être englobés dans des groupements politiques variés, nous voyons aussi, fréquemment, classés sous la même désignation et faisant partie des mêmes clans, des indigènes de races et d'origines bien différentes, comme certains Touareg, noirs pêcheurs ou Foulbès du clan des oiseaux (*Oua-Gara*).

C'est ainsi que des événements politiques ou des idées religieuses communes groupèrent en une même confédération des populations diverses qui, toutes alliées, tributaires ou vassales, adoptèrent momentanément l'emblème ou la divinité protectrice de la famille régnante. Mais ces tribus n'en restèrent pas moins à la merci d'un événement ou des circonstances pour se regrouper diversement sous une nouvelle désignation.

Nous verrons de même les esclaves et les captifs, d'origines diverses, s'approprier toujours le nom et les titres de la famille de leur maître, et changer ainsi la composition ethnique de cette famille qu'ils modifieront encore par leur métissage.

Pour arriver à définir ou tout au moins à distinguer les principales races les unes des autres, et pour retrouver les

grands mouvements démographiques qui ont amené, dans
ces régions, ces divers groupements humains, nous devons
donc simultanément user de tous les moyens d'investigation
mis à notre disposition par les études comparées de l'anthropologie, de l'ethnographie, de l'archéologie et de la linguistique de ces peuplades, par une connaissance plus approfondie
de leurs mœurs, coutumes, idées religieuses, par l'observation des règles qui ont présidé à la formation, à la constitution et à la désignation de leurs divers groupements sociaux,
et enfin par le recueil de leurs traditions ou légendes.

Ce sera néanmoins une tâche toujours très difficile, même
avec une grande connaissance d'une région et un long séjour
chez diverses populations indigènes, que de pénétrer la mentalité, les conceptions philosophiques et les anciennes idées
religieuses qui servent de base à l'organisation sociale de ces
peuples, car, de nos jours, les tribus islamisées n'avouent que
très péniblement leur attachement à ces idées, et les fétichistes du Sud ne se laissent que très imparfaitement pénétrer.
Vaincus, ils considèrent les Européens conquérants comme
d'une autre race, complètement étrangère à leur manière de
vivre, et ne subissent leurs investigations qu'avec des sentiments de méfiance et de crainte.

Je dois donc considérer comme une véritable chance d'avoir
poussé mes recherches sur le plateau central nigérien et
d'être entré en relation avec les vieillards des tribus montagnardes, grands prêtres des divinités protectrices et gardiens
des coutumes, légendes et traditions de ces peuples.

Aussi avant de commencer l'ethnographie des pêcheurs
Bozos et agriculteurs Oumboï qui semblent devoir nous
représenter des éléments, plus ou moins altérés des primitifs

noirs, et l'étude des Habbés de la montagne, métis de ce type primitif, avec des envahisseurs rouges, je crois devoir exposer diverses idées qui, d'après les chefs religieux « rouges », ont présidé à l'organisation sociale des Soudanais, à la formation des groupements, à la constitution des castes ; puis présente les légendes conservées par ces prêtres, sur l'origine des grands mouvements démographiques de l'Afrique soudanaise.

Ces documents ont été fournis en partie par un des vieux chefs religieux du plateau de Bandiagara, le Hogon de Bankassi ; ils m'ont été exposés et commentés par un Toucouleur Foutanké d'une grande intelligence et d'une tournure d'esprit très vive, Maki-Tall, petit-fils d'El-Hadj-Omar et ancien fama de Dinguiray, enfin confirmés pour les populations Berbères par mon interprète Ould-Badi.

CHAPITRE II

FORMATION ET CONSTITUTION DES GROUPEMENTS
FAMILLES, TRIBUS ET CONFÉDÉRATIONS

Pendant mon séjour dans les massifs chaotiques du plateau central nigérien, énormes amoncellements de rochers arides, aux formes bizarres, dominant les dunes de la plaine, j'avais été très frappé de la variété extraordinaire des noms de famille de ces montagnards appelés par les Foulbés, musulmans de la plaine, des *Habbés* (1).

Aussi, lorsque le vieil Hogon de Bankassi, conservateur des traditions populaires, voulut bien me raconter les légendes locales, je m'empressai de l'interroger sur l'origine de ces populations soudanaises.

D'après ce vieillard vénérable, les premières populations de toutes ces régions nigériennes furent de petits sauvages, nains roux, vivant de chasse et de pêche, habitant sous des abris de rochers ou dans les taillis des fourrés. Ces *négrilles* ont été refoulés depuis longtemps dans les grandes forêts du Sud et de l'Ouest.

Au milieu de ces peuplades arrivèrent successivement des tribus de grands hommes d'origines très diverses, descendus des plateaux du Nord et de l'Est, dont les familles s'appe-

(1) Au singulier Habbès fait Kaddo.

laient de noms monosyllabiques : *Bo, Ba, Be* ou *Ga, Ka, Gue,* ou *Lo, La, Lo, Mo, A, As, Ad, Ar, At, Ia, Dia, Dio,* etc. ou *Oum,* ou *Om, Har, Nda.*

Peu à peu ces tribus se mélangèrent ou s'allièrent, soit entre elles, soit avec les négrilles et pour les distinguer de celles qui étaient restées sans mélange, on les désigna par les deux noms accolés des familles primitives, père ou mère (1) de la tribu métissée, selon l'expression du Hogon.

C'est ainsi que l'ancienne famille soudanaise *Bo, Ba,* ou *Be,* sortie « des trous de la terre sur les bords du Niger, d'après la légende » et dont les *Bo-bo* actuels sont les descendants, a formé, avec les différentes tribus survenues tour à tour dans la région, les populations suivantes :

Avec les Oum ou Om arrivant de l'Est : les Oumbo, appelés : *Houmbo* (ou *Hombebe* au pluriel) (2), *Toumbo, Fombo* et *Nombo,* etc., avec les *La* ou *Lo,* les *Lobo,* les *Bala, Bela* ou *Kala, Gala* et *Baga* ou *Baka,* et avec les *Ia, Io, Dio,* les *Dibo* et *Iobo,* de même nous avons *Na-Bo, Kontabo,* etc., etc., puis les *N'dogom, N'dogomba, Nda-ga,* etc., *Atla* « *Atlantes* », etc.

Mais peu à peu des intérêts communs à défendre ou une affiliation à de mêmes idées religieuses amenèrent avec des groupements nouveaux la formation de confédérations qui prirent le nom ou les emblèmes de la tribu directrice. Presque toutes les tribus du Soudan se trouvèrent, à un moment donné, rattachées ou placées tour à tour sous la protection de

(1) Peut-être doit-on voir là l'origine des tribus mâles et des tribus femelles.

(2) Il est à remarquer que ces noms de peuples se terminent en A dans le Nord en langue Sarrakolle, en E dans le centre dans la langue Peuhl, et en O dans les dialectes primitifs. Ex. : Taga fait Tegue ou Togo. Ga = Gue = Go. Ba = Be = Bo. Tala = Tele = Tolo. En outre *l* se change en *r* très souvent.

trois de ces tribus descendues à une époque très reculée du Nord et du Nord-Est, ce furent les *Ma,* fondateurs de la confédération des poissons, les *Oua* de la confédération des oiseaux et les *Sa* de la confédération des serpents.

Chaque fois qu'une famille était soumise ou affiliée à un de ces clans, elle ajoutait à son nom le titre du clan, c'est ainsi que nous eûmes : les *Ma-Nda* ou « *Mande* », les *Ouanda,* les *Sonda,* de même les *Bo* ou *Ba* devinrent *Ba-Ma,* puis *So-Bo* ou *Boso,* les *Oums* devinrent *Touma* et les *Gala* devinrent *Sakala* ou *Sokolo.*

Mais bientôt de nouveaux groupements se forment avec l'arrivée au pouvoir d'autres tribus qui grandissent probablement sous l'influence d'idées religieuses nouvelles. On abandonne les animaux éponymiques, signes de ralliement à une fédération commune, pour adopter le nom de la famille régnante, nom qui, par suite de la couleur « *tanna* » (emblème) adoptée par les chefs, a servi chez les primitifs vassaux à désigner la couleur elle-même.

Les tribus affiliées, soumises ou conquises à ces nouvelles confédérations ajoutèrent à leur nom le terme indiquant la couleur du groupement quels que fussent d'ailleurs leur origine et leur teint.

Les premiers groupements établis furent ceux des rouges *Gara* ou *Oulé* ou *Koron* et ceux des noirs *Bibi ou Fing,* puis dans le Nord et Nord-Ouest se forma le groupement des blancs, *Korrey, Kolleï, Fùfu, Beïdhannes (Idhannes, Keïta, Meïga).*

C'est ainsi que nous retrouvons les membres du clan rouge sous le nom de Ga-gara, Gara-Ma, Gara-Sâ, Gara-Oua ou Ouagara, Korongoï, Koromeï, Oua-Oulé, Ouassoulo, Bobo-Oulé, etc.

Les noirs comme Bobo-Fing, Morobibi, Gabibi, etc.

Les blancs comme Oua-Korey, Sara-Kolley, Nda-Fùfu, etc.

Chacun de ces groupements contenait des familles d'origines très diverses. Mais très probablement cette distinction établie sur la couleur a dû être basée sur un signe de reconnaissance qui rendait telle couleur « *tabou* », pour le groupement : c'est ainsi qu'en étudiant les tannas des tribus nous verrons des Mar-Kas, « *rouges* », avoir comme défense l'usage de vêtements lustrés noirs du Haoussa, de même que nous constaterons l'antipathie des individus du clan des Bambaras, *moro-fing, homme noir*, pour les vêtements rouges, verts ou jaunes, objets de prédilection des Sarra-kolé, des Markas, des gens de Tombouctou et des forgerons, etc., qui, tous, ont appartenu à des clans rouges. Nous voyons également les Touareg nobles et certaines tribus maures n'accepter que l'usage des vêtements sombres noirs avec une ornementation rouge et refuser tous vêtements blancs.

Mais cette division des groupements basée sur les couleurs, tirée du nom de la famille ou tribu gouvernante, n'a pas été la seule, car on retrouve une division (principalement chez les rouges), en tribus mâles et femelles, qui semble remonter à une très haute antiquité.

Les tribus mâles, qui furent peut-être aussi les clans directeurs des confédérations, ont conservé le culte lunaire des autels phalliques et adorent le principe mâle d'une triade divine. Elles se distinguent par un *r*, dans leur nom de famille : *Kar, Sar, Nar, Her, Hor*, etc. etc.... Les tribus femelles ont le culte solaire, adorent les principes femelles de la triade divine et leur nom se termine par *ng, ngo, nga*. Ainsi nous avons les *Har-Oua* et les *Quango*, les *Harma* et les *Mango*, les *Sorkos* et les *Songo*, les *Dingo*, *Iongo*, etc.

Ainsi d'après les traditions du *Hogon* de *Bankassi* on doit retrouver dans les noms des familles et des tribus l'indice de leur origine et de leurs affiliations successives dans les diverses confédérations soudanaises.

Toutefois il faut remarquer que les terminaisons : *a, ba, ka, be, nke, tie,* ont souvent un sens très général qui signifie les gens de, les hommes de, les enfants de, etc. : de même les terminaisons : *ri, dou, dougou,* signifient les pays de : et donnent, en outre, l'indication de l'idiome dans lequel est exprimé le nom de la tribu ou de la région. Ainsi :

Toumbo fait *Toumbori*, pays des Toumbo.

Houmbo — *Houmbori.*

   Samo — *Samori* et par superfétation *Samoridougou.*

Ouaga — *Ouagadou*, *Ouagadougou.*

Ndaga — *Ndagari*, etc.

Cet exposé de la formation des noms de famille et de tribus montre combien sont confirmées les conclusions des anthropologues sur les métissages et les mélanges de ces populations extrêmement variées ; nous allons voir se confirmer ces mélanges par l'observation des grands mouvements démographiques, dont les légendes locales ont conservé le souvenir : migrations confirmant et expliquant les grands changements survenus dans l'emplacement des points de stationnement des tribus africaines depuis les premiers temps de l'Histoire ancienne.

---

(1) Une des tribus les plus connues est formée par la famille des Mo, descendue du Nord, dont les appellations sont suivant les langages et suivant ses métissages : Mo-Moro-Mori-Mossi-Mogoi-Mogoïba-Moriba-Morogoïba et Mocibe.

CHAPITRE III

DÉMOGRAPHIE

Tradition de la préhistoire. — Les traditions conservées par les montagnards nigériens sur la nature des populations primitives africaines sont en concordance avec les récits protohistoriques que nous a transmis le père de l'histoire « Hérodote d'Halicarnasse ». En effet, lorsque vers 440 avant Jésus-Christ, ce célèbre voyageur et historien visita la colonie grecque de Cyrène, il apprit l'exploration hardie et périlleuse que cinq Libyens, de la tribu des Nasamons, avaient entreprise dans les régions inconnues du Sud (1).

« Ils avaient marché longtemps au Midi, parcouru des
« pays désertiques habités par les fauves, obliqué ensuite
« vers l'Ouest et souffert de la soif. lorsqu'ils arrivèrent dans
« une plaine couverte d'arbres fruitiers, où des noirs de petite
« taille les firent prisonniers.

(1) Le capitaine Figeac a publié dans le *Bulletin de la Société de Géographie de Rochefort*, t. XXV, 1903 et XXVII, 1905) une série d'articles très intéressants sur l'origine des tribus soudanaises et des peuples Nda de la Côte d'Ivoire. Il est arrivé à identifier un grand nombre des tribus soudanaises actuelles avec celles que les historiens de l'antiquité nous avaient décrites comme habitant la Tripolitaine actuelle.

« Après avoir traversé des marais ils se trouvèrent dans
« une ville dont tous les habitants étaient petits et noirs,
« une grande rivière la baignait qui était peuplée de caïmans
« et coulait de l'Ouest à l'Est »

Comme nous l'avons vu au chapitre précédent, le Hogon
de Bankassi raconte qu'avant l'arrivée des peuples « rouges »
du clan du Lamentin, seules, quelques familles de noirs, *Bo*,
Ka, *La*, *Om*, vivaient de chasse et de pêche sur les bords
du Niger, au milieu de territoires peuplés de nains ; cette
même situation se retrouve de nos jours encore dans les
forêts équatoriales du Congo et de la Sangha, où sur les
bords des fleuves, vivent différentes peuplades de grands
noirs immigrées en suivant les vallées et qui, sans le secours
des négrilles, leurs voisins, se perdent inévitablement dans la
brousse et dans la forêt.

Les Ma « poissons ». — La première grande confédération dont le souvenir s'est conservé vivace jusqu'à nos jours
et à laquelle ont été affiliées presque toutes les tribus soudanaises fut formée par la tribu des *Ma*. Cette famille avait
comme emblème ou divinité protectrice le Lamentin ou Triton, d'où obligation pour toutes les tribus affiliées, soumises
ou tributaires du clan qu'elle dirigeait de prendre avec la
terminaison *ma* un emblème ou animal protecteur parmi les
poissons.

L'origine première de cette tribu *Ma*, n'est pas bien déter-
minée ; toutefois elle paraît avoir pénétré dans le Nord-Est
africain à une très haute antiquité et probablement vers la
même époque que les *Sa* et les *Oua*, car si nous retrouvons
encore quelques familles *Ma*, laissées dans l'Est africain et
mélangées aux *Sa* ou aux *Oua*, (*Masaï, Somali, Ouassou*), etc.,

nous constatons qu'elle emmenait également avec elle, dans
le Nord-Ouest africain où elle allait fonder sa célèbre confédération, plusieurs familles déjà liées aux *Sa*, que nous citent
les auteurs de l'antiquité : *Masa, Masiou, Mazig*, etc., *Sama-
myces.*

Cette tribu *Ma* a été souvent en relations ou aux prises avec
les Egyptiens, car sous le règne de Mirinri Ier, M. Maspero
dans son *Histoire des Peuples*, parle des *Masa, Maza*, peu-
plade nubienne (1) et sous Amenmbat Ier, il cite les *Maziou*,
qui depuis quinze siècles vivaient sous la tente et sont emme-
nés en esclavage dans les nomès du Delta (2) ; enfin sous
Ramsès III, nous retrouvons encore le nom de *Mashasken* (3)
qui est celui d'un chef et d'une tribu de l'invasion
libyenne (4).

Donc, dès l'antiquité protohistorique la plus éloignée, nous
retrouvons cette appellation de *md* chez plusieurs tribus originaires peut-être de la Chaldée, où ce terme avait la signification de combattants ; puis le culte du poisson qui leur reste
spécialement attaché et dont l'origine est plus chaldéenne
qu'égyptienne semblerait également confirmer cette hypothèse. Nous reconnaissons ce terme *Md* à la base des noms
d'un grand nombre de tribus libyennes, citées par Hérodote
et Ptolémée, ce sont, avec les Tamahou et les Maziou des
vieilles inscriptions, les Masha, Mazig, Macès, Maxyes,
Machlyes ou Massyli, Makoï, Matite, Machurés, Macmuses,

(1) Maspéro, *Histoire ancienne des peuples de l'Orient*.
(2) Maspéro, *Histoire ancienne des peuples de l'Orient*.
(3) Une famille comprise actuellement dans le clan des Tenguériguifs
citée dans le *Tarick,* p. 17 et p. 35 comme fondateurs de. Tombouctou
porte ce nom : les Maghscharen.
(4) Maspéro, *index*.

Macanites, dont la parenté n'est pas douteuse et que l'on peut rapprocher de la tribu araméenne des Mash (1).

Cette confédération des poissons *ma*, s'établit sur la côte libyenne autour du lac Triton (2) englobant peu à peu dans son alliance tous les peuples africains qui durent adopter les emblèmes ou la divinité du poisson et ajouter à leurs noms la terminaison *ma*, signe d'alliance : *Mambi*, *Gourma*, *Rama*, *Fama*, *Farma*, *Maïga*, *Magha* ou *Makan*, etc..., etc.

Mais l'arrivée incessante de peuples nouveaùx et l'organisation de confédérations nouvelles obligèrent bientôt ces *Má* à descendre vers le Sud en refoulant les primitifs. Parmi les populations nigériennes qui se rallièrent au clan des poissons il nous faut citer les importantes tribus des *Nda*, qui devinrent dans la confédération les *Ma-nda*, d'où nous avons fait *Mande*, *Mandinges*.

Ce peuple *Nda* (3) aujourd'hui à la Côte d'Ivoire et au Dahomey où l'ont refoulé peu à peu les invasions du Nord et de l'Est vers le xii° siècle se trouve avoir en partie abandonné ses emblèmes d'alliance du poisson pour se rallier à d'autres clans, au *Serpent* principalement. Mais la route des migrations de ces *Nda*, du célèbre clan des *Ma*, est encore jalonnée du Sahara à l'Atlantique par de nombreuses familles

---

(1) Dans tout le Nord-Ouest de l'Afrique, les populations auxquelles les Arabes et les historiens de l'antiquité grecque et latine avaient donné des origines asiatiques ont le suffixe Má que nous retrouvons dans Maouri (Maures).

(2) Près de là se trouve encore la région des Matmata.

(3). Le peuple Nda (capitaine Figeac, *Bulletin de Sociëté de géographie de Rochefort*, 1903-1905) est actuellement appelé Agni-Ashanti ou Appolonien, etc. Il se trouve réparti plus ou moins métissé entre la Côte d'Ivoire, le Togo, la Gold Coast et le Dahomey. De nombreuses familles ont encore conservé le poisson dans leurs emblèmes figurés sur leurs poids pour peser l'or.

égrenées sur le parcours et dont les principales sont : *Nda-*
gari. *Ndagomba, Ndogom*, du centre de la Boucle puis sur
le fleuve Niger : *Ndao, Ndala* ; sur le Sénégal, les *Ndïaye,*
Ndoy, Ndïey, Ndïop, enfin dans le Sahara, les *N'daga* vassaux
des Touareg.

Une autre population non moins importante par le rôle
qu'elle a joué dans l'histoire de l'Afrique du Nord et par la
mission qui incombe encore à ses descendants, dans le développement de nos colonies de l'Afrique occidentale française,
s'était ralliée avant la période punique au clan des poissons,
aux *Mà*, ce sont les tribus : *Har, Hara, Sara. Mar, Far,*
Gara, etc... qui formèrent la grande confédération des *Mar-*
marides, citée souvent par les auteurs anciens.

Ralliée aux *Mà* nous la retrouvons sous les noms de *Harma,*
Sarma, Garama, si connus dans l'antiquité. Les populations
actuelles qui en descendent sont, comme on le verra à la fin
de ce chapitre, les *Harrati*, du Sahara, les *Barkas* et les *Mar-*
kas de notre Soudan ; puis toutes les familles *Ia, Anna, Annes*
et *Amma* qui en firent partie à diverses époques. La généralité
des tributaires carthaginois appartenaient à ces familles *Har*,
car Silius Italicus, dans ses *Puniques*, mentionne avec Hannibal au siège de Sagonte, la confédération nouvelle des
Marmarides dont l'hégémonie s'étendait sur les tribus libyennes et, dit en parlant de la reine des Amazones (1) : « Elle
combattait sous les enseignes de la *Marmarique* l'intrépide
Asbytae, fille de *Iarbas*, roi des *Garamantes* ».

---

(1) Amazones est pour Ama-So, les familles Ama du Serpent, pour les
distinguer des Ammar-ma et des Gar-ama ; les autres tribus-Har voisines
sont : les Ar-ga-ngi ou Argangines Éthiopiens et les Gar-ga ou Gor-
gones des anciens.

Cette simple citation montre combien on doit peu s'étonner de trouver chez les descendants de ces *Ahr, Gara, Mar, Far*, etc., plus ou moins asservis, alliés ou métissés avec les populations carthaginoises, des coutumes asiatiques ou babyloniennes, comme celles qui se sont transmises dans les populations réfugiées sur le plateau central nigérien. Là encore, certaines familles *Kambe, Hambi, Ia, Amma*, ont des noms qui rappellent ceux des tributaires de Carthage (1).

On voit encore se confirmer ici l'origine asiatique des cultes du poisson *Ma*, car l'on sait que la famille d'Hannibal, Hann-Baal, les *Barka*, gardaient des poissons sacrés comme emblèmes ; et *Flaubert*, dans sa *Salambo* a tiré, de leur massacre, une épisode tragique de la révolte des mercenaires. Ce même culte du poisson *Ma* a dû se répandre rapidement en Afrique occidentale avec les familles *Mar, Sar, Gar*, par les colonies Phéniciennes, car en nous en rapportant aux *Ora Maritima*, d'Avienus, nous voyons *Hannon* de Carthage semer 30.000 colons sur les côtes océaniques de la Mauritanie, vers 114 av. J.-C. Nous pouvons donc déjà entrevoir que les populations Nord africaines de la Libye étaient formées par un mélange de tribus indigènes noires et de tribus immigrées asiatiques ; d'ailleurs dès 1100 avant J.-C. se fondait *Utique* et déjà de nombreuses colonies phéniciennes parsemaient les côtes de Libye. Hérodote nous avait indiqué cette confédération de familles diverses sous le nom de : *Nasamons* ou *Nasamous*, qui a précédé la fédération des *Marmarides* ; or ce nom *Nasamons* est égyptien et indique bien ce métissage de noirs, *Nahsi* et d'asiatiques

---

(1) Kambe était le nom de la ville et de la tribu qui précéda Carthage sur la côte tunisienne.

Amon. En effet, cette définition peut se tirer facilement d'un hymne à *Amon-Ra*, datant de l'époque des *Ramessides* dans lequel on lit :

« Les hommes sortent de ses deux yeux et se répandent à
« la surface de la terre, troupeau de *Ra*, divisé en quatre
« races : les Égyptiens *Rotou*, les nègres *Nahsi*, qui sont
« sous le patronage d'*Hor*, les asiatiques *Amon*, et les peuples
« à peau blanche *Sokhit*, la déesse à tête de lionne étend sa
« protection ».

Par suite, les termes *Ma*, *Amma*, doivent nous indiquer des peuplades plus ou moins métissées d'asiatiques; *Sa*, *Si* (1), *Nasi*, des noirs, et *Rotou*, des égyptiens.

Les tribus *Har*, *Mar*, *Sar*, etc., qui, au contact des Carthaginois, étaient devenues des tribus sédentaires de constructeurs, cultivateurs et commerçants, paraissent avoir été les initiateurs des idées religieuses dans le *Soudan* et c'est sans doute aussi à leur conception que l'on doit la division des tribus nigériennes en tribus mâles *Har*, et en tribus femelles *Ngo*, avec les cultes solaire et lunaire.

Pendant la conquête romaine, la plupart de ces tribus s'enfoncent dans le désert et vont peu à peu se fondre dans la confédération de *Garama*, alliée de *Rome*. Seule, dans le Nord, une partie des *Marmaride* sédentaires n'émigre pas et reste toujours attachée à sa religion antique : elle se trouve citée par Corippe, poète latin de Carthage, dans sa *Joannide* (2), comme sacrifiant pendant l'ère chrétienne à Gurzil, « *Ammon* orné de cornes », à *Sinefer*, *Mars*, et à *Mastiman*, *Jupiter-Tenarien*. Au contraire, d'après Jean de Viclas, nous voyons à

(1) Ce mot signifie aussi Serpent (Si-Sâ) comme Mâ indique les poissons.
(2) Johannide, traduction de J. Alix, professeur au lycée de Tunis.

cette époque, vers 566, les *Garamantes* envoyer des émissaires à l'Empereur Justin II, pour lui demander des mis-
sionnaires et un auteur arabe, Abou-Abdallah-es-Zohri, nous
apprend que cette religion nouvelle fit de nombreux progrès
jusqu'au Niger.

« Les habitants du Soudan, dont *Ghana* était la capitale,
ont professé la religion chrétienne en partie jusqu'à l'année
469 de l'Hégire, 1076-1077, époque à laquelle ils se convertirent à l'*Islamisme* (1).

Pendant toute la durée de la conquête romaine, la confédération des *Gara-Ma*, dont la capitale était *Djerma* et dont
la famille régnante était celle des *Iarba*, avait étendu son pouvoir sur tous les peuples nigériens : nous voyons même les
légions romaines lui prêter leur concours pour faire rentrer
ses tributaires du Sud dans le devoir. L'historien Pomponius
Mela nous dit que sous le règne de Claude ou de Domitien,
« Septimus Flaccus fit une expédition contre les Ethiopiens.
« Il était arrivé chez eux en trois mois, à partir du pays de
« *Garamantes* en se portant dans la direction du Sud ». De
même Ptolémée nous dit que « Julius Maternus qui, de
« Leptis Magna avait rejoint à *Garama* le roi Iarba des *Gara-*
« *mantes*, pour opérer avec lui contre les Ethiopiens, avait mis
« quatre mois en marchant constamment vers le Sud, pour
« atteindre le pays Ethiopien d'Agisymba (*Samba-Agadès*) »
et Ptolémée précise bien son information en nous disant que
« les Ethiopiens, contre lesquels l'expédition de Maternus
est dirigée, sont les propres sujets du roi des *Garamantes*. »

(1) Cf. *Manuscrit Arabe de la Bibliothèque Nationale*, n° 1873, f. 5,
ligne 13.

Fig. 92. — Cavaliers Foulbés à Niafunké (14 juillet 1905).

Fig. 93. — Chef Peuhl de Boni (Amirou Dicko Diallo).

Ce grand clan de poissons avait donc englobé la totalité des tribus sahariennes, chez lesquelles nous trouvons encore une survivance de ce culte rendu aux « poissons-emblèmes », dans la persistance que mettent les tribus Maures et Touareg et certaines familles Foulbés à ne pas employer le poisson comme aliment dans leur nourriture. Duveyrier l'avait signalé chez les Touareg du Nord et M. Robert Arnaud de la mission Coppolani le faisait remarquer encore dernièrement pour les tribus de la Mauritanie. En effet « le poisson est considéré « comme « tabou » par la plupart des Maures ; dont seuls « les Trarza et quelques familles de l'Adrar se permettent « de le manger » (1).

Dans toute l'histoire du Soudan, nous voyons les chefs Berbères-Poulo, prendre les titres de Maghâ (comme Gala-Maghâ, le chef Ouakore, fondateur de Ganna) rappelant ainsi leur rattachement aux clans des poissons. Par suite, et pour toutes les populations nigériennes, les désignations *Har* et *Ma* indiquent des rattachements à des tribus originaires du Nord. (Un titre des chefs Foulbé est Ardo).

Les oiseaux « Oua ». — Mais ces populations *Hara, Mara* ou *Gara*, dont les *Nar* (2) et les *Harratin* des oasis portent encore le nom et qui nous restent comme derniers débris, plus ou moins métissés des Garama, s'étaient mises en contact, dans le Sud, avec une population nouvelle qui, pastorale et nomade, parcourait des régions désertiques et sahariennes. Cette population *Oua* formait alors une confédération

---

(1) *La Géographie*, t. XIII, n° 2, 1906, p. 149.
(2) Les Ouolofs désignent toujours les Maures blancs, Beïdhannes, sous le nom de Nar.

sous l'emblème des oiseaux (1). Certaines de leurs familles s'allièrent aux *Gara* et aux *Har*, formant (toujours avec des oiseaux comme signe de reconnaissance), les tribus *Ouagura* et *Haroua*, dont le rôle politique croîtra de plus en plus et se substituera bientôt à celui de *Garama*, dont la puissance va s'écrouler sous la poussée d'envahisseurs nouveaux venus du Nord.

L'origine première de la tribu des *Ou, Oua, Oule, Oulo*, reste encore très indéterminée, cependant dès la plus haute antiquité, les inscriptions égyptiennes nous citent les tribus des *Oua Ouaïtou*, qui habitaient le désert de Libye et faisaient déjà au temps de *Pepi I*er de rapides incursions en Egypte.

Le peuple *Ou*, nommé en Libye *Oua*, après son alliance avec les Aborigènes était essentiellement pasteur et nomade : ses familles s'étant égrenées dans le Sud s'allient avec les noirs du serpent : *Sou*; et forment les *Ouasou*, nom égyptien de la Thébaïde, de là ils émigrent dans les pâturages de l'Est africain, où tous les pasteurs, plus ou moins influencés par ces nomades conducteurs de bestiaux, portent le titre de *Oua-Ouaoua, Wa*. Dans le Sud du Sahara, ils se mélangent avec les *Nda*, « pour qui *Ouaoua* signifie encore gens du Nord et Nord (2) » et forment les *Ouande* et les *Ouango*. Avec les *Hara, Gara*, des *Garamantes*, dans la région désertique, ils forment les célèbres tribus des : *Garaoua, Aroua, Ouara* et

---

(1) D'après les traditions le centre politique des Oua au moment de l'hégire était El. Ouâli (région de Oualata) mais déjà une grande partie des membres de cette confédération provenait du Nord par le Touât.

(2) *Grammaire de la langue Agni-Ashanti*, M. Delafosse.

Ouangara, au pluriel *Ouangarbes*, qui existent encore aujour-d'hui, ainsi que les *Oular* ou *Poular*.

Tous leurs centres politiques de campement s'appellent ; *Ouaga, Gahoua* et par la suite : *Ouagadou* et *Ouagadougou*. Un grand nombre de ces familles pastorales Ou et Oulé avaient émigré dès la plus haute antiquité jusque dans l'ouest africain sur les bords de l'Atlantique et là en se mélangeant avec les primitifs : *Gué* ou *Ge*, ils formèrent les *Getules*, en latin : « *Guetoules* ».

Mais à l'arrivée des tribus du clan des poissons ils avaient formé dans le Nord les *Maou*, et leur pays devient en langue des *Sarrakolle, Maouri*, nom qui a été également donné dans les régions nigériennes aux pays habités par leurs métis formés de leur alliance avec les *Mande* du Sud, *Dallol Maouri* dans le *Haoussa*.

Or Strabon « XVII. D. 7 », nous dit en parlant des popu-lations du Maroc actuel : « Ces peuples sont appelés *Maurusii*, « *Maourousii* par les Grecs, et *Maouri* (1) par les Romains et « par les indigènes ».

Enfin Pline « V. I. 7 » rappelle que « les Maures, *Maouri*, « ont donné leur nom à la Mauritanie, mais que des guerres « désastreuses les ont réduits à quelques familles. Mainte-« nant, dit-il, le pays est occupé par les nations Gétuliennes, « *Gétoule* ». Cependant ces tribus nomades et pastorales des-cendent de plus en plus vers le Sud attirées par les pluies

(1) Ce mot Maouri a été adopté par les populations méditerranéennes dans le sens d'Hommes noirs, comme d'ailleurs le terme Berber « Br. Br. » presque synonymes de Niger, Nigrites. Au contraire dans les populations Soudanaises ces termes signifieront « rouges » Gara, Koron, Kolon, Oule = rouge, et le mot noir sera Fing, nom d'une tribu plus foncée qui a pris la couleur noire comme « emblème ».

équatoriales, les grands fleuves et les zones inondées ; elles se mélangent, en cours de route, avec les primitifs et forment : *Oualata, Diaoua*, puis avec les *Ahr* forment les *Ouara, Ouaraba*, ou *Oular, Poular, Foula*. Ces bergers sont nommés *Oulo* ou *Poulo* et *Oule* sur le Sénégal (*Foulbes*). Enfin, lorsque les *Annes* ou *Anna*, gouverneront les confédérations soudanaises avec *Ganna* comme capitale on les nommera *Foulannes, Foul-Annes*.

Les Rouges. — Ce fut toutefois en s'alliant avec les derniers descendants des peuples tributaires de Carthage, *Markas, Marmar, Ara* ou *Gara* du clan du *Ma* (*Garama*), que ces Pasteurs « Oulé » reformèrent l'hégémonie des tribus soudanaises. Ils créèrent d'abord le grand clan des oiseaux *Oua*, puis plus tard, sans doute à l'introduction d'idées religieuses nouvelles, ils formèrent la confédération des rouges *Garanke*. Chaque allié ou tributaire prit le titre de la tribu directrice : *Gara, Koron* ou *Oule*, comme emblème de ralliement ; et par la suite ces termes *Gara, Koron, Kolon* et *Oulle*, signifièrent : *Rouges*, couleur « tanna » des familles régnantes.

L'ensemble de ces populations fut connu sous le nom de *Gagara* ou *Gangaran*. Et actuellement nous retrouvons encore leurs sujets et leurs vassaux, chez les peuplades *Bobo-Oule, Oua-Oule* on *Ouasoulou*, puis chez les *Ndagara, Karragoua, Karadougou, Korongoï, Koromeï*, etc.

Mais dans le Sud se formait déjà une confédération de noirs *Gabibi, Borobibi* ou de *Fing, Moro-Fing, Bobo-Fing*, tandis que rapidement progressait dans le Nord une nouvelle confédération de blancs qui peu à peu allait rejeter au delà des grands fleuves de Nigritie ces confédérations de *Gagaran* (1)

(1) Le Tagant fut le pays primitif de Gagaran.

Fig. 94. — Berger Poulo du Guimbala, plaines Nigériennes.

Fig. 95. — Berger Poulo du Tioki, village de Kondi (octobre 1904).

ou *Rouges* : et seules les ruines de leurs villages surmontant encore tous les sites des régions désertiques de *Tichitt* du Tagant et de l'Adrar, au Nord du Sénégal et du Niger, subsisteront assez longtemps pour nous indiquer l'industrie et la grandeur de ces *Ahr-Gara (Rouges)*. Car c'est de l'alliance du mélange et de la juxtaposition de ces deux peuples, d'origine très différente, les uns pasteurs nomades (nommés : *Ou, Oua, Oule, Oulad, Oulard, Ould, Poulo, Poulard, Foula, Foulannes, Foulbes, Foufoulbe, Fellah, Fellatha*) et les autres industriels et sédentaires (appelés : *Har, Harra, Marmar, Marka, Far, Farma, Gara, Sar*, etc.), que nous devons les éléments de la civilisation soudanaise.

Cette différence d'origine des éléments envahisseurs *Rouges* se retrouve dans le langage des populations nigériennes, qui ont adopté des idiomes très variés, mélange des langues Sarrakolaise et Foulbé avec les dialectes des primitifs noirs. Dans les appellations des villages, nous retrouvons ces mêmes indications sur l'origine diverse des habitants, car tandis que les campements instables de paillottes, logements des pasteurs se nomment comme les bergers : *Ouro, Ougou ;* les villages en terre des sédentaires se nomment comme leurs habitants : *Sara, Sare* et les tentes des nomades s'appellent *Ga*. Ex. : Un village blanc se nommera, si c'est un campement de tentes de nomades *Gakore*, si c'est un assemblage de paillotes, *Ougou-Kore* ; enfin si c'est un village avec maisons en terre *Sarekoreï*.

Déjà les peuplades issues de ce mélange de *Ou*, pasteurs (*Getules*) avec des *Ar*, sédentaires (*Fari*), nous avaient été signalées dès la plus haute antiquité par les écrivains historiens et géographes qui les nommaient *Noumides ;* Salluste

nous dit que « les *Farousii,* en se mêlant aux *Gétules (Gue-*
« *Toules),* ont formé la nation des *Noumides.* »

Or ces métis Numides, nommés actuellement Noumous, ont
été d'après les traditions les premiers initiateurs des peuples
primitifs, aux arts industriels ; par suite ce titre de Noumous
a été conservé et appliqué à tous les forgerons (1).

Parmi les populations ralliées au clan des oiseaux, nous
retrouvons presque toutes les tribus sahariennes qui avaient
déjà fait partie du clan des poissons (*Ma*) nous y voyons
encore, avec beaucoup de noirs pêcheurs (comme les *Ndao*
et les *Dia,* dont le « *Tanna* » est l'aigle), certaines familles
Foulbé qui ont, comme « tannas » la pintade et la perdrix ;
puis les Markas-Nononkés « la cigogne » ainsi que la
plupart des tribus Maures, Touaregs *Ndagas,* Imrads, Mídi-
daghen, qui ne mangent pas les poulets.

D'ailleurs les tribus Maures *Ahlouchs* et *Meischd'oufs* du
Sahel Soudanais sont toujours considérées comme représentant ce clan des *Rouges* ainsi que les *Ousra* et une partie des
Kel Antsars. Un dernier vestige de cette alliance *Ouagara*
(au pluriel *Ouangarbe*), se retrouve encore dans les familles
nomades *Peuhls* (des *Foulbes, Ouangarbes*)́, et celles des
Nononkes, Sarrakolais, sédentaires des montagnes, qui portent toujours les mêmes noms « diammou ». *Dem-De-Ba-*
Bari, Keli-Boli, Bolarbe et *Ouagarbes.* Leurs animaux
« *Tanna* » sont les perdrix, pintades, outardes, sarcelles, etc.,
les rattachant ainsi aux Foulbés, *Diakite* et *Dialo,* qui furent,

---

(1) Mais ce terme de forgeron « Noumou » n'a pas forcément dans les
pays Nigériens l'idée d'un métallurgiste. Chez les Touaregs on nomme forgerons tous les métis des nobles (Blancs) avec leurs vassaux Dagas ou même
avec leurs captifs Bellas.

eux, réunis et ralliés plus tard aux *Dias*, une des familles *Gara* célèbres dans les plaines Nigériennes.

Toutefois dans l'état actuel de nos connaissances, il ne nous est pas encore permis de voir nettement l'origine première de ces deux groupements de peuples envahisseurs qui ont changé si profondément l'ethnographie et la mentalité des primitifs Nigrètes. Les tribus du premier groupe *Ahr*, *Phar*, *Mar*, furent, à un moment donné, soumises aux Carthaginois dans le clan des Marmarides et ont conservé de nos jours, comme nous le verrons plus loin, un grand nombre de coutumes asiatiques et babylonniennes. Ce sont ces peuples, que les historiens anciens, dont Salluste, avaient, d'après les traditions, assimilés aux Perses (*Pharousii*) de l'armée d'Héraclès, qui apportèrent la civilisation dans l'ouest africain.

Les tribus du second groupement, pasteurs nomades connus sous le nom de : *Ou-Oulo-Oule-Foula-Foulbe*, etc., se retrouvent avec le même nom, dès les premiers âges historiques, en Egypte dans le pays *Kousch* et leur origine peut être rapprochée de celle de certaines peuplades de même nom dont le souvenir nous a été conservé par les traditions de la Genèse, au chapitre X.

Ces éleveurs de troupeaux, toujours dans le même stade de civilisation, se sont répandus dans toute l'Afrique, en se mélangeant aux primitifs nigrètes. Par les grands plateaux abyssins, les uns ont gagné les massifs de l'Est et du Sud africain, en formant les tribus *Oua*, *Wa* ; par les grands affluents ouest du Nil, les autres ont occupé le *Ouadaï* et l'*Aïr*, sous le nom d'Ethiopiens *Rouges* des anciens ; enfin, longeant les rives de la Méditerrannée, d'autres sont arrivés à peupler le Maroc en formant les tribus Gétouls. Mais poussés par d'autres envahisseurs ils redescendent sur Tichitt et l'Adrar vers la Nigritie sous le nom de : *Oule, Poulo, Poular* et *Foulbes, Ouakore,* après être rentrés dans la composition de presque toutes les tribus nomades, formant pour ainsi dire le fonds des peuples Berbères, dont une de leur tribu porte encore le nom (Bari-Bari).

L'anthropologie vient nous confirmer ces migrations. En effet, l'étude de plusieurs crânes rapportés du Fouta-Djallon par le docteur Miquel, a montré que les Peulhs se rattachent intimement aux Ethiopiens et que les uns et les autres présentent deux types, l'un caractérisé par l'ovale régulier de la voûte crânienne et l'autre par sa forme pentagonale due à la forte saillie des bosses pariétales en même temps que par le surbaissement de la partie supérieure de la tête; M. Verneau a prouvé en outre, que ce dernier type se trouve fréquemment dans les séries de crânes anciens de l'Egypte, et que c'est dans ce pays qu'il faut aller chercher l'origine aussi bien des Abyssins que des Foulbés à tête surbaissée et pentagonale (Conf. Broca à la Société d'anthropologie, 1897).

Dans le chapitre suivant nous verrons une partie de ces tribus pastorales « *Oua* » s'affilier aux confédérations des « *Blancs* » « *Oua-Kore* » et former probablement ce groupe de tribus que les historiens anciens nous avaient signalés sous le nom de Ethiopiens Blancs ; les Leucœthiopes de Ptolémée.

La linguistique vient également confirmer l'anthropologie sur l'origine des migrations africaines de ces peuples pasteurs Oua ou Oulé. En effet, selon Müller et Cust, les dialectes « Poul » se rapprochent du groupe glossologique qui a pour

Fig. 96. — Femmes Poulo de Sarafere (Guimbala).

Fig. 97. — Femmes Poulo du Kounari, venant vendre du laitage à Mopti.

type le « nouba » du Kordofan ; ils font partie des langues sémitiques altérées par le contact des langues arabes et nègres environnantes.

Cependant la vallée du Nil ne paraît avoir été pour ces pasteurs qu'une région d'occupation temporaire d'où ils se sont répandus dans toute l'Afrique en formant la base des tribus pastorales.

Ces nomades paraissent avoir également quelques affinités avec plusieurs tribus de la péninsule arabique et du golfe Persique. Denham et Clapperton (T. III, p. 3) citent un Poul qui se trouvant à la Mecque aurait pu converser dans sa langue avec des Wahabites (*Oua-Habites*).

En outre leurs traditions elles-mêmes les font venir d'Asie. Bérenger-Féraud qui les a étudiés en Sénégambie rapporte la version d'un de leurs marabouts qui les fait descendre d'un Fellah-ben-Hymiar.

Nous savons également que les Senhadja font remonter leur origine jusqu'à Hymiar et prétendent qu'ils seraient venus du Yemen au Sahara au temps du roi Tobba (1).

Or, d'après M. Caussin de Perceval, ce roi Tobba serait Tobba-Harits-Erraïch puisque la tradition arabe veut que les Senhadja soient venus en Afrique sous le règne de Tobba Africus (2).

Comme nous allons le voir, plus loin, la confédération des *Sanhadjar, Senhadje, Souna, Sonninké* remplaçant celle des *Oua-Koré*, comprenait non seulement des tribus classées

---

(1) *Tarick-es-Soudan*, G. Houdas, p. 43.
(2) Cf. Caussin de Perceval, *Essai sur l'Histoire des Arabes*, t. I, p. 59 et 67 ; *Tarick-es-Soudan*, note de la p. 43.

actuellement comme Maures et d'autres comme Touareg mais encore une grande partie des Foulbés, anciens Oua-Koré, cités d'ailleurs souvent dans le *Tarick*, (p. 104) sous le nom de Nononkés ou Senhâdja-Nounou.

Enfin, il existe sur l'origine de ces diverses populations pastorales une tradition légendaire connue sous le nom de *manuscrit de Bello*, rapportée en Europe par Denham et Clapperton.

Dans cet ouvrage, écrit en arabe, l'auteur traitant des différentes populations africaines et de leur origine nous dit qu'au moment de l'arrivée des peuples Berbères : « Afri- « cus régnait en Yemen et les Berbères en Syrie ». Or, d'après M. Salomé, cette époque correspond à la période où les Hyksos ou Sahsou s'emparent de la Basse-Egypte (vers 2.500 av. J.-C.). Bello nous donne également la composition et l'origine de ces vachers : « Les Berbères descendent « d'Abraham, quelques-uns prétendent qu'ils sont issus de « Japhet et d'autres de Gog ou Magog dont une tribu, « qui se trouvait à Gaïroum, s'était unie avec les Turcs et « les Tartares. »

Ces envahisseurs pénètrent rapidement dans toute l'Afrique ; les uns longent la rive méditerranéenne « occupant « les oasis d'Oualibar et Morekaba puis se répandent dans « l'intérieur du Garb jusqu'au pays de Sousa (1), où ils « s'établissent ».

« Les autres allèrent d'abord dans un des cantons voisins « de l'Abyssinie... La fortune les seconda et bientôt leur « domination s'étendit jusqu'à l'extrémité de cette partie de

---

(1) Le Sous Marocain, pays des Getules.

« la terre. Le Ouadaï ainsi que tous les pays de Haoussa
« étaient en leur pouvoir.

Ces deux invasions se rejoignent à travers le désert « c'est
« ainsi qu'ils vinrent d'Aoudjat en cinq tribus et qu'ils con-
« quirent l'Aïr » (manuscrit de Bello).

Pour conclure nous devons simplement constater que l'anthropologie, la sociologie, la linguistique et les diverses traditions des peuples s'accordent pour nous montrer des invasions
de tribus pastorales composées d'éléments asiatiques divers,
arrivant vers la même période préhistorique dans la basse-
Egypte. Ces peuples migrateurs se sont dans la suite des
siècles égrénés à travers toute l'Afrique sous les noms de *Ou*,
Sous, *Sa*, en se métissant diversement avec tous les primitifs
Africains.

Les blancs. — Sous l'Empire romain probablement, les
peuples du Nord-Ouest africain s'étaient également confédérés, et peu à peu, par des luttes incessantes, ils avaient
soumis ou repoussé, vers les grands fleuves nigritiens, la
Confédération des groupements *Oule* et *Gara* établie dans la
zone désertique du Tagant, sous le nom de *Gangara*. Par
opposition avec ces *Rouges* et les anciens tributaires noirs des
Ma qui formaient alors la confédération des noirs (*Gabibi*),
ils se dénomment les *Blancs* (*Ga-Kore*). Leur confédération
grandit et englobe peu à peu ses deux rivales. Certains peuples noirs du Sud s'y rallient, ce sont les *Nda*, qui deviennent
les *Nda-Fufu* (1), puis dans les Rouges, des familles *Hara* ou
Oua, s'affilient également à leurs clans et forment les *Sara-*

---

(1) Actuellement à la Côte d'Ivoire, capitaine Figeac, et Administrateur
Delafosse, *op. cit.*

kolle (*Sara-Blancs*) et les *Ouankore* (*Oua-Blancs*). C'est la famille des *Hannes* ou *Anna*, qui dirige ce groupement de *Blancs* (1) et qui déjà, au commencement de l'ère chrétienne, fonde la célèbre capitale de *Ganna*, *Gahanna*, près des bords du Niger (2) remplaçant les anciens centres des *Oua*, *Ouaga-dou*. Les principales familles de cette confédération sont : les *Id-Ei-Ia-Oul-Has-Ahl*, que nous connaissons sous les noms de : *Idnhannes-Beïdhannes* (Blancs), *Hassannes*, *Foul-Annes-Iahanna-Ahl*, *Fahl*, *Iaga*, *Kaïa*, etc... La chronique de *Es-Sa'di*, le *Tarick-es-Soudan*, nous atteste ces faits, aux-quels la légende de *Farang* donnera une nouvelle confirma-tion.

Dans la traduction de M. *Houdas* (page 18 du *Tarick*), nous voyons que « *Melli* est le nom d'une grande contrée, très « vaste, qui se trouve à l'extrême Occident du côté de l'océan « Atlantique, *Kaïa-Maga* fut le premier prince qui régna « dans cette région. La capitale était *Ghana*, grande cité sise « dans le pays de *Baghena* ».

« On assure que ce royaume existait avant l'hégire, que « vingt-deux princes y régnèrent avant cette époque et « qu'il y en eut également vingt-deux qui régnèrent ensuite. « Cela fait en tout quarante-quatre rois. Ils étaient de race « blanche, mais nous ignorons d'où ils tiraient leur origine. « Quant à leurs sujets, c'étaient des *Ouakore* et des *Ougara*.

« Lorsque cette première dynastie disparut, elle fut rem-

---

(1) Le terme (Hanne) se trouve dans les noms d'un grand nombre de familles carthaginoises. Hannon. Hann. Baal. Devons-nous voir là des clients ou tributaires de Carthage.

(2) Ganna, à une trentaine de kilomètres du fleuve Niger sur les rives d'un petit marigot entre Nyamina et Banamba.

Fig. 98. — Femme Poulo du Gondo, allant vendre du lait
au marché de Douentza (février 1905).

Fig. 99. — Femme Poulo du Killi, marchande de cuirs tannés
El Oualedjï (septembre 1904).

« placée par celle de *Melle*, dont les princes étaient de race
« noire ».

Par ce texte, nous voyons que les blancs qui gouvernaient
la *Nigritie* étaient de la tribu *Hannes* et appartenaient à la
famille *Ia*, *Kaïa* de l'ancien clan du lamentin Magha, « gens
du *Ma* ». Ces noms nous rappellent la famille des *Iarba* des
Garama, et nous expliquent également les noms donnés à la
région lacustre du Niger, *Kaniaga* ou *Gadiaka*, dont les
marigots deviennent *Dia* ou *Dïaka* et les habitants *Dïa-Anna-
Dïara-Ma*, etc., ou *Bania* (hommes de *Ia*) ; enfin les pêcheurs
de cette région se disent encore *Ia-Nanna* : *Hanna* de *Ia* et
parlent toujours un dialecte voisin du Sarakolle. C'est également à cette période que l'on doit les noms des villages et
des provinces formés en *Ia* comme *Iaga*, *Iatenga*, *Iako*, etc.

« Les gens de *Ia* » Enfin, si certains *Ouangarbes* du *Mossï*
sont connus sous le nom de *Yarba*, c'est que leur arrivée
dans le centre de la Boucle s'est faite sous les règnes de la
domination des Blancs *Dia*, pendant lesquels les familles des
tribus *Oule* des *Foulbes* prennent elles-mêmes les noms de
Dia, et deviennent alors les *Diallo* ou *Diallobes* et les *Diakite*
qui existent encore de nos jours.

Djenné la grande ville commerciale, se trouve également
fondée vers cette époque par les gens de *Dia* (1) et de *Ganna*,
(*Dia-Anna*). Le *Tarick-ès-Soudan*, page 23, nous dit explicitement que « cette ville a été fondée par les païens au milieu
« du IIe siècle de l'hégire du Prophète (800). Les habitants ne

---

(1) *Monographie de Djenne*, Admr Ch. Monteil, imprimerie Mazeyrie,
Tulle, 1903. — A la suite de son étude détaillée, il ne peut faire aucun doute
que ce soient les « Dias » de Ganna qui ont fondé Djenne avec le concours
des pêcheurs du fleuve, aborigènes plus ou moins métissés.

« se convertirent à l'islamisme que vers la fin du vɪᵉ siècle
« de l'hégire ».

Sous le gouvernement de ces Blancs, en effet, l'islalmisme
augmente rapidement. Tout un quartier de la capitale *Ganna*
est musulman, nous disent les voyageurs arabes *Ibn-Batouta* et
El-Bekri. Cependant ils signalent encore les nombreuses coutumes fétichistes des indigènes.

Par les animaux éponymiques tannas, conservés dans ces
familles, nous voyons que les *Dia* et les *Dial-Amma* appartenaient encore aux clans des poissons et des oiseaux et conti-
nuaient sur le fleuve à gouverner les peuplades de ces clans,
tandis que les *Foulbes-Diallo* et *Diakite*, anciens *Oua*, restaient
attachés spécialement au clan des oiseaux, perdrix, pintades.

Dans l'extrême Ouest, sur les bords de l'Atlantique, les
populations *Berbères-Maures*, *Foulbés* et *Noires*, reformaient
également une confédération, celle des *Kerias*, animaux à
grandes dents, comprenant : les éléphants, *El-Ouanne* (en tamachek), les sangliers, l'hippopotame et le lièvre. Nous
retrouvons les traces de ces tannas chez les *Ahl Maure*, les
Tall, Talibe, Fall, et les métis *Peuhls* du *Fouta*, qui se
revendiquèrent longtemps d'une même origine arabe (1). De
même les familles des tribus *Touareg* et *Foulbes* chez qui
la viande de ces animaux reste encore interdite, sont des
descendants des membres de cette confédération *Kéria*.

---

(1) C'est pour cette raison que les Fahl se disent de même origine que
les Maures. Les Ouled Nacer ont le lièvre pour tanna. Les Touareg et
leurs Dagas, ainsi que les Maures ne mangent pas d'hippopotames ni
d'éléphants. Les Peuhls, Bari, Dem Beli ont le sanglier pour emblème. Les
Tall de la famille d'El Hadj-Omar ont tous ces animaux comme « tanna »
(Maki Tall, petit-fils d'El Hadj-Omar, ex fama de Dinguiray.

Sous la direction de ces blancs, avec *Ganna*, comme capitale, les différents groupements indigènes disparates sont organisés en société civilisée et contribuent à l'extension et à la prospérité de cet Empire *Ouakore,* que les récits des premiers écrivains arabes nous ont fait connaître. Mais une violente réaction des noirs primitifs, plus ou moins métissés d'éléments étrangers nomades « oulé » qui les avaient organisés féodalement, va se produire, lorsque les sociétés du Nord de l'Afrique se trouveront désorganisées par les invasions islamiques. L'équilibre des sociétés africaines étant rompu, une masse de peuples se mettra en mouvement et par une série d'invasions successives détruira dans les régions nigériennes cette civilisation, reflet des civilisations méditerranéennes, pour la remplacer par des groupements féodaux, toujours en lutte les uns avec les autres. Un retour vers la barbarie, sera la conséquence de ces invasions de peuples métissés.

Pendant cette longue suite de siècles, antérieurs à l'an 1200 de notre ère, nous venons d'assister au refoulement continu des primitifs vers la forêt équatoriale et aux métissages incessants de ces populations noires avec des tribus et des familles d'envahisseurs descendant lentement du Nord-Est. C'est ainsi que tous les grands événements de l'antiquité et les grandes luttes des peuples pour la conquête de l'empire du monde, avaient eu leur contre-coup dans le centre de l'Afrique en imposant la marche et la progression incessante des tribus du Nord vers les forêts équatoriales.

Plusieurs peuplades qui avaient eu leur rôle dans l'épanouissement des civilisations méditerranéennes ont gagné ainsi peu à peu, en se métissant, les bords du Niger et là se sont mélangées définitivement avec les éléments primitifs.

Ces envahisseurs apportèrent avec eux des conceptions nouvelles, une civilisation, des industries jusqu'alors inconnues,
même des arts qui ont formé la base de l'organisation sociale
de leurs peuples tributaires barbares, débris composites de
familles diverses. Par leur conquête ils ont déterminé la
création d'une société civilisée et organisée, qui s'épanouira
pendant plusieurs siècles sur les bords du grand fleuve des
Noirs, dans la capitale *Ganna* et dans ses colonies : *Djenne*,
Tombouctou, *Koukia*, comme un reflet pâle, lointain et tardif
de la vieille Carthage, métropole africaine continuatrice des
conceptions asiatiques.

Les invasions Sousous. — Les groupements de populations noires du Sud de l'Egypte, plus ou moins métissées
de tribus pastorales Oule, avaient formé des confédérations
sous l'emblème du serpent (1). Ces confédérations : *Si*,
paraissent devoir remonter à une très haute antiquité, car
au début des dynasties divines de l Egypte, antérieures
à *Osiris*, figure le serpent (2) ; et nous savons également
que les hommes du pays *Phtah* désignaient les nègres
et les serpents du même nom, *Nahasiou* ou *Na-Si* (3). Cette
société humaine se forma du mélange des primitifs noirs
avec les déchets des peuples soumis, des nomades et des
mercenaires que l'Egypte rejeta à toutes les époques de son
histoire dans le Sud : ces refoulements de peuplades dans
le désert et dans le Sud se trouvent cités dans tous les auteurs
anciens : Hérodote lui-même décrit ainsi un de ces mouvements de tribus au VIIe siècle avant Jésus-Christ sous le règne

(1) Les Sa, les Sou, les Si.
(2) Cf. Morgan, *Ethnographie préhistorique*, p. 237-238.
(3) Maspero.

de *Psamitik Ier* : « Mécontents, dit-il, de se voir enlever par
« les mercenaires *Ioniens* et *Cariens*, les avantages pécu-
« niers et les honneurs dont ils avaient joui jusqu'alors, les
« *Masha-Ouasha* et les troupes indigènes prirent le parti de
« s'exiler ; 240.000 d'entre eux s'assemblèrent avec armes et
« bagages et remontèrent le Nil, *Psamitik* les supplia en vain
« de ne pas abandonner leurs femmes et leurs enfants. Bran-
« dissant d'une main son glaive et de l'autre faisant un geste
« brutal, un vétéran cria qu'avec l'épée et le reste ils
« auraient toujours des femmes et des enfants. Ils s'établi-
« rent au confluent du *Bahr-el-Azreck* (1) et du *Bahr-el-*
« *Ghazal* et s'y multiplièrent au point de devenir un peuple
« considérable. Les voyageurs leur donnèrent le nom d'*Au-*
« *tomoles* et de *Sembrites* qu'ils ont conservé jusqu'aux pre-
« miers siècles de notre ère » (2).

Pour se multiplier, ils furent obligés de conquérir leurs
femmes avec l'épée et s'attaquèrent évidemment aux peuplades *Kouschites* et *Négroïdes* du Haut-Nil. Ces unions en
introduisant dans leur race des éléments trop inférieurs
amenèrent sa déchéance.

Cet exemple suffit à démontrer les métissages sans nombre
de ces groupements, fortement imprégnés d'éléments négroïdes, qui peu à peu s'organisèrent féodalement sous la
direction des *Silatiqui* ou *Salatigui*.

Ces masses hétérogènes, qui avaient été maintenues en
respect par les empires du Nord, jusqu'au viiie siècle après
Jésus-Christ, vont se précipiter soudainement à la conquête

(1) Vers Karthoum.
(2) Maspero d'après Hérodote.

de la Nigritie, lorsque les invasions arabes et hillaliennes détruiront l'équilibre des nations en bouleversant les empires et les organisations sociales méditerranéennes. En effet, vers la fin du VIIe siècle toutes les anciennes civilisations du Nord africain s'écroulaient devant l'invasion islamique ; et les débris des confédérations *Ma, Oua* ou *Gara*, déjà ébranlées par le christianisme byzantin, sont détruites et dissoutes par les adeptes du Prophète ; aussi, lorsque les Silati qui s'élanceront à la tête des clans des serpents, Sousous, entraînant à leur suite des primitifs, vers la conquête du Niger, ils trouveront de précieux appuis et de nombreux alliés dans les anciennes tribus noires de plus en plus refoulées dans le désert *(Masa, Ouasou,* etc.) et chez les pasteurs *Oulé* leurs frères de même origine.

Tous les primitifs verront en eux des libérateurs qui leur permettront de secouer le joug des races *Gara* descendues du Nord. Cette grande invasion nous représente donc la violente réaction des tribus primitives métissées de pasteurs nomades, contre les civilisateurs méditerranéens et leur suzeraineté séculaire. Nous verrons de semblables mouvements se reproduire au commencement du XIXe siècle avec les invasions Foulbés et Foutankés composées également d'éléments nomades, pasteurs métissés de primitifs noirs.

Le point de départ de cette grande invasion des gens du serpent doit être placé dans les vastes plaines qui bordent le Haut-Nil : Ptolémée nous indique déjà cette région africaine, comme domaine des gens du serpent, *Sa*, lorsqu'il nous indique une *Sithiaka* (1), parcourue par des nomades au Sud

---

(1) Sithiaka, sud Tripolitain a pour étymologie : Ka ou ga = pays des

de la Marmarique (*Sud Tripolitain à cette époque*). C'est aussi dans cette région qu'il place entre le mont *Maudrus* et *Saga-Pola*, la tribu des *Salati*, puis le royaume de *Samba* (1). Cette même zone nous est également indiquée comme emplacement des *Sa*, par un historien arabe du xᵉ siècle : *Ibn-Sklim-Assouani*, qui parlant de la Nubie dit que : « *Nouba* « s'appliquerait à la portion de vallée du *Nil* comprise entre « l'Egypte et le *Dar-Dongola*, au-dessus des grandes cata- « ractes, c'est-à-dire précisément dans les territoires qui ont « été vers le viiᵉ siècle la partie principale de l'empire de « *Silao, Salao* ». Quant a la chronique de *Bello* (dont le manuscritd éjà cité nous a été rapporté par *Clapperton* du *Ouadaï*), elle nous raconte avec détails les conquêtes de ces hordes de cava-liers sauvages et destructeurs qu'elle assimile à une fraction des anciens Berbères. Selon cette tradition, une partie des Berbères suivit, à une époque antéhistorique, très lointaine, les côtes de la Méditerranée, tandis que « d'autres allèrent d'abord « dans un canton voisin de l'Abyssinie : la fortune les seconda « et bientôt leur domination s'étendit jusqu'à l'extrémité de « cette partie de la terre, le *Ouadaï*, ainsi que tous les pays « *Haoussa* étaient en leur pouvoir. Ces Berbères avaient un « naturel sanguinaire et aimaient la guerre et le pillage » (2).

Ces sauvages envahisseurs ont laissé des souvenirs vivaces dans toutes les tribus de l'Afrique occidentale où ils sont connus sous le nom de : *Sousous, Sansan, Soso, Sisoko.*

---

gens, Ia = d'Ia. Si = du Serpent. Ia est le nom de toutes les familles régnantes : Iarba des Garama, Kaïa des Ouakore de Ganna, Dia des Songhoï, Iarga des Mossi.

(1) Agades ou Agy. Samba faisait partie de ce Royaume à l'Ouest.

(2) Manuscr. de Bello : Deham et Clapperton.

Leurs chefs, de la famille des *Keïta*, dirigeant ces grandes invasions sousous du xiiᵉ siècle, portaient le titre de *Silatigui* ou *Salatigui*, titre que prenaient également autrefois les chefs des *Hycksos*, quand à la tête des pasteurs ils envahirent l'Egypte en 2500 avant J.-C. Ce même nom a été conservé pendant toute l'antiquité par les tribus *Salati* (1), que nous citent les auteurs anciens comme habitant la Nubie, et nous le retrouvons gardé par les chefs Sousous-Malinkés et Foulbés-Fontankés ralliés aux clans du Serpent.

En outre, tous ces envahisseurs se disent *Moro-Fing* (2). Cette tribu des *Fing* fut très célèbre en Nubie où elle a laissé, vers l'Erythrée, de nombreuses traces de son passage.

Pendant leur marche victorieuse à travers le Soudan toutes les populations de la boucle du Niger se soumirent aux chefs de cette invasion de cavaliers et presque toutes les tribus s'affilièrent aux clans du Serpent en ajoutant à leurs noms les termes *Sa*, *So* ou *Si*.

Les peuples *Nda* qui occupaient les plaines nigériennes furent en partie refoulés vers le Sud, car nous les voyons au xiiᵉ siècle pénétrer dans le Dahomey et sous le nom d'*Ashanti-Agni* (3), traverser les forêts de la Côte-d'Ivoire et ne s'arrêter qu'aux rives de l'Océan : tandis que les primitifs *Pahouins* (4), qui habitaient ces régions forestières refluaient jusqu'au Congo à travers les forêts équatoriales. Ces *Nda* emportaient

---

(1) Ptolémée, *loc. cit.*

(2) Moro Fing peut signifier (Homme noir), car les envahisseurs paraissent avoir formé un clan des noirs connu également comme Boro-Bibi.

(3) M. Delafosse dans sa *Grammaire de la langue Agni-Ashanti*, place l'arrivée des Ashanti au xiiᵉ siècle à la côte d'Ivoire.

(4) Lieutenant Avelot, *Existence des populations Pahouines à la Côte d'Ivoire antérieurement au xiiᵉ siècle.*

avec eux les germes de la civilisation méditerranéenne que
leur avaient inculqués les *Garamantes*, leurs suzerains. Nous
en retrouvons aujourd'hui de multiples traces dans les mœurs,
coutumes et industrie de leurs tribus établies à la Côte
d'Ivoire, au Dahomey, au Benin, sur les rives du golfe de
Guinée (1).

Cependant les autres familles de ces tribus *Nda*, durent
s'affilier au clan des vainqueurs ainsi que les *Hara* des régions
désertiques et les *Garama* des montagnes, qui devinrent
alors dans la nouvelle confédération des serpents les *Garasa*,
les *Sahara* et les *Sou-nda*. Comme à l'époque de ces invasions Sousous les conquérants musulmans entraient en relation avec les peuples des régions désertiques et nigériennes ;
ils nous ont transmis ces désignations par les écrits de leurs
historiens et nous ne connaissons cette partie de l'Afrique que
comme le pays des Sa-hara ou des Sou-nda.

Toutes les populations noires ; *Bo, Mo*, des rives nigériennes, se mélangèrent ou s'unirent aux *Sousous* vainqueurs et
dès lors devinrent les *Mosi*, les *Bosos*, les *Somonos* ou
Somonke, les *Samo*, les *Sorkos* (2) et les *Songo* (3).

Les peuples pasteurs *Foulbés*, affiliés aux rouges « Gara »

---

(1) Ces traces de civilisation méditerranéenne ont été signalées souvent
par M. l'Administrateur Delafosse à la Côte d'Ivoire. M. le commandant Foussagrives au Dahomey et M. F. von Luschan au Benin. V. *Etude sur les
traces probables de civilisation Egyptienne et d'hommes de races blanches à la Côte d'Ivoire*, M. Delafosse. M. P. Standinger publie dans les
Zeitochrifft für Ethnologie, t. XXXVIII, p. 231 (1906) une intéressante
étude qui démontre l'identité et identifie les anciennes industries du verre en
Palestine avec certains objets de verre encore fabriqués à Nupe ou Nufé
dans le Soudan occidental, ou cette industrie aurait été apportée, au dire des
légendes, par des colonies juives (*Anthropologie*, t. XVII, 1906, p. 469).

(2) Sorko, *Homme du Serpent*, clan mâle.

(3) Songo, *Homme du Serpent*, clan femelle.

qui font partie de ce clan des serpents deviennent les *San-kara* ou *Sankare*, les *Cissé* (1), les *Sidibé*, enfin les *So* et les *Si*, noms qu'ils transmettront plus tard à leurs métis noirs Toucouleurs. Un autre groupe de Foulbés forme les Nononke-Senhadja qui s'allièrent aux Berbères, Maures et Touareg.

Mais, sous cette poussée formidable, l'empire des *Ouakore* s'effondre peu à peu et bientôt les hordes *Sousous* viennent mettre le siège devant sa capitale : *Ganna*(2), qu'ils pillent et détruisent vers 1230. Les *Annes* ou *Anna* qui avaient fondé le fameux clan des blancs doivent eux-mêmes se soumettre et prendre le titre de *Sou*. Par suite leur ancienne confédération devient la *Sounna*, dont les enfants seront les *Sounadia* ou *Senhadja*. Les autres membres des clans blancs forment, dans l'Ouest, la confédération des *Trarza*, *Sennaga* ou *Zenaga*, d'où nous avons tiré le fleuve des *Zenaga* ou Sénégal. A cette même époque, tous les descendants des *Gara* ou *Karadje* deviennent les *Sankara*, comme certaines tribus Foulbés du centre de la Boucle.

Mais ces envahisseurs, qui ne vivent que pour le pillage, dirigent, immédiatement après la destruction de l'empire des *Ouakore*, leur course dévastatrice vers l'Ouest et ne s'arrêteront qu'à l'Océan. Nous retrouvons aujourd'hui leurs descendants métissés de primitifs chez les *Sousous*, Sosos de *Caza-*

(1) Cissé, nom de famille qui a été, après l'avènement de Cheikou Amadou, Lobbo Cissé comme émir Foulbés d'Hamadallahi, pris par les Foulbés comme titre des gens connaissant le Coran, synonyme de « Thalibé ». Dans la vallée du Niger, Cissé est un titre comme Touré au Sénégal.

(2) Le Dr Tautain rapporte que les Sousous détruisirent en 1203 le royaume de Wagadou ·(Ghanata des auteurs arabes). Dr Tautain, *Légendes et traditions des Soninké ap. Bulletin de géographie historique et descriptive*, 1895.

mance les *Sissokos,* les *Soces,* etc., du Sénégal ; et dans ces tribus les chefs gardent toujours le titre de *Silatiqui.*

Actuellement, après des siècles, nous pouvons encore suivre la longue route de migration de ces barbares destructeurs par toute la série des multiples pays et villes du nom de : *San, Sansan, Sou, Kasso. Kissi, Zandere, Sinder, Sokolo,* etc. (1), dont ils ont jalonné leur parcours dans toute la zone de l'Afrique centrale, qui porte depuis cette époque leur nom *Soudan* (2).

(1) So-Kolo était autrefois Kala et c'est le nom que lui donne le *Tarick-es-Soudan.*

(2) Nous renvoyons le lecteur, pour les traditions sur l'origine de chaque tribu maure, arabe, Touareg et Peuhl de notre Soudan français, aux documents remarquables recueillis et réunis par M. H. Sarrazin, vétérinaire : *Races humaines au Soudan français,* Chambéry, imprimerie générale de Savoie.

CHAPITRE IV

FORMATION DES EMPIRES SOUDANAIS
DES TEMPS MODERNES

Après le passage de ces barbares dévastateurs, toute la civilisation apportée par les tribus du Nord paraît détruite, effondrée avec la capitale *Ganna*. En effet après la destruction de cette ville, qui était devenue un très grand centre commercial, en reliant les comptoirs de ses colonies du golfe de Guinée avec les Etats du Nord africain, il ne restera de tout cet empire Ouakoré que *Djenné*, la célèbre ville soudanaise, protégée par les gigantesques fossés naturels que lui avaient creusés les inondations annuelles du *Bani* et du *Niger*. C'est autour de cette vieille cité, aux maisons de briques, que viendront se grouper tous les débris métissés des anciennes colonies commerciales, fondées par la civilisation *Garamantique* ; seule elle subsistera intacte jusqu'à nos jours, avec son impressionnante architecture barbare, comme une vision antique de ces célèbres colonies que les peuples phéniciens essaimèrent par le monde. Devenue métropole à son tour, *Djenné*, à l'exemple de ses devancières, créera des comptoirs et des colonies à travers tout le Soudan, renouvelant les courants commerciaux, en jetant les germes d'une nouvelle civilisation sur les ruines amassées par les barbares *Soussous*. En effet ces hordes dévastatrices de cavaliers furent toujours incapables d'organiser leurs conquêtes, semblables d'ailleurs en cela aux envahisseurs asiatiques qui, à la fin de l'Empire romain, bouleversèrent l'Europe. Aussi après leur départ vers les rives de l'Atlantique à l'ouest, nous assistons à la réorganisation d'Etats nouveaux et à la formation de confédérations nouvelles groupées autour des anciens peuples civilisateurs.

Dans le centre de la *Boucle*, l'empire des *Mossi* se forme par le retour vers 1250 d'une famille « Ya » (1) des régions de *Ououale*, du pays de *Gambagha-Natenga* (2). Ces conquérants réoccupent *Ouagadougou* et un de leurs successeurs crée le royaume de *Ya-Tenga* (3) (vers 1350), avec *Ouahigouhya* (4), comme capitale (5).

Cet Empire noir s'est toujours maintenu depuis le xiie siècle avec son même gouvernement féodal, fortement constitué sous la direction des *Nabas* (6). Sa population a été signalée par tous les voyageurs et surtout par *Binger* et *Monteil* comme comprenant des éléments très divers. En effet, avec les primitifs : *Mo*, qu'avaient dirigés les anciens *Ndogom* ou *Dagomba*, nous trouvons des familles laissées par

---

(1) Tombouctou venait d'être fondée en 1100, tandis que Djenné datait de 800, voir : *Tarick-es-Soudan*, trad. O. Houdas.

(1) Les Ya ou Ia sont de la tribu des Na, ou Anna-Hannes.

(2) Dans le Togo allemand : Natenga = terre = tenga des Na.

(3) Ya-tenga (terre des Ya).

(4) Ouahi gou-ya, ville des Ya du clan Oua.

(5) Archives du cercle de Ouagadougou, *Recueil des traditions historiques*, capitaine Noiret.

(6) Naba = Homme des *Na* signifie aussi chefs, ancêtres.

l'invasion *Sousou*, les *Songoïtje* (1), voisinant avec les anciens peuples rouges, nommés *Kouroumeï* (2), ou *Mango* (3), tribus actuellement gouvernées par les conquérants *Naba* de l'ancien clan des *Oua* de la famille *Ya*.

Et si nous nous rappelons que dans l'ancienne confédération des *Oua-Gara*, se trouvaient des tribus *Touaregs*, nous ne nous étonnerons plus de rencontrer au *Mossi* des coutumes, armes et pièces d'habillement rappelant celles des *Berbères Imochar*.

Sur le haut Niger, quelques familles des envahisseurs formèrent sous la direction des *Keïta*, après le départ des *Sousous*, un nouveau clan pour organiser le pays avec l'aide des *Markas*, anciens membres de la confédération des *Ouakores*. Ce clan fut le clan des *Mali*, « hippopotame » et les anciennes familles *Ouakores* qui en firent partie, furent les *Taraore*, *Diaouara*, les *Toure*, les *Kanseigne*. Elles prirent le nom de *Malinkobes* et adoptèrent un dialecte de la langue *Sousou* fortement mélangée de *Sarrakollé*.

Les souverains de cette confédération pour montrer l'alliance des deux clans des *Sa* vainqueurs et des *Ma*, anciens organisateurs du pays, prennent le titre de *Mansa* et la résidence royale devient *Madougou* (4). Cet empire devint très puissant et à un moment donné réunit sous son commande-

---

(1) Songoïtie, fils des Serpents ou clan femelle.

(2) Les Rouges.

(2) Les Ma femelle. Toutes ces appellations surannées sont données au même fond primitif de population quand il se métisse ou s'allie à un nouveau clan. Songoïtie = Kouroumeï = Mango ; les chefs seuls changent.

(3) Barth, 1853 ; Krauss, 1886-1887 ; Binger, juin 1888 ; Monteil 1894.

(4) Voir dans le *Tarick-es-Soudan*, Mansa-Moussa-Kankan, p. 14.

Fig. 100. — Cavaliers Touaregs.

Fig. 101. — Types Touaregs (Région de Bourrem).

ment presque tous les pays nigritiens, moins le *Mossi*, les oasis de *Tichilt, Tinguetti* et la ville de *Djenne* (1).

L'Islamisme fit à cette époque, **1324**, de grands progrès ; les prosélytes de la religion nouvelle reçurent le nom de *Moriba*, que l'on donne encore aux familles *Markas* musulmanes : le plus célèbre des princes *Malinke* fut *Kankan-Moussa-Mansa*, dont le *Tarick-es-Soudan*, nous raconte le pèlerinage à la *Mecque* et les conquêtes. Ce fut sous le règne de ce prince que les tribus *Songhoï* de l'Est durent accepter la suzeraineté des *Malinkes*, maîtres de *Tombouctou* et de *Gao* : ces peuples *Songhoï* étaient toujours gouvernés par cette famille *Dia* (2), que nous avons vue établie à *Koukia* sous l'empire de *Ganna*. Cette ancienne famille royale, dont la liste des princes nous est donnée par la vieille chronique soudanaise de *Es-Saadi*, s'était ralliée au clan des envahisseurs *Sousous* et portait depuis les titres de *Sa* ou *Za* (3), que nous

(1) *Tarick*, p. 26 et p. 20-21, p. 5.

(2) Les Dias ont comme tannas une anguille, ce sont les Diallama ; un aigle, les Diaoua ; et un serpent, les Sa ou Za. Pour continuer à gouverner sous l'invasion Sousou, cette famille elle s'était affiliée à leur clan et change Dia en Sa. En effet elle existe avant l'arrivée des Sousous, car le *Tarick* nous dit p. 5 : son quinzième roi Dia-Kasoï embrasse l'islamisme en l'an 400 de l'hégire (1009-1010). Or d'après Ibn-Kaldoun Ganna est détruite vers 1230. Et ce n'est que sous le vingt-sixième roi Za-Vasiboï 1326 que les Songhoï se soumettent aux Malinkés de Kan-Kan-Moussa pour secouer leur joug vers 1365 sous Sonni-Ali-Kolon.

(3) Ce changement du nom Dia en Sa se retrouve dans le nom du pays de Diaka qui est nommé dans le *Tarick* le Zagheri, comme par Ibn Batouta et actuellement Dia au Diakeri (voir Monteil, *Monographie de Djenne*, p. 313. De même p. 295 nous voyons que le village actuel de Djoboro est nommé dans le *Tarick* Zoboro comme campement de Sunni-Ali au siège de Djenne. Les noms des rois Dia sont des noms et surnoms empruntés au dialecte Janamma des pêcheurs Sorkos du Debo, en outre Dia est un nom de poisson. Les premiers rois étaient du clan des Ma, c'étaient les Diallama ou Diarama, à l'arrivée des Sousous ils deviennent Sa (serpents).

voyons dans la nomenclature des rois Sònghoï de *Ralfs* et de
Binger.

Toutefois l'empire *Malinké*, ne subsistera pas longtemps
après la mort de *Kan-Kan-Moussa*, car ses successeurs seront
impuissants à gouverner divers peuples tributaires (1).

Déjà dans la région lacustre nigérienne se développe le
grand centre islamisateur de *Tekrour*, sur les rives du *Marigot* de *Dia*, avec les tribus *Foulbes Ouangarbes* et leurs
métis de la région du *Farmagha* ou « *Fari Manke* ». Malgré
les progrès de l'islamisme, (2) les chefs de cette région con-
serveront longtemps encore, en se rendant indépendants de
Mali, les titres de *Magha* et de *Far* ou *Fari*, pour indiquer
leurs origines et les anciennes confédérations dont firent
partie leurs familles.

Dans la région des oasis de *Tichitt-Tinguetti*, les anciennes
tribus du clan des Blancs ont formé une nouvelle confédération la « *Sounna* », (3) dont les membres sont les *Senahdja* ou
Souninkes ; on y trouve les Sarrakolais de *Kombi*, des Touaregs, des Maures et même d'anciens membres des *Gara*,
comme les Meschdoufs et Messoufa (3), qui se nomment
encore les *Karadje*. C'est à cette nouvelle confédération que
les fils des rois *Songhoï Dïa*, ou *Za Yasikoï*, en otages à la
cour du roi de *Malli* (4), s'affilient. D'ailleurs les Songhoï sujets de Yasikoy leur père, quoique tributaires des Malinkés
étaient affiliés aux serpents Songo. Aussi lorsqu'après sa

(1) *Tarick*, p. 21.
(2) La mosquée de Djenné se construit vers 1300, avec Konbaro, chef de
la ville. Tarick, v. Monteil, *Monographie de Djenne*, p. 286.
(3) Tribus Maures des environs de Oualata.
(4) *Tarick*, p. 11, Za. Ya si koï signifie Ya le chef des Sa (des Serpents).

Fig. 102. — Femmes Touaregs de Bourrem.

Fig. 103. — Femme Touareg (Tombouctou).

fuite de *Malli*, le jeune Ali peut réussir à faire secouer aux *Songhoï* le joug des *Malinkés*, sans doute avec le secours des *Senahdja*, il prend le titre de ses clans *Sunni* ou *Sonni* et ceux de *Karedjite* ou de *Kolon* (1), que gardèrent tous ses successeurs.

La révolte des pays *Songhoï* et les guerres contre *Sunni-Ali* portèrent un coup terrible à l'empire *Melle*, aussi les diverses tribus qui en faisaient partie vont se grouper en nouvelles confédérations sous des appellations nouvelles et avec des divinités protectrices ou emblèmes nouveaux.

Sur le Niger, les pêcheurs *Korongoï*, les *Markas* du *Debo* plusieurs tribus de la montagne, les *Bozos*, *Somonos* et quelques nomades forment la confédération de la *Hyene* (2).

Les tribus du plateau *Mandingue*, *Markas*, *Tarraore*, *Toure*, *Keïta, Kone*, forment d'abord un clan de la panthère, auquel succède un clan plus étendu du lion, avec des populations les plus variées ; nomades comme les *Ould-Badi*, les *Ouara-Ouara*, *(Touaregs)*, *Ousra*, *(Maures)*, ou sédentaires comme les *Ndogon*, les *Diawara*, *Diara* des bords du *Niger* et les *Ndïaye* ou *Ndiey* du *Sénégal*, etc...

C'est également pendant cette période que se disloque la confédération des *Sounnadje* ou *Senadja*, dont les uns forment le groupe *Sounninke-Sarrakole*, du *Sénégal* ; les autres ralliés aux *Zenaga* et forment les familles *Ahl, Id, Ben, Ould*, de différentes castes ; tandis qu'un fort groupe de *Messoufa Touaregs*, gagnent les montagnes du centre Saharien où ils organisent de nouvelles confédérations dirigées par des

---

(1) Kara, Koron, Kolon, veut dire Rouges et Karedje fils de Rouges
(2) La Hyène est encore appelée par les Bambara Nama-Koro.

familles blanches *Idnannes* ou *Iforas*, ayant comme vassaux les *Ndaga*, anciens rouges et comme serfs les *Bellahs* et *Harratins*, mélange des primitifs avec les captifs de toutes races, produits des razzias.

Au xiv° siècle, dans le Sud-Ouest du plateau soudanais près des sources du *Bani* se crée sous la direction des *Couloubalis*, *Malinkes* et *Sanke* (1), un nouveau clan, les *manas* ou *Bambaras*, comprenant avec les derniers restes de l'invasion *Sousou* toute la masse des peuples primitifs que le développement de la civilisation soudanaise, sous l'influence des tribus du Nord, avait refoulée dans les régions forestières.

Pendant plusieurs siècles ces bandes de pillards progresseront vers le Nord, ravageant les bords du fleuve, en amenant une forte régression dans le développement des pays nigériens, car ces bandes de chasseurs de la forêt considèrent l'industrie, le commerce et les arts comme indignes d'un homme libre et l'apanage de castes inférieures. En réduisant en servage ou en captivité les populations, ils occupent peu à peu le plateau *Mandingue* et la plaine nigérienne, obligeant un grand nombre de *Malinkes*, de *Markas* et de pêcheurs *Somonos*, à adopter l'emblème du caïman (2) ou de l'igouane.

Dans notre conquête du Soudan, nous les avons rencontrés sur les plateaux *Mandingue* et faisant de leurs tribus nos alliés nous leur avons donné le nom du pays qu'ils venaient de conquérir : *Mandes*, quoiqu'ils parlent un dialecte *Sousou* et que bien peu d'entre eux soient affiliés aux

(1) Mali-nke, homme de l'Hippopotame ; Sa-nke, homme du Serpent.

(2) Leurs alliés Malinkes-Markas abandonnent le clan de la Hyène et prennent l'Igouane comme animal emblème pour s'allier aux clans des Bammanas (caïmans).

Fig. 104.— L'interprète Boubou Songo interrogeant deux femmes bellahs,
serves Touaregs, marchandes de bois dans les rues de Tombouctou.

Fig. 105. — Bellahs, serfs vassaux des Touaregs.
sur leurs bœufs porteurs.

anciens clans des *Ma*, « poissons » ou aux familles *Nda* (1).

Cependant le pillage et l'occupation des plaines nigériennes par les bandes barbares des Bammanas, furent tout à
coup arrêtés au commencement du xixe siècle par la formation et le déplacement des peuples *Foulbés*, créant les Etats
d'*Hamdallahï*, du *Gondo* et du *Sokoto*, mouvement suivi
par l'invasion des *Toucouleurs* sénégalais, d'*El-Hadj-Omar*.
Toutefois, ces bouleversements historiques n'ont pas amené
au *Soudan* de nouveaux éléments ethniques; ils ne sont
intervenus démographiquement que par la formation de castes nouvelles dans les anciennes populations et par un fort
déplacement de tribus de l'Ouest vers l'Est. Ces grands mouvements de conquête reproduisent en sens inverse et sous
des noms un peu différents les invasions des *Sousous*. Toutes ces bandes conquérantes paraissent se composer des
mêmes éléments de tribus pastorales, mélangées à des
nations noires primitives ; et dans les dernières invasions
de peuples cavaliers, les chefs essaient de légitimer leurs
conquêtes sous le couvert du prosélytisme religieux.

L'histoire de ces empires soudanais modernes est assez
connue de nos historiens contemporains pour qu'il soit inutile d'y revenir.

Quant aux invasions marocaines du xvie siècle, « 1590 »,
elles ne paraissent pas avoir laissé de traces bien visibles de
leur passage dans la composition des peuples soudanais.
Car leurs éléments ethniques ont été absorbés par de nombreux métissages, dans des tribus déjà fortement imprégnées

---

(1) Les nda sont industriels, pêcheurs, cultivateurs et les Bambaras en
ont fait des castes de forgerons ou de pêcheurs, en se réservant les cultures
et l'élevage pour eux seuls.

par les populations Nord-Africaines Actuellement, leur souvenir ne subsiste que par le nom *Armas* ou *Roma*, porté par
quelques familles : ce titre, donné par les vaincus à leurs conquérants, est composé des noms accolés des deux peuples
venus des mêmes régions méditerranéennes aux époques préhistoriques, en apportant la civilisation en Nigritie (1). Ce nom
Armas, appliqué aux guerriers envahisseurs armés de fusils,
a pris peu à peu le sens de fusilier, « *R'ma* ».

Cette absorption des races blanches par les éléments noirs
africains, est un fait que nous voyons se reproduire journellement dans les familles riches des chefs polygames, Arabes,
Berbères, Maures ou Foulbés qui, par leur alliance avec leurs
captives noires, n'obtiennent que des rejetons abâtardis et
noirs, tandis que leurs sujets pauvres, « *la viande de la tribu* »,
pour employer l'expression kountah, conservent généralement la pureté du type ethnique par des mariages monogames dans la tribu : seuls, les Touaregs, avec leur régime
matriarcal, gardent dans chaque groupement, depuis des
siècles, même en pays noir, leur physionomie particulière.
D'ailleurs leurs métis avec des femmes Bellahs ou Dagas
forment forcément une classe à part, non noble, puisque
chez eux « le ventre donne la noblesse ». Par suite ces
métis vivent en dehors des familles nobles sous le nom de
forgerons conseillers.

La conclusion que nous tirons de cet aperçu démographique est que chez tous les Soudanais et les Sahariens les
noms servant à désigner une tribu n'ont plus guère de sens
ethnique bien défini et ne sont employés souvent que pour

---

(1) En effet dans le plateau de Bandiagara existe des tribus Har-ma et
Har-oua venues antérieurement aux envahisseurs marocains du xvie siècle.

rappeler des groupements politiques récents. Toutefois, les diverses appellations que portent les individus, les familles et les tribus, sont toujours extrêmement intéressantes à recueillir pour l'étude de l'histoire des pays nigritiens ; car, le plus souvent, ce sont les seuls documents que nous possédons sur ces populations. Ils nous servent à retrouver l'origine première méditerranéenne des filiations de leurs confédérations et les migrations des peuples qui ont organisé les sociétés noires en important la civilisation sur les bords du Niger.

Plusieurs exemples tirés de tribus très connues nous donneront facilement ces renseignements intéressants, en nous confirmant les affinités d'un grand nombre de familles soudanaises avec des populations méditerranéennes. Les tribus Markas, musulmanes, dont les nombreuses colonies commerciales sont éparpillées dans tout le Soudan, ont été, en partie, comme nous l'avons vu avec les Diara et les Taraorés fortement affiliés aux Malinkés, dont ils ont, en général, adopté le langage, aussi les nomme-t-on « *malinkobés* ». C'est un groupe de cet ancien clan qui fonda et organisa le grand centre commercial de *Kong*, que visita *Binger*. Celles de leurs tribus qui ne furent pas englobées par le clan Mali des Keïta restaient affiliées depuis l'invasion des *Sousous* au clan des serpents et à la confédération des *Sounna*, d'où le nom de Sonninké, qu'elles portent avec les Sarrakollés, dont elles ont conservé le langage ; ce sont des colonies de ce genre que *Hourst* a rencontrées vers *Karimama* et Say en descendant la branche orientale du Niger, près des rapides de *Boussa*.

Plusieurs des tribus markas qui, à l'abri des escarpements

rocheux du plateau central nigérien, avaient échappé aux attaques des *Sousous* et fondé le centre de *Nono*, se dénomment encore *Nononkes* et parlent toujours le sarakolle, comme les *Dia-Ouara* (1) des plaines inondées alliés aux *Dias* pêcheurs; mais toutes avaient appartenu à la confédération des Blancs sous le nom de *Ouakore*, qui sert d'appellation générique à toutes ces tribus commerçantes, et nous avons vu que le premier chef de cet empire de blancs était un nommé *Kaïa-Manga*, un *Ia* du clan des *Ma*, originaire du *Nord* vers le *Maroc* (2).

Par cette série de noms : *Markas, Malinkobes, Malinkes, Sounnadjie, Sonninkes, Nonnonkes, Diawara* et *Dia-Ouara, Sarrakollés* et *Ouakoré*, nous retrouvons toutes les alliances et les métissages successifs de ces tribus, ainsi que leur rattachement aux anciens peuples du Nord africain.

De même, un second groupe de commerçants métis, de Foulbés et de Hara s'appellent dans le centre de la boucle : *Ouagara* (3) ou *Ouagarbes*, comme certaines tribus Peuhls, métissées du *Debo* et du *Farimanke*, mais les bergers Foulbés purs, du Mossi, les nomment *Bangaras*, « Hommes rouges », et certaines populations primitives les désignent aussi par le terme « *Rouge* », *Korongoï* et *Kouroumeï* ou *Karadje*,

(1) Dia-oua-ara == ou diawara.

(2) *Tarick-es-Soudan*, O. Houdas, p. 18. Gaïa-magha.

(2bis) La famille royale Taraore, des anciens clans Ouakore offre la particularité, pour montrer ses multiples origines et alliances, de dénommer les jeunes gens Dembele terme qui rappelle les familles maures ou Fontankis, et de désigner les filles de la tribu : par Siko nom qui rappelle les clans du Serpent.

(3) Le docteur Ruelle les classe avec beaucoup de raison comme ayant de grandes affinités avec les Sarrakolle et les Markas. *Anthropologie*, t. XV, 6. 695.

enfin les Mossi eux-mêmes les appellent *Yarba* (1), hommes de *Ya*. Nous avons vu que ces *Ouagara* avaient fait partie du clan des *Garama*, dirigés par des chefs *Yarba*, dont ils ont conservé le nom de famille (2). En outre, les Quaïamagha de Ganna commandaient aux Blancs et aux Rouges.

Enfin un dernier exemple bien plus typique et nous faisant remonter jusqu'aux confédérations de l'Afrique carthaginoise et romaine, nous est donné par la légende de Farang que nous rapportons plus loin.

« Farang ou Farangaka, « hommes des campements de
« Far », est ici le nom de la famille qui commande à toutes
« les confédérations de pêcheurs du Niger : en effet, les chefs
« des pêcheurs prennent ce titre de Far, que nous retrou-
« vons dans toute l'histoire soudanaise et que porte encore la
« province de *Farmaga* ou *Farimanke* (3) et la ville de
« *Sare-Faram* (4) ».

Les noms donnés dans ce récit à ce Far, sont *Nabo* ou *Nabo-nké*, *Sondje-nabo*, *Soy-na Kole-Dji-nabo*, *Sor-Ko-Dje Songoï-Dje*, ce qui signifie :

Nabo-nke, « homme des familles *Anna* et *Bo* (*Bobo* ou *Bozos*) ;

Sondjinabo ; *Nabo*, fils du clan des serpents *Sou* ;

Soyna-Kole-Dji-nabo : *Nabo* fils de la *Sounna* blanche (*Sonna-Senahdja*).

Sorkos-Dje, fils de la confédération du serpent mâle et enfin :

(1) *Yarba*, fait au pluriel Yabse.
(2) *Yarba* (gens de Iar).
(3) *Far-ma-ga* ou *Fari-ma-nké*, hommes de Far du clan des Mâ.
(4) *Sare-faram* s'appelle également Farang-Koïra ou Sara-Fere.

Songoïdje, fils de la confédération du serpent femelle.

Nous avons dans cette énumération toutes les tribus qu'il dirige et le titre de la confédération dont elles font partie. Mais ce chef dans ses luttes avec les autres tribus va courir de grands dangers et aura besoin de la protection divine, il devra donc recourir aux divinités protectrices de sa race et de son clan, aussi son oncle l'initie en ces termes à ses devoirs et la légende nous raconte que :

« *Tinamori-Farang*, son oncle, lui enseigne tous les sorti-
« lèges qu'il connaissait, il lui dit : *Nabonke*, prends le bouc
« noir, la poule noire, le vase de terre pour le lait frais et
« sois plein d'attention (sacrifie) à *Karamankoy*, à *Marman-*
« *koy*, à *Kayankoy* et à *Mangasi*. Voilà, je t'ai tout donné,
« *Farang* ».

Ainsi donc tous les protecteurs des pêcheurs du Niger et gens de *Far*, sont :

Karamankoy : le maître ou dieu des *Karamans* ou *Gara-mantes* (les gara du *Ma*) ;

Marmankoy : le maître ou le dieu des *Marma, Marmarides* (les *Mar* du *Ma*) ;

Kayankoy : le maître ou dieu des *Kaya* (gens de *Ia*) ;

Mangasi : le maître ou dieu des gens de *Ma* et de *Si* (le grand poisson et le grand serpent) ;

Nous retrouvons ainsi toutes les affiliations de ces tribus *So*, des primitifs pêcheurs du Niger rattachés par leurs chefs aux anciens clans du *Ma*, que dirigeaient les *Kaya*, descendants des *Garamantes* et des *Marmarides* ; confédérations de peuples divers que connaissaient déjà les historiens de l'antiquité.

Ces affinités avec les populations anciennes Nord-africaines que nous entrevoyons par cette étude démographique et ces observations sur les formations des groupements indigènes nous avaient déjà été révélées en partie par les objets trouvés dans les tumuli, par les formes des sépultures des plateaux nigériens et par les divers monuments archéologiques soudanais.

Mais le rôle joué par les vieilles civilisations méditerranéennes dans le développement des régions soudanaises nous apparaîtra bien mieux confirmé quand nous entreprendrons l'étude des mœurs, coutumes, idées religieuses, précieusement conservées par les populations non musulmanes retirées dans les rochers du plateau central nigérien.

CHAPITRE V

ASSOCIATION. — « TANNAS-TOTEM ». — EMBLÈMES

On peut être réellement étonné de la quantité considérable de confédérations que nous voyons, tour à tour, apparaître dans le monde africain, puis grandir après s'être âprement disputé l'empire des peuples pour disparaître tout à coup à la suite d'un événement politique important sans même laisser de trace de leur existence et de leur grandeur passée. Egalement, on reste toujours surpris de ne voir jamais naître, ni se former, des groupements humains, solidaires des mêmes intérêts pendant des siècles, et que les contingences géographiques régissent peu à peu, pour les grouper définitivement en nationalité.

Mais de nos jours encore, il nous suffit pour comprendre ces événements d'observer l'amour de l'intrigue et la formation continuelle de *Çofs*, chez les Berbères, puis de remarquer les bouleversements incessants qui agitent les sociétés Touaregs, dans lesquelles surgissent constamment des divisions et des dissidences qui subdivisent et détruisent les confédérations primitives. Les luttes incessantes, les rivalités

féroces des familles puissantes organisant et groupant sans
cesse de nouvelles alliances pour maintenir leur influence
ainsi que la difficulté, devant ces compétitions sans nombre,
de toute transmission de pouvoirs amènent rapidement la
décadence successive des familles nobles que nous voyons
tour à tour, sous les revers d'une politique changeante, passer vassales ou tributaires du groupement qu'elles dirigeaient
jadis, à moins qu'elles ne cherchent par l'exil, au milieu des
peuples primitifs, la reconstitution d'une nouvelle hégémonie
politique.

L'observation de ces événements politiques actuels, chez
les populations berbères, qui ont si fortement imprégné de
leurs idées et de leur sang les sociétés nigériennes, nous fait
bien saisir comment toute l'histoire des peuples soudanais
reste intimement liée à ces luttes d'influences de familles,
dans la formation des confédérations, qui nous apparaissent
toutes composées des mêmes métissages et dont la différence
essentielle réside dans les proportions variables du mélange
des éléments ethniques.

L'esprit d'alliance et d'association est extrêmement développé dans les populations *Gara*, descendues du Nord. Par
leurs colonies commerciales *Markas*, elles l'ont répandu dans
toutes les tribus primitives qu'elles ont gouvernées ou organisées.

Dans chaque village de la montagne, nous voyons se créer
des sociétés de jeunes gens, et dans tous les campements des
plaines, nous retrouvons réunies en confréries les personnes
du même âge. Ce sont ces éléments de groupements et de sociétés secrètes qui, avec leurs règlements, leurs signes de reconnaissance, leurs emblèmes et leurs divinités protectrices, nous

feront connaître l'organisation des grands clans fédératifs qui,
autrefois, bouleversèrent le Soudan.

Sur le plateau de Bandiagara, chez les populations *Habbes*,
les jeunes enfants mâles quittent le domicile paternel dès
qu'ils sont en âge de se passer des soins de leur mère, vers
6 ou 8 ans.

Ils se réunissent dans le canton avec les jeunes gens du
même âge des hameaux voisins pour fonder une association
de défense mutuelle.

Ils construisent, en dehors du village, une maison très
ornementée, où ils vivent, donnent des fêtes et reçoivent leurs
amies. Pour se distinguer des autres clans ils prennent un
nom de guerre, des signes de reconnaissance et se choisissent
une divinité protectrice à laquelle ils élèvent des autels. Ils
s'affilient ensuite avec le plus grand nombre de clans possible, dans les villages environnants, pour organiser des
chasses, des pêches et pour trouver aide et protection dans
leurs déplacements. Les membres de ces associations se doivent toujours aide et assistance, mais surtout au moment du
mariage et dans les débuts d'une entreprise agricole ou commerciale. Ils font partie des cortèges religieux dans les cérémonies cultuelles en portant les insignes des familles et ont,
en outre, un certain nombre de devoirs à remplir, vis-à-vis
des clans des chefs de canton ou de village : nous verrons en
détail cette organisation et ces devoirs dans l'étude des coutumes *Habbés*.

Ces associations n'existent pas seulement dans les montagnes du plateau central Nigérien, mais encore dans tout
l'Ouest soudanais où pénétra l'influence des tribus du Nord.

Elles sont connues sous les noms de *Nama*, ou *Koma*,

chez les *Bambaras*, et de *Simo* (1), pour les sociétés secrètes
des côtes de l'Atlantique.

M. Charles Monteil dans son livre si documenté sur *Djenne*
nous a fait connaître les confréries de la plaine nigérienne,
à peu de chose près, semblables à celles des montagnes et
d'ailleurs introduites dans la région par les mêmes populations rouges « *Gara* ».

« Dans le canton de *Karadougou*, nous dit-il, tous les
« petits garçons en âge d'être circoncis, 8 à 10 ans, forment
« une société nommée : *Ntomo*. Pour y être admis il faut
« payer 20 cauris et recevoir 3 coups de corde ; comme par-
« tout, le plus fort et le plus malin est le chef de la bande et
« le gardien exclusif du *Ntomo-Oulou*, chien du *Ntomo*, qui
« n'est autre qu'un phallus en bois de 15 à 20 centimètres, de
« longueur attaché à l'extrémité d'une corde ; cette société
« est une association de secours mutuels. Tout d'abord, les
« enfants cherchent à se procurer une bonne chère ; à cet
« effet chacun maraude, chippe, ou se procure, bon gré mal
« gré, les victuailles ou le « dolo » (bière de mil), et verse le
« tout à la société pour la ripaille commune. Le lieu de réu-
« nion est le plus ordinairement un arbre ombreux en dehors
« du village. »

Le *Ntomo* donne des fêtes de jour et des fêtes de nuit, qui
lui procurent des ressources. La société annonce toujours ces
divertissements aux réunions à l'aide du *Ntomo-Oulou* : on
fait tourner cet instrument comme une fronde au-dessus de

---

(1) Voir pour les Simo ou Scymo. Société secrète du golfe de Guinée, son
but, son organisation, l'admirable étude si documentée publiée par M. A.
Chevrier dans l'*Anthropologie*, 1906. Tome XVII, n° 3-4, p. 359.

la tête, et le bruit qui s'entend de loin est la cause du nom : chien du *Ntomo*.

L'arbre qui marque le lieu ordinaire des réunions est, pour les adhérents, considéré comme donnant abri au génie protecteur de leur association : ils l'implorent à la manière des enfants disant par exemple : Si tu m'évites la correction que je mérite, je te donnerai un poulet, ou un rat... et ils ne manquent pas à leur promesse.

Ces *Ntomo* sont très répandus au Soudan avec d'autres vocables : *Ntori-Khefengo* et avec d'autres statuts. A côté de cette association se trouve répandue dans toute la vallée du Niger la *Flanto*, ou réunion des gens du même âge. Une *Flanto* est invariablement composée des personnes circoncises ou excisées au cours de trois ou quatre années consécutives.

Dans chaque *Flanto* on trouve un chef de réunion, *Ton-Tigui*, choisi différemment suivant les races, généralement un fils de notable ; un Dialatigui, qui a pour fonction d'assurer le respect des statuts ; un factotum nommé « *Tom-Diali* », mis à la disposition du chef pour transmettre les ordres de ce dernier ; aussi c'est toujours une personne de caste qui occupe cet emploi. Les confrères se nomment : *Tonden*.

Quand la société n'est composée que de jeunes célibataires, elle n'a tout d'abord qu'un but, la bonne chère et l'amusement : plus tard elle sert de liaison avec les sociétés voisines et d'instrument politique. Elles ont leurs mots de passe et leurs statuts bizarres, qui souvent servent à se procurer des ressources, ou sont considérés comme des signes de ralliement ou de respect pour la divinité protectrice. Par exemple : quiconque ne se découvre pas pour manger est mis à l'amende : de même quiconque mange, avant que l'ordre en soit donné,

ou qui s'asseoit, se lève, se mouche ou éternue, etc.,
avant qu'on l'ait autorisé à accomplir cet acte. En cas de
conflit on a recours aux chefs des *Flantos*, les plus anciennes.
Quand un sociétaire veut prendre femme, c'est au *Ton-Tigui*
qu'il se confie tout d'abord ; et c'est bien souvent le *Ton-Tigui*
qui servira d'intermédiaire auprès des futurs beaux-parents :
en tout cas, chacun a le devoir d'aider le fiancé de tous ses
moyens et le *Ton-Tuigui* donne les ordres selon les coutumes,
pour aller cultiver les champs des beaux-parents du fiancé,
construire la case des nouveaux époux. Quand le ménage, une
fois installé, arrive à une situation aisée, le *Ton-Tigui* ne
manquera pas d'inviter le jeune époux à recevoir ses camarades et à les traiter selon ses moyens. La coutume veut que
toute *Flanto* qui festoie adresse à titre d'hommage un plat de
victuailles à la *Flanto* immédiatement plus ancienne, un autre
à la *Flanto* immédiatement moins ancienne, enfin un autre à
celle des femmes du même âge ; car les femmes forment des
associations comme les hommes, dans lesquelles, elles se
doivent une mutuelle assistance.

Ainsi pendant toute sa vie, par le fait de la circoncision
seule, l'indigène rentre dans une société de secours mutuels ;
en voyageant ou changeant de résidence il ne perdra pas
pour cela les avantages de la *Flanto*, car sans difficulté on l'ad-
met dans la *Flanto* des gens de son âge. C'est d'ailleurs là
un des caractères essentiels et des plus remarquables des
sociétés même secrètes, chez les noirs. Le déplacement ne les
prive pas de leur secours ou de leur protection : les unes
accueillent l'arrivant comme un nouveau frère, les autres,
moyennant les mots de passe, le considèrent comme un adhé-

rent (1). Cet esprit d'association si extraordinairement développé dans toutes les tribus nigériennes doit exclusivement son
évolution aux éléments ethniques descendus des régions sahariennes car il disparaît complètement dans les groupements
primitifs refoulés aux confins des forêts. Non seulement, en effet,
les idées de groupement n'existent pas dans ces populations
sauvages, mais l'individualisme est tel que les villages se forment sans aucune autorité reconnue et ne sont, en réalité,
qu'un assemblage temporaire de familles absolument indépendantes, où l'autorité du père de famille n'existe que tant
qu'il est capable de l'imposer par la force. Cette anarchie
sociale, basée sur un individualisme limité seulement par la
force brutale des voisins a toujours été pour nos chefs de
colonne, le principal obstacle à la pacification des régions du
Baoulé dans les forêts de la Côte d'Ivoire.

Au contraire dans les régions du Nord et dans tout le Sahara
cette idée de groupement en société secrète et cet esprit de
fédération persiste toujours aussi intense, mais son but politique reste plus ou moins caché sous des apparences philan-
thropiques ou religieuses.

Les chefs religieux et les marabouts se sont toujours servi
avec beaucoup d'habileté de ces principes d'association innés
dans les populations, pour grouper autour d'eux le plus souvent sous prétexte d'orthodoxie religieuse des affiliés nombreux. Ils forment ainsi une des multiples confréries religieuses qui se partagent l'Afrique du Nord et dont le vrai
but reste, semble-t-il, toujours égoïstement, la grandeur
d'une famille influente qui, n'osant risquer les luttes aléatoi-

(1) Charles Montiel, *Monographie de Djenne, op. cit.*

res de la politique active pour la conquête du pouvoir, sait sagement se contenter, dans le début, des larges bénéfices de l'influence spirituelle.

Les associations donnent à leurs adhérents, comme nous l'avons vu, dans la montagne et dans la plaine nigérienne des mots de passe, des règles à observer pour prendre leur nourriture et surtout des divinités protectrices choisies dans les génies locaux. En général, pour prendre une devise, les tribus, les familles et les clans, forment un calembour avec leurs noms, ainsi la tribu *Toka* ou *Toga*, s'appellera dans un groupe *Teke* ou *Toge* « les miséricordieux », sa devise sera *Ambas-Tegue* « miséricorde de Dieu » et suivant le clan où s'affilieront ces associations, elle deviendra *Togo* ou *Toko*, ou même *Toro*, qui signifient : poisson, antilope, etc. De même la famille *Ouolo-Dem*, division des *Oulo-Ouolo*, et des *Ouolo-Oule*, fera sa devise par à peu près *Ouolo-Diem* « les buissons noirs » et une de ses associations très connues, sera *Gouoro-Diem*, les *Kolas-Noirs*, dont les membres auront l'obligation de ne pas manger des noix de kola noires ou desséchées.

C'est sans doute à ces défenses, dont l'origine remonte à des règles d'association, que nous devons certaines coutumes particulières très caractéristiques, telles que celles des :

Taraore-Dembele, qui ne doivent pas manger des fruits, du fromager (bombax) (1) ;

(1) Il s'est formé des confédérations qui au lieu de prendre leurs signes de reconnaissance (tannas) dans le règne animal les ont pris dans le règne végétal ; cela nous est d'ailleurs confirmé non seulement par la défense qu'ont certaines familles de manger de certains produits agricoles mais encore par les masques emblèmes de leurs « nabas » qui représentent souvent un arbre de la forêt (Voir Nabas).

Dibo, qui ne doivent pas manger un plat déposé dans une rigole ;

Sısoko, qui ne doivent pas manger un plat que l'on annonce chaud ;

Songhoï, qui ne doivent pas manger un plat dans lequel on a fait tomber de l'eau ;

Mosschis, qui ne doivent pas manger un plat dans lequel un des convives mange sans être assis ;

Oudio, qui ne doivent pas manger un plat recouvert d'une pierre ;

Sounadje, qui ne doivent pas manger un plat où quelqu'un se sert de la main gauche, etc.

Ces règles sont applicables à tous les gens du clan d'une même région, tandis que nous en trouvons d'autres qui ne s'appliquent qu'aux *Flantos* de gens âgés ; ainsi, par exemple, chez les *Kansęïgnes* de la montagne, le vin de *Palme* est autorisé seul aux vieillards, à l'exclusion du *Dolo* de *Mil* « bière de *Mil* » qui reste au contraire permise aux jeunes gens.

Mais si ces associations se placent sous la protection d'une divinité locale qu'elles honorent spécialement, elles prennent souvent comme au *Mossi*, dans les confédérations d'ouvriers d'un même métier, pour emblèmes, des animaux ayant des rapprochements avec leur genre de vie ; ainsi les chanteurs *Ila* prennent pour emblème le coq *Irga,* les mendiants, le Héron, qui émigre et fouille les détritus, etc. Mais le plus souvent le nom de la famille ou celui du groupement détermine son emblème par le nom de l'animal, dont le nom se rapproche le plus de celui de la famille. Alors nous voyons les *Bammanas* ou *Bambaras* adopter le *Bamma* « caïman », les *Oua* prendre *Doua* « l'aigle », les *Markas,* prendre *Marmar* « la panthère », etc.

Quand un de ces clans grandit et prend une influence politique considérable en s'alliant avec ses voisins pour former une confédération politique, tous les membres du nouveau groupement adoptent la divinité protectrice, la couleur ou l'animal emblème de la famille directrice ; c'est ainsi que nous voyons le lion, emblème d'un clan composé des *Diara, Keita, Ndogom, Ndiaye, Ouaraba, Diawara, Ould-Badi,* etc., familles qui toutes avaient un animal emblème particulier : *Keita* « hippopotame et caïman » ; *Ndogom* « serpent et aigle » ; *Dia-Ouaraba* « poisson, aigle », etc.

Nous pouvons donc retrouver avec ces emblèmes l'histoire des alliances qu'une famille a pu contracter dans la suite des temps. Certaines familles comme les *Markas-Taraore* de la montagne nous apparaissent alors liées à toute l'histoire soudanaise avec les animaux suivants : *Lamentin, Aigle-pêcheur, Serpent, Hippopotame, Lion, Hyène, Panthère, Igouane-Tortue,* que l'on rencontre dans leurs diverses tribus. Au contraire pour certaines familles qui, comme les *Bore,* n'ont que la hyène et le caïman et les « Guié » que le serpent dans leurs emblèmes, nous en pouvons conclure qu'il ne leur est échu dans l'histoire soudanaise qu'un simple rôle de comparse.

Ces animaux emblèmes deviennent sacrés, « *Tabou* », pour les familles qui les ont comme *Tanna.* Souvent on leur rend les mêmes devoirs funéraires qu'aux hommes du clan, ainsi que le font les *Oualo-Diem,* pour les serpents qui vivent apprivoisés en liberté dans les villages des environs de *Bandiagara* (1). En revanche, les autres membres de la confédération,

(1) Les honneurs de la momification accordées à certains animaux dans

11

dont ces animaux sacrés ne sont que les emblèmes temporaires, leur doivent un certain respeçt ; aussi évitent-ils en
général, de manger de la viande, ou de participer directement à la mort de ces êtres qui leur sont alliés.

Cependant les animaux emblèmes, les arbres, bosquets,
rochers, dans lesquels sont censés résider les divinités protectrices d'un groupement, ne restent pas chez les indigènes les
seuls objets interdits et honorés : « *Tanna* ». Les chefs religieux,
leurs insignes particuliers, les objets du culte sont tous
revêtus de ce caractère sacré et sont frappés d'interdiction
pour le profane sous peine de calamité. Mais ces chefs religieux eux-mêmes ont inhérents à leur charge et à leur fonction des devoirs particuliers et des interdictions spéciales
comme l'usage de certains aliments. En revanche, l'interdiction *Tabou,* qui frappe certains animaux protecteurs n'existe
pas généralement pour eux, qui ont le pouvoir de déclarer
Tabou, Tanna, tel ou tel vêtement, objet ou animal, et par
la suite le droit de lever cette interdiction. C'est ainsi que j'ai
vu le *Hogon* de *Sanga* permettre à toute sa tribu le port des
guinées lustrées noires, étoffe qui jusqu'à ce jour avait été
exclusivement réservée à la confection des insignes des prêtres et dont l'usage restait *Tanna,* pour la population avec
les bonnets rouges, emblèmes des chefs *Gara* « *Rouges* ».

De même les traditions racontent comment fut déclarée
Tanna une race de chiens qui sauva de la soif une grande
colonne de *Gara-Mandes,* fuyant le Nord et venant s'établir
sur le plateau nigérien.

« Depuis plusieurs jours les émigrants cherchaient un

l'ancienne Egypte rappellent ces coutumes Habbés, et pourraient également
avoir leur origine dans le culte rendu à des animaux « tannas emblèmes ».

« point d'eau et la situation commençait à devenir critique,
« lorsqu'un des chiens qui accompagnait ses maîtres revint
« au camp tout mouillé d'un bain qu'il venait de prendre
« dans la montagne.

« Les recherches portées de ce côté firent découvrir la
« source de *Kani-Bozon* et le *Hogon* de la tribu déclara cette
« race de chiens, sacrée à partir de ce jour, comme service
« rendu à la tribu (1).

« Depuis cette époque les vieillards des villages ont le de-
« voir de recueillir les animaux abandonnés de cette espèce,
« et lorsqu'un *Naba-Mossi* est enterré on le fait toujours
« accompagner dans l'autre monde d'un de ces chiens
« sacrifié sur sa tombe (2) ».

Dans tous ces peuples, *Gara-Mandes*, descendus du Nord,
l'animal emblème déclaré *Tanna* fait partie de la confédération : il est respecté et honoré dans tout le clan et chez les
alliés qui l'adoptent comme signe d'alliance. En revanche, il
est imposé par la force aux peuples vaincus et aux primitifs
asservis. Aussi, cet emblème, loin d'être honoré par les tribus
vassales devient maudit et n'est plus supporté qu'avec dégoût ;
d'où le nom de *Dama*, avec le sens de malédiction appliqué
aux êtres *Tannas* chez les primitifs, *Oumbo*, *Oumbebe*, des
monts *Hombori* ; les termes de *Taïlad* des *Ndagas* et *Bellas*

(1) C'est pour cela que la couleur « Rouge » et les chiens « tannas »,
des envahisseurs *Gara* ou *Oulé* ont reçu des primitifs le même nom que
les peuples eux-mêmes Oul, Poul dont ils étaient les emblèmes. Chez
les Bambaras les peuples rouges sont les « *Oule* » la couleur Rouge Oule
et les chien Oulou.

(2) Les Samos donnent également un chien à leur fiancée ce qui prouve
avec l'interdiction de manger certains poissons leur filiation ou leur alliance
avec les Mandès.

soumis par les Touaregs ou *Lad* de tribus *Kountah*, qui signifient également l'impur, le maudit.

Donc, chez toutes les populations primitives qui ont dû lutter pour conserver leur indépendance, les interdictions, des objets et des animaux *Tannas* imposées par les vainqueurs, leur feront considérer ces êtres comme impurs et dignes des malédictions jetées sur les traîtres semblables aux *Kossodio*, qui s'étaient ralliés aux gens du *Serpent*, pour leur servir de guides contre leurs frères des montagnes. Depuis cette époque les personnes de cette tribu maudite n'ont plus le droit de séjourner dans les villages *Habbes* indépendants, ni de manger, ni de boire aux mêmes plats que les autres habitants ; et par suite les objets qu'ils touchent sont regardés comme souillés et doivent être brûlés.

La même malédiction pèse sur les chevaux qui ont servi aux hordes de cavaliers envahisseurs, à conquérir les plaines, et sur les ânes, montures traditionnelles de certains chefs des conquérants *Mossi*.

Au Soudan, les animaux emblèmes sacrés sont nommés *Tanna*, par les *Sarrakoles, Mandé, Markas*, terme adopté par les *Bambaras* ; *Tenne* et *Tanne* par les *Foulbés* ; *Tebi, Tengue* et *Itengue* par les *Sorkos* ; *Tapemon* par les *Habbes* ; *Nkita* par les *Mossi* ; *Dama* par les *Oumboï, Oumbo* du *Houmbori* ; *Taïlad* par les *Dagas* et *Bellas Touaregs* ; *Lad* par les *Kountahs* ; *Aïkount* par les *Maures Ould Baddi*.

En résumé, pour la plupart de ces tribus envahissantes le *Tanna* paraît être considéré comme emblème protecteur et un animal *Totemique*. Nous devons donc rechercher les initiateurs des peuples soudanais à ces coutumes dans les familles que nous voyons descendre des régions méditerra-

Fig. 106. — Tisserands installés sur une place d'un village Nigérien.

Fig 107. -- Plateaux de Haroua.
Un haut-fourneau indigène pour traiter le minerai de fer.
Jeune homme Habbé en costume d'adolescent.

néennes. En effet, ce culte rendu à des animaux nous apparaît en Egypte dès la plus haute antiquité ; nous savons même que les Egyptiens désignaient par le même nom les tribus noires et les serpents ; mais il est possible que ces rites aient été importés de Chaldée dans la vallée du Nil à l'époque préhistorique.

En tout cas, Carthage, à une époque plus récente, nous montre les grandes familles patriciennes rendant un culte à leurs emblèmes *totémiques*, les poissons et les serpents, etc. Répandus dans tout le Nord de l'Afrique par la confédération de *Nasha-Mon*, à laquelles succèdent celles des *Marmarides* et des *Garamantes*, nous voyons ces *Totems* pénétrer dans les plaines nigériennes par les plateaux sahariens (1).

Chez les tribus nomades qui parcourent les régions désertiques, on retrouve, comme l'avait déjà signalé *Duveyrier* en 1854, de nombreux aliments interdits se rapportant à d'anciennes traditions *totémiques* : les *Touaregs*, les *Maures*, les *Foulbés*, évitent toujours avec soin de manger du poisson et de la chair de certains oiseaux, nouvelle confirmation aux indices linguistiques de leur présence dans les clans du *Ma*, (*Mounou* des *Foulbés*) et des *Oua*.

---

(1) Les tribus Berbères, Maures, Touaregs en plus des grands Tannas généraux comme les poissons, poulets... éléphants ont encore des tannas particuliers comme, par exemple les : Ould Badi, le lion (ni tuer ni manger) ; Scheick Sidi-el-Bakaï, le chameau (ni tuer ni manger) ; Iguellads, chameau. Amohadi-Rieth Kountalh, ne doit monter que les chevaux que personne n'a monté ; Idnannes, les chevaux. Reguegdade. (Kobba blanc, grande antilope, ni tuer ni manger) ; Allouchs, giraffe (ni tuer ni manger) ; Meschdoufs, chacals ; Sidi-Moktar, panthère ; Kel-Antsav, Kobba noir ; Midi-deghen Imrad. Poulets ; Ould Nacer, le lièvre ; Kel Aara, ne doivent pas monter les bœufs porteurs... etc., ces tannas permettent de retrouver les confédérations dont ont fait partie ces nomades.

Mais l'islam a détruit un grand nombre de ces coutumes chez les peuples actuellement musulmans qui n'avouent qu'à grand peine leur attachement à ces anciennes traditions. En revanche ces rites sont toujours en plein développement dans les tribus noires primitives, amenées de l'Est par les pasteurs envahisseurs des clans du serpent et par leurs successeurs *Bambaras*, sortis des forêts.

Au contraire, les indigènes primitifs, ignorant toutes les contraintes d'un groupement organisé, cantonnés dans leur individualisme irréductible, ne considèrent jamais les *Tannas*, imposés par leurs conquérants, comme des emblèmes protecteurs, mais les stigmatisent avec des termes de mépris et leur jettent l'interdit avec des malédictions : tandis que leurs frères des tribus indomptées et insoumises, réfugiés dans les forêts, continuent à mener, comme au premier âge, une vie sans religion, ignorant toute défense qui les priverait d'un aliment.

Il semble donc que ces principes *totémiques* ont été importés sur les bords du Niger, avec les idées d'organisation sociale des régions Nord et Nord-Est de l'Afrique, et l'on devra peut-être rechercher leur origine jusque dans les vallées asiatiques de la Mésopotamie.

Fig 108. — Potier fabriquant de grandes jarres pour contenir
les provisions d'eau ou de céréales dans l'intérieur de sa maison.
Village de Nigari (Tomboko).

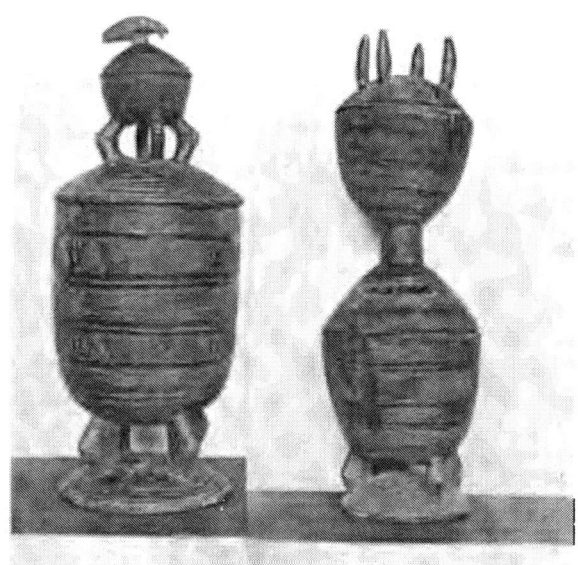

Fig 109 — Vases en bois scupltés destinés à contenir
la nourriture du Hogon, chef Habbé.
(Industrie des artisans Habbé).

CHAPITRE VI

LES CASTES

La société soudanaise nous avait toujours été présentée comme régie par une organisation sociale très hiérarchisée, divisée en plusieurs castes bien définies :

1° Les hommes libres ;

2° Les castes industrielles, avec les forgerons, les griots, les tisserands, les tanneurs, etc. ;

3° Enfin les captifs et les esclaves.

Cette hiérarchie incontestablement formée sur le plateau Mandingue, récemment conquis par les clans des *Bammanas* et dans les plaines occupées par les conquérants *Foulbés*, n'existe absolument plus dans les régions du centre de la Boucle où les populations ont pu résister aux envahisseurs.

Cependant il est du plus haut intérêt, pour nous, derniers organisateurs de ces régions de l'Afrique occidentale, de rechercher les causes qui ont amené la formation de ces castes.

Nous devons constater tout d'abord que le genre d'occupation des individus, le métier par lui-même, n'entre pour rien dans les raisons qui ont pu généralement déterminer au Soudan la création de cette hiérarchie.

Sur le Niger, dans les mêmes villages et se livrant exactement à la même industrie de la pêche, nous voyons les
pêcheurs Somonos être considérés comme des gens de caste,
tandis que les Bozos et les Korongoï, habitant avec eux et
portant quelquefois les mêmes noms, restent des hommes
libres.

Chez les Bammanas l'agriculture est l'apanage des seuls
gens libres et nobles, mais tous les autres corps de métiers
ou travaux manuels, sont exclusivement réservés à des
gens de caste : au contraire, chez les Foulbés, seule l'industrie
pastorale est noble, l'agriculture et les industries sont laissées
aux tributaires, aux vassaux et aux gens de castes. En revanche, nous sommes obligés de constater que dans les populations indépendantes de la forêt, du centre de la Boucle et des
montagnes, les gens libres exercent tous les métiers et que
même les familles des chefs se livrent au commerce, aux
industries du tissage ou de l'exploitation du fer.

Si donc, en général, le genre d'occupations, le métier de
l'individu lui-même n'est pas une cause déterminante de la
formation de la caste, la famille, son origine ou son métissage, n'y sont également pour rien contrairement à ce que
nous voyons dans l'Inde.

En effet, dans le Macina, nous trouvons les Sissoko,
comme griots et pêcheurs des Foulbés ; dans la région de
Nioro, ils forment une caste de forgerons de Bambaras
et enfin sur la Faleme et dans l'Ouest vers Kayes, ce sont des
gens libres.

De même parmi les pêcheurs on retrouve au Sénégal des
membres de la famille *Ndao*, libres et mélangés aux Toucouleurs, tandis que sur le Niger une partie de cette famille

est considérée comme forgerons, ou pêcheurs tributaires des *Markas* ; et l'autre partie comme affiliée aux clans des *Sorkos*.

Enfin parmi les castes de forgerons : les *Dions* métallurgistes des Malinkés, ont leurs familles de l'Ouest, serfs captifs des Bammanas, pendant que celles du plateau central nigérien restent libres et se livrent à l'industrie et à l'agriculture.

On retrouve de semblables exemples dans toutes les familles et dans toutes les castes.

Par suite, nous voyons que l'origine elle-même des individus, comme le métissage des familles, n'a jamais eu aucune influence sur la formation des castes, qui n'ont été créées que par des causes absolument accidentelles et régionales. Dans telle province, une famille fut obligée de se soumettre avec son clan à une invasion de conquérants tandis que, dans la province voisine, les autres membres de cette famille restaient indépendants ou s'alliaient aux vainqueurs.

Je ne connais qu'une exception à cette règle dans les montagnes du plateau de Bandiagara. Ce sont les membres de la tribu *Kossodio* qui, quoique libres, ont été frappés d'interdit pour traîtrise et sont devenus « Tanna » auprès des autres tribus, formant réellement ainsi une caste, considérée comme paria, dégradée et impure.

Mais l'observation de quelques faits et le recueil d'événements rapportés par les traditions, nous prouveront bien que la formation des castes soudanaises en général, n'a été dans la vie des civilisateurs nigériens qu'une série d'événements indépendants les uns des autres et agissant différemment sur des éléments ethniques souvent très variés.

Les traditions sur la formation de la caste des forgerons,

« Kouroumeï », au Mossi, ont été recueillies par le capitaine Noiret.

Pendant la suprématie de l'Empire de Ganna, une partie de la population des rives du Niger vint occuper le plateau central nigérien, vers *Tera-Dori-Aribinda,* où leurs descendants vivent toujours.

Ils formèrent primitivement le clan des Mango. Mais, commandés par des Gara et appartenant, en général, à la famille *Eï,* on les nomma des *Koromeï* ou *Kouroumeï,* de *Koron,* « rouge », qui a pris dans la suite le sens de « vieux » : les anciens.

Les pasteurs Peuhls les nomment encore les *Fouleïs,* terme qui a la même étymologie que *Kouromeï* (1).

Un groupe de ces populations ayant appris que le Yagha actuel était inoccupé, vint s'établir dans cette région formant les villages de *Souleï,* près de *Ouahïgouya.*

Un siècle plus tard, un second groupe de plus de 500 familles suivit cet exemple et fonda *Togom.* Il se dispersa peu à peu dans les vallées où s'établissaient déjà les premiers pasteurs Foulannes, « Sourombés ».

Jusqu'à l'arrivée des Mossi dans le *Yatenga,* les Kouroumeï furent les maîtres, cultivant la terre, exploitant les richesses minières, construisant des hauts fourneaux, exportant le fer vers les bords du Niger.

Mais lorsque *Yagha,* chef Mossi, s'avança au xiie siècle pour conquérir cette contrée, à laquelle il donna d'ailleurs son nom, les « rouges » se portèrent au devant des armées du conquérant et lui firent offrir leur soumission et leur vas-

(1) Fouleï de Oule-eï, comme Kouroumeï de Kourou-Koron-Kolon rouge et eï.

Fig. 110. — Volets de fenêtre (bois sculptés) d'une maison'Habbé.
Figurines humaines à nez sémitiques.
Dans le volet de gauche les trois figurines porteurs de mîtres
représentent la Triade divine.
(Industrie Habbé).

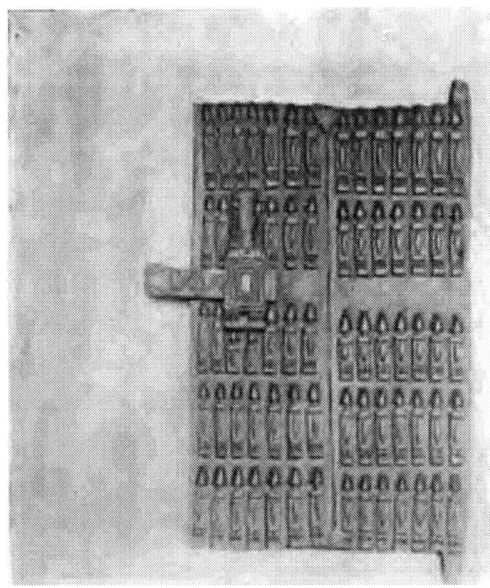

Fig. 111. — Volet de fenêtre (en bois sculpté) d'une maison Habbé.
Figuration les génies ancestraux.
(Industrie Habbé).

salité, sans essayer de résister. Ils furent ainsi groupés au
milieu des Mossis et acceptèrent leur langage. Mais un des
Naba, successeur de Yada (1), nommé « Ouamtamango »,
frappéde leur habileté de forgeron et voulant s'emparer de
leurs terres, usa de son autorité despotique pour les disperser
dans tous ses Etats, affectant une· ou plusieurs familles à
chaque village.

C'est ainsi que le voyageur les rencontre encore aujour-
d'hui, formant une espèce de caste parmi les descendants de
leurs conquérants; tandis que des tribus de même origine
vivent indépendantes, groupées autour de *Téra*.

Si nous venons d'assister, d'après les traditions, à la création d'une caste de forgerons, la simple observation des
coutumes Foulbés actuelles nous montrera facilement la formation d'une caste de serfs agricoles (2), organisée pendant
notre conquête soudanaise.

En effet, chez les Foulbés conquérants, l'appellation de
Dimadio (Rimaïbe au pluriel) sert à désigner les habitants
d'un village de serfs cultivateurs, qui doivent une redevance,
soit à l'Etat, soit à une famille Poul; car ces tributaires peuvent dépendre de la couronne s'ils appartiennent à un village qui a fait sa soumission sans combattre, ou dépendre
de particuliers s'ils proviennent d'achat ou de part de prise.

Mais quelle que fut l'origine de ces individus, placés dans
les villages de cultures, tributaires des Foulbés, ils perdaient
du jour de leur soumission tout droit à leurs noms anté-

(1) Yada ou Ya-nda A. Oua-nda-mango.
(2) Mr. Ch. Monteil dans sa *Monographie de Djenné* (Tulle, 1903,
p. 146) donne une intéressante étude sur la formation des castes de Rimaïbe
tributaires.

rieurs et devenaient « Rimaïbes » (1) et, selon leur origine, se nommaient *Tammoura* ou *Tamboura*, pour les anciens habitants originaires des tribus de la montagne *Tombo* ; *Korobara*, pour les anciens membres de la Confédération des Rouges, « *Korongoï* et *Kouroumeï* » ; enfin *Mangoura*, pour ceux qui ayant appartenu au clan du Mâ avaient été attachés comme tributaires du chef Foulbé *Mangha* (2).

Ces changements de noms de tribus sont très fréquents et se produisent même volontairement lorsqu'une population vient se placer en état de servage auprès d'une famille conquérante.

Ainsi, lorsque les Foutankés de l'armée d'El Hadj Omar firent la conquête du Masina, récemment occupé par les Foulbés, les membres d'une tribu des montagnes, « les Tapo », que les « amirou » Foulbés, d'Hamdallahï, avaient placés dans la caste de leurs tisserands, vinrent trouver Tidjani Tall, Fama de Bandiagara, et se déclarèrent ses griots, puis changèrent leur nom contre celui du chef *Tall*. Depuis cette époque, ces nouveaux *Tall*, griots, portent le nom des descendants d'El Hadj Omar et vivent aux frais de la famille régnante des famas du Masina.

Actuellement, la plupart de ces castes sont toujours qualifiées du nom de la première tribu qui s'est vu imposer le servage industriel ou agricole : chez les Foulbés, leurs premiers cultivateurs tributaires, étant de la tribu des *Madio*, tous les serfs de la glèbe reçurent le nom de Rimaïbe, plu-

---

(1) Par la suite notre occupation libéra plusieurs de ces villages, dont les habitants ont gardé le titre de Rimaïbe.

(2) Dans le *Tarick-es Soudan*, le titre de Magha est toujours donné aux chefs Foulbès du Masina. Magha veut dire (Hommes des Mâ).

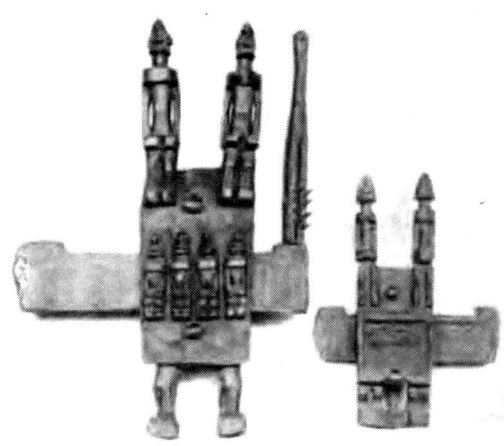

Fig. 112. — Industrie Habbé.
Serrure en bois scuplités ornée de figurines representant les génies
Protecteurs ou Esprits ancestraux, dans le corps de la Puissance
divine que dirige la Puissance mâle et la Puissance femelle.

Fig. 113. — Industrie Habbé.
Un vieux tabouret de Hogon recueilli dans une grotte
devant la tombe d'un chef gara.

riel de Dimadio ; leurs premiers tisserands, tributaires étant de la famille des *Mabo* (dont une partie vit libre dans la montagne) tous les tisserands furent nommés des *Maobe*.

De même, chez les tribus *Bammanas,* leurs premiers vassaux furent les *Dions* ; depuis lors, cette appellation a été imposée à tous leurs serfs, comme celle de Noumous le fut à tous leurs forgerons, etc.

Quelquefois ces noms ont pris un sens bien plus général, ainsi lorsque les *Sá*, « Sousous », conquirent le Soudan, l'industrie du fer était propagée par les populations Gara.

En se soumettant, ces tribus devinrent les Garasa, nom qui est resté dans le Nord du Soudan pour désigner tous les industriels. De même, le terme de Sanké, « homme de Sá », a été appliqué à tous les travailleurs du cuir, parce que les primitifs nomades, ralliés au clan du Sá, comme les Bellahs, ont toujours été des tanneurs émérites, ne s'habillant que de cuirs depuis les périodes préhistoriques.

Les invasions des peuples barbares amenèrent donc la création des castes, chez les Ouakorés et les Garas, industriels et commerçants, chez qui n'existaient auparavant que des corporations de marchands et de fabricants, comme à *Djenne* et à *Tombouctou* de nos jours.

Lorsque surgirent ces grandes invasions ; celles, par exemple, des *Foulbés,* pasteurs venant accaparer les pâturages pour leurs troupeaux, ou celles des cultivateurs barbares du Sud qu'amenaient les *Bammanas* désirant s'approprier les riches terres à céréales du Niger, les primitifs habitants du pays se virent toujours dépossédés de leurs terrains. Mais leurs conquérants, ignorant tout, du commerce, des arts et de l'industrie, « construction, poterie, métallurgie, tissage, travail du bois, navigation, etc. », furent dans l'obligation pour organiser leur conquête et l'exploiter, d'avoir recours aux connaissances de leurs tributaires asservis qui les avaient éblouis par les richesses développées au Soudan.

D'ailleurs plusieurs des tribus, habitant les plaines nigériennes, but de toutes les conquêtes, se sentant trop faibles pour lutter contre les envahisseurs, préféraient, elles-mêmes, à l'esclavage de guerre, impitoyable aux vaincus, un servage par famille, au milieu des villages des vainqueurs, en abandonnant leurs terres et la protection de leurs dieux.

Par contre les nouveaux maîtres durent également pour gouverner le pays, faire appel aux conseils de leurs forgerons, descendants des premiers conquérants du Nord, les plus affinés et les plus intelligents des peuples soudanais.

Actuellement encore ces gens de caste, qui, si souvent, surent se rendre indispensables comme conseillers auprès des grands chefs, sont extrêmement intéressants à étudier, car, obligés de ne se marier qu'entre eux, ils ont conservé à peu près intacts les types des primitifs civilisateurs.

Toujours organisés en sociétés secrètes (1) ils gardent les

---

(1) Ce sont les forgerons qui ont conservé dans les plaines Bambaras les idées religieuses de la montagne et le culte des divinités : ils entretiennent, pour exploiter les superstitions et la crédulité de leurs vainqueurs, les mystérieux « nama » hommes masqués, que nous retrouverons dans la montagne. Ils ont également organisé sur le modèle des confréries Gara de la montagne des sociétés secrètes, Nama, Komo et Simo pour se protéger contre les envahisseurs. Dans ces confréries, aucun sociétaire ne doit trahir les secrets, ni ses coassociés, sous peine de mourir tragiquement, enfin les membres se sont engagés à exécuter toutes les décisions des chefs, même si c'est un crime (V. Anthropologie, t. XVII, p. 359 : Les Scymos, par A. Chevrier).

En outre, contrairement aux coutumes de leurs maîtres Sousous, Bam-

idées et les manifestations du culte des peuples de la montagne, et arrivent ainsi à impressionner souvent leurs vainqueurs superstitieux par la crainte de leurs divinités et de leur pouvoir occulte.

Disséminés dans tous les villages du Soudan, sans vouloir adopter les mœurs et coutumes des envahisseurs, et notamment l'excision, ces gens de caste restent pour nous de précieux témoins du passé et de sérieux appuis pour le développement futur de notre colonie.

baras, dont les femmes sont excisées, les leurs ne le sont pas ; toutefois ils sont toujours chargés de la circoncision qui d'après les légendes aurait été apportée du Nord par les « Garas » leurs alliés.

Ces forgerons ont toujours abusé de la crédulité superstitieuse des Bambaras conquérants. En effet si les Bambaras dans la crainte de s'attirer la colère des divinités protectrices des vaincus faisaient jurer à leurs tributaires fidélité, à leurs Dieux, (fétiches protecteurs Nan-Koloko et Kantara) ces tributaires forgerons ou griots se réservaient toujours le service de la divinité.

Au xviiie siècle, les bandes des Couloubalis redescendaient en pillant la vallée nigérienne vers le Boré : au village de Sévaré, près Mopti, ils s'emparèrent d'une statue de N. Bouna, divinité protectrice des Nononkés. Ils l'emmenèrent aussitôt captive à Segou et l'attachèrent près des autels de leurs dieux pour assurer ainsi la soumission des Nononkés.

C'est à Segou que les Foutankès d'El Hadj Omar trouvèrent au commencement du xixe siècle cette divinité enchaînée dont le prêtre était un forgeron Sama-Sekou tributaire des Bambaras. (Maki Tall, petit-fils d'El Hadj Omar, ex-fama de Dinguiray).

TROISIÈME PARTIE

HABBÉS, POPULATIONS NON MUSULMANES DU PLATEAU CENTRAL NIGÉRIEN

CHAPITRE PREMIER

MOEURS, COUTUMES ET USAGES
DES POPULATIONS RÉFUGIÉES DANS LES MASSIFS ROCHEUX
DU PLATEAU CENTRAL NIGÉRIEN

I. — Le pays et ses habitants

La grande masse rocheuse du plateau central nigérien, se divise en deux régions bien distinctes : dans le Nord-Est les divers massifs du *Hombori* et dans l'Ouest le plateau de *Bandiagara*, centre de tout ce système montagneux.

Les massifs du *Hombori* se composent de toute une série de pics, pitons, tables isolées, dominant les plaines de 500 à 800 mètres, et dressant leurs silhouettes bizarrement découpées au-dessus des éboulis de leur base.

Cette région contraste étrangement avec l'aspect désertique du Nord soudanais et même avec le plateau de *Bandiagara* dont elle est le prolongement naturel vers l'Orient. Par son chaotique amoncellement de rochers arides dominant les dunes, elle prend, pendant la saison sèche, l'aspect d'un paysage saharien, tandis que les plateaux de l'Ouest, boisés et cultivés, avec leurs mamelonnements gréseux que coupent des ravins profonds et tourmentés, parsemés de cabanes en pierre sèche, rappellent au contraire nos causses du Quercy.

Dans les belles plaines, que dominent les arêtes occiden-. tales de ces escarpements, s'étalent largement les inondations du Niger et du Bani, fécondant les pâturages et les terres à céréales, invincible attirance pour tous les peuples conqué-rants.

Ces grandes plaines giboyeuses et fertiles furent peuplées, dès les premiers temps de la préhistoire africaine ; car déjà, à l'âge de la pierre polie africaine, leurs habitants avaient une industrie et un outillage perfectionnés. Cependant la pos-session de ces terres irriguées devait toujours être la cause de luttes sanglantes et par suite les tribus qui occupèrent les rives du Niger, durent, tour à tour, demander un refuge, un abri et une protection naturelle aux escarpements des plateaux rocheux, refoulées qu'elles étaient par l'arrivée d'envahisseurs nouveaux sortis des steppes désertiques saha-riennes au Nord, ou des fourrés mystérieux de la forêt au Sud.

Par suite de cet exode, à diverses époques, des tribus de la plaine vers les montagnes, les populations actuelles du plateau de *Bandiagara* et des massifs du *Hombori* offrent un intérêt considérable pour l'ethnographie ; car chacune d'elles, suivant son origine, a conservé plus ou moins intactes ses mœurs, ses idées religieuses et ses traditions. Actuellement les plaines inondées de la région lacustre sont occupées par les envahisseurs nomades, *berbères*, *touareg*, *maures*, *foulbés*, ou leurs tributaires, tandis que les bords du Niger et du Bani nourrissent un *métissage* des populations *foulbés* descendues du Nord, avec les derniers conquérants *Bambaras*, sortis du Sud. Parmi ces tribus d'origine étrangère, seuls quelques *pêcheurs*, ayant abandonné en grande partie leurs mœurs et leurs coutumes particulières devant les règles imposées par l'ismalisme triomphant, nous représentent les débris des peuples primitifs.

Au contraire, la montagne non islamisée, renferme toujours des groupements presque purs de ces populations « *Gara* », qui apportèrent la civilisation méditerranéenne au Soudan. Enfin, vivant au milieu des tribus de ces peuples « *Rouges* », existent également quelques dernières familles des grands noirs primitifs soudanais, *Oumbo, Tombo, Bobo* et *Kala*.

Dans cette description des mœurs et coutumes des populations soudanaises du centre de la Boucle nigérienne, j'éviterai de parler des populations *Bambaras*, si souvent décrites par nos explorateurs du plateau *Mandingue*; je négligerai de même les *Berbères Touareg*, — si complètement étudiés par Duveyrier, et dont l'historique des confédérations soudanaises a été fait récemment par M. Sarrazin (1), avec celle des *Maures* et des *Foulbés* de notre Afrique occidentale. Je me contenterai de signaler les traits de mœurs communs, que ces peuples peuvent avoir, avec les primitifs *Oumboï* et les pêcheurs *Bosos,* puis avec les populations du plateau de *Bandiagara*, descendants plus ou moins métissés des fondateurs de *Ganna* et de *Djenné*, dont ils ont gardé les traditions et la religion.

Les diverses populations actuellement stationnées dans la Boucle du Niger peuvent être réparties d'après le tableau suivant :

(1) *Les Races Humaines du Soudan Français*, Chambéry, Imprimerie Générale de Savoie.

Tableau

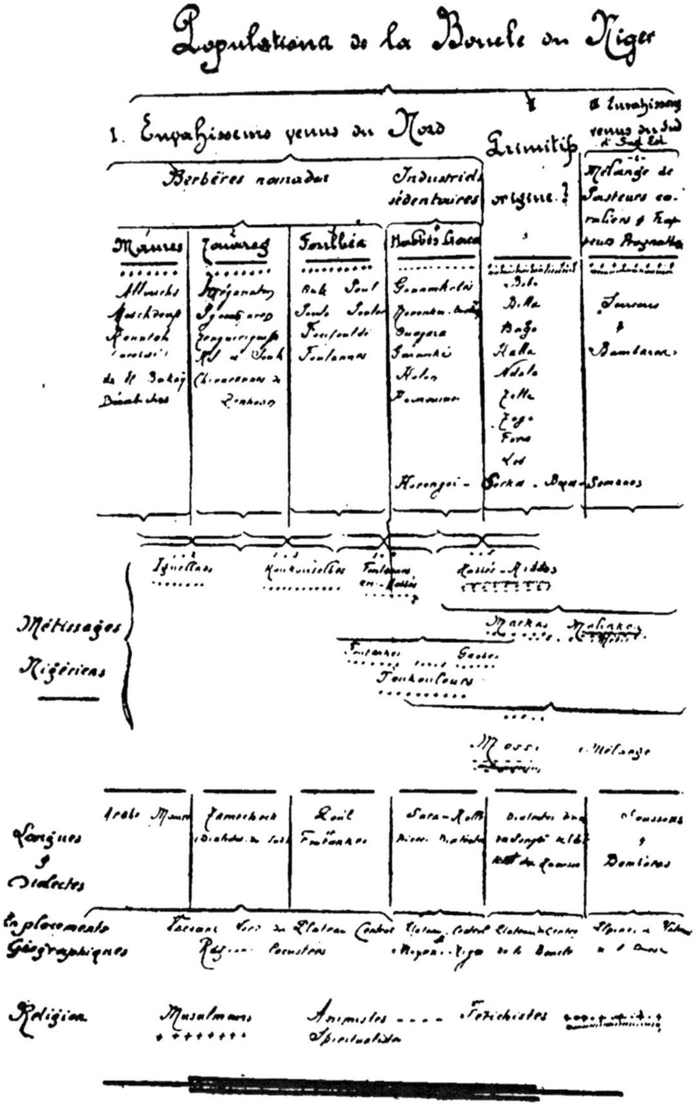
Populations de la Boucle du Niger
Envahisseurs venus du Nord
Primitifs
Berbères nomades
Industriels sédentaires
Maures
Touareg
Foulbés
Bambara
Métissages Nigériens
Toucouleurs
Mossi
Mélange
Langues et Dialectes
Emplacements Géographiques
Religion
Musulmans
Animistes
Fétichistes

Fig. 114. — Jeunes gens de Sangha (Tingué).

Fig. 115. — Habbé gardant son champ.
Village de la falaise sud vers Tiréli.

Fig. 116. — Foulannes-Kri-Habbés, Foulbés non islamisé, vivant
avec les Touaregs et alliés aux Habbés.

II. — Généralités sur les populations Habbés leurs désignations et leurs dialectes

Les populations non musulmanes du Plateau Central Nigérien ne constituent pas une race particulière, car dans le courant des siècles un métissage constant s'est opéré entre les primitifs et tous les groupements chassés de la plaine par de nouveaux conquérants et venant successivement demander un refuge et la liberté à ces sites escarpés.

Ces peuples subirent longtemps la domination des tribus descendues du Nord qui avaient fondé l'empire de *Ganna*, et bon nombre de familles Gannanéennes résident encore dans les diverses provinces de la montagne organisées par elles politiquement en confédérations, avec des traditions, des coutumes, des mœurs, des idées religieuses, une industrie et des habitations très différentes de celles des peuples soudanais. Ces innovations ont pénétré peu à peu chez les primitifs leurs tributaires et nous allons les observer plus ou moins mélangées aux coutumes des aborigènes.

Parmi les tribus descendues du Nord qui créèrent les premières organisations sociales de la montagne il en est une dont le nom est resté célèbre, les *Kambé* ou *Hambbé*. En effet les pasteurs Foulbés musulmans ont adopté ce nom pour désigner tout cet ensemble de populations rebelle à l'islamisme. Par suite *Hambbé* (1) ou *Habbé* a pris un sens

(1) Le singulier de Habbé ou Hambé est Addo ou Kaddo, nom de familles existant dans les montagnes les Haddo-Hogué et les Kaddio.

très général, comme le soudani « *Sou ndani* » des Arabes, et sert à désigner actuellement toutes les tribus nigérien-nes qui ont conservé les traditions et la religion de ces étrangers.

Mais la configuration géographique de ces régions monta-gneuses obligea les indigènes à former deux groupements bien distincts, division nécessitée surtout par les luttes qu'ils eurent à soutenir contre tous les conquérants musulmans, et dernièrement contre les Foulbés d'Amadhou Scheïkou et les Foutankés d'El-Hadj-Omar.

Le premier groupement occupe tout le plateau de Ban-diagara ; on y remarque une grande prédominance des élé-ments gannanéens, « *Ganin-Kobés* », disent les Foulbés. Toute cette région formait d'ailleurs le centre du gouverne-ment *Oua-Koré* des *Senahdja-Nononkés* (1).

Le second groupement habite les massifs rocheux du *Hom-bori* ; il est formé surtout d'un grand nombre de tribus primi-tives, *Bobo, Toro, Togo, Houmbo* et *Tombo*, imprégnées d'éléments gannaéens rebelles à l'Islam. C'est d'ailleurs en parlant de cette région du *Hombori* « Mont Tombo », que le vieux chroniqueur de *Tombouctou* dit : « Les montagnes des *Tombola* portent le nom d'une très nombreuse tribu profes-sant le culte des Mages » (2).

---

(1) Les ruines de la capitale des Nononké « Soukroula » se trouvent entre Mopti et Bandiagara au pied du plateau. Cette région faisait partie des con-quêtes de Sunni Ali. Le *Tarick*, p. 104 dit : « Sunni Ali fit alors la conquête « du Bara et du territoire des Senahja-Nounou, qui à cette époque étaient « gouvernés par la reine Ri-Koùn-Kâbi. Il s'empara de Tombouctou et de « toutes les montagnes sauf N' Dom (Mt Douma) qui lui résista. »

(2) *Tarick-es-Soudan*, trad. O. Houdas, p. 25.

Ce groupe de l'Est forme la confédération des *Houm-bébé* (1), composée de tribus ne comportant qu'un petit nombre de familles primitives : *On, Ongoï, Bobo, Oumbo, Tellé, Kala, Toro, Togo, Mo..*, etc., chez qui la liaison réside uniquement dans la communauté d'idées religieuses et la crainte de leur grand prêtre ; car les Gara-Togo de Ganna n'ont pas fait disparaître chez eux l'esprit d'individualisme, si fortement ancré chez tous les primitifs de l'Afrique. La séparation bien nette des massifs rocheux, qui leur ont servi de refuge, a maintenu chez eux très vivace et sans aucune contrainte cet esprit de liberté individuelle.

Les Foulbés désignent l'ensemble de ces tribus par le terme de : *Houmbébé,* toutefois on les nomme encore : *Tombo, Koumbo. Kounmbeyo, Hombo, Ongoï, Ongoïba,* etc., selon leur nom de famille. Ils parlent tous un dialecte des *Songhoï* de l'Est, mélangé de *Mossi* et de *Sarrakolé Ouakoré,* dialecte dénommé : *Houmbéré,* ou *Tombokhan.*

L'ensemble du pays s'appelle *Houmbori* et chaque région prend le nom de la famille importante qui l'habite : *Tombori, Togori, Torodi,* etc.

Au contraire les populations groupées sur les plateaux de *Bandiagara* qui avaient formé, pour maintenir leur indépendance, la grande confédération des *Ndogom-Guindo,* ayant pour devise : « les lions rassemblés », sont composées de nombreuses familles qui peuvent se diviser d'après leur origine dans les groupes suivants :

1° Les familles primitives de même origine que les *Houmbébé* de l'Est, *Tombo, Toro, Bobo, Oudio* et parlant le même dialecte *Songhoï,* mélangé de *Mossi* et de *Sarrakolé* ;

(1) Houmbo fait au pluriel : Houmbi, Houmboï et Houmbébé.

2° Une famille de pasteurs Foulbés, non islamisée, appelée : *Foulannes-Kri-Habbés*, divisée en *Issebéré* et *Ourosiré*, et parlant un dialecte peuhl mélangé de Sarrakollé (fig. 108) ;

3° Les anciens habitants de Ganna, venus vers 1230, après la destruction de leur capitale par les *Soussous*, rejoindre leurs anciens tributaires : *Gara, Koron, Kolon*, « les Rouges » aux multiples familles ; et qui sont désignés aujourd'hui sous le nom de : *Ganninkobés, Kannaon, Arouna-On*. A ces populations descendues du Sahara, sont venues s'adjoindre plus tard les tribus de même origine, fuyant le siège de *Djenné* par *Sunni-Ali*, vers 1475, les *Djennenkés* et les anciens *Ouakoré*, des *Senahdja-Nounonkés* avec les familles : *Ba, Dem, Dia, Keli*, enfin un groupe de *Markas* métissés, les : *Kanseigné-Malinkobés*, laissés dans la région par le conquérant *Kankan-Mousa*, selon la tradition. Tout ce groupe a conservé des dialectes Sarrakolé ;

4° Un certain nombre de tribus, qui s'étaient ralliées aux *Askias-Songhoï*, de *Gao*. Ce sont les : *Oudian*, les *Nadiemba-Ongoïba*, descendant des primitifs, et les *Nadiemba Baloba* descendant des gens de *Nounou* « *Bali* » (fig. 110). Ces familles parlent un dialecte *Songoï* mélangé de Sarrakolé semblable au dialecte de Tombouctou et de Djenné.

Cet ensemble si composite a reçu des peuples environnants les noms les plus variés :

Les Maures et les Touaregs les appellent : *Soundani* ; les Foulbés les appellent : *Hambés, Kaddo* ou *Ganninkobés* ; les Songhoï les appellent : *Tomboï, Houmboï* ; les Bambaras les appellent : *Tomas, Komas*, ou *Tombokos, Tombomos* ; les Mossi les appellent : *Kipirsi, Kibïssi* ; les pêcheurs les appel-

Fig. 117. — Djennenké de la montagne. Habbés-Gara (Habillé de blanc)
de Kani-Gogouna. avec deux types d'indigènes des Plaines du Sud
Samos-Houmbobé.

Fig. 118. — Habbés-Oudians habitants de Ouolo.
Monts Tombori, près Douenza.

lent : *Nonoké, Korongoï, Kolon, Garanké* ; enfin les habitants de *Djenné* les appellent : *Djenenkés* des montagnes
(fig. 109).

Cette même région a reçu également des noms très di-
vers, suivant le dialecte de chacun de ces peuples : *En lan-
gue* Foulbé et Sarrakolé : *Houmbori, Tombori, Doumbri,
Pignari, Kambari, Douleri,* etc. ; *en langue* Mossi : *Kipirsi,
Ombo-Tenga* ; *en langue* Bambara : *Toma-Dougou, Koma-
Dougou* ; *en langue* Songhoï : *Tombola, Ndogom-Ganda,
Tomboko-Ganda, Tingué-Ganda, Houmbo-Ganda.*

Mais en général les indigènes désignent chaque région par
les noms des populations et des tribus qui l'habitent ou l'ont
habitée ; et les dialectes très mélangés en usage dans les montagnes ont été dénommés par les *Bammanas* : *Tingou-Khan*
et *Toma-Khan.*

CHAPITRE II

TRADITIONS HISTORIQUES

I. — Les primitifs

La tradition historique conservée par les populations actuelles, que nous avons d'ailleurs, déjà en partie, exposée, prétend que les montagnes du plateau nigérien étaient habitées, avant l'arrivée des peuples du Nord, par des nains, nommés *Ierre*, qui s'abritaient sous des creux de rochers ou confectionnaient de vagues abris de feuillage, vivant de chasse et de la cueillette des fruits sauvages. Au milieu de ces petits négroïdes, nomadisaient quelques familles de grands noirs, pêcheurs et chasseurs, vivant sur les bords du fleuve, comme actuellement les *Bellahs*, vêtus de cuir, soumis aux Touaregs.

D'après la tradition, les *Bobos, Bozos, Bodios* de cette région, nous représentent encore les descendants métissés de ces grands noirs et nous devons y ajouter les *Tellé, Ndala, Kala, Atla, Yer*, qui ont été refoulés plus au Sud et habitent aujourd'hui les villages de *Meni, Yoro, Ingame, Douga-Soromi* dans le Nord du *Yatenga*.

Ces grands noirs prétendent tous être sortis de terre ;

les pêcheurs Bozos (1) des trous de *Dia* et de *Ouataka*, les *Bodios* du trou de *Ouol*. Dans cette dernière localité, les indigènes honorent encore par de grandes fêtes annuelles la galerie souterraine qui a servi d'abri à leurs ancêtres.

Ces galeries-refuges creusées dans les collines, sont toujours en usage dans les grandes plaines ondulées des pays *Samos* et *Bobos*, vers *Louta* (2). A proximité de chaque village, dont les cases sont simplement de vraies fosses excavées dans le sol, surmontées d'un toit plat en branchage, couvert de terre et supporté par des piquets, les populations aménagent dans les flancs d'une colline boisée, une galerie profonde avec couloirs souterrains.

Dans ces trous sont cachés des approvisionnements, les richesses du village et les « grigris » ; on y enterre les vieillards (3), et à la moindre alerte tous les habitants du village viennent s'y réfugier. Dans les montagnes, les cavernes et les grottes remplissent le même office (4), elles restent *tanna* pour tous les habitants jusqu'à ce que le grand prêtre *Hogon*, ou le chef, donnent l'ordre de s'y rendre.

Parmi ces primitifs; vinrent s'établir en chassant, après

(1) M. Ch. Monteil dans sa *Monographie de Djenne*, cite cette même légende pour les Bozos, pêcheurs primitifs du Niger.

(2) Dans les environs de Louta, chez les Samos et les Bobos on trouve un grand nombre de ces refuges.

(3) On peut peut-être voir dans la sépulture des vieillards en ces « trous » l'origine de la sépulture en chambre funéraire sous tertre naturel employée dans les plaines de Bankassi.

(4) A Guimini, les gens du village m'ont signalé de nombreuses sépultures qu'ils prétendent devoir remonter aux Tellé primitifs et dont les ossements seraient remarquables par la grosseur des têtes (crânes). Le Hogon était mort et pas encore remplacé, aussi me fut-il impossible de visiter cette grotte « tanna ». Car seul ce chef religieux conserve le droit de lever l'interdit qui frappe les grottes sacrées.

avoir traversé le Niger, plusieurs familles : *Doum* ou *Dom*, de la tribu des *Toro* ou *Togo*, ralliée au clan des *Ouagara*. En se mélangeant avec les *Bo*, ces chasseurs créèrent les premières familles *Oumbo* et *Dombo*. Mais, comme pendant leurs pérégrinations ils avaient découvert dans cette région plusieurs gisements de fer, leurs chefs *Hara*, de *Ouaga*, ayant été avertis, envoyèrent immédiatement des *Dios* forgerons pour exploiter ces richesses minières.

II. — Mouvement de colonisation des peuples du Nord

Une grande sécheresse, dit la tradition, ayant amené de sérieuses rivalités pour la possession des puits et des oasis, entre la confédération des blancs de *Tighitt* et *Tinguet*, exploitant les mines d'argent de leur capitale *Kombi* et les *Rouges*, *Gara*, dont le centre politique se trouvait dans le *Hodh* à *Ouaga*, au Nord de *Nioro*, un grand nombre de familles agricoles des deux clans durent émigrer. Elles partirent en plusieurs fractions, dont quelques-unes dans le clan des Blancs étaient commandées par des femmes.

Les émigrants « *Rouges* » partirent successivement en deux groupes, dont le premier traversa le Niger vers *Sansanding* et s'établit au milieu des populations de pêcheurs avec lesquels il se mélangea, occupant la grande plaine lacustre entre *Bani* et *Niger*, les marigots de *Dia* et de *Kouakourou*. Ces populations prirent le nom de *Konrogoï* ou *Kolon* : « les Rouges », et leurs colonies sont connues de nos jours sous le nom de *Gara-Dougou* (village des Rouges), *Koron*, *Kourou*, *Kolon* et *Orondougou* (1), *Koronbana*.

Le deuxième groupe qui formait le clan des *Ndogom*, se composait des familles : *Guindo*, *Togo*, *Tessougue*, *Garango*, *Armoï*, *Dibo*, *Pongoro*, *Oron*, etc.... Il était dirigé par deux chefs appartenant à la même famille : le chef religieux avec les titres de *Hogon-Doua*, « Aigle des Hogons », *Hogon-Iara*, « chef des Iara », et *Hogon-Koron*, « Hogon des Rouges » : le chef militaire avec le titre de *Koron-Doua*, « Aigle rouge », qui se nommait *Badioma* ou *Badj-Ouma*, de la famille des *Guindo*.

Les régions lacustres étant déjà très peuplées, ces émigrants voulurent traverser le Niger pour rejoindre leurs parents *Toro* et *Dio* qui exploitaient des mines de fer, sur les plateaux de l'intérieur de la Boucle : ils se dirigèrent donc vers *Ouadiaga* (2). Mais pour traverser la région inondée, ces tribus du Nord durent échanger le serment du sang avec les tribus des pêcheurs *Bozos* qui occupaient le fleuve. Les conséquences de ce serment persistent toujours entre les *Bozos* et les *Hambés*, frères de sang, qui se doivent actuellement l'hospitalité, l'assistance mutuelle et la libération obligatoire de toute captivité, et qui, sous peine de mort et de calamité, ne doivent jamais combattre les uns contre les autres. Pour cimenter cette union, Badjoma laissa son fils en otage chez les

---

(1) *Monographie de Djenne*, Ch. Monteil, p. 259 ; *Tarick*, p. 25. Orondougou ou Korondougou, canton du cercle de Djenne, M. Ch. Monteil, p. 324. A cette population « Rouge » se rattachent les provinces Kourou (vers Sokolo) Kolon (Goumbou, près de Madagou) Karadougou entre Sansanding et Djenné, Korombana vers le Debo, Kouroumeï sur les Plateaux.

(2) Wadiaga entre Mopti et le lac Debo sur un marigot près du Niger. Ouadiaka ou Ouadiaga signifie campement des familles Dias du clan des Oua.

pêcheurs, et ce jeune homme étant mort des suites de ses
fatigues, le chef *Bozo* sacrifia son propre fils pour montrer
son inébranlable fidélité à cètte alliance jusque dans la mort.

Les émigrants, certains de rester ainsi en communication
avec les tribus de leur clan (*Ouagara*) qui habitaient les plaines Nord du Niger, s'enfoncèrent dans l'intérieur des montagnes. Mais connaissant mal le pays, ils furent bientôt surpris par la sécheresse de l'été au milieu des plateaux ; car les
primitifs, *Tellinkés, Kala* (1), *Yer*, qui les voyaient arriver avec
peine dans leur terrain de chasse, gardaient jalousement secret
l'emplacement des sources cachées dans les rochers. Heureusement, un de leurs chiens rentrant au camp tout mouillé,
les sauva de la soif, en leur faisant découvrir une source. Le
Hogon-Koron, grand prêtre des divinités, déclara aussitôt le
chien *Tanna*, c'est-à-dire animal sacré et emblème de la
tribu (2). Cependant lorsque les jeunes gens allèrent occuper
la source, les *Tellinkés* qui habitaient la grotte voisine s'assemblèrent pour les repousser, et pendant trois jours une
lutte terrible s'engagea, durant laquelle les divinités prirent
part au combat selon la légende que chantent encore les
Griots « bardes » de la montagne. Les primitifs refoulés
durent abandonner la source et quittèrent les plateaux pour
aller s'établir dans les forêts du *Yatenga*, emmenant avec

---

(1) Ces primitifs peuplaient d'après les traditions à côté des Bobos en face
de Djenné les provinces de Fakala.

(2) Toutes les tribus qui ont le chien comme tanna, paraissent avoir été
affiliées aux gens de cette migration. Les Samos qui donnent en se mariant
un chien à leur fiancée. Les chefs Mossi, qui se font enterrer avec un de ces
chiens et les vieillards des montagnes qui ont le devoir d'adopter les chiens
sans maître.

eux la plus grande partie des nains *Ierre*, qui les avaient soutenus dans leur résistance.

Les vainqueurs établirent leur village sur le lieu même du combat et le nommèrent *Kani-Bonzon* (le repos des étrangers). Puis, peu à peu, leurs familles se dispersèrent et, pour ne pas mécontenter les divinités protectrices du pays, elles firent alliance avec les primitifs qui restaient encore dans la région, après le départ des *Tallinkés, Tala*. Toutefois, les *Hogon-Guindo* furent toujours reconnus comme les grands chefs religieux de tous ces nouveaux peuples.

Un groupe d'envahisseurs vint se mélanger aux familles *Bobos* et *Togobéré*, qui habitaient le trou de *Ouol*. De leur métissage est sortie la tribu des *Podio* ou *Bodio*, avec ses chefs *Haré-Némé* et *Badjo-Némé*.

Le *Guindo-Ouandïa* parcourant le pays *Tellé* ne trouva au village d'*Engem*, abandonné par les primitifs vaincus qu'un vieillard, grand prêtre, gardien des *Bouna*, protecteur du pays, et sa famille. S'étant emparé des talismans divins et, certain désormais de la protection céleste, il épousa la fille du vieillard *Tellé* ; puis, avec les siens, repeupla le vieil *Engem*. Depuis cette époque, un chef *Hogon*, représentant les familles *Guindo* et un chef *Laggam*, représentant les *Tellé* se partagent le pouvoir dans le canton d'*Engem*.

La tribu des *Armoï* ou *Arma* s'établit plus au Sud, entre les *Bobos* et les hommes de *Fa-Kala*, dans la province minière de *Arou*, dont la capitale actuelle est *Diam*. Une partie de cette tribu descendit retrouver les primitifs dans le Mossi actuel et forma la classe des *Armas*, qui gouverna le pays jusqu'à l'arrivée des *Naba-Ia* de *Gambaga-Natenga*. Plusieurs membres de cette famille *Arma*, les *Silla* ou *Killa*, poussèrent jusqu'aux rapides de *Boussa* où ils résident toujours, parlant un dialecte Sarakolle.

Les régions nigériennes fui ent à cette époque très prospères, sous l'influence des gens de *Dia* et des *Gara* descendus du Nord. Les Blancs s'étant toutefois emparés du pouvoir avec les *El-Kaya-Magha* de la tribu des *Annés* (ou *Anna*) de la confédération des *Oua-Korey*, leur ville, *Ganna*, devenait alors la capitale du Soudan.

Des environs de *Bassikounou* descendaient différentes tribus *Ouakorey* qui, les unes, sous le commandement d'une femme, s'établirent à *Killa* et les autres dirigées par le frère de cette femme, s'installèrent à *Nono* (1), dans la plaine inondée.

Ces peuples fondèrent dans la suite un état indépendant et furent nommés les *Nononkés* dont actuellement les *Kar-Ambé* (2) et les *Kas-Ambé*, dans le *Pignari* et le *Douleri* (3), sont les descendants.

Pendant cette période d'activité commerciale, et d'exploitation de mines, les gens *Dia* bâtirent la ville de *Djenné*, vers l'an 800, avec le concours des pêcheurs *Bozos* et pour en assurer la prospérité future, ils firent même enterrer une vierge dans ses fondations (4) ; sacrifice barbare qui, d'après les traditions, aurait été fréquemment offert dans la vallée Nigérienne.

Heureusement située, *Djenné* prit rapidement un grand

(1) Voir Monteil, *Djenné*, p. 261.

(2) Ces tribus Hambé ont donné leur nom à tous les peuples de la montagne, Hambé-Habbé.

(3) Douleri veut dire pays des Rouges, Oulé-ri.

(4) V. Monteil, *op. cit.*, p. 28. Ce sacrifice a été également offert à Gourao et à Kabara ; disent les légendes. Cette coutume sanglante parait se rapprocher de certains rites Babylonniens (?).

essor et devint en particulier un centre commercial, important pour les populations du Plateau central.

III. — Invasion des Sousous

Tous ces peuples rouges prospéraient dans les plaines et sur les plateaux nigériens, lorsqu'ils eurent à subir les attaques d'un puissant chef Sousou et de ses nombreux cavaliers. Incapables de résister à ces barbares qui tuaient les hommes, emmenaient les femmes et les enfants en esclavage, ces primitifs s'enfuirent dans les montagnes qui bordent le Sud des grands lacs nigériens. Là, ils s'établirent dans les sites où, selon leur expression, « *les chevaux des vainqueurs ne pouvaient les poursuivre* ». Devant le danger commun, tous s'allièrent, les *Rouges-Korongoï* des plaines et les derniers primitifs *Tellé*, *Kala* avec les *Ierré*, négrilles, habitant encore les rochers, pour repousser les attaques des envahisseurs.

Ils se créèrent des refuges dans les strates des falaises abruptes, bâtissant de petites constructions en briquettes et en pierres cimentées d'argile. Placés dans les fentes des rochers et les abris sous roches, ces villages n'étaient abordables que par un sentier d'accès très difficile, serpentant sur des corniches étroites : quelquefois même des crampons en fer en permettaient seuls l'escalade.

Tant que la plaine fut occupée par ces cavaliers et jusqu'à ce que la paix fut conclue par le ralliement de plusieurs de ces tribus aux clans du *Serpent*, ces refuges abritèrent les femmes et les enfants, recelèrent des provisions et même servirent de sépulture aux morts.

IV. — Arrivée des fugitifs de Ganna

Djenné, grâce à sa position au milieu des marécages, put résister aux Sousous, tandis que *Ganna*, la capitale, construite sur les bords d'un marigot, près du Niger, entre *Nyamina* et *Bamamba* fut pillée vers 1230 (1). Vainement, les tribus qui l'entouraient cherchèrent à continuer la lutte, les confédérés *Ndao, Fofana, Dion, Taraoré, Dembelé, Konaté, Démé, Barou, Séri, Guiré*, etc., formant le clan des *Gannama* furent vaincus et la division se mit parmi eux. Les *Dembelé, Taraoré*, par l'intermédiaire des *Diara* (2), passèrent au clan des *Keita*, pour former les *Malinkés*. Les *Dions* devinrent en partie serfs de guerre. Les *Dembelé* et les *Konaté* se déclarèrent « griots » des vainqueurs. Les *Guiré* se firent, les uns *Somonos*, les autres forgerons. Seuls les *Ndao* et les *Fofana* continuèrent encore la lutte avec quelques autres familles ; mais lassée, épuisée, une partie des irréductibles va chercher un refuge au Sénégal chez les *Diaoua* (3), tandis que les autres remontent sur *Djenné* et viennent s'établir à l'extrémité Sud-Ouest des falaises montagneuses, près des *Bobos* et des *Samos*, dans une province qui a pris aujourd'hui leur nom : *Ganna-Ma*.

(1) Dr Tautain. Légendes et Traditions des Soninké.

Bulletin de géographie historique et descriptive 1895 (Les Sousous auraient détruit le Royaume de Wagordon en 1203).

(2) C'est à cette époque que les Dia se rallient aux Serpents et deviennent les Sâ ou Zâ ; les pêcheurs de Farang deviennent les Sorkos, les Songoï ou les Bosos et le pays de Dia ou Diaka : Diagheri actuellement s'appellera alors le Sagheri ou Zagheri du Tarick. (Voir Monteil).

(3) Ils deviendront plus tard les Diouando ou Diawandos des Foulbés.

Fig. 119. — Un coin de Djenné.

Fig. 120. — Une rue de Djenné.

Fig. 121. — Une maison de Djenné avec pylones et ornement phallique
et portant les emblèmes du feu sur les montants de son auvent.

Fig. 122. — Façades de maisons sur la place de Djenné.

V. — Tribus venant chercher un refuge dans la montagne pendant la période historique

A partir de cette époque, les populations de la montagne verront s'adjoindre à leurs groupements une partie des tribus que les révolutions des empires nigériens déplaceront ; événements qui nous sont décrits par les historiens et les chroniqueurs des pays soudanais.

Sous l'empire de *Melle*, vers 1326, *Kankan-Mansa-Moussa*, allant faire la conquête de *Tombouctou* et du *Songhoï* abandonne dans les montagnes du *Tombola* une tribu *Marka-Malinké*, les *Kanseigné*. Vers la même époque les *Mossi*, allant piller *Tombouctou* (1), laissent également les tribus *Morogoï* vers le *Hombori* et *Douentza*.

Plus tard, lorsque les provinces du *Songhoï* s'affranchissent du joug des souverains de *Mellé*, leurs chefs, appartenant à la famille des *Dias* ou *Za*, restent affiliés à la *Souna* des *Senhadja* sous la dépendance d'anciennes tribus du clan des *Rouges*. Mais, dès qu'ils sont indépendants, ils prennent les titres de *Sunni-Kolon* (2) ou *Sunni-Karadjï*, et leur ambition cherche à réunir, sous leur domination, tous les anciens peuples *Rouges* : *Garanké, Koromeï, Korongoï, Kolon*.

Un d'eux, *Sunni-Ali-Karadjite*, « *Ali de la Souna des Rouges* », n'hésite pas à employer la force pour rallier tous les anciens affiliés *Rouges*. Pour cela il assiège *Djenné*, qu'il restaure après sa chute, puis soumet à son autorité la reine

(1) *Tarick*, p. 16 et 17.
(2) *Tarick*, p. 9.

Bikoum-Kabi des *Nononkés,* affiliés également aux *Senahdja* (1).

Une partie de ces populations de la plaine se réfugient dans les montagnes pour fuir les colonnes du conquérant. Et de nos jours leurs descendants se nomment les *Djennenkés* (2) et les *Nononkés-Hambés* des tribus *Kar-Ambé* et *Kas-Ambé* (3).

Les *Askias,* en succédant aux *Sunni,* firent plusieurs expéditions dans le pays des montagnes de *Dom* (4), que leurs prédécesseurs n'avaient pu soumettre. Ils réussirent seulement à imposer leur suzeraineté vers le *Hombori.* Les membres des familles *Nadïemba, Maïga, Kaija,* sont actuellement les derniers représentants de cette occupation.

Pendant la domination marocaine, 1591-1760, les régions du plateau central se rendent entièrement indépendantes, recevant les fugitifs des diverses tribus révoltées contre les conquérants et prêtant même l'appui de quelques bandes d'aventuriers aux *Askias* soulevés contre leurs suzerains. Mais les caïds marocains s'étant affranchis de l'autorité du pacha de *Tombouctou,* l'occupation militaire du *Soudan* se trouve réduite à quelques villes ; aussi voyons-nous progresser vers les plaines nigériennes les clans des *Bambara,* formés d'éléments disparates, sortis des forêts du sud-ouest qui, jusqu'en 1593, avaient été tenus en vassalité par les *Mansa* de *Mali.*

Vers 1700, les *Bambara* arrivent au *Niger,* et leur chef

---

(1) *Tarick,* p. 26 et 104.

(2) Monteil, *Monographie de Djenne,* p. 263.

(3) Ces tribus forment les familles : *Ba-Ouma, Ba-Kouma, Ba-Koro, Ba-Kandia, Ba-De, Ba-Bali, Ba-Sana, Ba Badji.*

(4) *Tarick,* p. 105.

Bitton Couloubali fonde l'Etat de *Segou*, faisant des tribus *Korongoï* ses vassaux : (griots, forgerons, garasa, sanké, etc.). Un des successeurs du Fama de Segou, *Ngolo*, 1754-1787 promena ses bandes de pillards *Bammanas* jusqu'à *Tombouctou*.

Le *Masina* et toutes les plaines, sauf *Djenné*, devinrent tributaires de ces fétichistes, jusqu'au moment où, à leur tour, les *Foulbés* se révoltèrent sous la conduite d'*Amadhou*, fils de *Lobo-Boubou*, de la famille des *Bari*. Ce marabout Peuhl, revêtu du titre de *Cissé*, lorsqu'il entama sa révolte contre l'*Ardo* « chef Peuhl », du Masina et les *Bambaras*, prit immédiatement le prétexte d'une guerre sainte contre les infidèles pour pallier son ambition.

A son appel (1810), tous les pasteurs *Foulbés* et les aventuriers de la région vinrent grossir ses bandes. Les *Bambaras*, qui occupaient la plaine lacustre, durent alors chercher un refuge dans le massif de *Boré*, un des contreforts Nord du plateau de *Bandiagara*.

A l'exemple de *Ousman Dem Fodio*, sous la protection duquel il s'était d'ailleurs placé et qui venait de créer l'empire de *Sokoto*, *Scheikou Amadhou*, crée l'empire d'*Hamdallahï* par soulèvement de tous les éléments *Foulbés*, pasteurs du Soudan occidental.

Après la prise de *Djenné*, cet émir des *Foulbés* porte la guerre vers *Tombouctou* où il entre en contact avec les *Touareg*, amenant ainsi l'intervention des *Kountah* d'*El Bakay*. Une guerre dévastatrice se déchaîne alors entre tous ces pasteurs nomades, qui va détruire de fond en comble, en accumulant ruines sur ruines chez les séden-

taires, les derniers vestiges de la civilisation apportée sur les
rives nigériennes par les peuples du Nord.

Cette guerre désastreuse, commencée sous *Scheikou Amadhou*, 1810--1844, se continue sous ses successeurs, *Amadou
Scheikou Amadou*, 1844-1852, et *Amadou-Amadou*, 1852-
1861 ; elle recommence à l'arrivée des *Foutankés* d'*El Hadj
Omar*, 1861-1863, se poursuit avec ses neveux *Tidjani*,
1863-1887, et *Mounirou*, 1888-1891, et ne se termine qu'à
la prise de *Bandiagara* par le colonel *Archinard*, le 29 avril
1893, lorsque nos colonnes victorieuses détrônent *Amadou*,
1891-1893.

Pendant toute cette période de luttes incessantes, les tribus
de la montagne prêtèrent leur appui à tour de rôle à chacun
des combattants : *Foulbés, Kountah, Foutankés-Toucouleurs*.
Elles profitèrent même de la désorganisation générale du
pays pour envoyer dans les plaines des bandes de pillards
qui venaient cacher leurs captifs et leur butin dans les montagnes.

Le seul fait intéressant que nous ayons à signaler pendant cette longue époque de guerres, fut l'envoi à *Tombouctou* du chef *Habbe Kanseigne* de *Kani-Gogouna*, par
l'émir *Amadhou Scheikou*, pour ordonner aux gens de *Tombouctou* de renvoyer le docteur *Barth* (1854).

CHAPITRE III

VIE SOCIALE

I. — La famille. Organisation générale. Parenté.

Dans toutes les populations non musulmanes du plateau central nigérien, à l'exception toutefois du petit groupe de *Bambaras* de *Boré*, nous nous trouvons en présence, dans l'organisation de la famille, d'un ancien régime matriarcal. Partout nous pouvons constater l'absolue liberté laissée à toutes les femmes ou jeunes filles de disposer librement de leur corps. En outre le mariage n'a lieu que sur le consentement de la femme, sans achat ni dot et n'a pour unique but que la procréation d'enfants qui soutiendront leurs parents dans la vieillesse. Les mariages se rompent de même très facilement par le divorce. Chez certaines tribus mélangées d'une forte proportion d'éléments primitifs comme les *Houmbébé* « *Houmboï* », cette rupture a lieu par simple consentement mutuel.

Cette facilité de nouer et de rompre les unions avait déjà été signalée par les auteurs anciens ; *Strabon* et *Silinius* nous parlent « des *Garamantes* comme d'une tribu éthiopienne qui ne

connaissait pas le mariage ». La liberté absolue laissée aux femmes avant leur mariage est encore en usage dans certains massifs montagneux du Sud algérien, principalement chez les *Ouleds Nayls* ; elle existe toujours à *Djenne* et à *Tombouctou*, où les jeunes filles prennent des amis temporaires. Ces mœurs avaient été signalées par les écrivains arabes du xiᵉ siècle et dernièrement par M. Félix Dubois qui, dans son livre *Tombouctou La Mystérieuse* nous a narré si spirituellement l'accueil et l'hospitalité attirante que les dames soudanaises réservaient aux commerçants étrangers.

Dans le mariage, la polygamie reste illimitée, car les montagnards « rouges » cherchent à se voir entourés du plus grand nombre d'enfants possible pour augmenter leur influence et leur aisance.

Les enfants nés du mariage pendant le vivant de leur père reçoivent le nom de la famille paternelle. Le père est appelé *Ndé* ou *Dédé*, comme tous les parents rapprochés, âgés, et les ancêtres ; seul le chef de famille, grand'père, ou frère aîné du père, reçoit le titre de *Baba*. Les oncles du côté maternel s'appellent *Leydou* et ont une grande influence sur leurs neveux.

La mère, *Nia, Ngia* ou *Ngo*, paraît toujours être entourée de beaucoup d'affection par ses enfants. Les frères plus jeunes, les cousins, les parents éloignés sont tous appelés *Misongouo*.

Les enfants nés en dehors du mariage ou après la mort du mari restent la propriété exclusive de la mère, qui peut en faire hommage, et c'est un honneur apprécié, à qui il lui plaît : à son amant, à un chef, ou à quelqu'un de sa famille.

Cet honneur en général est réservé au frère aîné de la mère, qui devient alors le père légal de l'enfant.

La femme jouissant toujours de sa fortune personnelle en toute propriété a le droit, si elle perd son mari, après un veuvage de trois mois, de quitter la maison mortuaire et d'aller vivre à sa guise avec ses enfants. L'aîné dès qu'il le peut prend la direction de la famille pour décharger sa mère de tous soucis.

L'adoption ne se fait que dans un but charitable et ne donne aucun droit à l'adopté. En revanche, en dehors des parentés naturelles, les jeunes gens se lient entre eux et forment des sociétés de secours mutuels, dans lesquelles tous les membres sont considérés comme des « petits frères » à qui l'on doit aide, protection et assistance. De même il existe une parenté par « *mélange de sang* », qui a surtout un but politique, mais dont les effets et les conséquences subsistent pendant des siècles.

Dans la narration des événements légendaires du peuple *Hambé*, nous avons vu que les émigrants, descendus du Nord, s'étaient liés par le serment du sang avec les pêcheurs *Bozos*. Depuis cette époque, quoique ne devant plus se marier entre eux, ils se considèrent comme frères et sont obligés de loger, de nourrir et d'aider le voyageur appartenant à la tribu alliée. Celui-ci a le droit, à son départ, d'emporter une charge des récoltes de son hôte, poissons secs, miel, céréales, etc., En outre, si dans l'un ou l'autre peuple on rencontre en captivité une personne des familles liées par le serment du sang, tous ont l'obligation impérieuse de faciliter sa fuite et de lui procurer aide et protection jusqu'à son retour dans sa tribu. Enfin toutes luttes et tous combats sont absolument interdits entre pêcheurs et montagnards, car celui d'entre eux qui aurait le malheur de faire couler le sang de son frère serait menacé, lui et ses proches parents, de calamités inouïes.

M. Charles *Monteil*, dans sa monographie de *Djenné* s'exprime ainsi sur la parenté par « *serment du sang.* » :

« Cette cérémonie consiste à faire boire à chacun des con-
« tractants du lait de chèvre auquel on a mêlé quelques gout-
« tes de sang prises au bras de celui vis-à-vis duquel il s'en-
« gage.

« Par là se forme une fraternité indissoluble et dont les
« conséquences sont autrement plus importantes que celles
« qui dérivent de la naissance ; elle lie non seulement les
« contractants mais aussi tous leurs descendants, sans excep-
« tion, et aujourd'hui encore ces alliances conclues depuis
« des siècles restent entières. Faire couler le sang de quel-
« qu'un qui vous est lié par ce pacte est infiniment plus grave
« même qu'un parricide, car il en résulte une rupture dont
« les conséquences sont incalculables. C'est pourquoi les
« hommes poussent parfois le scrupule jusqu'à ne pas épou-
« ser les vierges qui leur sont, selon leur expression, *cousi-*
« *nes par serment du sang* » (1).

Ce serment constitue le plus ordinairement une alliance défensive et offensive, par laquelle se trouvent immuablement fixées les situations respectives des deux alliés.

C'est à cette même idée de parenté et de serment par le sang qu'obéissent les individus et les familles qui, sous peine de grand malheur, se voient dans l'obligation de ne jamais tuer

---

(1) *Monographie de Djenné*, Ch. Monteil, p. 320.

Fig. 123. — Un coin de Djenné
(Palmier de Thébaïde).

Fig. 124. — Une maison de Djenné.

Fig 125. — Une maison du style de Djenné
érigée à Bandiagara.

Fig. 126. — Une maison de Djenné.

ou manger et même quelquefois simplement regarder les animaux *Tabou* emblèmes « *Tanna* » de leurs noms.

Cette idée de parenté par le sang a fait naître une coutume très répandue même chez les Musulmans, et rigoureusement observée par tous les peuples Foulbés. Elle consiste à considérer les beaux parents comme « *Tanna* » *Tabou* après la consommation du mariage. Par suite, il est interdit a leur gendre de manger en leur présence, de les regarder et même de leur parler, sans avoir le dos tourné en fixant les yeux au loin.

II. — Responsabilité des parents. Dettes

Les populations *Oumbébé*, « *Houmbo-Toumbo* » de l'Est encore très primitives, n'admettent en général que la responsabilité individuelle. Les chefs de famille, comme les chefs de village, n'ayant qu'un très vague pouvoir sur les autres membres du groupement, ne peuvent jamais traiter ou s'engager que pour eux personnellement, car les idées d'indépendance restent toujours la base immuable de toutes ces sociétés noires primitives. Dans ces tribus, dès que l'enfant est capable de se défendre lui-même, il organise sa vie en se bâtissant une « *Soukala* » particulière pour garder sa liberté, mais assez près du village cependant pour en recevoir sa protection morale.

Seuls les faits pouvant intéresser la sécurité ou l'existence du groupement en général amènent une action commune des différents membres de ces familles indépendantes.

Au contraire, les peuples *Hambés* rouges ont, comme nous

l'avons vu, l'esprit de solidarité et d'association très développé. Par suite ils ont adopté un certain nombre de règles
au sujet de la responsabilité de la famille.

Si des amendes sont encourues ou des dettes contractées
par un de ses membres, travaillant dans les champs de
la communauté, tout le groupement, s'y trouvant intéressé,
contribue au payement. Par contre, celles contractées en
dehors de la communauté par un jeune homme qui vit
indépendant, car la liberté complète d'émigrer est laissée
à tous, n'engage en rien sa famille.

Dans les dettes de village à village il arrive que les créanciers se saisissent d'otages, fils de notables principalement,
pour faire payer plus rapidement leurs voisins (1).

Mais en général le magistrat du canton, grand prêtre des
divinités, nommé *Hogon*, reste le juge désigné pour trancher
toutes les difficultés entre particuliers et même entre villages.

Ce chef religieux, à la mort de tout individu, reçoit des
parents du défunt, un petit vase dans lequel le mort est sensé
avoir laissé son dernier souffle avec un peu de salive. Tous
ces petits récipients, placés auprès de la maison du chef forment le « *dépôt des hypothèques* », du village (2).

Si un des créanciers du mort se présente pour réclamer
une dette, il va trouver le Hogon qui, devant le conseil des
anciens du village, lui fait jurer sur les autels de la divinité
de ne réclamer que son dû, puis lui offre une libation dans le
vase laissé par le moribond.

---

(1) Village de Yandouma, 12 juin 1905.
(2) Village de Guimini, 14 juin 1905.

Si le créancier s'exécute, la famille doit payer la dette réclamée, car on juge impossible à un homme de s'exposer aux malédictions qu'il encourrait s'il avait menti devant les autels de la divinité en buvant « le dernier souffle d'un mort ».

On peut considérer comme principe général que les dettes sont payées par les chefs de la communauté « grands-pères, oncles, père, grands-frères », au profit des jeunes gens qui travaillent la propriété commune.

Cependant si un de ces jeunes gens abusait, ses aînés feraient publier, le jour de marché, qu'ils ne reconnaîtront plus ses dettes.

Et dans le cas où malgré cet avertissement le jeune prodigue et paresseux continuerait à emprunter, le conseil de famille le prierait de quitter la communauté pour aller s'établir personnellement en dehors du village.

Lorsque les dettes sont contractées par une personne âgée, un père, *ndédé*, ses fils ne sont tenus de les acquitter que si l'emprunt a été fait avant que les enfants ne fussent en état de subvenir à ses besoins, par leur travail dans la communauté. En effet, toute dette contractée, après que les enfants dirigent l'exploitation familiale, (c'est-à-dire dès qu'ils sont en âge de travailler, vers 10 ans), n'intéresse nullement les jeunes gens, qui même ont le droit de faire interdire par un jugement du conseil des anciens présidé par le *Hogon* leurs parents trop prodigues, qui engageraient les biens de la communauté. Après ce jugement les enfants sont libres de se retirer du travail en commun, mais conservent leurs droits sur la propriété.

III. — Organisation interne de la famille

Dans les plaines de l'Est, chez les *Houmbébé*, la famille habite la même *Soukala*, c'est-à-dire le même groupe de cases ou de paillottes entourées d'une forte barrière : tandis que dans la montagne elle est logée dans une maison à étage. Toutefois, il ne faut entendre par famille que le groupe d'individus composé d'un homme, de ses femmes et de ses enfants en bas âge, car les autres parents vivent dans diverses maisons ou « *Soukala* » voisines, ainsi que les captifs, les artisans de passage ou les étrangers. Quant aux jeunes garçons, ils ont, dès l'âge de 6 à 7 ans, abandonné la maison paternelle pour se loger dans les maisons de leurs associations où ils reçoivent leurs petites amies.

Dans la maison familiale, le mari habite le premier étage, tandis que chaque femme possède sa chambre ou sa case au rez-de-chaussée.

Cependant les fillettes n'ont qu'une pièce, commune à elles toutes, dans la maison de leur père.

Le mari consacre à tour de rôle une journée à chacune de ses épouses, dont il devient l'hôte. En principe chaque femme doit, le jour où le chef de famille réside dans sa chambre, assurer la nourriture de toute la maisonnée. Pour cela, vers deux heures de l'après-midi et vers huit heures du soir, elle fait porter à son mari et à ses amis un plat ; un autre est préparé pour les femmes de la maison, un troisième pour les fillettes, un quatrième est réservé aux captifs ou aux ouvriers de passage, enfin le dernier est adressé aux garçons. En général, la première femme du mari, c'est-à-dire

la plus ancienne mariée, dirige les travaux du ménage,
répartit l'ouvrage et distribue les provisions.

Chaque hameau n'est formé, le plus souvent, que par les
membres d'une même famille exploitant une propriété commune. Le chef, en général le plus âgé, répartit les tâches,
distribue le grain, la viande, le lait, et préside avec les
vieillards aux travaux des champs.

Chaque membre doit, dans sa jeunesse, s'il veut profiter
des bienfaits et des produits de la communauté, cinq jours
de travail sur six pendant la saison des cultures.

Toutes les autres périodes de l'année ainsi que la journée
laissée libre pendant la semaine, restent à la disposition
de chacun, hommes, enfants, femmes ou captifs pour l'employer à leur profit personnel, soit pour cultiver un champ
particulier, soit pour aller à la chasse, à la pêche, faire de
l'élevage, du tissage, de l'exploitation du fer, de l'industrie
ou du commerce avec le secours des associations.

Tous les bénéfices de ces travaux exécutés en dehors de la
communauté sont personnels, et avec eux l'indigène se procure les vêtements, objets de luxe, parures, chevaux, etc.

Quand une des jeunes filles se marie et quitte définitivement la maison paternelle, son père lui fait cadeau de têtes
de bétail ou d'arbres fruitiers, comme l'usage en existe aux
environs de *Bandiagara*, chez les *Ndogom, Kambé, Nunonké*;
de même, lorsqu'un des jeunes garçons quitte la communauté pour aller s'établir dans la plaine, ce qui arrive fréquemment de nos jours, il reçoit un cadeau proportionné au
travail qu'il a fourni dans la maison paternelle.

En revanche chez les *Houmbi* (*Houmbébé*), établis dans les
vastes terrains de culture de la plaine chez qui l'esprit indi-

vidualiste persiste toujours, la communauté même des produits des récoltes n'existe pas : l'homme et la femme cultivent chacun personnellement un « *lougan* » et les récoltes sont mangées à tour de rôle séparément.

Dans les régions montagneuses de l'Est, le *Tombo*, le *Tingue*, *Oualo*, le fils aîné du chef de famille reste l'héritier incontesté des terres de la communauté avec le devoir de nourrir et d'habiller les vieillards, les femmes et les enfants, de diriger le travail et d'assurer l'existence de tous. Dans l'Ouest, pays *Nononké*, l'héritier de la communauté est l'homme le plus âgé, frère, fils ou neveu du défunt (1).

Si la justice est rendue dans le village et dans le canton par le *Hogon* responsable de l'ordre et chargé de trancher les différends, le chef de la communauté a pour devoir de régler les dissentiments et discussions de la famille : toutefois il perd tous droits sur ses membres, même sur ses fils habitant le même village, qui ne travaillent pas aux champs communs et ne profitent pas des récoltes.

Au contraire, chez les primitifs *Houmbi* de l'Est, les disputes qui surgissent entre eux ne peuvent que très rarement être tranchées légalement, car le recours à la force brutale reste toujours le dernier et le plus solide des arguments adoptés, contre lesquels l'influence morale du *Hogon* n'a que peu de .valeur.

---

(1) Toutefois les fils héritent des biens personnels du père à l'exclusion des filles et inversement les filles héritent des biens personnels de la mère à l'exclusion des fils.

IV. — Relations matrimoniales

De toutes les coutumes *Habbes*, les cérémonies matrimoniales et funéraires sont celles qui permettent le mieux de se
rendre compte de l'origine diverse des populations réfugiées dans les montagnes, car par le contact des idées nouvelles, apportées à chaque exode, la tradition séculaire s'est
trouvée plus ou moins influencée dans diverses provinces.
Nous avons déjà indiqué que la polygamie paraissait être la
règle générale des unions dans les tribus de populations noires où le nombre de femmes n'est absolument limité que par
la richesse personnelle de chacun. Les indigènes donnent
comme raison principale de leur polygamie la coutume qui
leur défend toutes relations avec une femme mère pendant
toute la période de l'allaitement de son enfant qui peut
durer, de 18 mois à 3 ans. Cette coutume est très répandue
dans les tribus primitives du centre de la Boucle et des forêts
de la Cote-d'Ivoire, mais elle parait de moins en moins
rigoureusement observée dans le Nord au contact des *Foulbés* musulmans.

Cependant, quoique la polygamie reste universellement
reconnue chez ces indigènes, il n'est pas rare de rencontrer
beaucoup de maris monogames ou seulement bigames ; car, la
jalousie de la première femme soulève contre ses rivales de
nombreuses scènes. Cependant l'harmonie se rétablit rapidement dans les ménages polygames, les épouses étant heu-
reuses de se partager les travaux intérieurs ; puis l'intérêt de
tous consiste à voir s'augmenter rapidement le nombre

des enfants, vràie richesse de ces communautés agricoles ou pastorales.

Le but de toute union étant donc d'avoir beaucoup d'enfants, la virginité de la femme importe peu, et une fille déjà mère, ayant prouvé sa fécondité, se voit toujours plus recherchée en mariage qu'une vierge.

Reprocher à une femme de s'être mariée sans avoir eu des enfants est même d'un usage constant dans les disputes, et on peut l'entendre tous les jours à *Tombouctou*. Le mari l'insulte avec mépris en ces termes : « Quand je t'ai épousée, « tu n'étais déjà bonne à rien, personne ne voulait de toi, « car si tu avais été capable de trouver un amant ou ami, « tu aurais eu un enfant ».

Dans le plateau central toutes les tribus primitives ou envahissantes se marient entre elles, seuls les *Kosodios* maudits sont tenus à l'écart. Les mariages ont lieu à tous les degrés de parenté, excepté, dit-on, entre frères ou sœurs de même père ou même mère ? Cependant dans tout le *Soudan* il est de règle générale qu'une personne libre ne peut pas se mesallier en se mariant même avec quelqu'un de même origine et de même « *diamou* », qui serait un « homme de caste », c'est-à-dire dont la famille s'est rendue volontairement à des envahisseurs, abandonnant dans la lutte, ses alliés, ses dieux protecteurs et ses tannas, pour devenir tributaire servile du vainqueur.

Contrairement aux usages établis dans les tribus de l'ouest (*Bammanas, Sousous* et *Malinkés*) la liberté de choisir, d'accepter ou de refuser un époux est toujours laissée entière à la jeune fille, qui, contre un mariage forcé, peut opposer une fuite chez son amant ou un enlèvement par ses amis.

Fig. 127. — Un village de la plaine lacustre nigérienne
environs de Djenné.

Fig. 128. — Style des maisons de Tombouctou.
(M. Dupuis-Yakouba, interprète principal).

Fig. 129. — Le minaret de la grande mosquée
Djinguere Berry à Tombouctou.

Fig. 130. — Cour de la mosquée de Sidi Yaya
à Tombouctou.

Il est généralement admis que les mariages se célèbrent plus particulièrement pendant la saison qui suit les récoltes, depuis la fin janvier, après la rentrée des riz, jusqu'aux semailles, vers les premières tornades de juin.

Enfin, nous devons encore constater l'absolue égalité des époux et la séparation complète de leurs biens ou propriétés personnelles ; la femme disposant à son gré, et sans contrôle, de ses animaux, arbres fruitiers, bijoux, acquis avec les produits de son travail personnel, et des cadeaux ou héritage reçus de ses parents.

V. — Mariage et fiançailles

1° Houmbébé

Les coutumes matrimoniales des primitifs de l'Est présentent de notable différences avec celles des envahisseurs *Hambes-Gara*, car chez les premiers le mariage n'est qu'une union libre dans toute l'acception du terme, révocable à volonté, et se consommant après un enlèvement sans cérémonies, tandis que les peuples du Nord ont importé avec leur culte des ancêtres un certain nombre de rites qui en font une véritable union.

Dans les tribus *Ongoïba* du *Dianvelli*, lorsqu'un jeune homme désire se marier, il cherche à se faire agréer par la jeune fille qui lui plaît, même si cette jeune personne a déjà un amant dans le village.

Dès que l'accord est conclu entre les deux jeunes gens, l'homme enlève la femme sans prévenir personne et l'em-

mène dans un autre village où il consomme le mariage. Le
lendemain, dans la journée, le nouveau mari rentre au village
prévenir parents et amis. Aussitôt, on organise un tam-tam,
on tire des coups de fusil, on boit beaucoup de bière de
mil, pendant qu'une vieille femme est déléguée pour aller
chercher la nouvelle mariée, qu'elle conduit dans la maison
de son mari. Si le nouveau couple désire se lier définitivement
devant les ancêtres, le premier jour heureux (1) qui suit cette
fête le mari invite le vieillard le plus âgé du village à venir
sacrifier un poulet sur son hôtel de famille pour demander
la fécondité de sa femme.

Ce rite a été importé par les *Gara-Habbés* (2) ; car à *Mondoro*, village habité par des familles *Houmbébé* plus primitives, plus indépendantes, cette bénédiction nuptiale n'existe
pas. Aussi, quand un jeune homme veut se marier dans une
famille, dont il recherche l'alliance, avec une jeune fille qu'il
connaît peu, il prie son père d'aller la demander au chef de la
« *Soukala* », et lui fait adresser un petit cadeau de bienvenue
pour entrer en relation : ce cadeau consiste généralement en
un paquet de bois. Si l'alliance plaît à la jeune fille et aux
parents, le jeune homme enlève sa femme sans fête, sans
bruit ; et le mariage est ainsi conclu. Les jeunes gens
mariés reçoivent quelquefois, chacun de leurs parents, un
cadeau de bestiaux ou de grains pour les aider à se mettre
en ménage.

(1) Les jours de la semaine se divisent en jours heureux et en jours néfastes pendant lesquels il est dangereux d'entreprendre quelque chose. Dans la
semaine, il y a généralement deux ou trois jours favorables, mais ils varient
selon l'époque de la lune et les constellations, le chef religieux Hogon les
fait annoncer.

(2) M. Duboscq, Adr. de Hombori.

En revanche si la femme recherchée en mariage fait partie des connaissances ou des bonnes amies du jeune homme, qu'elle soit veuve, fille ou femme mariée, le jeune *Hombo* lui fait simplement la cour en emportant dans sa saccoche un morceau de sel ou un morceau de viande. Lorsque la femme se décide au mariage, elle prend d'elle même le contenu de la saccoche et se rend de nuit, sans aucune fête, chez son fiancé où elle va habiter, après un simulacre d'enlèvement.

En tout cas il est de règle générale qu'un jeune homme a toujours, avec le consentement de la femme, le droit d'enlever une jeune fille que ses parents lui refuseraient ou une jeune femme qui lui plaît. Ce rapt devient légal du moment que le couple a pu atteindre la « soukala » du ravisseur ou certains lieux sacrés, résidences reconnues des divinités protectrices.

La femme, comme on vient de le voir, a donc toute liberté pour changer de mari et se faire enlever, mais les enfants nés d'un mariage restent toujours au père.

Malgré cette facilité de mœurs, les indigènes prétendent que leurs femmes sont absolument fidèles et dévouées, tant qu'elles restent avec leur mari, car si elles désiraient un autre homme et que celui-ci les accepte, elles n'auraient aucune raison pour rester chez le premier.

2. — *Ndogom-Habbés du Plateau de Bandiagara.*

Fiançailles. — Les jeunes gens habitant les villages du Plateau de *Bandiagara* vivent en dehors de leur famille, formant une association avec leurs camarades du même

âge. A tour de rôle, aidés par leurs compagnons du clan,
ils se bâtissent une maison et se préparent à se mettre en
ménage. Tous ont des petites amies de leur âge qui viennent
passer la soirée avec eux, échangeant des cadeaux. C'est
parmi ces fillettes qu'ils se choisissent leur fiancée. En général, les jeunes gens attendent toujours pour se marier que
leurs frères aînés soient déjà installés en ménage ; sans quoi
ils devraient leur demander l'autorisation de les précéder
dans le mariage.

Lorsque le jeune homme a obtenu le consentement de sa
fiancée, il se rend, accompagné d'un ami chez le père de la
jeune fille et lui annonce son intention de devenir son gendre.
Si le futur beau-père accepte on lui fait un léger cadeau,
paquet de bois, gibier ou poissons. Puis on fixe le jour de la
cérémonie autant que possible un jour heureux de la lune
qui suit la fin des récoltes de janvier. Jusqu'à cette époque
le fiancé aidé par les camarades de son clan va travailler au
champ de son futur beau-père et prépare vivres et boissons
pour la fête. La veille du mariage le jeune homme envoie
500 cauries (1), à la jeune fille pour la faire coiffer et parfu-
mer, puis achète du riz, un mouton et beaucoup de bière
de mil, avec le secours de son association. Le jour désigné,
les jeunes gens donnent une grande fête à laquelle assiste
tout le village excepté les parents de la future. Au milieu
des danses les amis du mari enlèvent à ses compagnes, qui
la défendent, la fiancée et la conduisent au son du tam-tam
au domicile de son époux. Le lendemain matin la nouvelle
mariée prend sa cruche et descend à la fontaine ou au

(1) Environ 0,50 centimes.

puits, pour montrer qu'elle est mariée et se charge des soins du ménage.

Le premier jour heureux qui suit l'enlèvement et le mariage, les nouveaux époux réunissent tous les amis du clan du mari, puis font prier le vieillard le plus âgé du village, l'*Hanna-Gara* (1), de venir consacrer le nouvel autel de famille, afin d'attirer la protection céleste sur le nouveau couple. Ce vieillard *Hanna-Gara*, grand'prêtre du village, vient s'asseoir revêtu de ses insignes sacerdotaux, à côté du nouvel autel familial, sur lequel a été déposé l'objet choisi par le mari, comme signe d'alliance (2) entre sa nouvelle famille et la divinité.

Le mari sacrifie lui-même les victimes, poulets et moutons blancs ; il arrose de leur sang l'autel et le signe d'alliance, pendant que le vieillard prie *Ammo* (3) de leur accorder une nombreuse famille, la richesse et le bonheur. La jeune femme prépare immédiatement un repas avec la viande des victimes, dont le prêtre offre les prémices à la divinité et aux esprits ancestraux qui vont résider autour de l'autel ; et tous festoient en l'honneur des ancêtres et de la continuation de la famille.

(1) Le vieillard le plus âgé de chaque village Rouge s'appelle « Hanna-Gara » (Le Rouge des Hannes de Ganna) quelquefois on le nomme Hannana-le Hannes, ou bien s'il est des tribus Kas ou Kar : Kar-Hanna.

(2) Ces signes d'alliance avec la divinité ou les ancêtres, sont : des pierres, des instruments en silex, des cheveux d'un grand-père, quelque chose ayant appartenu à l'animal tanna ou à un marabout vénéré ou à un grand parent, ou même simplement un papier contenant la parole divine, attaché dans un sachet en cuir, ou formé de boule très serrée enveloppée de toile entourée d'une ficelle.

(3) Ammo ou Amba, nom de la divinité protectrice ; le plus souvent ce protecteur est leur ancêtre (Ndédé) le plus ancien fondateur de la race et c'est lui que l'on invoque pour qu'il s'adresse à la Divinité.

Par cette cérémonie les époux sont liés l'un à l'autre devant leurs ancêtres et se doivent fidélité. Son mari venant à mourir la femme devra garder le deuil un ou deux ans avant de se remarier, en outre si elle voulait divorcer, elle ne pourrait le faire sans un nouveau sacrifice favorablement accueilli par la divinité.

Après le festin tous les jeunes gens vont saluer le chef de famille du mari et lui anoncer l'entrée d'une belle-fille dans sa parenté : ce vieillard offre en général un cadeau au jeune ménage. De là, le nouveau marié se rend seul chez son beau-père et lui porte une offrande pour le remercier de lui avoir accordé sa fille ; en acceptant, le père de la jeune femme doit adresser également un cadeau à sa fille.

3° — *Mariage politique avec fiançailles dès la naissance*

Il existe dans toute cette région un autre mode de mariage que l'on peut appeler le mariage politique, car il a généralement pour but d'unir les membres de deux familles importantes, quoique beaucoup de gens en usent pour se procurer la possibilité de prendre une seconde ou une troisième femme lorsque la première est trop jalouse.

Cette coutume matrimoniale paraît avoir été importée par les « *Gara* » du *Nord*, car on la retrouve avec de légères modifications, dues aux rites locaux, chez les pêcheurs Rouges du Fleuve *Korongoï* de *Mopti*, chez tous les *Habbés-Ndogom* des monts de *Bandiagara* et chez quelques tribus des *Oumbebe*, tandis qu'elle devient plus rare chez les tribus primitives de *l'Est*, vers *Mondoro* et le Gourma, pour disparaître complètement chez les peuples de la forêt.

Dans ces mariages politiques, les fiançailles se font par l'intermédiaire des parents, dès la naissance de leur fillette et quelquefois même avant.

Lorsque deux familles ont l'intention de resserrer ou de maintenir leurs liens de parenté, à la naissance de la première fille, le père court chez son ami lui annoncer cette bonne nouvelle.

L'ami en félicitant l'heureux père, lui demande sa fille en mariage pour lui ou l'un de ses enfants ; puis (chez les *Hambes Gara*) offre sur l'autel des ancêtres un poulet en sacrifice pour témoigner de son engagement et prier la divinité de réaliser son désir ; il porte ensuite un léger cadeau (1) à la jeune fiancée ; et pendant cette visite, afin de bien marquer son intention de l'adopter dans sa famille il lui saisit le pied devant son père. Chaque année la famille du jeune homme doit renouveler les petits cadeaux : paquets de bois en hiver, épis de mil à la récolte, montrant ainsi que les familles restent engagées. Lorsque les fiancés, enfants du même âge, ont grandi, ils travaillent aux champs ensemble dans les lougans de la fillette. Mais dès que celle-ci arrive à la nubilité vers 10 ou 11 ans, le garçon doit se faire agréer, comme mari car la jeune fille toujours indépendante a le droit de le refuser pour prendre un autre amant.

Si l'accord se conclut entre les deux jeunes gens, les cérémonies du mariage se passent comme dans les mariages décrits précédemment.

Chez les *Naogoms, Hambe-Garas*, le jeune homme, aidé de ses camarades, se bâtit une case, prépare son entrée en

_____

(1) (Paquet de bois ou épis de mil).

ménage, va cultiver les champs de sa fiancée qui est devenue sa maîtresse ; celle-ci, tous les soirs, quitte la chambre des filles dans la maison de son père pour aller passer la soirée chez son futur en lui portant des gâteaux au miel ou du kous-kous. Après les récoltes, pendant l'hiver, les fêtes de l'enlèvement, les visites aux parents, l'installation de l'autel familial se font selon l'usage avec les rites que nous avons décrits.

De même chez les *Toro*, *Tombo* ou *Oumbo*, le jeune homme cherche à se faire agréer, portant toujours un morceau de sel ou de viande dans sa sacoche pendant ses visites à la jeune fille : dès que cette dernière a pris d'elle-même le léger cadeau de son fiancé d'enfance, l'accord est considéré comme conclu. Aussi, en attendant le jour d'hiver où il l'emmènera chez lui, en la faisant enlever par ses amis, l'homme envoie en cadeau du mil ou du bois à sa future femme, et va l'aider avec ses camarades à cultiver son lougan.

Les fêtes de l'enlèvement et de la conduite de la mariée à la maison de l'époux, chez les *Foulanne*, *Kri-Habbés* (1), sont toujours suivies, le lendemain matin, par la descente de la mariée au puits pour montrer sa soumission aux charges

(1) Les Foulannes-Kri-Habbès sont des tribus Foulbès non islamisées qui firent partie anciennement du clan des Hannes de Ganna et qui ont conservés les coutumes religieuses et matrimoniales des « Gara » moins l'enlèvement.

L'enlèvement ou simulacre d'enlèvement existe toujours comme rite matrimonial chez les pêcheurs Bosos et les habitants de Saraféré. Avec M. l'administrateur Terrier il m'a été donné d'assister au départ d'une jeune mariée pour le village voisin de Sâ. Le jeune homme et ses camarades étaient venus chercher la jeune fille en pirogue mais les amies de celle-ci avaient également préparé une pirogue et lorsque l'heure du départ de la jeune fiancée arriva, on simula, une lutte au son des tam-tam pour empêcher le départ suivi d'une poursuite de la pirogue du jeune homme par celle des jeunes filles du village.

Fig. 131. — Maison du Fama de Bandiagara
Aguibon Tall, successeur d'El Hadj Omar.

Fig. 132. — Cour intérieure de la maison du Fama Aguibou
à Bandiagara.

Fig. 133. — Une décoration de porte à Mandulli
sur le plateau de Bandiagara.
Dans les panneaux au-dessus de l'entrée se trouvent
les trophées de chasse du propriétaire.

Fig. 134. —[Une décoration de porte dans un village
Sorkos de la région lacustre.

du ménage. Les sacrifices à la divinité se font, ordinairement, soit à l'autel de famille avec l'*Hanna-Gara*, soit à un
temple ou à un sanctuaire de la montagne (1).

VI. — Dissolution du mariage

§ 1. — *Veuvage*

Après la mort de son mari, toute femme, son deuil terminé, devient libre. La durée du deuil varie de un mois ou
deux chez les *Oumbi*, jusqu'à près de deux ans chez les
Poudio Gara. Pendant tout ce temps, la femme doit rester
dans la maison du mari décédé pour entretenir les libations sur l'autel de famille. Cependant, une veuve n'a le
devoir de rester ces deux ans dans la maison mortuaire
que si, après son enlèvement au moment du mariage, elle a
fait, en présence de l'Anna-Gara, le sacrifice rituel sur l'autel
des ancêtres pour demander la bénédiction céleste sur son
union. La période de veuvage correspond, dit-on, à la durée
du voyage de l'âme errante du défunt, jusqu'au moment de
sa rentrée dans l'ensemble des esprits divins ancestraux ou
de sa réincarnation.

(1) Les Oumbi (Oumbébé) du Dianveli n'ont pas d'autels des ancêtres
comme les Gara, aussi lorsqu'ils veulent attirer la bénédiction céleste sur
leur mariage ils montent à un petit sanctuaire de la montagne en apportant pour le sacrifice deux poulets blancs et des libations de dhòne (mil pilé
dans du lait). Le serviteur de la divinité Ammo, prêtre délégué par le Hogon-
gara du village de Pétaka, sacrifie les animaux sur l'autel du temple, comme
précédemment, mais les mariés et leurs amis restent sur le parvis du sanctuaire.
Rapport de M. Duboscq, administrateur de Houmbori.

La femme n'hérite de son mari que du produit des gains acquis pendant le temps du mariage : argent, bijoux, troupeaux, mobilier, mais jamais de la propriété du mari (lougans, arbres fruitiers) qui revient de droit au fils aîné ou au chef de la communauté.

C'est la raison pour laquelle les enfants d'une veuve qui se remarie au loin, restent dans la famille de leur père à exploiter leur propriété, et se contentent d'envoyer des cadeaux et des provisions à leur mère.

§ 2. *Divorce, séparation, répudiation.*

Nous avons vu avec quelle facilité les unions se rompaient par répudiation ou par consentement mutuel des époux, surtout chez les primitifs de l'Est et du Sud : *Doum, Bobo, Samos, Oumbo, Fon, Los*, qui ne paraissent nullement liés par le mariage. En cas de séparation, les enfants appartiennent au père, à l'exception de ceux âgés de moins de 5 à 6 ans, qui restent avec leur mère.

Mais si l'enlèvement matrimonial a été suivi d'un sacrifice sur l'autel de famille, le divorce donne lieu souvent à diverses cérémonies, surtout chez les individus timorés qui craignent une vengeance céleste.

Dans le cas où un mari répudie sa femme, et où la séparation a lieu par consentement mutuel, comme pour stérilité, l'union se dénoue sur un simple sacrifice offert par le mari.

---

(1) La stérilité est une cause de divorce à l'amiable. Si après deux ans de mariage une femme reste stérile, c'est que les ancêtres ne sont pas satisfaits de cette union, aussi le mariage est facilement rompu et la femme va se remarier avec un autre homme pour voir si elle aura plus de chance.

Mais si l'un des deux époux ne consentait pas à la rupture
de l'union et que la femme hésite à recourir à un enlèvement
par crainte superstitieuse, le cas est soumis au Hogon ou
à l'Annagara qui ordonne le divorce, en offre lui-même un
sacrifice sur l'autel des ancêtres.

Après le divorce, chacun des époux reprend sa fortune
personnelle et les enfants, comme précédemment, restent au
mari, à l'exception des jeunes.

La femme divorcée a le droit de se remarier, sans contrôle,
dès qu'elle en trouve l'occasion. Mais, il arrive que la femme
qui a quitté son mari, sans son consentement, et sans lui
avoir fait offrir un sacrifice aux esprits des ancêtres, est prise
de terreur superstitieuse et de la crainte des maléfices. Elle
lui fait alors demander par son nouveau fiancé la permission
de se remarier ; en lui adressant un cadeau pour éviter de
voir une malédiction terrible jetée sur son union par ce rival
mécontent.

§ 3. *Adultère et enlèvement.*

Avec cette facilité d'union, il semblerait que l'adultère ne
doive pas se rencontrer ; cependant il existe quelquefois, et
le mari peut, s'il surprend les coupables, infliger une correction de verges au séducteur. En réalité il ne se livre jamais
à cet acte de force pas plus qu'il n'ose trop brutaliser son
épouse dans la crainte de se la voir enlever.

En effet un mari reste absolument sans recours contre sa
femme et son ravisseur, si ceux-ci avant d'être rejoints arrivent à gagner les autels de famille ou les sanctuaires qui,
érigés près des bois, ou des rochers sacrés, sont habités par
des divinités locales très redoutées.

Si le mari, aidé de ses amis, arrive à rejoindre les fugitifs, avant qu'ils soient arrivés à un de ces lieux de refuge, il a le droit de faire fustiger le ravisseur (1), jusqu'à ce qu'il déclare abandonner la femme.

Généralement la seule ressource de l'abandonné consiste à placer pour se venger, devant la maison du nouveau couple, des sortilèges (2), renfermant des malédictions épouvantables.

Souvent la crainte inspirée par ces pratiques magiques cause de vrais tourments aux coupables qui, pris de neurasthénie et n'osant détruire les gris-gris plantés en face de leur porte, n'ont que la ressource de quitter le pays pour fuir les menaces terribles qui planent sur leur tête.

Coutumes matrimoniales du Sud

Cette organisation sociale de la vie familiale, caractérisée par la grande liberté des relations sexuelles, l'indépendance de la femme, le peu d'importance attaché à la virginité, les unions sans dot avec enlèvement, la facilité du divorce, l'égalité des droits des époux, s'est généralisée chez tous les primitifs : *Séréres, Diolas, Banioukas, Balantes, Baoulé* (3),

---

(1) Mais le mari n'a pas le droit d'employer le fer, le feu, ou un gros bâton.

(2) Ces sortilèges sont placés dans une petite courge creuse suspendue à un bâton fourchu et plantée devant la maison des gens que l'on veut atteindre. La petite gourde renferme suivant les cas une de ces mixtures bizarres composée par les sorciers de tout pays ; chiffons, poils d'animaux, ossements, griffes, etc., etc., devant amener des malheurs et des malédictions terribles.

(3) Docteur Lasnet, *Une mission au Sénégal*, exposition 1900, p. 153.

Oumbi, Lobi, Bobo (1), *Samos, Dagari Macagnes* (2), etc.,
ayant été plus ou moins en relations avec les *Gara* ou *Oule*
(*Oua-Gara*), commerçants descendus du Nord en apportant
leurs rites religieux et leurs idées d'organisation sociale. Ces
principes dont on retrouve les traces avec le régime matriarcal, dans les tribus dites *Berbères*, du nord de l'Afrique, n'ont
même pas pénétré chez tous les primitifs dont quelques-uns
comme les Fons, Los, Ouoro de la Forêt vivent sans aucune
idée religieuse, sans règles matrimoniales, par familles indépendantes et sans liens de groupement.

En revanche dans toutes les tribus qui ont été en contact
avec les invasions *Soussous* du xiiiᵉ siècle, continuées par celles
des *Malinkes* et des *Bambaras*, nous voyons apparaître des
coutumes importées de l'Est comme l'achat de la fiancée,
l'importance de la virginité, le payement de la dot, la difficulté
du divorce, le manque d'indépendance des femmes, l'héritage par les frères même des épouses, etc., etc. Coutumes
qui se sont mélangées avec les règles islamiques imposées par
les tribus arabisées du Nord, *Maures, Foulbés, Markas*.

Par suite, dans les populations du centre de la Bouêle,
Mossis, Bobo, Dioula-Mandés, Gourounsi, etc., composées
d'éléments très disparates, nous retrouvons plus ou moins
mélangées, et selon leur prédominance, les traditions et les
coutumes de ces deux groupes d'envahisseurs.

Nous verrons se confirmer plus loin ces deux grands courants d'influences subies par les primitifs *Soudanais*, dans les
coutumes rituelles de la circoncision et de l'excision, puis

(1) Docteur Ruelle, *Anthropologie*, 1904, XV, n° 6.
(2) Administrateur Leprince, *Anthropologie*, XVI, n° 1.

dans les méthodes de construction adoptées par les différentes tribus de l'Ouest africain.

VII. — Vie domestique

Dans la vie domestique, le devoir de la femme est de s'occuper spécialement de la préparation des repas, de faire les provisions d'eau, de bois et d'écraser le mil et les céréales.

Au moment des travaux des champs, elle aide généralement son mari (1), mais toutefois en se réservant quelques cultures spéciales de coton, tabac, indigo, oignons, etc., qu'elle soigne particulièrement.

Elle vend à son profit personnel une partie du produit de ses cultures ; et chaque semaine se rend sur un des marchés du voisinage pour échanger ses cueillettes ou les objets qu'elle a fabriqués pendant la saison sèche : savon, vannerie, coton filé, pain d'indigo, etc., etc.

Le mari, lui-même, en dehors de la saison des cultures, entreprend, avec ses camarades, des chasses, des pêches dans les mares et marigots, s'occupe de l'exploitation du fer, de la préparation des cuirs, du tissage (2), etc., mais à mesure qu'il avance en âge et que le nombre de ses enfants augmente,

(1) Excepté chez les primitifs « Houmbi » où la femme n'aide pas son mari, se réservant des cultures personnelles dans un champ particulier. Les époux ne s'aident en principe que pour aller chercher l'eau et le bois.

(2) Plus on pénètre dans le Sud et l'Ouest chez les primitifs, plus le nombre des travaux que savent exécuter les hommes libres diminue. Déjà les Houmbi et les Samos et Bobos ignorent le tissage, qu'ils cherchent à faire fabriquer par des captifs ou serfs : plus au Sud les Lobi ignorent non seulement le tissage, mais la production du fer, tout en connaissant encore la poterie, la vannerie et le travail du bois, qu'ignorent les populations plus primitives de la forêt.

il se contente de diriger les travaux des champs et les entreprises commerciales de ses fils. La plus grande partie de ses journées se passent sous un des nombreux abris de la place publique avec ses vieux camarades, à boire de la bière de mil, à fumer des pipes et à causer politique, tout en fabriquant des menus objets de bois et de vannerie.

Cette occupation constante à de petits travaux manuels est à remarquer chez ces montagnards et à comparer avec le désœuvrement de bon ton de tous les musulmans de la plaine.

La femme, en plus des soins du ménage, élève ses enfants et les nourrit; mais pendant la période d'allaitement, elle doit cesser toute relation avec son mari. Elle habite une chambre dans la maison de son époux, sauf pendant ses indispositions mensuelles.

En effet chaque mois pendant toute la durée de leur indisposition les femmes et les jeunes filles doivent quitter non seulement la maison de leur mari ou de leur père, mais encore le village, et aller vivre en dehors dans une maison qui leur est spécialement affectée (1).

Pendant cette période qui est considérée comme néfaste, la femme ne doit pas rentrer dans le village, ni se servir de ses instruments de ménage ordinaires. Son mari, dans les tribus primitives surtout, n'ose entreprendre ni voyage, ni chasse, ni semailles, de crainte de malheur.

Son indisposition terminée la femme rentre à la maison après s'être purifiée.

---

(1) Egalement dans les tribus maures, Allouchs Meschdoufs, pendant leur période de flux menstruel les femmes n'ont aucun rapport avec leur mari et se tiennent à l'écart. Sarrazin, *Les races humaines au Soudan français*, t. I, Chambéry.

Cette coutume également très répandue dans toutes les tribus primitives du centre de la Boucle et de la Forêt, n'est pas en usage chez les envahisseurs *Soussous, Bambaras* ou *Foulbés*.

VIII. — Vie nutritive

Tous les habitants du Plateau nigérien, non musulmans, se nourrissent indistinctement d'aliments tirés du règne animal ou végétal quels qu'ils soient, n'ayant que certaines défenses locales ou familiales très restreintes, pour leurs animaux totémiques.

Une viande même en décomposition ne les rebute jamais et la rigueur des exceptions totémiques paraît peu sévère et moins scrupuleusement observée que chez les *Bambaras*.

Comme exception généralement adoptée par les musulmans et les fétichistes, je ne connais que les œufs qui restent toujours interdits aux femmes et aux enfants, mais que peuvent manger, cuits durs, les hommes, puis la viande de femelles pleines tuées à la chasse dont les femmes ne doivent pas goûter dans la crainte de rester stériles ou d'avorter.

A part ces exceptions, basées sur des principes religieux, totémiques ou magiques, on mange tout ce qui est susceptible d'être mangé.

Les espèces animales qui font la base de l'alimentation, sont le bœuf, le mouton, la chèvre, régulièrement vendus sur les marchés ; puis les volailles, poulets, pintades, canards ; les animaux domestiques : chiens, chevaux, ânes, chameaux; tous les poissons, généralement consommés séchés dans la montagne ; puis tous les gibiers, depuis l'éléphant

Fig. 135. — Un coin de rue à Tombouctou
derrière la grande mosquée.

Fig. 136. — Mosquée de Somkore Tombouctou.

Fig. 137. — Mosquée d'un village Korongoï
situé dans la plaine Nigérienne, près de Djenné.

Fig. 138. — Marabout de Sebaïn Salah (In Salah).

jusqu'aux rats, lézards et serpents, et même les fauves, les oiseaux carnivores et la hyène.

Les espèces végétales utilisées dans l'alimentation sont : les céréales cultivées, les mils, les sorghos, les maïs, le riz, le blé ; puis les légumes : les niébés (haricots dont on trouve diverses variétés en avançant vers le Sud), le goumbo, l'arachide, la patate, l'igname, les pastèques et les courges, le manioc, avec les condiments, piments, poivre, tomates, oseille. Enfin tous les fruits de la brousse : karité, beurre végétal, le netté ou nerré (farine contenue dans les gousses du « Parkia biglobosa » et dont les noyaux servent à confectionner un condiment nommé simbala); la farine des gousses de baobab, et les feuilles de baobab, les fruits du borassus (rhonier), les graines sauvages de la brousse « cram-cram » (*pennisetum dystichum*), des riz sauvages, de folles avoines, enfin les pommes et les racines des nénuphars.

Tous les aliments, à part les fruits, sont cuits : les farineux écrasés en coulis, « kous kous », et les légumes à l'étouffée, sont mélangés à la viande ou au poisson, et assaisonnés d'une sauce très relevée. Les viandes sont généralement grillées en quartiers ou en brochettes, lorsqu'elles ne sont pas cuites à l'étouffée avec les farineux pour former le « kous-kous ». On fait également des crêpes de farine, des gâteaux, des bonbons avec du miel et de la farine d'arachide pimentée et des berlingots de bourgou.

Les villages aisés de la montagne et des plaines Sud amassent toujours des provisions pour l'avenir : les poissons et les viandes quelquefois, sont séchés et se mettent en réserve pour la période des hautes eaux et de l'hivernage ou sont vendus sur les marchés de l'intérieur.

Les céréales sont conservées généralement en épis dans des greniers spéciaux ; cependant, on prépare toujours d'avance de la farine de mil, que l'on façonne en grosses boules, dans les villages aisés, avec un peu de miel et de piment, et qui servent de provision de route, très pratique pour les voyageurs ou les travailleurs des champs, il suffit en effet de faire dissoudre la boule dans du lait ou de l'eau pour obtenir très rapidement une boisson agréable et nourrissante. Cette préparation se nomme « dhône ».

N'ayant pas de sucre, les Habbés-Gara élèvent des abeilles dans les rochers et leur font de petites ruches en pierre ressemblant aux cases sépulcrales. Dans les plaines, ils placent de véritables ruches désinfectées au feu sur les gros arbres. Mais cet art de l'élevage disparaît chez les primitifs du Sud, comme chez les Bambaras qui se contentent d'enlever le miel sauvage des cavités des arbres ou des rochers.

Avec ce miel ils composent un hydromel très capiteux, réservé généralement aux chefs, et font également d'autres boissons alcooliques, comme le vin de palme, rare dans cette région et qui, de ce fait, revient aussi de droit aux vieillards chez les Kanseignés Markas. Comme breuvage plus répandu, nous leur voyons fabriquer une boisson sucrée et alcoolique tirée du bourgou, puis faire des piquettes de fruit avec les gousses de tamarin ou les jujubes et principalement avec le fruit d'un prunier sauvage très cultivé sur les plateaux « *Chrysobalanus Icaco* des Antilles » et le fruit du Sabira, nommé « raisin du Soudan » « *Ampelocinus* ».

Mais ces boissons ne sont utilisées que temporairement pendant la saison des fruits, tandis que toute l'année, selon les ressources de leurs greniers à céréales « kroukrou à

mil », les indigènes préparent journellement le dolo ou bière
de mil, dont l'usage s'est répandu chez tous les primitifs.

Les repas, préparés par les femmes, qui trouvent dans le
broyage des grains et la cuisson des aliments leur plus
absorbante occupation, sont pris à des heures régulières. Le
matin, vers 9 heures, soit aux champs, soit à la maison, on
mange généralement des crêpes et du dhône froid ; vers
3 heures de l'après-midi, au retour des travaux agricoles, on
fait une collation ; enfin le soir assez tard, vers 9 ou 10 heures, après la rentrée des troupeaux, on mange le « kous-
kous », dont les reliefs servent de premier repas au réveil.
Comme nous l'avons vu, le mari est toujours servi dans un
plat à part, qu'il mange généralement avec ses amis ou ses
invités sous la vérandah de la place publique ; les femmes
et les fillettes ont leur plat, un autre est envoyé aux garçons
soit aux champs, soit dans leur maison, enfin le dernier est
réservé aux passagers, aux manœuvres temporaires. Tous
mangent et boivent gloutonnement « jusqu'à ce qu'ils soient
pleins », selon leur expression ; et pour porter leurs aliments
à la bouche ils n'utilisent que leur main droite ; à part les
Touaregs et quelques Gara-Nononkés et Laobés, qui se servent de cuillers en bois.

IX. — Accouchement

Lorsque dans la région de Bandiagara une jeune fille est
enceinte, elle imite les femmes nouvellement mariées de la
région de Tombouctou qui quittent leur mari dès le
deuxième mois pour aller faire leurs couches chez leurs
parents.

A part le cas de ces jeunes amantes, les femmes, Nononkés,
Bozos, Hambés, font leurs couches dans la maison de leur
mari, près de l'autel de famille. Au moment de l'accouchement, on ne laisse pénétrer dans leur chambre que les vieilles
femmes non soupçonnées de sorcellerie. La jeune mère est
assise sur un petit tabouret très bas, le dos appuyé au mur,
les jambes allongées, comme chez les femmes arabes (1) ; elle
accouche dans cette position, massée sur le ventre et sur les
cuisses par les vieilles femmes qui reçoivent l'enfant et le
lavent à l'eau chaude ainsi que la mère.

Après l'opération, l'accouchée doit prendre un bouillon
composé d'eau chaude, d'huile, de sel et de jus de viande,
et reste alitée une dizaine de jours.

A ce moment, elle se lève, va remercier les personnes qui
l'ont secourue, et faire des visites à son beau-père et aux amies
qui sont venues la voir après la naissance de son enfant.

Une coutume bizarre en usage à Tombouctou, à Djenné,
et dans toute la montagne Hambés, veut que les femmes allant faire visite à une jeune mère nouvellement
accouchée se barbouillent la figure avec un mélange d'ocre
jaune ou rouge mêlée de safran nommé « Tadara ». Peut-être
est-ce pour empêcher l'âme de l'enfant qui vient de vagabonder par le monde de les reconnaître et de s'enfuir ??...

Dès que la mère est remise complètement, elle offre à ses
amies une « fête » que lui paie son mari.

Chez les « Oumbi » et les primitifs du Sud, le mari cesse
toute relation avec sa femme pendant le temps de l'allaite-

---

(1) Les femmes Bambaras et Peuhls, et Songhoï accouchent accroupies, à
genoux, en se tenant au montant de la case.

ment de l'enfant, environ deux ans, et ne fait aucune fête en l'honneur « *du nom de l'enfant* ». Au contraire, nous voyons la femme reprendre la vie maritale le troisième mois vers Tera et dans la montagne, puis le trente-troisième jour si elle est accouchée d'un fils et le quarante-quatrième si c'est d'une fille chez les Foulbés et les Musulmans de la vallée nigérienne. Ces Musulmans tuent un mouton ou un bœuf le jour de la naissance d'un enfant et font distribuer du sel et du mil aux pauvres du village.

Nom donné à l'enfant. — Chez les Hambés-Gara, le père donne à son enfant le nom du dernier de ses parents morts ou celui de la personne décédée dont l'un des deux époux aurait vu l'image en songe pendant la période de gestation.

Car pour tous les « Gara » une partie de l'âme des morts (le nombril) vient toujours se réincarner dans la famille.

Si une femme accouche de jumeaux, ce qui est très rare paraît-il dans cette race humaine, le père offre immédiatement à la divinité toute puissante « Amma » un sacrifice pour la remercier de cette insigne faveur.

Dans aucune de ces populations montagnardes (2) on ne fête « le nom de l'enfant » comme il est d'usage chez les Musulmans nigériens.

Cette fête du nom qui se donne le septième jour après sa naissance consiste à présenter l'enfant au parrain, désigné pour lui donner un des noms choisis par les parents. Ceux-ci

---

(1) Dans certaines tribus du Sud ce phénomène est tellement anormal que l'on tue un des jumeaux. Dʳ E. Ruelle, *Anthropologie*, 1904, t. XV, 6, p. 686.

(2) Les « Toro » habitant près de Houmbori et métissés de Peuhls la font cependant le 5ᵉ jour.

offrent à la personne qu'ils veulent honorer une jatte de lait sur lequel flotte un certain nombre de pailles représentant les noms choisis. La première paille enlevée par le parrain décide du nom de l'enfant (Tombouctou, Foulbés, Ould Badi, Berbères).

Ensuite, on rase la tête du nouveau-né et on tue un mouton. Toutefois il convient de ne pas « encadrer de deux couteaux le baptême » sous peine d'attirer de grands malheurs sur l'enfant, c'est-à-dire qu'il ne faut pas raser l'enfant avant le baptême et tuer le mouton après, ou inversement. Ces deux opérations exécutées avec le couteau, doivent se faire ou avant, ou après l'offre au parrain de la jatte de lait.

Il est encore d'usage qu'un enfant ne peut sous crainte de malheur s'entendre appeler par le même prénom que son père, du vivant de ce dernier ; ce ne sera donc qu'après la mort du chef de famille que son fils surnommé jusqu'alors « Kamoï » pourra reprendre son vrai nom.

D'où l'origine de la coutume Mossi, qui à chaque avénement du roi « Maro-Naba » oblige tous ses homonymes à changer de noms.

Dans les montagnes de Bandiagara, le fils d'une veuve né après la mort de son père s'appelle généralement « Endoumou » le « mal arrivé » et un bâtard se nomme Thagnion (1).

L'enfant d'une fillette de 15 ou 16 ans, né avant son mariage, se nomme Yendi ou Nicni (2), si c'est une fille, et Antimé ou Antibé, si c'est un garçon.

(1) Village de Diam, province d'Aroua.
(2) Nieni est un des noms que l'on donne à l'âme qui court la brousse avant de se reincarner, c'est aussi le nom de l'envoyé de Dieu.

X. — Vie affective

1° *Enfance. Adolescence.*

Les parents caressent les enfants, jouent avec eux et paraissent les aimer réellement, mais toutefois se désintéressent complètement de leur éducation. D'ailleurs, dès l'âge de huit à dix ans les gamins quittent la maison paternelle pour aller vivre en dehors du village et fonder un groupement, un clan, une association qui s'imposera des lois, des règlements et des signes de reconnaissance (1), liant ainsi ses membres à de stricts devoirs de mutualité, par d'étroites amitiés. Cette société servira à les affilier à d'autres clans dans lesquels ils pourront toujours trouver aide et assistance au cours de leur existence.

Ces enfants habitent d'abord, avant de s'organiser complètement, dans une des maisons du clan plus ancien et ne commenceront à se bâtir leur lieu de réunion et d'habitation qu'après la cérémonie de la circoncision.

Ils vivent alors dans la plus étrange promiscuité, se livrant librement au sodomisme et recevant les visites de leurs petites amies.

Contrairement à ce qui se passe à Tombouctou et chez les Foulbés de la plaine nigérienne, ce sont les jeunes filles qui doivent venir rendre visite aux jeunes gens, pour passer avec eux la première partie de la nuit, leur apportant des friandises et des gâteaux. Souvent on boit du dolo et on organise des fêtes de nuit, ou des danses avec tam-tam. Il est de très

(1) Voir le chapitre des associations.

bonne augure pour une fillette d'avoir ainsi rapidement un
enfant, car elle est sûre de trouver promptement un mari
après les couches qu'elle va faire chez sa mère. Comme nous
l'avons vu, l'enfant a pour père légal son oncle maternel, à
moins que la jeune fille ne l'offre à son amant pour avoir la
certitude de se marier avec lui.

Les mœurs, de ces jeunes gens, rappellent extraordinairement les coutumes Masaï de l'Est africain (1) et des différentes tribus Oua, des monts Kilimandjaro et Kénia, dont les
enfants des deux sexes vivent groupés en dehors du village des
parents, chargés de la conduite du bétail. On retrouve également en Kabylie cette vie en commun des jeunes garçons
en dehors de la maison paternelle, où cependant ils ont droit
à la nourriture à la condition de travailler aux champs de
la propriété familiale cinq jours sur six pendant la saison
des cultures, de fin juin à novembre ou décembre.

Tout le reste du temps leur appartient pour se constituer,
par la chasse, l'industrie, la culture ou le commerce, un petit
avoir personnel qui leur permettra d'établir leur ménage
avec le concours des amis du clan. Ce sont les différents clans
d'un village qui organisent les fêtes, ripailles ou expéditions
de chasses.

Les Hambés, formés par un mélange de primitifs et d'éléments descendus du Nord, Gara, ont un caractère assez plein
d'imprévu ; ils adorent la musique et la danse qui restent la
base de toutes les cérémonies cultuelles. Enclins à la boisson, ils sont gais, rieurs, mais très irascibles et sujets à des
colères violentes dégénérant en rixes et en luttes fréquentes.

(1) A. de Preville, *Sociétés africaines*, Thomson, Casati.

Dans son village, le Hambé de la montagne, par suite des
nombreuses luttes qu'il a dû soutenir pour conserver son
indépendance, reste méfiant et ombrageux, accueillant souvent mal un étranger qui n'est pas affilié à un de leurs clans.
En revanche, il se montre très brave et capable de dévouement ou d'attachement pour ses amis et ses chefs ; il devient
même facilement affable et serviable dans la plaine dès qu'un
de ses chefs religieux vous a pris sous sa protection.

Dans toutes ces populations extraordinairement indépendantes et fières, l'unique mobile de leur obéissance et le seul
lien de leur organisation sociale réside dans leur crainte
superstitieuse du surnaturel et des pouvoirs occultes que
possèdent leurs chefs religieux, basée sur les conceptions
spiritualistes des religions sémites.

D'ailleurs, la seule éducation que donnent les parents à
leurs fils avant de leur laisser rejoindre définitivement les
clans des jeunes gens, est une initiation au culte des ancêtres
en faisant offrir par l'enfant un sacrifice de remerciement à
celui de ses grands parents qui a bien voulu se réincarner en
lui et animer l'être que portait le flanc fécondé de sa mère.

En effet, après la circoncision, dès que l'enfant atteint sa
huitième ou dixième année, son père ou son oncle maternel
le conduisent devant l'autel de famille et lui font offrir un
sacrifice sur le signe d'alliance de la divinité pour remercier
l'esprit de son parent résidant chez les ancêtres d'avoir bien
voulu le choisir pour continuer la race en lui donnant son
âme (nombril).

L'animal sacrifié sert à composer un repas qui est mangé
dans la famille après que les prémisses en ont été offertes
aux Divinités protectrices.

C'est pendant cette cérémonie que le père fait connaître à
son fils sa filiation directe et les ancêtres des clans protecteurs
de sa famille. Une cérémonie de ce genre est décrite dans la
légende de Farang ; lorsque l'oncle Tinamori enseigne au
jeune chef des Pêcheurs (1) les divinités protectrices de sa
race, il lui dit : « Nabonke ! prends le bouc noir, la poule
« noire, le vase de terre pour le lait frais, soit plein d'atten-
« tion à Garama-nkoy, à Marmar nkoy, à Kaya nkoy et à
« Mangà si ! »

Mais la vraie initiation des jeunes gens aux traditions et
coutumes de la tribu a lieu pendant la période de la circoncision. Ce n'est qu'après cette cérémonie que le clan se trouve
constitué par tous les enfants opérés en même temps ; qui
doivent alors être unis par les liens de la plus étroite amitié,
avec l'obligation de se porter secours et assistance, de marcher
ensemble à la guerre, de faire les ablutions à leurs camarades
morts et de porter leur deuil.

Du jour donc de la circoncision, l'enfant est considéré
comme un homme et a le droit de participer à tous les devoirs
des hommes de son clan ; c'est l'acte le plus important de la
vie des indigènes dans les sociétés noires organisées.

Dans les cantons du Plateau central cette cérémonie a lieu
tous les trois ou quatre ans sur tous les garçons de 8 à 12 ans,
du canton, qui viennent se grouper autour d'un homme âgé,
désigné par le Hogon, habitant en général une case isolée
dans la montagne près d'un petit sanctuaire. L'opération est
faite dans ce lieu isolé sans que le village y prenne part par
une fête spéciale ; et les enfants y sont soignés à la cendre,

_____

(1) *Revue des traditions populaires*, t. XXI, 1906, p. 89.

selon la méthode employée dans tout le Soudan (1). Le vieillard leur raconte les légendes et traditions puis il les fait danser
et chanter accompagnés d'un musicien. Les enfants portent
souvent des bonnets ornés de figurines phalliques, et ont à
la main une claquette faite de morceaux de fer, et de poteries enfilés sur une baguette de bois, pour annoncer leur
passage.

Leurs danses se font en cercle, avec des battements du
talon et en frappant en cadence le sol avec une verge d'« eu-
phorbiacée » pour accompagner le musicien chanteur.

Ils gardent cette verge en bois d'euphorbe pendant le mois
qu'ils passent dans la montagne.

Lorsque la guérison de tous est complète, ils font à un jour
« heureux » désigné, leur rentrée dans le village en chantant,
dansant, vêtus de neuf, et vont saluer leurs parents et amis
qui leur offrent quelques cadeaux en victuailles pour faire la
fête le soir.

Chez les Ndogom-Gara de l'Ouest chaque famille offre
un sacrifice sur l'autel des ancêtres et la journée se passe en
festin et en tam-tam. Au contraire chez les « Oumbi » de
l'Est il n'y a pas de fête.

Dans les massifs montagneux du Plateau de Bandiagara,
les jeunes gens ont droit, du jour de leur circoncision, de
prendre part à la vie politique et religieuse du village et du
canton. Ils figurent dans toutes les cérémonies rituelles, avec
un rôle particulier portant les emblèmes de la famille et les
masques totemiques, accompagnent les vieillards dans l'exercice de leurs fonctions et dans les sacrifices religieux.

(1) Voir une mission au Sénégal, Dr Lasnet.

Cette coutume de la circoncision générale dans tout le Nord de l'Afrique a pénétré avec les Gara, Ouagara ou Ouakore jusqu'au milieu de la Boucle nigérienne chez toutes les tribus affiliées à leurs confédérations. Mais elle disparaît de plus en plus dans les tribus primitives du Sud et de l'Ouest : Oumbi, Samos, Lobi, Bobo, Dions, Fons, etc., etc., où n'existent ni gouvernement ni associations.

En revanche, l'excision des femmes n'est pas pratiquée chez les Habbés ni chez les primitifs noirs et les Foulbés purs (1). Il nous semble donc que ce sacrifice sanglant est un signe de reconnaissance ou un rite religieux importé des plateaux de l'Est par les envahisseurs du Serpent (Sousous) et propagé par leurs successeurs Malinkés et Bambaras. Ces peuples venus de l'Orient attachaient, nous l'avons vu, un haut prix à la virginité féminine dans le mariage, et nous en trouvons encore des traces dans leurs coutumes matrimoniales.

Ces gens du Serpent partis des plateaux Est africains, où l'excision existe encore, compliquée de fibulation comme chez les Somali et chez quelques rares familles Berbères (2), ont imposé cette coutume à tous les peuples qui leur ont été longtemps soumis, métissés ou alliés.

Ces mutilations qui peuvent être des signes de reconnaissance comme les tatouages, le limage des dents, nous montrent également les deux influences venues du Nord ou de

---

(1) Cette coutume de l'excision n'existe pas chez les Peuhls purs comme les Poul et les Foulannes Kri Habbés, ni chez les gens de Tombouctou, ni chez une grande partie des Berbères, Touaregs, Kountah, ni chez les pêcheurs Korongoï, ni chez les Ouolofs et Foutankés du Sénégal, pas plus que dans les castes ouvrières formées de primitifs, éduqués par les Mondés, on peut même dire qu'elle n'existe que dans les clans du Serpents.

(2) *Les Races Humaines au Soudan Français*, p. 189, Sarrazin.

l'Est imprégnant les primitifs nigériens. Ceux-ci n'étant ni excisés, ni circoncis, ont, selon la prédominance de l'élément politique envahisseur Mande-Gara ou Sousous, adopté l'une ou l'autre de ces coutumes et quelquefois les deux comme chez les tributaires Malinkés des Mansa.

§ 2. — Vieillesse.

Dans toutes les tribus « Rouges », les vieillards jouissent du plus grand respect, sont entourés de·vénération et possèdent une grande autorité. Ils dirigent la politique du groupement, forment le conseil des anciens, présidé par le plus âgé d'entre eux, et sont les intermédiaires directs entre les esprits des ancêtres, et leur famille, ayant la garde des signes de reconnaissance et d'alliance de la Divinité. Le magistrat religieux, chef tout puissant de ces régions, est choisi parmi les vieillards ; il reçoit des pouvoirs très étendus, son caractère est sacré et on l'entoure d'honneurs divins.

Les chefs de famille, les personnes âgées des deux sexes sont particulièrement honorés, entourés et choyés par leurs enfants, et comblés de cadeaux. Leur mort est considérée comme une calamité.

Ce respect des vieillards a pénétré avec quelques-unes de leurs idées religieuses chez plusieurs tribus primitives en relation avec les Gara, comme les Lobi (1). Mais plus on avance dans l'Ouest vers la forêt, plus cette vénération diminue jusqu'à disparaître entièrement dans une partie de la population primitive Mossi, où, nous dit le Dr Ruelle (2), « le

(1) Dr Ruelle, *Anthropologie*, XV, 6.
(2) *Anthropologie*, p. 686.

vieillard est peu ou pas respecté ; lorsqu'il devient impotent,
« à charge, il n'est pas rare de voir ses parents, son fils même,
« venir demander au naba l'autorisation de le mettre à mort,
« autorisation toujours accordée si le demandeur prend soin
« d'offrir au chef une partie des biens de la victime ».

Cette barbarie se retrouve encore chez certaines tribus du
Baninko, stationnées près de la mission (1) de Segou et ralliées au clan des Bambaras. Ces peuplades insultent leurs
vieillards morts en leur reprochant leur incapacité de travail,
la nourriture qu'ils mangeaient et en exprimant leur joie d'en
être débarrassés.

On peut, en général, constater que les tribus très sauvages
des forêts de l'Ouest n'ayant pas eu grand contact avec les
« Rouges », se montrent également cruels envers tous les
vieillards, et que chez eux l'amitié et la compassion sont des
sentiments inconnus.

XI. — Maladies, mort, rites funéraires.

1° *Maladies.*

Les populations du Plateau Central nigérien, quoique
robustes, sont sujettes à un certain nombre de maladies dues
en général au manque d'hygiène et au défaut de soins de pro-
preté, quelques-unes cependant proviennent des eaux de la
région.

Dans la première catégorie, nous citerons les nombreuses
ophtalmies, syphilis, lèpres, petite vérole ; dans la seconde

(1) Mission des Pères Blancs sur le Bani.

les accidents du goitre, ténia, ver de médine, maladies intestinales, affections réellement très fréquentes dans certaines provinces, où elles se rencontrent même chez les animaux : ainsi les chèvres du Barasara sont toutes goitreuses.

Les médications et les traitements pour combattre ces maladies sont généralement illusoires, car le plus souvent les malades n'ont recours qu'à la sorcellerie et à la magie. En effet, les montagnards comme d'ailleurs la plupart des populations soudanaises divisent et classent leurs maladies en deux catégories. Les unes sont envoyées par la divinité, ce sont les coups, les blessures, les accidents, les maladies fréquentes que l'on connaît et auxquelles on applique une médication simple par les herbes, les cataplasmes, la cautérisation ou les purgations. Les autres, au contraire, qui comprennent tous les malaises ou maladies internes d'origine inconnue sont considérées comme l'œuvre d'un esprit malfaisant. Attribuées au tjerko au mauvais œil, ou à une « jettature » qu'un sorcier vous a lancée, ces maladies ne peuvent être conjurées que par des « gris-gris » ou par les filtres des vieilles sorcières, habiles dans l'art de lever les sorts et d'exploiter la crédulité publique. Un des devoirs du chef religieux Hogon est d'écarter, de rechercher et de juger les sorciers jeteurs de mauvais sort.

En tout cas, quelle que soit la médication employée, les malades ne sont pas abandonnés, mais au contraire restent entourés de soins souvent inefficaces, il est vrai, mais prouvant que les Hambés-Gara sont accessibles à la compassion.

2° *Mort*

Lorsqu'un individu tombe gravement malade sans espoir
de guérison, les femmes l'entourent et se lamentent jusqu'au
moment du décès, et dès que la mort survient, elles se mettent en devoir d'accomplir les cérémonies funéraires qui
varient beaucoup suivant chaque tribu.

3° *Cérémonies funéraires des peuples Hambés-Gara de la montagne.*

Par suite de leur conception religieuse, les rites funéraires
diffèrent chez les Gara-Hambés, du plateau de Bandiagara,
d'après l'âge du défunt.

Chez ces populations qui ont le culte des ancêtres, plus la
personne à inhumer est âgée, plus on doit l'honorer par des
cérémonies mortuaires brillantes, car on la considère déjà
comme un ancêtre qui rejoint la divinité protectrice et l'autel
de famille. Le vieillard ne sera donc pas pleuré et regretté
comme une personne jeune n'ayant pas entièrement vécu sa
vie et accompli sa destinée.

Dès qu'un Hambé meurt dans un des villages de la montagne, les femmes qui l'entouraient poussent de grandes clameurs annonçant dans toutes les directions que les génies
malfaisants et féroces ont arraché un être à la vie. Aussitôt,
tous les hommes se précipitent sur leurs armes, puis criant,
hurlant, ils tirent des coups de fusil et lancent des flèches
contre le ciel en cherchant à mettre en fuite les esprits cruels
mangeurs de vie humaine et en insultant les divinités impas-

sibles (1). Le laggam, prêtre serviteur des divinités locales qui, lui, a été impuissant à écarter le malheur, prend une crise d'hystérie pour montrer la volonté supérieure des génies.

Le mort est placé dans une des chambres du rez-de-chaussée, généralement dans le vestibule d'entrée de sa maison, sur un des lits de repos (2). Son corps, après avoir été déshabillé, rasé, lavé, est graissé au karité, imprégné d'ocre rouge et d'oxyde de fer qui le colorent fortement en rouge, puis enroulé dans un grand linceul fait de bandes de coton, ouvert sur la bouche, que l'on attache avec de légers liens en fil au-dessus de la tête, autour du cou, de la poitrine, des genoux et des deux gros orteils. Le premier né des enfants du défunt, fille ou garçon, a dû lui-même procéder aux ablutions ; mais si cet enfant est en bas âge, il se contente de jeter un peu d'eau sur le corps de son père et les camarades du clan ou de l'association procèdent eux-mêmes à la toilette mortuaire. Dans certaines familles, on embaume même avec du miel la dépouille mortelle des chefs et des vieillards. Cette coutume des Rouges est rapportées par le *Tarick-ès-Soudan*, page 116 :

« A la mort de Sunni-Ali, le karadjite, le 6 novembre « 1492, ses fils lui firent ouvrir le ventre, en retirèrent les « entrailles et remplirent la cavité avec du miel, afin que le « corps ne se corrompe pas », et le chroniqueur de Tom-

---

(1) Les musulmans Foulbès et Foutankés, habitants ces régions observent ces mêmes coutumes car, disent-ils, s'ils ne s'y conformaient pas, ils passeraient pour n'avoir ni parents ni amis.

(2) Dans les villages Toro du Dianvelli l'exposition des corps des vieillards morts se fait sur la place publique.

bouctou, fervent musulman, ajoute avec ingénuité :
« Mais on prétend que Dieu lui a infligé cela en punition de
« la tyrannie qu'il avait employée sa vie durant envers les
« populations » (1).

Ces préparatifs funéraires terminés, on dépose aussitôt
devant l'autel de famille une calebasse pleine de dhône, pour
que l'âme du mort puisse se désaltérer ; cette libation sera
renouvelée pendant sept jours, temps que met l'âme, avant
de quitter définitivement son corps, à voyager entre le tombeau et l'autel de famille.

La famille du défunt prend alors le deuil, les femmes en
s'arrachant les cheveux et en se les rasant, les hommes en
se couvrant la tête de cendres, en se barbouillant la figure de
blanc et en échangeant leur pantalon contre des pagnes. Une
grande quantité de vivres et de boissons est préparée par
la famille et l'association du défunt, pour les visiteurs. Une
cloche est accrochée à la vérandah de la case, sous laquelle
s'installe la femme ou la sœur du mort avec des pleureuses
professionnelles : celles-ci clament en litanies les vertus du
mort, disant : « Mon frère le généreux, qu'en a-t-on fait,
« puisqu'il n'est plus? mon époux fort comme le taureau,
« courageux comme le lion, qu'en a-t-on fait? » Et la foule
des pleureuses répond : « Il est parti là-bas, là-bas chez les
« ancêtres », ou « il dort là-haut, là-haut dans les rochers ».

Aussitôt avertis arrivent les amis du clan du mort, les
parents des villages voisins, les connaissances, puis tous
les oisifs des environs qui tiennent à profiter des largesses
de la famille du défunt et à assister aux cérémonies funéraires.

(1) *Tarick-es Soudan*, p. 116.

Ils cherchent à faire par bandes des entrées sensationnelles dans la maison mortuaire, en tirant des coups de fusil et hurlant pour chasser les esprits malfaisants ; puis ils frappent sur la cloche en criant aux pleureuses : « Consolation ! Consolez-vous ! » et celles-ci de répondre par de lugubres clameurs et des « yous-yous » funèbres. Après être rentrés saluer le mort, jeter de la cendre sur la tête des hommes et boire du dhône, ils vont s'installer dans une maison voisine avec les invités déjà arrivés et parlent des vertus du défunt en attendant les funérailles, et en vidant force jarres de « bière de mil, « dholo ». C'est là que pendant toute une semaine continueront en l'honneur du mort des beuveries accompagnées de musique et de danses.

Si la personne décédée est jeune, l'inhumation a lieu le lendemain au lever de l'étoile du matin dans certains villages, à une heure quelconque de la journée dans d'autres. Au contraire, si c'est un vieillard chef de famille, on attend trois, quatre et cinq jours avant de l'enterrer afin de pouvoir faire avertir au marché tous les gens des villages voisins portant le même diamou. Enfin les familles Habbés tenant à avoir une nombreuse affluence à l'enterrement de leurs chefs fixeront les funérailles, vers 4 heures du soir.

Les amis du défunt ou ses camarades du clan placent le cadavre roulé dans son linceul sur une civière faite avec des branches d'arbre et des nattes ; et pendant que la famille reste dans la maison mortuaire le corps est emporté vers le sépulcre en passant par les emplacements où le défunt aimait à se reposer de son vivant. Tous les invités accompagnent le cortège au son du tam-tam, les femmes en pleurant

et chantant, les hommes en tirant des coups de fusil et poussant des clameurs afin d'éloigner les mauvais esprits.

Le convoi funèbre grimpe ainsi dans la montagne jusqu'au
pied des sépulcres du village, précédé souvent par des
jeunes gens porteurs des masques emblèmes de la famille.

Après quelques pleurs, la foule se retire pour aller exécuter des danses funéraires près de la maison familiale,
tandis que les camarades du défunt vont procéder à l'ense-
velissement du corps dans le tombeau des gens de son âge.

Chaque village de la montagne possède plusieurs groupes
de cases sépulcrales construites en pierres ou en briques
dans les strates horizontaux des falaises. Ces groupes de
sépulcres sont réservés aux gens ayant atteint le même âge ;
il y a les tombeaux des enfants, ceux des jeunes gens des
deux sexes, ceux des vieillards, et enfin comme à *Kani-Bou-
zou* ou à *Guimini*, la grotte sacrée, réservée aux grands
ancêtres où ne sont enterrés que les Hogon, des tribus rouges
et les vieillards chefs vénérés des anciennes familles. Là
sont érigées de petites constructions cylindriques en briquettes ou en pierres cimentées, crépies d'argile et ornées
de dessins géométriques polychrome (arlequinages et dents
de loup) avec figuration d'animaux et de symboles. L'intérieur de ces petites tours sépulcrales rondes ou carrées est
peint en rouge, le sol lui-même est fortement garni de sable
et de terre rouge.

Tandis que les vieillards vénérables sont enfermés seuls
dans leurs sépulcres, les ensevelissements des autres personnes se font en commun dans la case sépulcrale des gens
de leur âge. A *Guimini*, ces cases sont situées dans la falaise

inaccessible à 10 ou 12 mètres au-dessus des éboulis et les corps sont hissés avec des cordes.

4° *Tombeaux*.

C'est dans une de ces cases à ouverture rectangulaire que les camarades d'association du mort placent son corps lorsque la foule s'est retirée. Après avoir repoussé vers le fond du sépulcre les ossements des gens déjà inhumés, ils déposent le cadavre, couché dans les provinces *Douleri*, *Tingué*, et assis dans les provinces du Darkol plus imprégnées de primitifs. Les rites funéraires veulent que la tête soit à l'Est et les pieds à l'Ouest pour les hommes, et inversement la tête à l'Ouest et les pieds à l'Est pour les femmes, enfin que les vieillards, et les chefs, regardent le *Nord*. On a toujours soin de rompre les liens du suaire lorsque le mort est placé dans sa dernière demeure. Autrefois, paraît-il, on enterrait les Habbés revêtus de tous leurs colliers, bijoux ; mais cet usage a disparu par suite des fréquentes violations de sépultures, pendant les guerres contre les *Ardos*, *Foulbés*.

Le cadavre étant placé selon les rites traditionnels, l'ouverture du tombeau est bouchée avec des pierres, cimentées de glaise délayée dans de l'eau mélangée au sang de la victime (bœuf, mouton, poulet), sacrifiée devant la tombe. Toutefois, on prend soin de ménager une légère ouverture pour que l'âme du défunt puisse circuler et s'évader. Afin de permettre à cette âme, « nombril » de se reposer, on place un petit tabouret devant la case sépulcrale, auprès du petit vase contenant les cheveux de la dernière toilette du mort,

de l'urne qui a servi à monter l'eau du mortier, et des bâtons
de la civière.

De même, on dépose des libations devant l'autel des ancêtres et sur les sentiers qui mènent de la maison mortuaire au
tombeau, pour que l'âme puisse se reposer et s'abreuver
pendant ses voyages entre son corps périssable et l'autel
ancestral qu'elle va protéger.

Ces libations sont renouvelées tous les jours pendant la
semaine qui suit le décès, puis une fois par lune dans le courant de cette même année.

5° Danses funéraires.

Pendant la cérémonie de l'inhumation commence à la maison mortuaire la grande série des danses funéraires qui
durent six journées complètes, entremêlées de pleurs, de
récitatifs célébrant les vertus du mort ou de ses ancêtres,
et de visites quotidiennes au tombeau pour renouveler les
libations (1).

Ces danses ont pour objet de mimer les scènes journa-
lières de la vie ; elles sont exécutées par les membres de la
famille et par les camarades d'association, qui reproduisent
les événements principaux de l'existence vécue par le défunt.

A *Guimini*, le 14 juin 1905, j'assistai aux danses funéraires données à l'occasion de la mort d'une vieille femme
inhumée le matin. Au son du tambour et de la flûte, sous les
déclamations hullulées des vocifératrices professionnelles, il
était réellement navrant et triste de voir les camarades

(1) Bandiagara.

et amies de la morte, pauvres vieilles ingambes et défor-
mées, essayer de mimer leurs jeux de fillettes et leurs
amourettes de jadis vis-à-vis de vieillards chenus, anciens
amoureux des belles années de jeunesse enfuies.

Mais comme tout dans l'insensible et féconde nature nous
montre un perpétuel recommencement et que toujours la
mort d'un être engendre d'autres vies nouvelles, sur une
place voisine, les jeunes gens des environs accourus aux
funérailles avaient organisé leurs danses aux sons du tam-
tam ; et bien loin d'eux certainement était la triste pensée de
la mort immanente, car ils ne songeaient qu'à vivre fortement en courtisant les filles du village et à faire, sans tris-
tesse, largement honneur aux « Kouskous » et aux jarres de
bière de mil, fournies par la famille de la vieille défunte.

Ces danses funéraires, qui se prolongent pendant six jours
et six nuits sont très assidûment suivies par toute la jeunesse
des environs, surtout si le mort est riche et sa provision
de dholo considérable.

Elles se terminent d'ailleurs habituellement par une orgie
générale pour fêter l'entrée de l'âme du défunt dans le
royaume des ancêtres.

6° *Deuil*

Le grand deuil reste scrupuleusement gardé par les proches parents, femme, mari, enfants, pendant sept semaines
de six jours ; il consiste à ne pas quitter la chambre mortuaire
et à y recevoir les condoléances des amis. Le petit deuil
se prend ensuite pour un an pendant lequel les hommes

doivent avoir les cheveux défaits (1), et les femmes la tête rasée, avec l'obligation d'entretenir les libations de la chambre mortuaire.

Le jour où se termine le grand deuil la famille offre encore un sacrifice sur l'autel des ancêtres en l'honneur du mort. La viande de l'animal sacrifié ne doit pas être mangée par les parents, mais offerte aux étrangers, aux pauvres ou aux enfants.

C'est également 42 jours après la mort, à la fin du grand deuil, que se partage la succession.

Les vêtements, objets d'un usage courant, canne, sabre, tabatière, pipe, etc., reviennent aux camarades du clan ou de la corporation. Si le défunt est chef de famille, sa propriété revient à l'aîné de sa famille ou à son fils aîné qui doit alors venir habiter la maison paternelle où se trouve l'autel des ancêtres.

Les biens mobiliers d'un homme sont partagés entre tous les garçons, à l'exclusion des filles ; ceux d'une femme entre ses filles à l'exclusion des garçons.

La chambre mortuaire est alors fermée pendant douze lunes, sans que rien y soit changé ; elle reste inhabitée, mais on y entretient des offrandes et des libations pour l'âme terrestre du mort, le « Kinkirga ».

Au bout d'un an, parents et amis se réunissent pour fêter l'anniversaire des funérailles, ils offrent un sacrifice sur l'autel de famille, et organisent des repas et des danses,

---

(1) Au village de Bambou un Kedio en deuil avait les cheveux défaits, hirsutes et l'obligation de ne toucher personne pendant toute son année de deuil.

pendant lesquelles les jeunes gens cherchent à conclure des mariages et à enlever des femmes (1).

7° — Culte des morts.

Le culte des morts existe très respectueusement observé chez tous les *Hambés-Gara*, « Rouges » des montagnes. Une grande fête a lieu chaque année au jour fixé par le Hogon, grand chef religieux ; elle consiste en sacrifices offerts dans chaque famille, et par les grands Prêtres sur les autels de la cité ; et quoique ne comportant ni danses, ni chants, elle se termine toujours par une orgie avec de grandes beuveries de dholo (2).

8° — Cérémonies funéraires spéciales.

Dans les provinces montagneuses, les chefs religieux sont enterrés à part avec un cérémonial spécial : de même, certaine catégorie d'individus, tels que les enfants morts sans être circoncis, les femmes mortes enceintes et les gens décédés à la suite d'une épidémie, petite vérole ou lèpre, sont ensevelis avec des rites particuliers.

Un enfant non circoncis venant à mourir, ses parents après l'avoir lavé et roulé dans un linceul lui versent sur les pieds

---

(1) Cette fête a pour objet de fêter la réincarnation du Kinkirga, âme terrestre.

(2) Pendant mon voyage la fête des Morts a été célébrée à Ouol le 2 mars 1905 et le chef de village pour me montrer combien son village avait fait grandement les choses, m'annonçait triomphalement que quoique tout le monde eût bu du dolo (bière de mil) jusqu'à plus soif, il restait encore amplement de quoi boire deux jours après.

une libation de dhono, « mil pilé dans du lait. » Ils le portent
ensuite au tombeau sans cris ni chants (1), et l'étendent
dans sa tombe sur une couche de coton, enfin déposent des
libations de mil devant son sépulcre.

Quant aux lépreux et aux femmes enceintes, mortes avant
l'accouchement, ils sont enterrés à part comme étant frappés
d'une malédiction spéciale.

Dès que la nouvelle de la mort d'une femme enceinte se
répand dans un village, toutes les femmes se sauvent dans la
brousse après avoir fermé leurs maisons et restent cachées
jusqu'à ce que le sépulcre de la morte soit muré ; car elles
craignent que l'âme méchante (Kinkirga) de l'enfant qui a
fait mourir sa mère n'entre en elles pour se réincarner et
occasionner leur perte.

Les hommes restent devant les cases ou vont chercher
un faiseur de sortilèges nommé « Gansagui ». Celui-ci, en
arrivant, ouvre le ventre de la femme et sort le fœtus : certains indigènes disent que cette opération a pour but de sau-
ver l'enfant s'il est vivant, d'autres prétendent que c'est uniquement pour le punir d'avoir fait mourir sa mère ?

Les deux corps sont lavés et emportés sans cris et sans
cérémonie dans un tombeau spécial par des hommes n'ayant
pas le même nom, « diamou », que celui des victimes. Ce
tombeau ayant été fortement muré et les grands prêtres ayant
offert un sacrifice pour apaiser la divinité, les femmes ren-
trent au village.

---

(1) On croit que l'âme terrestre qui s'était réincarnée dans l'enfant provenait d'un parent précédemment mort et avait encore envie de vagabonder.

9 Sépulture des tribus Gara habitant les plaines du Sud

Les populations *Gara*, « Rouges » de la plaine n'enterrent dans les cavernes de la Montagne que leurs chefs religieux qui sont placés dans un petit bâtiment funéraire très ornementé et coloré, construit au fond d'une des grottes sacrées, grottes qui, telles celles de *Endé* ou de *Bonzon*, restent réservées depuis des siècles aux Hogons.

Les autres chefs de famille et les vieillards âgés, sont enterrés comme à *Bankassi*, dans une grande chambre funéraire contenant plusieurs petites loges, et creusée sous un tertre naturel de la plaine au bout d'une galerie profonde.

L'ouverture de cette galerie débouche ordinairement sur le versant nord du tertre : elle est fermée par des troncs d'arbres que l'on recouvre de terre et de buissons.

Les morts y sont couchés, les hommes la tête à l'Est, les pieds à l'Ouest, les femmes inversement.

En redescendant vers le Sud, au milieu des primitifs, gouvernés encore par des familles « Rouges », les corps des morts sont assis ou accroupis dans une chambre funéraire, les hommes regardant l'Est, les femmes l'Ouest, et les chefs conservant toujours le visage tourné vers le Nord, le pays de leurs ancêtres.

Dans le *Yagha* et le *Yatenga* les familles régnantes se réclament d'une même origine que les chefs Mandés-Gara (1), descendus des régions désertiques. Aussi les *Naba-Bango*, chefs du pays des Mares et les *Naba-Baguere*, chefs du pays

(1) Famille royale Iarba de Garama.

des Troupeaux sont enterrés avec tous leurs ornements, assis face au Nord, dans une chambre sépulcrale, creusée au fond d'un puits, dans une petite colline. Auprès de leur corps se trouve enfermé un des petits chiens « tannas » sauveur des migrations Mandés (1) et l'on sacrifie dans le petit sanctuaire élevé au-dessus de l'ouverture du puits un âne, animal consacré à la famille conquérante du Mossi.

Les tumuli ne seraient élevés, pour recouvrir la chambre funéraire, que dans les plaines où il n'y a pas de tertres naturels (2) pour y creuser le tombeau.

Alors que les chefs et les vieillards sont inhumés dans des chambres sépulcrales, les jeunes gens des tribus « Rouges » de la Plaine sont enterrés dans des fosses placées ordinairement comme des sépultures secondaires sur le pourtour extérieur du tertre funéraire de leurs pères.

Ces fosses sont creusées dans le sens du levant au couchant, profondes de 0,70 à 0,80 seulement, s'élargissant fortement vers la base, ce qui leur donne une coupe trapézoïdale.

Le corps après avoir été lavé, coloré en rouge et roulé dans son suaire est, après l'accomplissement des mêmes cérémonies et rites que dans les montagnes, couché dans ce tombeau la tête au soleil levant si c'est un homme et au soleil couchant si c'est une femme.

On ferme la fosse par un plafond de pierre ou de briques de façon que le corps reste non recouvert de terre dans une

(1) Voir traditions et légendes.
(2) L'usage des Tumuli importés par des peuples envahisseurs s'est répandu dans tout l'Ouest de l'Afrique et un grand nombre de tribus ont encore conservé ce genre de monuments funéraires comme les Sérères du Sénégal (Dr Lasnet, *op. cit.*, p. 147. Les Macagnes, Le Prince, *Anthrop.* XVI, n° 57, les Mossi, Lobi, Oumbi.

Fig. 139. — Danse religieuse et funéraire exécutée par les « Nabas »
d'un village dont les familles sont ralliées à divers clans d'animaux
ou de végétaux.

Fig. 140. — Tombeau. Case sépulcrale de Habbé
dans le ravin de Kani-Bonzon.

Fig. — 141. — Autel. Pierre dressée sur la place du village de Touré
devant un abri-repos.

Fig. 142. — Autel formé d'une pierre dressée au village
de Fiko (Pignari).

espèce de chambre sur laquelle on élèvera un tumulus damé,
pour que les bêtes ne fouillent pas la sépulture. Pour permettre à l'âme du mort de s'échapper librement, on ménage
toujours une ouverture, dont l'orifice est recouvert par un
vase (ou canari) renversé.

Ce mode de sépulture est encore adopté par les pêcheurs
Bosos, *Korongoï* et par les *Poulo*, *Foulanneskri-Habbés* et
Foulanes, non islamisés, avec cette particularité que les
pêcheurs ont remplacé le canari par un os creux d'hippopotame, un tuyau de poterie ou un vase spécialement fabriqué
avec trous extérieurs et que les Pasteurs *Peuhls* se servent
le plus souvent d'un bambou creux ou d'un simple bâton
naturel.

Cependant les *Foulbés*, musulmans d'*Hamdallahi* qui ont
adopté un genre de fosse en usage chez les primitifs du *Bani*
l'ont imposé à une grande partie de leurs tribus vassales
de la *Plaine*.

Cette fosse, profonde de 70 à 80 centimètres est excavée
vers la base à angle droit sur l'un des côtés, de façon à
former latéralement une chambre sépulcrale dans laquelle
on renferme le corps séparé des terres, dont on comble la
fosse, par un mur de pierres ou de bois. Les Gara-Habbés,
non musulmans, qui ont adopté ce tombeau, ménagent cependant toujours une ouverture pour permettre à l'âme de circuler facilement.

Dans toutes les tribus de la plaine, les rites funéraires ressemblent beaucoup à ceux des *Habbés Gara* des monts
Tingue.

Toutefois après l'inhumation la femme ou les enfants sacrifient un bœuf sur le grand tertre funéraire des vieillards,

17

ou un poulet sur la tombe d'une personne jeune. Ils ont soin
que le sang de la victime ne se répande que sur le pourtour du monument sans rejaillir sur le tombeau.

La viande des animaux sacrifiés est distribuée aux pauvres, aux enfants et aux gens de passage. En outre les libations déposées sur la tombe, le long des chemins et dans la
maison mortuaire, pendant les six ou dix jours de la première semaine, ne sont pas répandues sur le sol, mais placées dans des coupelles.

A la fin de cette semaine, la femme ou les enfants doivent
sacrifier une chèvre ou un poulet noir sur l'autel des ancêtres
et faire une visite aux autres chefs de famille du village qui
ont assisté aux funérailles.

Le deuil, les fêtes commémoratives, la fête annuelle des
morts se font avec les mêmes rites et à peu près aux mêmes
époques que dans les tribus montagnardes.

10° *Inhumations des Primitifs*

Les populations primitives de l'Est et du Sud ont été plus
ou moins impressionnées par les idées religieuses et les coutumes funéraires des « Rouges », quoique ayant conservé
un grand nombre de rites particuliers que nous allons passer
en revue.

Dans les tribus *Oumboï, Songhoï,* de *Tera et Gourmanké,*
dès qu'un décès survient, il est annoncé par les cris des
femmes, aussitôt les hommes accourent, en criant, et en insultant la divinité qui n'a pas pu protéger la victime.

Le corps du défunt est lavé, peint en rouge (1) ou en noir selon le clan dont il faisait partie, puis roulé dans un linceul.

Les jeunes sont enterrés immédiatement au loin dans les champs, tandis que les corps des vieillards sont gardés plusieurs jours pour laisser à la famille le temps de préparer beaucoup de bière de mil (dolo). Le cadavre est alors installé sous un des arbres de la soukala et des pleureuses l'entourent en poussant des gémissements. Lorsque l'on soupçonne que la maladie a été occasionnée par un sortilège ou le mauvais œil d'un sorcier, au lieu de prier le Hogon, comme chez les *Habbés-Gara*, de vouloir bien rechercher le coupable, la famille demande au défunt lui-même d'indiquer son meurtrier.

Pour cela, le jour de l'inhumation le cadavre est déposé sur une civière, les bras et les jambes pendantes ; puis les hommes le promènent en zigzagant et en courant dans tout le village au milieu de la foule hurlante, tirant des coups de fusils, brandissant leurs armes et lançant des flèches contre le ciel. Si pendant cette promenade funéraire un des assistants est violemment heurté par la civière ou les membres du mort, il est considéré comme l'auteur désigné de la maladie fatale, et se voit le plus souvent dans l'obligation de subir l'épreuve du poison. Depuis notre installation au *Mossi* et à *Fada N'Gourma*, cette épreuve tend à disparaître et n'est plus guère pratiquée que dans les vil-

(1) Les Lobis colorent leurs morts en rouge également par influence des Rouges dont ils ont adoptés plusieurs tanna. *Anthrop.*, XV, Dr Ruelle, p. 659.

lages du Haut-Dahomey et du Yagha très éloignés de nos postes.

Les tombes, de la hauteur d'un homme, sont creusées en forme de puits, élargies à la base. Dans les terrains sablonneux du *Songhoï*, on les remplace par une grande jarre enterrée dans la dune de sable.

Après la funèbre promenade dans le village, le corps du défunt, revêtu de ses parures et de ses vêtements, est glissé dans le sépulcre, assis ou accroupi sur le côté. Auprès de lui sont déposés des Kolas, des Kauries, du miel, du sel, ses armes ou instruments. Certaines personnes lui confient même des cadeaux et des commissions (1) à remettre aux personnes de connaissance qui l'ont précédé dans le royaume des ancêtres.

Puis on ferme l'orifice du puits sépulcral avec un canari renversé que l'on recouvre d'un léger tumulus de terre surmonté d'un cercle de pierre.

Tout le monde rentre alors à la maison mortuaire pour commencer, aux frais de la famille une orgie de nourriture, de boissons et de danses aux sons des tam-tams, afin de fêter le départ de ce « courrier » chez les vieux parents. Ces véritables réjouissances, durent tant qu'il reste de la viande à manger et du dolo à boire.

Plusieurs de ces tribus primitives du Sud-Ouest paraissent avoir gardé le culte des morts importé par les *Gara-Mandés*; on le retrouve au *Lobi* (2), au *Dahomey*, chez les *Nda* de la Côte-d'Ivoire et en Cazamance. Mais un grand nombre

_____

(1) Pour cela on vient les lui confier tout bas en lui parlant à l'oreille.
(2) *Anthropologie*, XV, n° 6, Dr Ruelle.

d'autres populations, comme les *Malinkes* (1), *Bambaras*, paraissent ne pas célébrer de fêtes commémoratives après les cérémonies de l'enterrement qui souvent se font sans bruit.

Parmi les modes de sépulture à citer chez les Soudanais, nous remarquons l'inhumation des chefs de famille dans l'intérieur même de leur case, chez les Bambaras et les Malinkés, puis en Cazamance chez les Diolas (2), les Banioukhas(3), les Balantes, enfin au Dahomey chez les Eves. Lorsque le mort est ainsi enterré, les autres membres de la famille continuent à habiter ce même logement funéraire sans paraître incommodés par le voisinage du cadavre.

Enfin il faut rapprocher de la coutume des *Ifoghas* qui, selon mon interprète *Ould-Badi*, attachent aux branches des arbres les corps de leurs jeunes gens décédés, celle des Sérérés qui enferment dans un trou de baobab creux les corps de certaines familles de griots (4), inhumés d'ailleurs avec le même cérémonial que les autres morts placés sous tumuli.

XII. — Vie future, âme, animisme

Les Hambés-Gara retirés dans les montagnes du plateau de Bandiagara croient à l'existence d'une âme qui se dédouble après la mort du corps.

La partie immatérielle de cette âme partirait vers les régions lointaines qu'habitent les ancêtres pour rentrer dans

(1) Capitaine Perignon, *Haut-Sénégal et Moyen Niger*, p. 57. Monographie des cercles de Kitha et de Segou.

(2-3) Dr Lasnet, *op. cit.*, 169-177-188.

(4) Dr Lasnet, *op cit.*, p. 148.

la composition des forces protectrices de la famille : « *un grand Tout ancestral* » ; tandis que la seconde partie de l'âme resterait sur terre pour recommencer perpétuellement son existence en refécondant une des femmes de la famille. C'est grâce à la réincarnation de cette partie de l'âme matérialisée sous le nom de « nombril » que ces peuples expliquent les phénomènes de survivance de tares, d'hérédité et de ressemblance constatés entre différentes générations.

La dissociation des deux éléments de l'âme ne se ferait pas immédiatement après la mort ; c'est du moins la croyance de la majorité des tribus de la montagne, car certaines familles korongoï des plaines nigériennes supposent une séparation rapide et une prompte réincarnation des éléments vitaux.

L'âme libérée des liens corporels voyagerait donc pendant un certain temps entre le corps qu'elle a quitté dans la case funéraire et l'autel des ancêtres placé dans la maison familiale. Pendant cette période de voyages, elle se nourrirait du sang des animaux sacrifiés, du tô (1) et du dhône (2) des offrandes. D'où l'obligation de déposer des libations dans la maison mortuaire, sur les sentiers qui mènent aux sépultures et devant le tombeau. Afin de faciliter les déplacements de cette âme et lui permettre de se reposer lorsqu'elle viendra visiter son enveloppe terrestre, que les volontés supérieures lui ont fait abandonner, on doit encore ménager de légères ouvertures au sépulcre et placer auprès un petit tabouret.

Les deux éléments de l'âme quittent définitivement le corps

_____

(1) Farine de mil préparée en Kous-Kous et assaisonnée d'une sauce (tô).
(2) Farine délayée dans du lait avec des épices et du miel.

et se séparent à la fin de la semaine de grand deuil. A ce
moment la partie éthérée va rejoindre l'Esprit des ancêtres
en communication avec la Divinité devenant ainsi la Force
protectrice de la famille terrestre. Cette âme céleste restera
désormais en communication avec son « nombril » réincarné,
par les « gris-gris » protecteurs signes de reconnaissance sur
lesquels les hommes devront l'invoquer pour réclamer son
intervention.

Cette partie de l'âme, considérée comme immatérielle chez
les Habbés-Gara et Nononkés du plateau de Bandiagara, a
été matérialisée dans les peuplades du sud, renfermant une
forte proportion d'éléments primitifs noirs. En effet, après la
mort de l'un d'entre eux, ces indigènes croient que son âme
va revivre dans le royaume des ancêtres une nouvelle vie
terrestre, en reprenant son ancienne physionomie humaine :
Au Gourma et au Mossi, on désigne même les régions montagneuses réservées à l'Empire des Morts où les défunts
mènent une existence heureuse, avec des richesses, des femmes et des enfants... C'est pour rester en communication avec
ces chers défunts et pour leur être agréables ou utiles qu'au
Dahomey des captifs porteurs de nouvelles furent pendant
longtemps sacrifiés et qu'aujourd'hui encore l'on charge les
personnes décédées de commissions et de cadeaux pour
l'autre monde, en déposant dans leur sépulcre des parures,
armes, bijoux, kolas, etc.

Quant à la deuxième partie de l'âme, le « nombril », qui
reste vouée à la procréation de la famille terrestre, elle est
considérée comme un être indéfinissable, qui parcourt la
brousse aux abords des villages. D'après la croyance générale ces esprits à forme humaine, dit-on, se réconfortent aux

libations offertes sur les autels des maisons ou déposées près
des fourrés qu'ils sont censés habiter jusqu'à leur réincarnation dans leur famille, événement qui doit se produire dans
le courant de l'année qui suit le décès de la personne qui
leur a donné naissance.

Ces êtres en puissance virtuelle sont mâles ou femelles, et
les populations du centre de la Boucle les nomment Kinkirsé (1). M. le Dr Ruelle a déjà signalé ces croyances dans
les tribus Mossi fortement imprégnées par les peuples Rouges ; de même M. Ch. Monteil les décrits dans sa monographie
de Djenné chez les Bambaras vivant en contact avec les
Korongoï du Niger. Cependant ces idées de réincarnation
s'atrophient et se déforment déjà chez les Malinkés du plateau Mandingue, où l'âme des morts se confond avec les divinités protectrices du Foyer, les « Soubaras », puis disparaissent complètement chez les Bobos-Fing, les Los et les
primitifs de l'ouest.

Mais dans toutes les régions occupées par les peuples Rouges et influencées par leurs idées d'animisme, les kinkirsé
ou âmes des morts, considérés comme devant amener la
fécondité des femmes en se réincarnant, sont honorés, res-
pectés et reçoivent un vrai culte qui se confond souvent avec
celui des ancêtres.

On leur offre des libations, en prenant bien soin de ne pas
les irriter et surtout de ne pas les déranger dans les fourrés
épais et les bois sacrés qu'ils affectionnent autour des villages, car leur départ entraînerait la stérilité des femmes, un
des plus grands malheurs qui puisse frapper une famille
noire.

(1) Au singulier Kirckirba, voir *Anthropologie*, XV, 6. 688.

Ces esprits peuvent faire sentir leurs influences sur les humains ; ils sont d'un naturel facétieux et espiègle, mais peuvent devenir tout à coup vindicatifs et méchants ; comme aux Korrigans de nos légendes bretonnes, le peuple soudanais leur attribue le pouvoir de mystifier et d'égarer les voyageurs attardés, l'habitude de cacher ou de dérober les objets déposés dans les champs, et le devoir de châtier et de punir les personnes qui négligent leurs devoirs envers les morts.

Par suite ils sont très craints, et lorsque dans les villages un des habitants rêve d'une personne décédée qui n'est pas de sa famille, il s'empresse d'avertir les parents du défunt pour que son « kinkirga » soit apaisé par des sacrifices et des offrandes. Au contraire si dans un songe on voit apparaître un de ses parents morts, tout le monde se félicite, convaincu que le kinkirga de l'ancêtre apparu pendant le sommeil annonce sa réincarnation dans une des femmes de la famille.

Aussi le premier enfant né après ce rêve prophétique reçoit-il le nom de ce parent décédé ; et porte à son cou, comme « *signe de reconnaissance* », une amulette, un « *gris-gris* », fait avec un objet ayant appartenu à ce parrain révélé, ou simplement, enfermé dans un sachet de cuir, un bout de papier sur lequel est écrit le nom de ce protecteur.

Le porteur de ce fétiche sera ainsi certain que le kinkirga réincarné en lui sera reconnu et protégé par la divinité ancestrale.

Plus tard le premier devoir de l'enfant sera, après la circoncision, d'offrir sur son « signe d'alliance » un sacrifice à l'âme céleste de son parrain décédé pour obtenir la protection définitive des ancêtres.

Dans tout le Soudan nigérien l'enfant nouveau-né, jusqu'au réveil de son intelligence, reste considéré comme un kinkirga et lorsqu'il vient à mourir en bas âge, on croit généralement que ce sont les autres kinkirga qui, pour jouer dans la brousse, sont venus l'enlever à sa mère.

Donc dans l'existence humaine à son début, seul le kinkirga anime l'enfant, puis l'homme grandissant il rentre en relation avec l'esprit ancestral qui vient s'imprégner à sa matérialité par une longue communion, si bien que dans sa vieillesse l'esprit des ancêtres l'anime tout entier, le mettant en communication avec la divinité familiale.

D'après cette conception animiste les vieillards « Gara » se voient entourés du plus profond respect, conservant toujours une influence prépondérante dans les affaires du pays. De ces principes découlent également les différences d'honneurs funéraires rendus aux jeunes gens et aux personnes âgées, car tandis que chez l'enfant le kinkirga seul retourne dans la brousse reprendre sa vie vagabonde, au contraire, chez le vieillard, l'âme immatérielle, esprit ancestral, va rejoindre la divinité protectrice de la famille auprès de l'esprit du fondateur de la race, le grand-père : Ndédé.

Ces croyances ont été naturellement exploitées par des sorciers qui prétendent exercer une influence et diriger les kinkirga, ces esprits humains vagabonds. Ils en profitent pour abuser de la crédulité des femmes stériles.

Ces idées d'animisme qui dans le sud ont été importées par les « Rouges » et le peuple Nda jusqu'aux rives de l'Atlantique sur le golfe de Guinée, n'ont pénétré qu'imparfaitement chez les Bambaras en relation avec les Korongoï des plaines nigériennes. En effet, M. Charles Monteil, dans sa monographie de Djenné, nous dit que les Bambaras de cette région croient à la transmigration des âmes, quoique n'ayant pas le culte des ancêtres et la croyance à une vie céleste dans un autre monde.

Pour ces populations l'âme quitte le corps après la mort pour rentrer dans le sein d'une des femmes de sa famille, soit à l'endroit même du décès, soit dans les pays de l'est, disent quelques-uns.

M. Monteil cite à l'appui de leurs convictions sur la transmigration des âmes deux genres de faits que voici : Nombre de femmes perdent successivement leurs enfants peu après leur naissance et les Bambaras ou Korongoï affirment que c'est le même esprit qui revient successivement ; aussi pour marquer l'indignation que l'on a de sa conduite on le baptise Maloubali (2), c'est-à-dire l'Ehonté.

De même ces populations ayant remarqué que certains enfants portaient des marques particulières et distinctives de parents morts, elles y voient les indices évidents que l'esprit du défunt a cherché intentionnellement à manifester sa présence.

On peut conclure que la philosophie importée au Soudan par les chefs religieux « Gara-Hambés » tendait vers un animisme immatériel probablement influencé et mélangé par les diverses conceptions religieuses sémites, égyptiennes ou chrétiennes qui s'imposèrent à diverses époques dans l'Afrique du Nord. Cette philosophie animiste a été plus ou moins imparfaitement adoptée et matérialisée en pénétrant dans les

(1) Ch. Monteil, *op. cit.*, p. 162.
(2) Nom que l'on trouve encore fréquemment dans ces tribus.

milieux primitifs nigrètes, mais nous y retrouvons toujours
parfaitement reconnaissable la trace des traditions égyptiennes, sur la mort et l'existence du double, en concordance
d'ailleurs avec les conceptions généralement admises par les
Chinois (1).

XIII. — Religion. Divinité. Triade céleste

Les Hogons, chefs religieux de la montagne, conserva-
teurs des vieilles traditions philosophiques orientales sur les
doubles éléments composant l'âme humaine, croient également à une divinité unique : *Ammo* ou *Amma*, puissance
créatrice infinie et souveraine dispensatrice des événements
heureux et malheureux qui régissent l'univers. Cette force
divine résiderait dans les immensités célestes, englobant
l'univers et s'occupant fort peu des infimes événements
humains.

De cette divinité omnipotente émaneraient deux forces créatrices : un *principe mâle* ou actif toujours en mouvement, et
un *principe femelle* fécondé producteur. Ces forces par leurs
doubles influences vivifiantes renouvelleraient la vie perpé-
tuelle dans le monde créé.

Les tribus et les familles nigériennes ont toutes adoré,
avant l'introduction de l'Islam, l'un ou l'autre de ces principes, source de toute vie terrestre, tandis que les chefs religieux nommés à l'élection honoraient spécialement la Triade

(1) Voir le Double en Chine et en Egypte, *Anthropologie*, 1905, t. XVI,
n° 2, p. 247.

Divine ou cette *Grande Monade* céleste subdivisée en *forces mâles actives,* et *forces femelles productrices.*

Cette conception de la divinité, qui nous apparaît encore comme le dernier vestige de la *Triade thébaine,* reflète également des idées asiatiques, phéniciennes et chrétiennes. Cependant ces principes se sont matérialisés naturellement, en pénétrant dans les populations négroïdes du Niger et principalement dans les tribus primitives du Mossi.

Selon l'expression de mon guide : « Ammo est un grand « Naba tout-puissant, maître incontesté de l'Univers, rési- « dant habituellement très loin dans le ciel avec son « bagage » « ses serviteurs et ses ambassadeurs chargés de porter ses « ordres aux êtres terrestres.

« Auprès de lui habite sa femme, la grande créatrice Tinga, « qui porte le même nom que la terre (Tenga). Leur fils, « seigneur puissant, parcourt le monde en dévorant et en « détruisant la création dans sa colère redoutable ».

Cette philosophie de la divinité provient soit de la monade toute puissante se divisant en principes mâles et femelles, soit des triades divines, vestiges des religions asiatiques ou égyptiennes, comprenant le père, la mère et le fils, ou le principe, l'action et l'effet. En outre elle nous montre une dernière survivance de l'idée du « Moloch » destructeur et dévorateur dans ce fils cruel et dévastateur.

C'est à cette triade divine que l'on élève des autels à trois pointes formés des pierres dressées, sur lesquelles les chefs religieux nommés à l'élection, *les Hogons,* doivent offrir les sacrifices. Ces trilithes nous avaient déjà été signalées dans l'Afrique du Nord chez les Garamantes, par les auteurs de l'antiquité classique et l'un d'eux nous apprend même que

« Iarba, roi des Garamantes et des Gétules, avait dressé cent autels et consacré autant de feux chez les Atlantes vaincus » (1).

Actuellement encore, sur les plateaux nigériens, parmi les populations alliées ou soumises aux conquérants « gara », subsistent, plus ou moins altérés, les mêmes anciens rites religieux avec les autels trilithiques et les feux sacrés.

Les membres des tribus et des familles qui adorent actuellement le principe mâle actif de la Divinité, nous paraissent provenir des conquérants Hara ou Gara qui furent les propagateurs soudanais des idées civilisatrices Lybico-Berbères.

La Force Divine qu'ils invoquent se nomme comme à Tombouctou : Har-Koy ou Her-Koy, le *Maître des Mâles* (1), et les autels qu'ils dressent à cette puissance céleste fécondante sont construits en terre, érigés en forme de cônes et peints en rouge. Ce ne sont même quelquefois que de simples pierres coniques ou de frustes monolithes dressés verticalement dans la cour de chaque maison familiale.

Dans toutes ces familles, la décoration des piliers supportant les abris-repos des places publiques, celle des poutres soutenant les plafonds des chambres, et l'ornementation des façades des maisons comporte avec les dessins stylisés des animaux « tannas » de la confédération, des pylônes coniques et de nombreux emblèmes phalliques semblables aux motifs

---

(1) Lubbock, *Origine de la civilisation* (cit. de Laffitour de Huet).

(2) Voir *Grammaire Songhoy* de Mgr Hacquard : où Har signifie le mâle. Ex. : un cheval dans le sens général se dit Bari, mais un étalon se dira Har Bari, de même l'homme en sens général se dit Boro, mais le chef âgé, l'homme mûr, se dit Har-ber, le Grand Mâle, et Dieu devient Har-Koy, le chef des Mâles.

décoratifs qui surmontent les frontons des portes dans les maisons de Djenné.

Les tribus adorant le principe mâle de la Divinité considèrent que la lune avec ses évolutions perpétuelles représente l'emblème astral des forces créatrices. Par suite tous les chefs religieux Hogons font annoncer solennellement les phases de l'évolution lunaire, et déterminer d'après la position de l'astre au firmament la suite des jours heureux ou néfastes de la semaine; enfin cette planète leur sert à diviser le temps et à désigner les saisons.

Les survivances de ce culte lunaire se retrouvent encore dans un grand nombre de tribus nigériennes islamisées, qui persistent à faire un « salam » avec invocations et gestes spéciaux à l'astre des nuits pendant toute la première semaine de la nouvelle lune. D'ailleurs l'apparition de chaque nouvelle lune est saluée par les yous-yous et les cris des femmes dans tout le Soudan.

Tous les groupements ayant formé ces confédérations des « mâles » paraissent caractérisés par l'adjonction d'un r dans leur nom et par la désignation de « Homme mâle » : tels Sara-Kolle. Sor-Kos, Mar-Kas... Hara... etc... Har-oua, Har-ma.

La couleur « rouge » désignée par les noms mêmes des envahisseurs « Gara » et Oulé semble avoir, généralement, été prise comme emblème sacré « tanna » des populations adorant les principes mâles; car nous la voyons réservée exclusivement aux insignes sacrés des chefs religieux, à la peinture extérieure des autels coniques, et à la coloration adoptée pour revêtir le corps des hommes pendant les cérémonies cultuelles ou funéraires.

Ces idées religieuses, ces rites et ces coutumes se sont plus ou moins répandus dans toutes les tribus primitives du Sud affiliées aux populations rouges, conquérantes ; car nous les retrouvons chez toutes les populations Nda du Dahomey et de la côte d'Ivoire, du Lobi (1) et du Mossi ; importées sans doute des rives de la Méditerranée où elles étaient encore en usage pendant la période historique.

En effet Pline nous dit (XXXIII-112) qu'à l'époque romaine: « *les chefs, les idoles et les autels des tribus indigènes africaines étaient peints en rouge* » ; nous savons également que toutes les populations du Nord de l'Afrique, Garamantes, Gétules, Numides, élevaient à la divinité, dès la plus haute antiquité, des monuments formés de pierres dressées nommés trilithes, bilithes ou monolithes ; et il semblerait que tous ces autels coniques en pierre remontent aux primitives religions asiatiques puisque le Baal phénicien était lui-même adoré sous la forme d'une pierre conique.

Les tribus ou familles qui rendent un culte, au contraire, aux principes féminins producteurs, paraissent presque toutes appartenir aux anciens groupements des grands noirs peu prognathes, membres des confédérations *Nda* qui ont conservé jusqu'à nos jours l'usage de la poterie, des instruments en pierre, broyeurs et mortiers.

Ces populations ont été affiliées aux conquérants civilisateurs Har, descendus du Nord, et, paraissent avoir les premières, sous leur direction, mis en exploitation les régions soudanaises.

La force divine productrice, mère bienfaisante qu'ils ado-

(1) Doct. Ruelle, *op. cit.*

Cliché de la Société d'anthropologie.

Fig. 143. — Autel sur le plateau des Haroua (Diams).
Cône de terre coloré en rouge, emblème d'une tribu adorant
le principe mâle de la Divinité.

Cliché de la Société d'anthropologie.

Fig. 144. — Un autel cônique en terre élevé dans la plaine aux pieds
d'un village construit dans la falaise Sud du Plateau de Bandiagara.
Sur l'arbre à gauche du jeune homme sont placés comme ex-voto,
les bâtons qui ont servi à enterrer les victimes.

Fig. 145. — Autel à trois pointes sur lequel le Hogon de Dourou
offre des sacrifices à la Triade Divine.

Fig. 146. — Autel à trois pointes élevé à la Triade Céleste
au village d'Engem-Guimini.

rent et invoquent, a reçu dans leurs différents dialectes des noms tirés de l'expression servant à désigner la femme, le principe féminin.

Chez les Songhoy, pêcheurs de l'Est, chez les primitifs du Mossi et du Plateau Central nigérien, l'être femelle, la femme, se dit Oueï ; la divinité féminine de la triade céleste invoquée par ces populations s'appelle Oueï-ndé (1).

L'astre solaire producteur de la chaleur et de la lumière fécondante devient leur emblème astral féminin, producteur, et se nomme Oueï nga ou Oueï-ndiga.

De même dans les dialectes du Gourma et du Haut-Dahomey, le principe féminin, la femme, se désigne par le terme nga ou ngo, la mère fécondée, gnia, la divinité féminine adorée se dit « Tiengo », le soleil, emblème astral féminin, s'appelle également Ié-ngo (Iengo) ; enfin la terre, cette mère créatrice des êtres vivants, reçoit ce même nom de femme et s'appelle Tinga ou Tenga.

Les autels dressés dans chaque maison familiale par les adorateurs des principes féminins de la divinité sont formés par des vases en terre ou des calebasses en bois, désignés par le terme qui sert à nommer les organes sexuels de la femme. On dispose généralement autour de cette urne des sacrifices, les signes d'alliances de la tribu ou des figurines rappelant les ancêtres fondateurs de la famille et les animaux emblèmes totemiques.

Dans tous les villages habités par ces populations, les sculptures ornant les piliers des chambres et les ornementations modelées en terre sur les façades des maisons, repré-

(1) Ouei-nda, *Le principe féminin des peuples Nde.*

18

sentent toujours des figurations de seins ou d'autres emblèmes féminins stylisés.

Ces familles, adorant les forces productrices féminines de la divinité, formèrent à une époque lointaine les groupements femelles des diverses confédérations soumis aux peuples civilisateurs et mâles du Nord. Sur le plateau central nigérien, elles étaient ralliées aux clans des Ma-ngo et Ouango dépendant des Har-ma et des Har-oua de la région lacustre.

Dans toutes ces confédérations nigériennes, les appellations adoptées pour désigner ces familles adorant le principe femelle, exploitant le sol soudanais, sont caractérisées par l'indication féminine *ngo* qui termine leur nom, comme dans Kara-ngo (1), So-ngo (2), par opposition au terme Har réservé aux mâles conquérants.

Un exemple de ces clans sexués nous est fourni par la légende soudanaise de Faram (2).

Dans cette légende, il nous est dit que le célèbre chef Faram commandait aux familles de pêcheurs du Moyen-Niger ralliées à la grande confédération de la Sounna (3). Sur le fleuve soudanais, cette confédération comprenait les tribus Sorkos ou familles des clans du Serpent mâle et les

---

(1) Kara-ngo ou Korongoï, les Rouges du clan Femelle, comme Songo, les Serpents du clan Femelle.

(2) Voir Littérature.

(3) Sounna signifie les Hannes du clan des Sou (Serpents). Ces Hanna avaient fondé Ganna avec les clans des Oua et des Ma ; lorsque les envahisseurs Soussous (Serpents) détruisirent cette ville au xiii° siècle, une partie des tribus tributaires des Hannes se rallie aux clans Serpents vainqueurs et forme la Sounna pour Sou-Hanna.

tribus Songo (1) ou familles des clans du Serpent femelle. Ces groupements de populations se retrouvent aujourd'hui : les premiers mélangés aux Markas et Bosos de la plaine inondée du lac Debo avec leur dieu Har-Koy, *le Chef des Mâles* ; et les seconds, alliés aux primitifs Gour-ma-nkés, Mossi, Haoussa, vers les rapides de la branche nigérienne orientale avec, comme divinité, Ouelnde ou Tiengo, le grand principe féminin : La Femme.

Cependant, dans chaque tribu, le chef religieux appelé *Hogon*, a pour devoir spécial d'honorer la triade divine et de lui offrir des sacrifices sur l'autel à trois pointes. Sa maison, très ornementée, reçoit des sculptures ou des modelages représentant des emblèmes des deux sexes et généralement de nombreux pylones phalliques surmontent sa toiture.

Le titre de ces chefs religieux est « *Bougho* » ou « *Houghon* », nom qui signifie le feu ou la chaleur du feu. En effet, ces prêtres des tribus mâles ou femelles honorent tous, avec la triade céleste, les forces fécondantes du feu et de la lumière solaire.

Les Hougho-Ouango du Mossi (2) sacrifient au soleil pour l'attacher à la terre, matin et soir, à son lever et à son coucher, pendant la première semaine de l'hivernage, puis dans la suite seulement tous les six jours le matin au soleil levant. Ils se rendent aux autels formés des trois pierres coniques

---

(1) Ces termes Songo et Sorkos signifient bien Hommes des Serpents mâles ou femelles, car les Foulbés appellent ces tribus Soganabé : les gens de Ganna du Serpent.

(2) Ces prêtres résident au Mossi, dans les village de : Boujema-Mani-Kondogho-Yolo-Tio.

pour offrir les sacrifices et les libations, toujours entourés
de tout le peuple, des chefs de famille, des joueurs de tam-
tam et des masques familiaux (Ouango).

Ces prêtres gardent pendant toute l'année dans une petite
niche très décorée, creusée dans un mur de leur maison, le
feu sacré avec lequel, à la fin de la saison des pluies, ils
devront allumer les grands feux de brousse purificateurs (1).

Ces petites niches, sanctuaires du feu, sont très répandues
dans toutes les constructions en terre soudanaises ; elles se
retrouvent même dans les maisons des populations musulmanes, comme les Korongoï du Fleuve, les habitants de
Djenne et de Tombouctou et même de Zinder (2).

Un autre emblème du feu fécondant, fait en fer forgé, et qui
a reçu forme d'une crosse au bec relevé, reste très répandu dans
tout le Soudan. Les Habbés le placent toujours avec des
pierres de tonnerre (3) sur leurs autels coniques, sur les hauts-
fourneaux et près des signes d'alliances de la famille. Enfin
cette forme crossée a été adoptée pour les fers de briquet et
les tourne-vis des fusils ; instruments qui sont considérés
comme des « amulettes » protectrices et qui se portent avec
les autres fétiches, suspendus à une chaîne composée de mail-
lons de fer forgé.

Cette idée de la triade divine et ces conceptions animistes
si bien conservées dans les tribus du massif central nigérien

---

(1) Ils sacrifient à chaque lune nouvelle, puis ont sept grandes fêtes par
an pour la divinité. Enfin pendant les fêtes du soleil ils se servent d'une
queue de vache pour l'attacher à la terre, et lier sa chaleur fécondante.

(2) M. Foureau les signalent dans les maisons de Zinder dans son livre
Résultats scientifiques de la mission Foureau-Lamy.

(3) Instruments néolithiques.

se sont répandues peu à peu dans les populations habitant le plateau Mossi (1) ou réfugiées dans les forêts côtières du golfe de Guinée. Mais tandis que les Habbés, dirigés par leurs chefs religieux Hogons, se contentaient d'honorer la divinité par des sacrifices faits sur des symboles représentant la force créatrice, au contraire les tribus primitives et surtout celles qui adoraient les principes féminins de la triade divine, érigèrent, pour mieux matérialiser leurs dieux, des statues ou des figurines, vraies fétiches de bois ou d'argile.

En effet, chez les Ashauti, les Dahoméens, les Nda, tous peuples métisses réfugiés dans les forêts guinéennes, nous voyons avec un culte totémique, comme celui du serpent importé par les Sousous envahisseurs, une religion comportant des divinités mâles ou femelles et un dieu cornu, tout puissant, Kaka-Gyé, porteur d'emblèmes ammoniens.

Dans toutes ces tribus soudanaises nous trouvons de nombreuses figurations solaires, soit dans les bijoux féminins et les poids, emblèmes des familles servant à peser l'or, soit dans les dessins ornementant les maisons.

Enfin le rite principal de toutes les religions de ces Noirs consiste à immoler à la divinité toute-puissante, Ammo chez les Habbés des montagnes et Kaka-Gyé chez les tribus de la Côte d'Ivoire, un bouc dont la tête est recouverte d'une « calebasse » dans les familles des confédérations femelles.

Ce sacrifice nous fait rappeler que dans l'antiquité égyptienne le bouc était également la victime réservée au représentant divin de la triade thébaine : « Ammorha ».

Mais cette coïncidence rituelle, jointe aux idées philosophi-

(1) Dr Ruelle, *Anthropologie*, XV, p. 689.

ques animistes, au culte astral et la conception d'une triade
divine, etc., nous oblige forcément à rechercher vers le
Nord de l'Afrique l'origine des envahisseurs qui civilisèrent
la Nigritie.

Libyens-Berbères, sans doute, ayant de nombreuses affinités phénico-chaldéennes et fortement influencés par les idées
égyptiennes, ces civilisateurs conquérants, occupèrent longtemps les régions sahariennes, sur les rochers desquelles ils
ont gravé de nombreux emblèmes solaires et des figures de
boucs ammoniens. Ils vinrent habiter plus tard les vallées et
les plateaux soudanais, apportant aux primitifs Nigritiens,
avec des conceptions philosophiques asiatiques, une industrie
et des arts fortement marqués d'influences orientales.

D'ailleurs, depuis plusieurs années, ces traces de civilisations égyptiennes ou méditerranéennes avaient été signalées
dans un grand nombre de tribus stationnées sur les bords du
golfe de Guinée : par M. Delafosse à la Côte d'Ivoire, par le
commandant Foussagrives au Dahomey ; et par M. F. von
Luschaw au Bénin.

XIV. — Culte spiritualiste. Génies locaux

Dans les tribus Habbés des montagnes, comme d'ailleurs
dans la majorité des populations soudanaises, tous les indigènes ont la conviction que l'univers se trouve peuplé d'une
foule d'êtres supérieurs d'importance et de puissance variable, qui ont en apanage les différents sites terrestres près
desquels ils habitent. Ces *Génies du lieu* obéissent au tout-
puissant Ammo dont ils sont les serviteurs et les envoyés

Fig. 147. — Prêtre serviteur d'Ammo du village d'Engem, assis
auprès d'un autel conique peint en rouge élevé au principe mâle.

Fig. 148. — Autel d'une tribu adorant le principe féminin de la Divinité.
Autour d'un vase à sacrifice sont dressées les statuettes en bois
des ancêtres et de l'animal emblème de la Confédération (Autruche).

Fig. 149. — Autel dressé devant la case de l'Annagara
au village de Kani-Gogouna.
(Pierre dressée).

Fig. 150. — Monuments mégalithiques au-dessus des plaines du Niger,
paraissant se rapprocher des monuments religieux Habbés.

terrestres ; en relations continuelles avec les humains, ils
luttent souvent d'influence les uns avec les autres pour soutenir leurs protégés, et, comme les dieux d'Homère, ils prennent une part très active à la politique terrestre (1). Ces
dieux sont de caractère indépendant, mais en général bienveillants, ils protègent les humains établis sur leur apanage
terrestre, qui se sont acquis leur protection spéciale et qui
les honorent habituellement par des sacrifices et des libations. Un des caractères les plus curieux de cette protection,
semblable d'ailleurs à celle que les divinités grecques accor-
daient aux Héros antiques, est que nous la voyons exclusivement réservée à l'homme, à la famille ou au groupement
qui le premier a fait alliance avec cette puissance divine et
avec qui a été échangé un signe de reconnaissance (2).

En effet, comme on le voit encore de nos jours dans les
migrations des tribus ou dans la fondation de nouveaux villages, il est probable qu'autrefois, avant de s'établir dans la
montagne avec leurs familles, les chefs Hambés cherchèrent
par des sacrifices et des libations à se concilier le plus puissant des génies du pays. Auprès de leur maison ils lui dres-
sèrent un autel de pierre sur lequel des offrandes et des libations furent déposées.

Ainsi ils s'attachaient exclusivement et personnellement la
protection de cette divinité, devenant les seuls intermédiaires
légitimes et obligatoires pour présenter les requêtes de leurs
peuples.

(1) Voir plus loin la Légende de Faram. La lutte du chef des pêcheurs avec
le Djinni de Tigilem.
(2) Ce signe de reconnaissance a été très improprement nommé par nous
« gri gri » comme les amulettes.

Afin de mieux sceller ce pacte divin, ils composèrent les « *Gris-gris de reconnaissance* », les *Signes* de Dieu, formés de divers objets, qui devaient permettre à leurs successeurs de rester en relation avec la divinité et de conserver ses faveurs exclusives.

Ce *Signe* sacré est le seul lien qui réunit extérieurement la divinité à son serviteur ou à ses descendants et seule la possession de cet objet peut obliger « le Dieu » à révéler sa puissance et à intervenir en faveur de ses protégés.

Par suite, les gris-gris du village et des familles, souvent mêlés à ceux qui assurent la protection des esprits ancestraux, sont soigneusement cachés et jalousement gardés. Les vieillards connaissent leur cachette, le Hogon les garde généralement près des autels de la patrie et des malédictions terribles sont à craindre pour ceux qui s'approchent du lieu où on les a placés, car leur vol ou leur perte enlèverait tout droit à la protection divine.

Plusieurs faits historiques sont en concordance avec cette croyance. Au Mossi, dans la plupart des révolutions, nous voyons les compétiteurs chercher immédiatement à s'emparer des gris-gris protecteurs avant même de tenter la lutte. Un exemple de cette coutume se trouve cité dans les légendes et traditions Mossis recueillies par le capitaine Noiret : « Yagada, fils du Mabar Naskadie, ayant été déshérité par « son père, s'empresse de rallier ses partisans de voler les « « amulettes » de famille et d'aller fonder le royaume de « Yatenga en recevant la soumission des Kouroumeï Son-« goï ».

Cette conception des signes d'alliance paraît se rapprocher

beaucoup des idées admises dans les familles judaïques primitives.

En effet, la Genèse (1) nous apprend que lorsque Jacob quittait son beau-père Laban, pour rentrer dans le pays de Chanaan, sa femme Rachel déroba les « theraphim » protec-teurs de sa famille araméenne.

Dans la confédération des tribus hébraïques succédant à ces populations primitives patriarcales, l'arche sainte fut également, un signe d'alliance, pour se réserver la protec-tion de Jehovah ; de même la tradition biblique nous repré-sente la circoncision comme un signe de reconnaissance imposé par la divinité protectrice de la race sémite.

Mais les anciens rites religieux des peuples de Judée décrits par la Bible nous offrent encore de nombreuses simi-litudes avec les coutumes conservées par les Habbés. En effet, nous voyons souvent les patriarches primitifs élever des monuments lithiques, soit pour commémorer un événe-ment, soit pour honorer la divinité.

Sur ces autels de pierre ils offrent des libations et des sacrifices divers (2).

Isaïe lui-même nous initie aux coutumes superstitieuses conservées par le peuple juif, qui avait gardé les traditions du vieux culte astral en solennisant par des sacrifices l'appa-rition des nouvelles lunes (3) et qui, jalousement, dans chaque village, respectait les bois sacrés, bosquets de *théré-bintes* et de chênes dans lesquels résidaient les idoles (4).

(1) *Bible*, édit. Segond. *Genèse*, chapit. XXXI, ... 17, 18, 19, 20.

(2) *Genèse*. XXXI, 44. *Bible*, trad. P. Segond.

(3) Jsaïe, I, 13. *Bible*, trad. P. Segond.

(4) Jsaïe, I, 29. *Bible*, trad. P. Segond.

Enfin, sur le plateau central nigérien, comme chez les Hébreux, nous retrouvons la même conception spiritualiste d'êtres supérieurs, divinités secondaires peuplant l'univers, en faisant fonction d'envoyés du Dieu tout-puissant ou d'anges protecteurs du foyer et du village quand ce ne sont pas des démons malfaisants.

Cette théogonie d'origine asiatique paraît avoir été importée chez les peuples soudanais bien antérieurement à l'arrivée de l'Islam, car nous la retrouvons dans toutes les populations africaines musulmanes ou fétichistes ; cependant ces idées pourraient bien avoir été influencées et développées par les philosophies chrétiennes et musulmanes.

Les divinités secondaires, bienfaisantes ou malfaisantes, ont une hiérarchie particulière et sont de puissance variable ; mais les populations nigritiennes s'en font des conceptions différentes selon leur origine ethnique ou selon les influences qu'elles ont subies.

Les Habbés spiritualistes et animistes les considèrent comme des êtres divins, supérieurs, qui se confondent souvent avec les esprits ancestraux.

Le chef de ces divinités protectrices se nomme *Bouna* (le grand-père). On le considère comme l'envoyé du Dieu tout-puissant chargé de recevoir les requêtes des humains et de les transmettre au *Amma-nam*, le grand Dieu. Pour cette raison on le nomme *Amba-nam-tali-njeni* (1), le génie courrier de Dieu, ou Amma-titiriam, l'*envoyé de Dieu*. D'ailleurs toutes ces tribus, en rapport avec des Musulmans, consi-

_____

(1) Amma. Amma fait aussi Amba dans certaines tribus.

dèrent *Mahomet* comme un *Bouna* — *Grand-père* — *envoyé de Dieu.*

Quand le Hogon sacrifie à la triade divine, c'est au « Bouna », chef des divinités protectrices (1) du canton qu'il adresse sa requête pour qu'elle soit présentée à la divinité. Le Hogon reste dans le canton le seul l'intermédiaire officiel de cette puissance divine ; il ne lui sacrifie que des animaux blancs, moutons ou poulets, mais jamais de chèvres ni de boucs. Lorsqu'un individu du village a une requête particulière à présenter à cette Puissance tutélaire, il adresse au Hogon, grand chef religieux, l'animal à sacrifier.

Le grand-prêtre après avoir égorgé la victime sur l'autel de la tribu en fait griller le foie qu'il mange aussitôt avec le fidèle, en implorant l'intervention Céleste. La viande de cet holocauste est également partagée entre la famille de la personne qui a fait présenter sa requête au Bouna, et le Hogon qui a offert le sacrifice.

Dans ce culte rendu à la divinité toute-puissante par l'intermédiaire de ce *Bouna* protecteur de la race, considéré comme le *Grand ancêtre* de la famille, nous voyons apparaître nettement le culte ancestral rendu aux esprits tutélaires bienfaisants, âmes des ancêtres qui deviennent les divinités protectrices des villages et des familles. On a généralement recours à eux dans les cas difficiles, et l'auteur musulman du Tarick es Soudan nous rapporte un fait qui ne laisse aucun doute sur l'existence de ce culte ancestral au xve siècle (Tarick, p. 121-122) (2) : « Durant l'année 903 (août 1497-1498),

---

(1) Bouna : Grand-Père chef des esprits ancestraux.
(2) Tarick es Soudan. Traduit de O. Houdas, p. 121.

« Mohamed Askia entreprit une expédition contre Na'asira
« le sultan des Mossis. Il emmena avec lui le seyyid beni
« Mour-Salih-Djaura... Le prince des croyants Askia Moha-
« med demanda alors au seyyid d'être son messager auprès
« du sultan du Mossi.

« Le seyyid accepta cette mission ; il se rendit au pays du
« Mossi et remit la lettre de son maître qui sommait le sultan
« d'embrasser l'islamisme. Avant de répondre, le sultan du
« Mossi déclara qu'il voulait tout d'abord consulter ses *Ancê-*
« *tres* qui étaient dans l'autre monde. En conséquence,
« accompagné de ses ministres, il se rendit au temple de
« l'idole du pays.

« De son côté le seyyid s'y transporta également afin de
« voir comment on s'y prenait pour consulter les morts.

« On commença par faire les offrandes accoutumées ; puis
« on vit apparaître un vieillard âgé. A sa vue tout le monde
« se prosterna ; ensuite le sultan annonça l'objet de sa
« démarche.

« S'exprimant alors au nom des ANCÊTRES, le vieillard dit :
« Jamais je n'accepterai pour vous pareille chose. Vous
« devez, au contraire, lutter jusqu'à ce que vous ou eux ayez
« succombé jusqu'au dernier ».

Sous les ordres de ce Bouna, courrier de Dieu « Amba-
nanc-tali-niepi », Grand esprit ancestral, se trouvent placées
une foule de divinités protectrices diverses qui reçoivent chacune des fonctions spéciales.

Les plus importantes de ces divinités sont les Nieni, Niouni
ou Seni, génies des lieux, protecteurs des villages et des sites.

Ces Nieni se tiennent, paraît-il, de préférence près des puits, des sources, ou des grands arbres qui entourent les hameaux. Aussi, le respect que l'on doit à ces esprits protecteurs oblige chacun de n'approcher qu'avec crainte de l'arbre sacré et de se déchausser en allant chercher de l'eau au puits (1). Le culte de cette divinité incombe spécialement au vieillard le plus âgé du village qui porte le titre de « Annagara » ou de « Kasanna » (2).

Chaque année une fête spéciale est offerte à ce protecteur du village ; pendant mon voyage en pays Habbés en 1905 elle fut donnée à Bankassi les 20-21-22 et 23 juin.

Toutes les familles avaient, à cette occasion, préparé une grande quantité de bière de mil (dolo) et dès l'aube les jeunes gens porteurs des masques, *emblèmes familiaux*, accompagnés d'un tam-tam et suivis par toute la foule s'étaient rendus devant la maison de l'Annagara. Ce vieillard vénérable après avoir offert des libations et versé du dolo dans les vases sacrés placés près de l'autel des ancêtres devant les signes d'alliance (gris-gris) de la divinité, avala une large rasade de bière et fit circuler la boisson dans toute la foule.

Puis jetant de l'eau devant sa porte et sur la foule il demanda à la divinité protectrice d'arroser et de féconder les prochaines semailles. Les jeunes gens dansèrent alors en cadence une danse rituelle puis allèrent déposer, près du puits, aux branches de l'arbre sacré, des offrandes au Génie Protecteur du village.

La même cérémonie fut recommencée par chacun des chefs

(1) Village de Bankassi, de Ouolo, de Poudio, etc.
(2) Anna-Gara, l'homme « Gara » Rouge des peuples Anna. Kas-Anna, l'homme de la tribu du Kas du peuple Anna.

de familles, chez qui le cortège des jeunes gens se rendit à tour de rôle, et chacun des vieillards, après les libations sacrées, adressa aux génies protecteurs de sa famille, à l'esprit ancestral la même demande de protection pour les récoltes et les produits de la terre.

En effet chaque famille possède ses divinités spéciales protectrices familiales, enfants du Bouna; ce sont les *Aouaga* ou *Nagadoura*, dont le culte est réservé aux chefs de famille. Chaque homme possède également son protecteur particulier, sorte de Dieu du foyer ou d'ange gardien nommé *Kouamba*. Enfin une catégorie de ces Génies protecteurs a pour mission spéciale de protéger les gens en route, les guerriers, les propriétés, les artisans, les différents corps de métiers; ce sont les *Mergue*, patrons des corporations correspondant à certains de nos saints du christianisme, considérés comme chargés d'une mission de protection spéciale.

Cette division des divinités, en Génie du lieu, protecteur du village et de la collectivité et en génies protecteurs de la famille semble exister dans la plupart des populations soudanaises, et principalement sur le plateau Maudingue, où nous voyons chez les Malinkés des bosquets sacrés ou des arbres fétiches, réservés autour de chaque village aux *Djinni* protecteurs, tandis que chaque famille possède ses « *Soubaras* » particuliers.

En général les Habbés animistes, imprégnés d'idées importées du Nord, considèrent toutes ces divinités comme des esprits protecteurs bienveillants qui se confondent souvent si bien avec les esprits ancestraux, que les figurines en bois qu'en font certaines de leurs tribus, pour les représenter, très mélangées d'éléments primitifs, sont nommés : *Dédégue* : les petits pères.

Au contraire chez les primitifs du Sud, les habitants de la forêt et les tribus Bambaras, ces génies sont considérés exclusivement comme des êtres féroces, méchants, terribles, vindicatifs, qu'il convient d'apaiser par des offrandes et des sacrifices. On les matérialise facilement sous forme de statue, et par suite leur culte tourne au fétichisme pur.

XV. — Diables. Divinités malfaisantes

Les populations montagnardes Habbés désignent les génies malfaisants sous le nom de Baraguile (diables de brousse) correspondant aux Djinnies des Berbères ou aux Guinde des Malinké de l'Ouest.

Ces mauvais esprits habitant les fourrés de la brousse, s'amusent à frapper les voyageurs la nuit, à leur donner des étourdissements le jour et à communiquer la lèpre ou les diverses maladies qui s'abattent sur les hommes et sur les animaux.

Suivant les uns ces génies seraient des divinités punies par Amma pour avoir désobéi au grand Bonna ; selon les autres ce sont des dieux protecteurs abandonnés par leurs serviteurs et laissés sans culte par suite des nombreuses guerres qui causèrent la disparition d'une partie des familles primitives ayant fait alliance avec eux.

Devenues, depuis cet abandon, vindicatives et méchantes ces divinités s'acharnèrent par la suite sur les humains, et sur les nouveaux occupants du pays, suscitant les accidents, semant les maladies et la mort en réclamant des offrandes.

Ces vengeances sont le résultat inéluctable de l'alliance personnelle de la divinité locale avec le premier propriétaire du sol. Et la crainte de, ces calamités obligea souvent les conquérants envahisseurs à faire montre d'une certaine modération envers les vaincus ; car il est généralement admis que si le maître primitif maudit le sol, son génie protecteur le rend définitivement improductif.

Une conséquence curieuse de cette crainte de la vengeance divine, est de retrouver de nos jours, dans le cercle de Djenne (1), des Markas conquérants, aujourd'hui musulmans, qui continuent à adresser chaque année, par tradition, au moment des semailles et des récoltes, des offrandes à certaines familles de Bosos, premiers habitants du pays, pour que leur divinité protectrice ménage les récoltes.

Dans les tribus montagnardes où domine l'élément noir aborigène, on trouve dans chaque canton un prêtre nommé « Laggam », sorte de sorcier intriguant qui se dit l'intermédiaire surnaturellement désigné par la divinité, entre les gens du village et les génies errants, sans culte, et malfaisants.

Ayant reçu le pouvoir divin d'entrer fréquemment en relation avec ces génies il est chargé par le village de leur offrir des libations ou des sacrifices pour les apaiser et écarter leurs malédictions.

Chaque année le Laggam, ou à son défaut, le vieillard le plus âgé du village, l'Anna-gara, doit faire une série de sacrifices pour apaiser ces divinités abandonnées souvent assimilées dans les villages habités par les « Gara » aux

(1) Voir *Monographie de Djenne*, par M. l'administrateur Ch. Monteil.

Fig. 151. — Autel cònique en terre, élevé sur une place de marché.
(Dakol).

Fig. 152. — Idje-pere. Chien du pauvre (Village de Tiogou). Figurine
en bois représentant vaguement une tête de chien placée dans les champs
pour inviter la Divinité a protéger les récoltes.

Fig. 153. — Orchestre de la province du Fakhala
Les musiciens, joueurs de trompes et de tambourins, portent
des costumes Habbés.

Fig 154. — Jeunes gens dansant un pas rituel en venant
saluer le Hogon.

esprits ancestraux privés de culte par suite de la disparition complète de leur famille.

Dans tous ces sacrifices on doit immoler exclusivement des poulets noirs et des chèvres noires ; ces offrandes se font en plein champ dans la brousse inculte en arrière des lougans et dans un site où ne se trouve aucun monument.

Les victimes offertes aux mânes des ancêtres et aux Esprits de la Brousse (Baraguilé) abandonnés de leurs serviteurs, ont pour mission d'emporter avec elles les malheurs, les calamités et les vengeances célestes qui menaçaient le village ; par suite les animaux sacrifiés sont complètement brûlés et leurs cendres sont enterrées avec les libations, les kouskouss, et les prémices des moissons offertes pour apaiser les divinités vindicatives et éloigner ainsi les dangers qui menaçaient les familles et les récoltes.

Les primitifs noirs ont, comme je l'ai dit précédemment, complètement matérialisé ces idées spiritualistes. On peut tout particulièrement observer ce changement de conception philosophique dans les tribus alliées au clans des Bammanas, qui, parties au xv⁰ siècle des environs de Kong, vinrent vers 1700 s'établir avec Bitton à Segou après avoir conquis les hautes vallées du Niger et du Bani. Actuellement leur religion dont la base est formée par les conceptions Habbés, paraît avoir évolué vers le fétichisme le plus absolu.

Tous leurs dieux sont des êtres supérieurs, cruels, méchants, vindicatifs, qui représentés généralement sous forme de statues grossières, toutes puissantes dans l'esprit du peuple, ne doivent jamais être aperçues par les non initiés sous peine des plus grands malheurs. Il convient de remarquer, en outre, que les prêtres et les serviteurs de ces divinités Bambaras

19

sont toujours des griots, des forgerons ou des hommes de
castes, descendants des populations asservies par les conquérants venus du Sud et qui exploitent sans vergogne les craintes superstitieuses de leurs vainqueurs en réclamant sans
cesse des offrandes et des sacrifices pour apaiser leurs dieux,
Gna, Komo, Tjerko... etc., qu'ils ont seuls le droit d'approcher et d'interroger. Ce sont ces mêmes gens qui se sont
réservé les cérémonies de la circoncision, signe d'alliance
avec la divinité.

Dans les tribus du Haut-Niger non musulmanes, actuellement très mélangées d'éléments négroïdes primitifs amenés
du Sud par les conquérants Bambaras, Malinkés, et Soussous
nous retrouvons toute une hiérarchie de Dieux.

Le grand chef des génies du pays se nomme le *Bagougnoba*
divinité essentiellement terrible qui ne se manifeste que dans
le tonnerre, les coups de foudre, et les tempêtes du fleuve ;
sa puissance destructive est telle, que son nom seul prononcé
à haute voix peut amener la mort du présomptueux qui ose
l'invoquer.

Le génie protecteur de la famille royale des Couloubali
placé sous les ordres du grand chef des Dieux se nommait
le *Man-Koloko*. Cette divinité n'était pas essentiellement
cruelle, mais cependant avait une prédilection marquée pour
la guerre et le pillage. Son premier serviteur céleste était le
Kantara, divinité très méchante qui avait pour devoir de recevoir le serment de fidélité des populations tributaires ou des
vaincus réduits en castes serviles et de leurs Dieux.

Au dessous de ces trois grandes divinités se trouvait placée
toute la série des génies possesseurs des sites terrestres ; Gna,
Komo, Diara, Samoko, Tjerko, etc... Esprits malfaisants, des-

tructeurs, féroces, mangeurs de vie humaine que seuls les sacrifices et les offrandes présentés par leurs serviteurs les forgerons peuvent apaiser.

C'est la revanche des vaincus.

XVI. — Cérémonies religieuses et culte

M. Charles Monteil a donné une étude très intéressante dans sa monographie de Djenné (1), du culte rendu aux « Gna » par les populations métissées de Bambaras habitant les plaines du Haut-Niger et du Bani dans les cantons du Karadougou (2).

Voici quelques détails de ces rites religieux qui ont une grande analogie d'ailleurs avec les cérémonies cultuelles des populations Habbés.

Dans la vallée nigérienne peuplée de Korongoï asservis, au siècle dernier, par les Bambaras de Segou, la représentation matérielle d'une divinité quelconque se nomme un « Boli ». Toutefois dans cette région on lui donne également le nom de Gna, qui est l'appellation de la divinité féminine (3) d'un de ces villages.

Quand un homme veut acheter un « *Gna* », il se rend, après s'être assuré du concours de quelques personnes, dans la

(1) *Monographie de Djenné*, cercle et ville, par Ch. Monteil, Tulle, 1903, p. 99.

(2) Villages des Rouges. Ces populations sont de même origine que les Habbés Gara, mais ont été soumises aux Bambaras, et c'est leur religion qui a prédominé. Car jamais chez les Barbares purs les cérémonies n'ont lieu en public.

(3) La mère, la femme, comme ngo, nga, gnia, gna, gnia.

province de Ben-dougou, habitée par des « Ouango » dont les villages sont réputés comme la résidence préférée des divi-nités toutes puissantes.

Le nouveau venu apprend là comment il doit se comporter vis-à-vis de la personne divine dont il achète une figuration en bois. Cette figuration, statuette grossière, est accompagnée à son nouveau village par ses serviteurs ordinaires, qui ont alors la mission d'initier au culte sacré les nouveaux prêtres.

A l'entrée du village, le *Gna* est reçu comme le chef du pays, on l'installe dans une petite case qui lui sert de sanc-tuaire au milieu du village.

Pour rendre un culte régulier à cette divinité féminine, « Gna », le propriétaire du « Gna » ou *Gnatigui* est assisté de deux *Ouara-mina-den* qui sont les intermédiaires du Gnatigui avec la divinité immatérielle ; puis d'un chanteur des louan-ges du *Gna-diali*, et d'un sacrificateur *Mourou-Kalatigui*, enfin d'un nombre indéterminé de disciples ou *Gnakoden*.

Pour être reçu disciple du dieu il faut offrir un poulet et 120 cauries. Le jour désigné le poulet est sacrifié en présence du néophyte, pour lequel on demande au Gna sa protection contre les sorciers, les serpents, les poisons et le mauvais œil. Puis le néophyte est conduit hors du village, à l'endroit des réunions ordinaires des prêtres ; là, il est baptisé suivant des rites déterminés, avec une eau consacrée contenue dans un vase affecté à cet usage seul. Tous les ans, vers l'époque de la récolte, les prêtres et les disciples doivent se baigner ainsi avec de l'eau consacrée : c'est une sorte de purifica-tion.

La divinité révèle ses avertissements, ses désirs, ou ses

ordres par la bouche d'un de ses prêtres, *Ouara-mina-den*
qui prend alors une crise d'épilepsie. Le *Gnatigui* aussitôt
prévenu vient personnellement recueillir les révélations de la
divinité.

Les lundis et les jeudis sont des jours néfastes pendant lesquels le Dieu ne parle jamais.

Les exercices du culte consistent en des danses déterminées
avec le concours des chanteurs et joueurs de tam-tam. Les
fêtes religieuses publiques sont des orgies où l'on boit force
dolo et où l'on mange les animaux sacrifiés. Tout le monde
est admis à ces orgies mais doit apporter sa part contributive
de vivres ou de boissons. Ces repas constituent une communion car avant de manger les mets, ils sont offerts par les
prêtres, selon les rites, à la divinité pour la remercier de sa
protection et lui demander de continuer à veiller sur ses fidèles. Dans toutes les cérémonies publiques, et les festins rituels
on prélève toujours une part pour les prêtres ; cette part est
consommée dans le lieu de réunion des serviteurs du Dieu,
après une consécration spéciale.

Au village de Bamba situé au Sud-Est des Monts de
Bandiagara, habité par des « Houmbi », le culte religieux
dont est honoré la divinité féminine fécondante « Yo-ngo »
se fait comme chez les Korongoï de la province du Karadougou, dont M. Monteil vient de nous décrire les rites.
Toutefois pendant la période des semailles, lorsque la pluie
bienfaisante vient à manquer, ou qu'une calamité menace
les moissons et le village, la statue de la Divinité est exposée
au public sur la terrasse de son temple, revêtue de ses colliers, bijoux, boubous et les sacrifices ou libations sont
accomplis suivant les rites directement à ses pieds.

Il y a par an, dans les cantons du Karadougou Nigérien, comme sur le plateau Central, deux grandes fêtes en l'honneur du « *Gna* » ; l'une à l'époque de la récolte, l'autre à l'époque des semailles.

Pour ces deux cérémonies et pour celles que déterminent des circonstances graves ou exceptionnelles, les prêtres *Ouara-mina-den* absorbent un breuvage spécial qui provoque l'extralucidité (1) et leur permet de rentrer en communication avec la divinité et de prédire l'avenir.

Les prévisions du Dieu ne sont jamais taxées d'imposture. Quand une personne meurt, dans un village où les Gna sont honorés, le prêtre interroge la divinité sur la cause du décès. Il médite fortement en concentrant sa pensée sur la mort et souvent il s'endort ; c'est alors que le Gna lui révèle en songe si c'est par sa volonté ou par les sortilèges des hommes ou des esprits du mal que le décès a eu lieu. Si la mort n'est pas naturelle la divinité ne manque jamais de tuer le coupable.

M Monteil, nous apprend également que dans les plaines nigériennes on peut trouver dans un même village deux variétés différentes de « Gna » ou divinités, les uns du sexe masculin, les autres du sexe féminin et que chacun selon ses goûts ou son origine peut suivre le culte de l'une ou de l'autre de ces Puissances Divines (2). Toutefois c'est le Dieu le plus ancien du village qui est le plus écouté et le plus honoré (3).

---

(1) M. Monteil dit que ce breuvage est fait avec des racines que l'on trouve en creusant les fosses pour enterrer les morts, mélangées avec du poivre, du piment et du sel, p. 101, *op. cit.*

(2) Nous voyons donc dans la plaine nigérienne, que la tradition cultuelle a conservé le principe d'honorer les Principes Mâles et Femelles de la divinité toute-puissante importé par les Gara.

(3) Les populations Habbés ne paraissent pas attacher une grande impor-

Les cérémonies cultuelles des populations Habbés montagnardes, qui ont conservé plus particulièrement intactes les
anciennes traditions animistes et le culte des Esprits ancestraux, nous offrent d'essentielles différences avec celles que
nous venons de décrire, et existant dans les villages des
vallées nigériennes et du Plateau Central habités par des
populations ayant subi l'influence matérialiste des primitifs noirs sortis des forêts du Sud.

Dans tous les villages non musulmans des régions montagneuses, on remarque plusieurs maisons très ornementées de
haut-reliefs dont la façade, à étage quelquefois, porte une
colonnade surmontée d'une frise chevronnée d'un joli effet
architectural. Ces vrais monuments servent de temple à la
divinité et de logement pour les prêtres serviteurs et sacrificateurs. Ces prêtres sont tout d'abord le vieillard le plus
âgé chargé d'honorer la divinité Protectrice du village,
puis le Hogon, grand-prêtre nommé à l'élection parmi les
vieillards chefs de famille pour honorer la Triade Divine
Toute Puissante ; enfin à ces hommes respectables s'ajoute,
dans certains cantons le Laggam qui a pour mission d'écarter les génies malfaisants.

Dans la cour de ces temples ou sur le devant de la
façade principale comme dans toutes les maisons familiales
d'ailleurs sont dressés les autels. Chez le Hogon qui revère la
Triade Céleste, l'autel comporte trois pierres debout et selon

tance à la statue elle-même de la divinité, à sa figuration en bois nommée
Dédégue. Car, sur mon désir, sachant que je recueillais ces statuettes, ils me
les ont souvent offertes. Dans les tribus de la plaine au contraire les fidèles
paraissent plus attachés à leurs statues de la divinité à laquelle ils accordent
des pouvoirs surnaturels.

la nature du principe divin adoré dans chaque famille, il se compose de pierres ou de cônes pour les tribus mâles, et de grands vases ou calebasses pour les tribus féminines.

Dans les autels coniques construits en terre, on implante souvent une petite crosse recourbée en fer représentant l'instrument générateur du feu fécondant : et l'on y suspend des amulettes, les signes d'alliances. Pour la même raison on enferme dans ces autels coniques des instruments néolithiques en pierre polie soit comme se rattachant aux ancêtres, soit en raison de leur origine surnaturelle comme pierre de foudre, ou flèche de tonnerre, selon l'expression des indigènes.

Par suite de ces croyances populaires il n'est pas rare de rencontrer dans les champs des autels spécialement affectés aux personnes qui font des offrandes à la Divinité pour amener des orages fécondants pendant l'hivernage. Ces autels sont composés uniquement d'instruments néolithiques trouvés dans les grottes de la montagne. Une grande hache sert de pierre conique, symbole mâle, et une meule dormante, ou un plat de pierre entouré de polissoirs et de hachettes, sert de table pour les sacrifices, et d'emblème femelle.

En effet on élève souvent en plein champ près d'une source, ou d'un bois, un autel à une divinité locale. Ces autels forment souvent de petits sanctuaires très renommés et deviennent des lieux de pèlerinage très fréquentés.

On attribue très souvent à certains Génies locaux, comme à nos saints en Europe, des pouvoirs spéciaux très particuliers. Ainsi dans tout le Soudan il est accrédité même chez les musulmans, que le Djinni qui réside dans la montagne de

Koulikoro a le don d'accorder la réussite dans les entreprises commerciales, et d'assurer un heureux retour aux voyageurs qui entreprennent de longs voyages.

Le génie de Sangha, dont j'ai visité le petit oratoire dans les montagnes du Tengué, a, lui, le pouvoir de punir les voleurs et de guérir certaines maladies comme les étourdissements et les maux de ventre.

Ce petit temple, propriété spéciale d'une famille, dont le Génie est le protecteur tutélaire, se compose d'une petite case en pierre devant la porte de laquelle, face au midi, se dresse un autel conique peint en rouge. La case et l'autel sont enserrés dans une enceinte circulaire de pierres sèches formant un mur de 1 m. 50 de haut. L'intérieur de l'enceinte est sacré, seul le prêtre de la divinité a le droit d'y pénétrer. On remarque, devant l'autel, des broyeurs disposés sur une meule dormante destinés à écraser un mélange d'ocre et d'oxyde de fer pour produire une couleur rouge servant à enduire l'autel de la divinité et les mains des sacrificateurs. Dans un autre coin de cet enclos avaient été placées des jarres contenant de l'eau lustrale prise à une source voisine légèrement magnésienne ; enfin on apercevait accrochés aux murs extérieurs de la petite chambre toute une série d'*ex-voto* faits de bâtons et de cordes ayant servi à entraver les victimes sacrifiées.

Lorsqu'un habitant de la région vient implorer l'intervention divine, pour éloigner de lui et de sa famille les dangers qu'un esprit malfaisant pourrait leur faire courir, lorsqu'il se sent frappé dans la brousse d'un étourdissement, d'une insolation ou d'un coup de chaleur, il fait apporter au sacrificateur de ce sanctuaire un chien, qui est immolé à la divinité.

Sa chair sert aussitôt à préparer un repas, tandis qu'avec son sang mélangé d'eau lustrale le demandeur fait ses ablutions pour que les Djerkos malfaisants n'aient plus de pouvoir sur sa personne.

Si la divinité est implorée pour chasser les germes d'une maladie d'entrailles, le pèlerin doit, après le sacrifice d'un poulet offert sur l'autel conique, boire de l'eau lustrale magnésienne, qui généralement produit un effet purgatif souverain.

En revanche, si l'on veut faire punir un voleur, il suffit de maudire et de jeter un mauvais sort sur le coupable inconnu, en déposant sur l'autel des tiges de mil nouveau pour que la divinité se charge de vous venger.

Dans la région montagneuse des Monts Oualo, habitée par des Houmbi qui n'ont pas d'autels familiaux, on rencontre un certain nombre de ces petits sanctuaires très renommés, faits simplement d'un mur d'enceinte circulaire ou mi-circulaire entourant une pierre debout. Ces lieux de sacrifices sont le but de nombreux pèlerinages même de la part des Foulbés musulmans.

Les populations y font offrir des victimes bœufs, moutons, poulets, par le « Serviteur d'Ammo » prêtre affecté au service du sanctuaire et désigné par le Hogon de Petaka. Ces sacrifices sont très fréquents les années de sécheresse pour demander des pluies fécondantes.

Les pèlerins habituels qui se rendent dans ces sites sacrés pour implorer la divinité sont des femmes stériles ou jeunes mariées qui viennent offrir un « poulet rouge » pour obtenir la fécondité. Puis ce sont des personnes qui ont eu à subir une manifestation de la puissance divine ; les victimes d'une

insolation ; celles qui ont apperçu un « génie » au crépuscule ;
ou des blocs de rochers énormes qui, sans raison apparente,
se sont détachés de la montagne et abattus avec fracas dans
les champs ; enfin celles qui ont constaté la rupture d'un
arbre, sous l'influence d'un vent violent : évènements considérés comme des avertissements célestes qu'il ne faut pas
négliger.

Dans ces mêmes provinces Houmbi, se fabriquent des figurations de la divinité, grossières statuettes de bois sculptées,
en forme d'homme ou d'animal, selon la mission dont elles
sont chargées.

Lorsque ces statues représentent un génie masculin ou
féminin elles sont gardées dans la maison, près des signes
d'alliances, colliers, haches en pierre. C'est à leurs pieds que
l'on dépose les libations et à leur oreille que l'on confie les
requêtes à présenter au « Messager d'Amba » le Génie protecteur, lorsqu'il viendra les visiter.

Représentant un animal, généralement un chien, ces statues sont placées dans les champs avec mission d'inviter le
génie du lieu, à veiller sur les moissons et les récoltes de la
famille sa protégée.

Ces populations ne paraissent pas attacher à ces figurations
de la divinité une grande importance surtout lorsque ces
statuettes ne sont pas très vieilles ; leurs propriétaires s'en
débarrassent même facilement et les baptisent souvent très
irrévérencieusement. Ainsi celles qui sont placées comme
gardiennes des champs sont nommées « les chiens des pauvres » (idje fiere), parce qu'elles protègent les cultures avec
leur simple influence morale. Cependant c'est auprès de ces

statuettes que sont déposées les offrandes à la divinité protectrice.

Malgré tout, les Génies et Esprits supérieurs jouent dans l'imagination populaire soudanaise un rôle des plus importants ; peuplant le monde, il n'est pas d'événement heureux ou malheureux qui ne soit attribué à l'influence de leur puissance occulte, bienveillante, malicieuse ou cruelle. Ces croyances sont tellement répandues dans toutes les populations nord-africaines qu'elles ont gagné même les classes des lettrés musulmans ; et jusqu'à l'époque de notre occupation de Tombouctou, des farceurs exploitaient ces croyances en faisant, au nom des Djinni, payer des redevances aux habitants de la ville qui, attardés, passaient la nuit près des grandes mosquées de Dinguere-Bery et de Sankore.

Ces conceptions spiritistes offrent, comme on vient de le voir, de grandes analogies avec celles qui règnent dans tous les peuples asiatiques extrême-orientaux non islamisés.

Fêtes religieuses des Habbés

Dans les tribus Habbés-Gara, trois grandes fêtes religieuses sont régulièrement célébrées, annuellement et à des époques fixes.

La première est donnée en l'honneur des Ancêtres, elle se célèbre dans le courant de la lune de mai un jour heureux déterminé par les Hogons. Cette fête est nommée *Agguet* par les Tombos du village de De.

La seconde fête annuelle, dite fête des semailles ou *Ondon-file*, a lieu trois semaines environ après la précédente. Elle dure trois jours, au début des premières tornades de juillet. Dès qu'ils ont offert les sacrifices destinés à se rendre les divinités favorables, les indigènes commencent les travaux des champs et les cultures.

La dernière grande fête annuelle, nommée fête de Reconnaissance ou des Remerciements « *Guinam golo* » a lieu après la rentrée des dernières récoltes de blé ou de riz en janvier ou février.

Pendant chacune de ces grandes fêtes tout habitant du village doit immoler des victimes à la divinité. Le Hogon sacrifie à la Triade divine, implorant le grand chef des ancêtres. Le Laggam intercède auprès des esprits malfaisants et des âmes errantes abandonnées. L'Annagara, vieillard respectable du village invoque le Génie protecteur du canton et les Esprits Protecteurs; enfin chaque chef de famille et chaque habitant honore par des offrandes, les esprits ancestraux et les divinités tutélaires.

Les rites religieux de ces grandes fêtes annuelles ne présentent d'un canton à l'autre que de légères différences, aussi je me contenterai de décrire celles auxquelles il m'a été donné d'assister dans les villages de Ouolo et de Bankassi.

1° *Fête des Ancêtres.*

La fête des Ancêtres est ordonnée par le Hogon, qui choisit pour la faire célébrer un jour heureux de la pleine lune de mai. La date en est annoncée à l'avance dans toute la région par un joueur de tam-tam accompagné de jeunes gens portant les insignes des animaux totems, emblèmes des familles.

Quelques jours avant la date fixée, le Laggam, prêtre des Esprits méchants de la Brousse, se rend chez le Hogon revêtu de son justaucorps rouge garni de cauries, coiffé de son bonnet rouge et porteur de ses insignes, en tenant en main sa crosse de bois.

Après avoir salué le grand-prêtre Hogon, qui l'attendait assis sous la vérandah précédant le temple du village, et bu avec lui de la bière de mil pendant que la foule se livre, aux sons des tam-tams, à des danses et à des beuveries, le Laggam rentre chez lui où pendant son absence des offrandes et des cadeaux ont été déposés.

Le matin du jour de la fête, le Hogon accompagné de tous les vieillards suivis par la foule et les joueurs de trompe et de tambour, se rend dans les rochers à l'entrée de la grotte qui servit de première habitation à leurs pères chasseurs.

Là il fait sacrifier par le « serviteur d'Ammo » dépouillé de tout vêtement un bouc noir, ou taché de noir, dont la tête est recouverte du plat des sacrifices, puis des poulets noirs. Les victimes sont complètement incinérées et leurs cendres jetées au vent sauf pour un morceau de foie d'un des poulets, que le grand-prêtre consomme en invoquant les esprits ancestraux. Pendant toute cette cérémonie le peuple tenu un peu à l'écart garde un silence religieux.

Ce sacrifice terminé le Hogon se rend, accompagné des tam-tams, au milieu des danses exécutées par les jeunes gens masqués et par la foule, à l'autel de la triade céleste fait de trois pierres coniques (1), où le Laggam l'attend pour le saluer.

On offre alors aux divinités protectrices des libations de

_____

(1) Dans le canton de Dianvelli, l'autel de la Triade divine est en plein champ au milieu des cultures (M. Duboscq, administrateur des colonies, commandant le poste de Hombori).

dhône, puis on sacrifie sur l'autel des animaux blancs, moutons ou bœufs, dont la chair est partagée entre les chefs de famille.

La foule chante et danse pendant le sacrifice et la fête alternée de tam-tams, de beuverie et de festins se prolonge fort tard dans la nuit.

Fête des semailles.

La fête des semailles a lieu quelques semaines plus tard et dure plusieurs jours ; vers l'époque des premières tornades :

Chaque famille a préparé à l'avance de grosses provisions de vivres et de boissons, puis au jour fixé, vers le crépuscule, tous les jeunes gens disparaissent dans la brousse, où ils ne doivent vivre, comme leurs ancêtres, que du produit de leur chasse, couchant en plein air sous les abris de rochers. Le lendemain les vieillards viennent les retrouver dans un site sauvage de la montagne ; ils mangent les animaux tués ou capturés pendant qu'aux villages seuls les femmes, les infirmes et les prêtres gardent les demeures.

Le troisième jour, au soir, après avoir parcouru les champs, tous les hommes précédés du tam-tam et accompagnés des jeunes gens masqués et revêtus des costumes ancestraux conservés par les familles, simulent une attaque du village en poussant de grands cris, les femmes grimpées sur les terrasses les excitent par des yous-yous. Des danses et simulacres de combat sont exécutés par tous les masques sur les places. Naturellement on boit beaucoup de bière de mil et la fête se prolonge jusqu'au matin.

Le jour suivant on offre des sacrifices à la divinité et aux ancêtres. Le Hogon lui-même se rend à l'autel du Génie protecteur (1) des ancêtres qui est placé dans la première case construite dans le village et habitée par l'Annagara. Là, sur l'autel, ce grand-prêtre dépose les offrandes composées des graines à ensemencer, sacrifie des animaux, puis prépare, avec de l'eau fraîche et de la farine de mil, du dhône dans un grand récipient.

Il verse par trois fois des libations de ce mélange, après en avoir goûté, sur les pierres dressées de l'autel, et demande alors à la divinité un temps propice pour les cultures, l'eau fécondante des tornades, et d'abondantes moissons. Il fait ensuite circuler parmi les chefs de famille et la foule du peuple ce breuvage, dans lequel chacun trempe ses lèvres.

Enfin il jette, au milieu de l'assemblée, les graines des semailles consacrées à la divinité, qui sont ramassées avec soin pour être plantées dans les champs et attirer ainsi la bénédiction céleste sur les cultures.

Le laggam, ce jour-là, offre également en dehors du village deux animaux en sacrifice aux esprits de la brousse ; puis, comme le vieillard « Annagara » et les chefs de familles, il asperge la foule avec de l'eau, lorsque les femmes viennent danser devant sa maison accompagnées des joueurs de tam-tams. Il demande alors aux génies d'accorder la pluie bienfaisante et d'attirer la fécondité divine sur le village.

La fête se termine comme en tout pays noir, par des orgies de nourriture, de boissons et des danses.

---

(1) Dans certains villages, c'est sur l'autel à trois pointes.
(2) Ces luttes figurent, paraît-il, l'arrivée des Sousous, venant chez les primitifs noirs imposer leur autorité.

Fig. 155. — Danse rituelle des jeunes gens de Bankassi
accompagnant le Hogon.

Fig. 156. — Une danse religieuse chez les Habbés (*Suite*).

Fig. 157. — Nabas, jeunes gens porteurs de masques-emblèmes
figurant les totems de leurs familles (Village de Doko).
Promenades dans les champs pendant les semailles.

Fig. 158. — Les danses des « Sinsé » pendant les fêtes
des semailles au village de Tile, près de Bandiagara.

Fêtes des récoltes.

Les fêtes qui suivent la moisson sont destinées à remercier les dieux et les ancêtres de la protection qu'ils ont accordée au village. Ces cérémonies se font pendant un jour heureux fixé par le Hogon, soit après la récolte du mil, soit après celle du riz ou du blé.

Le grand-prêtre Hogon, offre lui-même sur les autels les prémices de la récolte, puis le dolo, le mil, le dône, les kou-kouss, poissons, gâteaux, tô, etc., que les chefs de famille lui ont adressés, ainsi qu'aux Kasanna et au Laggam. Les sacrifices et les offrandes de remerciements terminés sur tous les autels ancestraux, un grand repas de communion réunit les associations et les familles, pendant lequel se mangent comme plats de résistance des kouskouss monstrueux faits avec les prémices des récoltes. C'est pour cela que cette fête gargan-tuesque se nomme quelquefois la *Fête des ventres.*

Il paraîtrait que les personnes qui n'ont pas assisté à la bénédiction des semailles ne doivent pas prendre part à ces repas de communion.

A ces fêtes obligatoires et officielles, se joignent un grand nombre de fêtes de famille, de sacrifices et d'offrandes per-sonnelles, destinées à demander à la divinité des grâces particulières, ou pour la remercier de la réussite d'une entre-prise ou d'un voyage. Puis viennent les sacrifices commé-moratifs offerts aux mânes des morts, fêtes funéraires, qui ne comportent alors ni danses, ni repas faits avec la viande des animaux immolés, mais de simples beuveries de bière de mil.

Pratiques de Sorcellerie et de Magie

Très souvent les Habbés interrogent la divinité pour savoir si elle sera favorable à leur entreprise, et pour cela ils regardent la couleur du foie de la victime offerte en sacrifice, ou observent la manière dont expire la bête immolée ; ainsi un poulet rendant son dernier soupir sur le dos est un présage défavorable, sur le ventre c'est un signe de bonheur et de chance. Souvent ils déposent également des arachides, des noisettes, devant un terrier de gerboises, ou de rats palmistes, en pleine brousse, et si dans un temps donné l'offrande est mangée par l'animal sauvage, ils regardent ce présage comme heureux, etc.

Ils cherchent encore, par des pratiques magiques ou de sorcellerie, à éviter les mauvais sorts, à écarter les dangers : Comme tous les Soudanais ils portent une grande quantité d'amulettes, faites avec les objets les plus extraordinaires que l'on puisse imaginer et qui, chacunes, ont, paraît-il, des vertus très particulières. Ainsi le nez de la hyène porté en amulette a le pouvoir d'écarter tout créancier, tandis qu'un morceau de bec du marabout met en fuite les Djinnies, et qu'une queue de vache prise dans certaine condition, doit chasser les balles et les projectiles de l'ennemi. De même avec les griffes d'aigle, les poils de la queue des éléphants, les cornes de jeunes béliers, etc., on fabrique des amulettes d'une grande puissance occulte. Ces croyances ont cours aussi bien chez les musulmans que chez les félichistes et on les trouve chez les Berbères du nord comme chez les Noirs du sud ; tous les Soudanais portent des chargements de gris-gris, plus

étranges les uns que les autres, dont ils ne se sépareraient
pour rien au monde.

En terminant cette étude sur les idées religieuses et les cérémonies cultuelles des Habbés-Gara, il convient de remarquer
que leurs fêtes ont toujours lieu en public avec le concours de
tout le peuple, contrairement aux mystères dont s'entourent
les initiés pour célébrer leurs cérémonies rituelles chez les
Bambaras et les Soudanais primitifs de l'Ouest. En effet, tandis
que les chefs, les prêtres, les hommes, les femmes, les enfants
et les jeunes gens porteurs de masques, figurent tous en plein
jour dans les cortèges religieux et les sacrifices des populations de la montagne ; au contraire dans les grossières tribus
conquérantes sorties des forêts, le culte des divinités a été
exclusivement conservé par les forgerons et autres gens de
castes, descendants asservis des anciens « Gara » civilisateurs.

En entourant leurs cérémonies et leurs sacrifices de mys-
tère ces « Rouges » ont réussi à s'imposer, inspirant à leurs
maîtres primitifs, matérialistes qui ne possédaient que de très
vagues idées animistes ou spiritistes, des craintes de leur pouvoir occulte sur des dieux cruels, méchants, et vindicatifs.

Par les sacrifices de leur culte mystérieux, par leur cortège de jeunes gens masqués qui ne sortent que la nuit ils
continuent à entretenir les terreurs superstitieuses, et à frapper l'imagination de la masse populaire, qui a donné au titre
de leurs jeunes gens porteurs des masques emblèmes « *les
Namas-Koros* » (Les masques des Rouges) (1) la signification de
Hyène, le fauve qui rôde en hurlant la nuit autour des villages.

(1) Dans toute la montagne les masques sont nommés les Namas ; ceux des

XVII. — Masques totemiques, Naba ou Nama

Dans presque toutes les populations soudanaises des jeunes gens porteurs de masques et revêtus d'un costume
archaïque jouent un rôle important dans· les cérémonies religieuses.

Chez les tribus Habbés-Gara ces jeunes gens masqués sont
nommés Nabas (2), nom qui signifie les chefs, les maîtres ;
mais à ce titre on ajoute souvent le nom de l'animal épony-
mique ou de l'emblème qu'ils représentent : ce sont alors les
Nabas-Sinsé ou Naba-Koro ou Naba-Kobba. En effet les
masques dont ils sont affublés, figurent plus ou moins grossièrement les emblèmes du clan, de la tribu, les armes des
familles ou la tête des animaux totemiques. Les costumes,
faits de fibres de palmiers, ou de baobab, mélangés de
différents cuirs coloriés ou ornés de coquillages, de plumes
ou de verroteries, seraient scrupuleusement confectionnés sur
le modèle de ceux que portaient leurs lointains ancêtres.

On respecte toujours actuellement la composition et la
forme de ces costumes dans chaque famille, dont le devoir
est d'entretenir et d'orner plusieurs de ces travestissements
soigneusement conservés dans les maisons d'association des
jeunes gens.

Représentants ainsi des esprits ancestraux, et porteurs des

---

populations de la plaine les Koro ou Korongoï, sont les Namas-Koro, terme
qui a été adopté par les Bambaras conquérants pour désigner la Hyène
comme ils ont pris également le terme de Surkou ou Sourgou pour désigner
ce même fauve et les Touaregs rôdeurs de nuit.

(2) Ce mot Naba a fait dans les idiomes Bambaras, Malinkis, « Nama ».

signes de reconnaissance ou des grisgris protecteurs familiaux, les jeunes gens exécutent des danses rituelles pendant
les sacrifices offerts à la Divinité, accompagnent le Hogon
dans les grandes cérémonies publiques, et figurent dans les
cortèges funéraires à la mort du vieillard le plus âgé du village, du Laggam et des chefs de famille vénérables.

Leur grande fête annuelle est celle des semailles pendant
laquelle, après avoir, comme nous l'avons vu, vécu plusieurs
jours dans la brousse de la vie des chasseurs primitifs en com-
pagnie de tous les hommes du village, ils reviennent un soir
pour simuler l'assaut du village précédés d'un homme qui,
tout effaré, criant, hurlant vient annoncer aux femmes que les
Sinsé (Sousous) arrivent.

Les femmes et les enfants après avoir laissé dans les rues
d'amples provisions de « dolo » montent précipitamment sur
les terrasses des maisons pour assister aux danses guerrières
et au simulacre de bataille. Elles redescendent à la nuit pour
prendre part aux tamtams et aux libations.

Aussitôt après ces fêtes, les travaux des champs et les
semailles sont commencés et jusqu'à la récolte les danses
cessent. Mais pendant toute cette période de travail, chaque
jour, un des « Nabas » masqué est commandé de service
dans les lougans, pour surveiller, les cultures, les récoltes,
les fruits, et faire même, la nuit, quelques rondes dans les
hameaux pour assurer l'ordre et arrêter les voleurs.

Ainsi masqués pendant leur garde, ils n'ont pas la crainte
d'être reconnus, et peuvent impunément frapper les marau-
deurs et les dénoncer à la justice du Hogon.

Ces Nabas entretenus par les différentes familles du canton
obéissent à un chef et nomment différents fonctionnaires. Ce

chef est le naba le plus âgé de l'association des hommes de trente à trente-cinq ans, il a sous ses ordres un fonctionnaire élu nommé « *oropari* » qui a pour devoir de transmettre les ordres des réunions, de faire les communications au peuple, de préparer les fêtes et de faire entretenir des provisions de bière de mil (dolo) dans les différents hameaux.

En outre, ce naba est chanteur, il doit connaître les légendes et les traditions de la tribu qu'il déclame à la foule. Il a la garde des costumes, des attributs et des parures des danseurs, clochettes grelots, queues de vaches peintes en bleu, vieux sièges de formes archaïques, et bâtons colorés, etc.

Le jour où meurt l' « Anna-Gara » le plus âgé de tous les chefs de famille du village et grand-prêtre des Génies Protecteurs, tous les « Nabas » prennent le deuil et leur chef doit immédiatement après l'enterrement gagner « la campagne », habillé comme leurs grands ancêtres ignorant l'usage des cotonnades et des tissus. Pendant trois mois, vêtu de fibre de palmiers, habitant les anfractuosités des rochers, couchant sous les arbres, il ne doit vivre que du produit de sa chasse. En réalité, il adopte comme logement une grotte à proximité des lougans du village et reçoit sa nourriture chaque jour, apportée par les autres « Nabas » qui viennent lui rendre visite.

Pendant les trois lunes que dure ce deuil général il n'est offert aucun tam-tam officiel.

Le jour où l'exil du chef des « Nabas » doit prendre fin l' « *oropari* » fait préparer beaucoup de dolo dans les hameaux du canton, et à la tête de tous les jeunes gens masqués revêtus de leurs costumes de « Nabas » il ramène triomphalement son chef au village.

Fig. 159. — Masques portés par les jeunes gens de Kori-Kori
dont les familles appartiennent aux clans des gens de la forêt.
(Totem du règne végétal et des Antilopes).

Cliché de la Revue d'anthropologie

Fig. 160. — Danse religieuse dans une tribu du clan des Oua
(Oiseaux) et des Antilopes.

Fig. 161. — Le Naba-Amirou de Haroua,
suivi de son écuyer et de son page.

Fig. 162. — Amirou-Naba Gogouna, chef de Kani (a été envoyé à Tombouctou
par Amahdou Scheickou, Amirou, roi des Foulbés d'Hamdallahi pour ordonner aux gens de la ville de renvoyer le Docteur Barth, 1851).

Tous les Nabas ensemble accompagnés de la foule vont alors saluer le nouvel « Annagara » dont la fonction et le pouvoir se trouvent ainsi consacrés par tous les représentants des esprits ancestraux de chaque famille. Après un sacrifice solennel offert aux Génies Protecteurs et aux Mânes des ancêtres par ce vieillard devenu officiellement leur Grand-Prêtre, une grande fête a lieu avec danses, tam-tams, festins et abondantes libations de bière de mil.

Ces fonctions des « nabas » semblent avoir été importées au Soudan par un des peuples envahisseurs, peut-être les Sousous aux origines asiatiques, ainsi que le feraient supposer les fêtes commémoratives des semailles rappelant l'arrivée des Sinsé? Toutefois ces coutumes traditionnelles conservées dans les montagnes nous suggèrent certains rapprochements avec des coutumes assez semblables en usage chez différentes populations. Nous savons que les Romains, qui se disaient d'origine troyenne, avaient conservé la coutume de faire accompagner les chars funéraires des chefs par des gens masqués aux emblèmes de leurs familles ; actuellement un usage très semblable existe chez toutes les populations asiatiques extrême-orientales ; ainsi, dans les enterrements des rois Cambodgiens et Laotiens, nous voyons toujours figurer dans les cortèges funèbres des individus masqués en génies familiaux ou en divinités protectrices des ancêtres. Enfin nous retrouvons certaines analogies, avec les promenades des « nabas » au moment des fêtes rituelles des semailles dans les Perchten (1) et les promenades de masques à travers champs pour attirer de bonnes récoltes, qui ont lieu dans le Tyrol, la Haute Bavière, et le Salzbourg.

(1) *Anthropologie*, XVI, n° 2, pp. 207, 208, 1905.

XVIII. — Organisation sociale. Grand-Prêtre.
Chefs religieux. Chefs militaires.

Les conceptions religieuses que nous venons d'exposer
ont déterminé chez les peuples Habbés-Gara une organisation sociale des plus inattendues en pays nigritiens qui subsiste toujours à peu près intacte dans les tribus de la montagne. En effet le gouvernement des Habbés est actuellement
un véritable régime théocratique électif, dont les chefs sont
les grands-prêtres religieux et les vieillards chargés d'honorer les ancêtres et de rendre un culte aux divinités protectrices ; tandis que chez toutes les populations voisines, nous
voyons se créer de véritables féodalités dès qu'elles ont cherché à perfectionner l'organisation anarchique des agglomérations primitives. souvent simples groupements de familles
indépendantes.

Conseil des anciens.

Chez les Habbés le pouvoir est toujours partagé entre un
conseil des anciens, assemblée composée de tous les chefs
de famille, rappelant beaucoup les « djemaas » Berbères, et
des chefs élus ou héréditaires, *Hogons, Laggam, Nahas-
Amirou, Anna-Gara,* chargés avec l'assistance de différents
fonctionnaires de faire exécuter les délibérations du Conseil,
en principe, souverain.

Actuellement les grands dignitaires chargés des pouvoirs
exécutifs sont nommés à vie ; cependant d'après les tradi-

tions historiques recueillies sur le haut Sénégal, ces charges furent à un moment donné réparties à tour de rôle, dans les grands empires Ouakoré-Sarrakolle du moyen âge, entre deux familles puissantes : les Silla et les Murmar, à Tichitt, les Sagone et les Dabo au Kaart, et enfin entre les Fare-Diawara et les Tounka dans le Gadiaga, qui se partageaient ainsi le pouvoir en gouvernant pendant cinq ans successivement.

Mais partout et toujours les rivalités de ces familles régnantes amenèrent des guerres civiles, qui se compliquèrent de luttes entre les dignitaires chargés des pouvoirs religieux, tels que les *Hongon* de la Boucle du Niger semblables aux *Almamy* des Mandés du Fouta, et les chefs guerriers chargés du pouvoir civil, comme les *Naba-amirou* rappelant les *Alcaty* des Mandés de l'Ouest.

Actuellement dans les montagnes du Plateau central le pouvoir souverain est resté entre les mains du grand chef religieux électif qui a continué à gouverner selon les principes du primitif gouvernement théocratique, tandis que sur les Plateaux soudanais du Mossi et du Yatenga, chez les populations, toujours en lutte contre leurs voisins et contre des envahisseurs Barbares, le pouvoir devint héréditaire entre les mains de leurs chefs militaires « Nabas » qui organisèrent de puissantes féodalités.

Hogons

Dans chaque groupe de villages Habbés, composé de gens de la même famille ou d'une même origine, les chefs, vieillards prudents et sages, interprètes des génies familiaux, véritables esprits des ancêtres, nomment, à l'élection généra-

lement, un chef du canton nommé « *Hogon* ». Dans les petits
groupements, le pouvoir de « *Hogono-dota* » revient de
droit au plus âgé de la tribu, l'*Anna-gara*, grand-prêtre
naturel des esprits ancestraux.

Ces « Hogons » de canton ou *Hogono-dota*, prennent
quelquefois le titre, comme dans les monts Boni, de *Hab-
bédon*.

Tous, *Hogons-dota* et *Habbédons*, réunis, désignent en
grande assemblée l'un d'entre eux comme grand chef suprême
de la confédération : le *Har-Bougho* ou *Hougon-dale*, grand
Hogon, *grand-prêtre du Feu*, président du grand conseil des
vieillards.

Aujourd'hui ce *Har-Hogon* (1) n'a plus qu'une vague puissance religieuse ; mais autrefois son pouvoir était absolu
comme grand chef politique justicier et religieux. Toutefois,
quoique le chef de la guerre fût sous ses ordres directs, le
Hogon n'eut jamais entre les mains la puissance militaire,
car il est de son strict devoir de vivre seul, dans la retraite,
auprès des autels de la Patrie, sans se déplacer. En revanche
grâce à son caractère religieux, il jouissait en temps de
guerre d'une immunité complète et sa personne restait intan-
gible même dans une ville prise d'assaut.

Dans les siècles passés, l'autorité morale de ce grand chef
religieux s'étendait très loin dans toute la boucle nigérienne,
jusqu'au golfe de Guinée (2) ; et l'un d'eux vit même sa

(1) Les termes Bougo, Har-Hogon, Hougon-Dale, Hogon-Dota, Hogon-
Gara, Hougo-Ouango..., sont tous des titres donnés à ces grands chefs religieux.

(2) Les plus célèbres de ces Hogons reposent, paraît-il, sous les grands
Tumuli de la plaine des Tombeaux situés derrière le rocher d'Aribinda, village important situé sur la route de Bandiagara à Dori.

renommée parvenir en Europe. En effet, les Portugais eurent
un moment l'idée vers la fin du xv° siècle, d'adresser une
ambassade au Hogon qui gouvernait alors les Moschis,
et dont l'existence leur avait été révélée par le Wolof
Bemoy.

Grand-prêtre de la divinité, chargé d'offrir des sacrifices à la Triade divine toute-puissante, la personne du
Hogon reste toujours sacrée, comme celle d'ailleurs des
vieillards, chefs de familles interprètes des esprits ancestraux.

Toutes les affaires du pays, ainsi que la justice, dépendent de l'Assemblée des vieillards, véritable Conseil des
Anciens, que préside et rassemble le Hogon. Le premier
devoir de ce grand-prêtre est de faire exécuter les décisions
de ce grand Conseil, et en cette circonstance son pouvoir est tel
qu'il lui suffit de faire dresser son bâton de commandement
devant la case du coupable pour qu'elle soit démolie immédiatement et celui qui l'habite banni. C'est encore le Hogon,
qui, en vertu de son caractère religieux d'intermédiaire de la
divinité, a la charge des autels de la cité et la garde des
signes d'alliances protecteurs du pays, conservant personnellement ainsi les faveurs des divinités célestes.

Mais ce grand-prêtre, dictateur tout-puissant, peut être
déposé en certaines circonstances, généralement lorsque les
événements politiques exigent la présence au pouvoir d'un
homme énergique. Cette déposition se fait alors solennellement par une assemblée générale de tous les vieillards, chefs
de famille, et de tous les dignitaires des tribus présidés par
les Hogons des cantons.

En cas de mort ce premier fonctionnaire d'une confédéra-

tion de tribus, souverain magistrat civil et religieux, n'est pas
remplacé dans sa charge avant trois ans. Cet intérim est rem-
pli par son fils et par le vieillard le plus âgé de la tribu,
l' « *Anna gara* ». Puis à la date fixée il est procédé en grande
assemblée, à l'élection et à l'investiture du nouveau Grand-
Hogon, par tous les chefs de famille et par tous ceux que
leur âge et leur sagesse ont appelé aux mystérieux honneurs
de connaître les divinités familiales.

Anna-gara.

Dans chaque tribu et chaque village *l'Anna-gara* (1), considéré comme le prêtre des esprits ancestraux, a pour charge
d'appeler la bénédiction céleste sur les nouveaux mariés et
d'offrir des sacrifices aux génies familiaux. Il habite une maison spéciale très décorée qui est la première et la plus
ancienne habitation construite dans le village. En toutes circonstances il reçoit des honneurs particuliers ; c'est lui qui
remplace le Hogon absent ou mort, comme président du
Conseil des anciens et chef du pouvoir exécutif, il porte alors
le titre de *Hongon-baga-inde.* Avec ses fonctions de « Anna-
gara » il cumule très souvent celle de Hogon de famille.

Kediou.

Les Grands-Hogons ont toujours sous leurs ordres directs
un certain nombre de fonctionnaires spéciaux qui doivent

(1) Les titres portés par ce vieillard sont, selon les tribus, Anna-Gara,
l'homme Rouge (Anna est la tribu fondatrice de Ganna), ou Kas-Anna, ou
Anna-Kasa, ou Hannes-Anna, titres qui indiquent tous l'origine Anna.

rester sous leur dépendance absolue, car s'ils tentaient de
se soustraire à leur autorité, la divinité refuserait la pluie
bienfaisante aux terres du village ; ces révoltés impies seraient
en butte aux persécutions du ciel, leurs chevaux, bœufs,
femmes, enfants, mourraient, et leurs serviteurs se sou-
lèveraient contre eux.

C'est donc l'appel à la colère divine et la menace d'excom-
munication que lance l'autorité religieuse pour maintenir son
autorité suprême.

Ces dignitaires toujours à la disposition des Hogons sont
les *Kédiou* ou *Kesou* nommés également *Hogon-Hi* (1). En
général au nombre de trois, ils ont pour mission de veiller à
la sécurité du grand chef religieux, d'escorter sa personne
dans ses promenades, de goûter à ses boissons et à sa nourriture. Enfin ils sont chargés de lui présenter les requêtes
du peuple et de transmettre ses réponses.

Un de ces dignitaires, le *Kédiou-Balé* ou le *Balé-Balé* est
chargé d'assurer la police et la tranquillité du village ; les
jours de marché il est en permanence de service pour trancher les différends, régler les contestations et arrêter les
rixes ou punir les coupables.

Un autre, le *Kerou*, est chargé de veiller à l'exécution de
toutes les décisions prises par le Conseil des anciens et de
faire appliquer les arrêts de justice. Pour cela il perçoit lui-
même les amendes infligées par le Hogon ou par le tribunal.

Enfin un de ces *Kédiou* est délégué par le grand-prêtre

(1) Au village de Bamba ces dignitaires s'appellent Kadiouni.

pour offrir des sacrifices à la divinité ; il prend alors le titre de *Serviteur d'Ammo*.

Quand l'un d'eux est chargé de remplacer le Hogon dans une de ses fonctions, il doit, comme preuve de son mandat, être porteur du bâton de commandement sacré, emblème du pouvoir divin dévolu au grand chef religieux.

Aucune de ces charges n'est héréditaire ; elles appartiennent de droit au premier enfant mâle (1) qui naît dans le canton, après la mort d'un des Kédious en fonction et dont les parents sont censés avoir rêvé de cette dignité avant la naissance de l'enfant.

Nabas-Amirou.

En temps de guerre, pour assurer la défense du pays le commandement était confié à un chef militaire nommé temporairement le « Naba ». Sur les plateaux Mossi et dans les provinces du Oualo, où les tribus Hambés n'ont conservé leur indépendance que par des luttes incessantes contre les Foulbés, les Touaregs et autres envahisseurs, ces *Moro-Nabas* et ces *Nabas-Amirou*, chefs guerriers, ont pu rendre leur charge héréditaire et réunir entre leurs mains tous les pouvoirs effectifs laissant seulement une vague puissance religieuse aux Bougono-Ouango et aux vieillards « Ana-gara » qu'ils comblent de cadeaux.

Mais dans tous les autres cantons de la montagne de Bandiagara le *Naba-Amirou* (2) est resté comme les Kédiou sous

---

(1) Si c'est une fille qui naît après la mort d'un Kediou, elle en porte le titre, reçoit les honneurs et cadeaux, mais n'exerce pas la fonction.

(2) On dit Naba-Amirou pour ne pas confondre avec les Naba-Koro, mas-

les ordres directs des chefs religieux. Cette charge est cependant devenue héréditaire. Et la mission spéciale confiée à ce fonctionnaire est celle d'un délégué du Hogon et du Conseil des anciens pour traiter toutes les questions de politique extérieure et les relations avec l'étranger.

Les commandants de cercle européens ne sont, même actuellement, officiellement en rapport qu'avec cette autorité indigène.

Laggams

Si les Hogons sont les grands-prêtres des divinités célestes et protectrices, les *Laggams* sont au contraire les prêtres des divinités terrestres malfaisantes ; leur devoir est donc d'offrir des sacrifices à ces génies au nom de la tribu pour les écarter et les apaiser. '

Ces sorciers ne paraissent exercer dans les populations Habbés-Gara, qu'un rôle politique secondaire, car tandis que les Hogons nous représentent, d'après les traditions exposées précédemment, les grands chefs religieux des peuples envahisseurs descendus du Nord, au contraire les Laggams sont, semble-t-il, les chefs religieux de l'élément indigène primitif et tributaire.

D'ailleurs leur influence paraît croître et se développer dans les tribus du sud proportionnellement à l'augmentation des éléments noirs primitifs. Presque inconnus dans les villages Nononkés des plateaux, on les trouve très nombreux et influents dans les hameaux Bobos des plaines du sud, où

ques portés par les jeunes gens. Naba signifie chef ancestral, et Amirou est le mot émir introduit par les Foulbés musulmans.

leurs fonctions deviennent assez semblables à celles des Hogons.

Le *Laggam* ou *Legue* est, en principe, soumis au Hogon, quoique sa fonction, contrairement à celle du grand-prêtre des divinités protectrices, reste inamovible. Sa nomination ne se fait également que trois ans après la mort de son prédécesseur et n'a lieu toutefois que lorsque les génies l'ont frappé de signes divins pour faire connaître leur choix.

Tous ces dignitaires civils et religieux dont nous décrirons au chapitre suivant les curieuses cérémonies d'investiture, les insignes, les devoirs rituels et les funérailles, sont dotés par les villages d'un apanage de champs, *lougans*, et d'arbres fruitiers cultivés par la communauté.

Ces apanages attribués exclusivement à la charge publique et non à l'individu lui-même sont, avec les cadeaux d'investiture, la seule redevance allouée aux titulaires des fonctions publiques.

Ces vestiges si curieux et si inattendus d'organisation sociale dont les derniers débris subsistent chez les Habbés du Plateau Central, nous montrent les principes de gouvernement qui régissaient les grandes confédérations Soudanaises.

Chaque tribu était dirigée par un Conseil des anciens, sorte de « Djemaa des chefs de famille » que présidait le plus ancien ou le plus influent d'entre eux, nommé Hogon, assisté de fonctionnaires religieux ou civils qui, dans certaines circonstances, pouvaient prendre la direction des affaires et le pouvoir souverain.

Fig. 163. — Le Hogon de Bankassi devant sa maison.

Fig. 164. — Le Laggam du village de Doko
circulant autour du village pour chasser les esprits malfaisants.

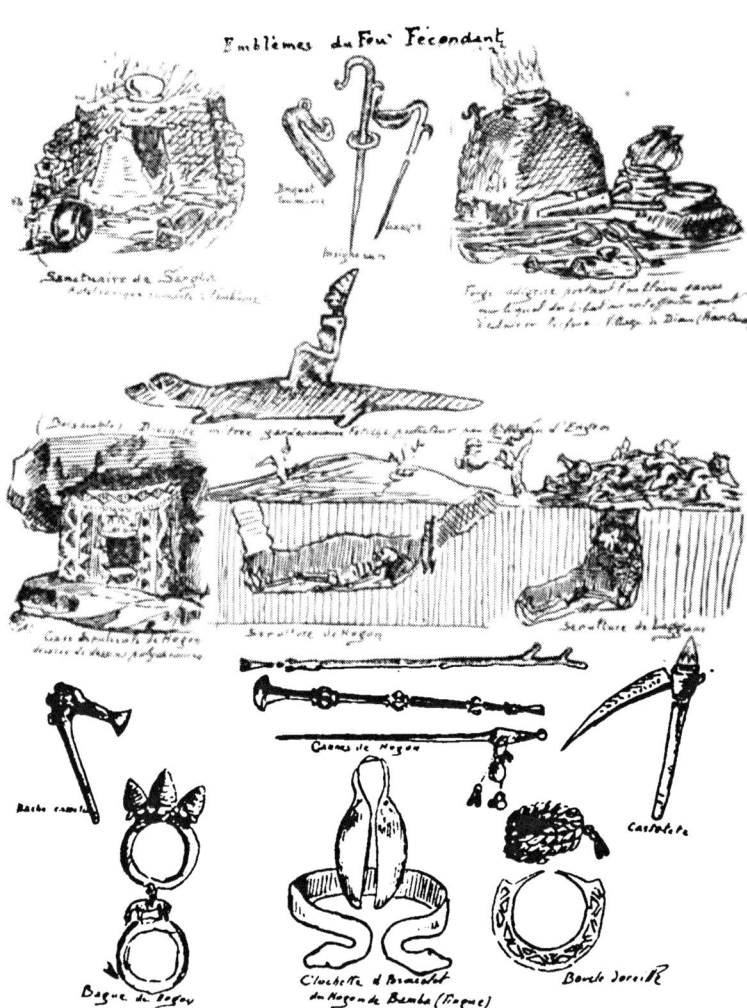

Fig. 165 et 165 *bis*. — Emblèmes et insignes religieux.
166 Sépultures des chefs religieux.

Mais toutes ces tribus confédérées subissaient l'autorité et
l'influence d'un grand chef, de caractère religieux, élu par
tous les dignitaires des différentes tribus, dont cependant la
puissance souveraine était tempérée par la crainte d'une
déposition décrétée par le Grand Conseil Suprême, composé
de tous les chefs de famille et de tous les dignitaires des
tribus.

Dans ce régime gouvernemental théocratique électif, nous
retrouvons encore la survivance des principes démocratiques
qui déterminèrent dans l'antiquité classique la constitution de
ces vieilles républiques propagatrices de la civilisation
méditerranéenne à travers le monde.

XIX. — Grands chefs, magistrats religieux, Hogon et Laggams

Les grands magistrats religieux de ces groupements indigènes sont, comme nous venons de l'exposer longuement,
soit le grand-prêtre des Divinités Protectrices Célestes, le
Hogon, soit l'intermédiaire surnaturellement désigné des
« Djinny » terrestres, le Laggam. Chacun de ces Pontifes
paraissant incarner une conception philosophique différente,
dont l'une, animiste, semble avoir été importée du Nord par
les Gara envahisseurs, tandis que l'autre, spiritualiste, aurait
une origine bien antérieure à ces invasions, chez presque
toutes les populations nigritiennes. Cependant, quoique ces
magistrats religieux nous présentent de nombreuses analogies
de fonctions dans les tribus soudanaises, très metissées, le
protocole de leur existence, les cérémonies de leur nomina-

tion (1), et les rites funéraires de leur inhumation, nous offrent une série de coutumes religieusement conservées, du plus haut intérêt ethnographique.

Hogon.

Le Hogon, prêtre toujours respecté et honoré se trouve considéré lorsqu'il devient âgé ou Har Hogon comme un être sacré et divin.

Il habite seul en général une petite maison très ornementée entretenue aux frais du village, et bâtie dans un site écarté très souvent au sommet d'un escarpement rocheux. Ce petit monument demeure du Grand-Prêtre, orné de sculptures et de bas-reliefs, sert également de temple à la divinité et renferme les signes d'alliance.

La femme du Hogon et la jeune servante chargée de préparer ses repas habitent dans une petite dépendance de ce temple.

Les insignes sacrés que seul le Grand-Prêtre des Divinités protectrices a le droit de porter sont : une grosse opale attachée autour du cou par un cordonnet, un large bracelet de fer à la jambe droite, une boucle de cuivre à l'oreille droite et une bague d'argent au medium de la main gauche.

Chaque semaine il doit se faire raser complètement la tête.

Dans ses promenades et dans l'exercice de ses fonctions il porte une canne en fer forgé à trois renflements ou un bâton

---

(1) Dans un certain nombre de provinces tous ces chefs sont choisis dans la même famille, à Guimini, à Dondori. Le Hogon, le Laggam et le Naba étaient frèrees, seul le Anna-Gara était un cousin de la même famille.

terminé par trois branches, emblèmes du Serviteur de la Triade
Divine.

Les vêtements qui lui sont spécialement réservés, et par
suite devenus « tannas » pour le peuple, sont de longs boubous en cotonnade bleue foncée et lustrée, puis un bonnet,
mitre rouge, orné de vert, insigne de la fonction suprême.

La personne du grand Hogon étant sacrée il est absolument défendu de le toucher ou de lui adresser directement la
parole ; aussi pendant ses promenades il annonce sa présence
en frappant avec un gros anneau fixé en bague au pouce de
la main droite sur une clochette-castagnette attachée à un
doigt de la même main. A ce signal on a le devoir de laisser
la route libre et l'obligation de saluer à la mode indigène le
chef religieux, l'appelant par son titre seulement : Hogon-dale,
ou Hogon-gara ou Har-Hogon, etc... ; car du jour de sa
nomination, personne ne doit plus l'interpeller par son vrai
nom.

Ces mêmes marques extérieures de respect, grand salut
indigène et désignation du titre du Grand-Prêtre, sont dues
par tous les indigènes qui passent devant le temple sacré,
demeure du Hogon, même si celui-ci est absent ou mort.

Toutes les demandes, les requêtes ou les conversations, à
part celles engagées avec d'autres Hogons ou Anna-Gara,
doivent se faire en vieux dialecte Habbé-Sarrakolle par l'intermédiaire d'un des Kédiou (1) qui accompagne toujours le
chef religieux ; ce même fonctionnaire inspecte les offrandes
et les cadeaux ou goûte les mets, que la piété des habitants

_____

(1) Le fils aîné du Hogon remplit souvent la fonction d'interprète et de
secrétaire de son père.

dépose devant la porte de la maison de ce vieilllard vénérable.

Ces magistrats suprêmes ont des pouvoirs très étendus et
de nombreux privilèges, comme le droit aux prémices des
récoltes, au premier-né mâle de certains animaux, et d'avoir
ses champs et son apanage cultivés par la communauté ; en
revanche ils ont des devoirs sérieux et un protocole minutieux.

En effet la nourriture et la boisson d'un Hogon doivent lui
être servies dans des récipients spéciaux en bois sculptés. Il
lui est absolument interdit de manger du chevreau ou du
fonio (variété de millet) ; de même, seule l'eau de certaines
sources de la montagne lui est permise, et il doit en emporter
une provision à chaque déplacement. Il a l'obligation de
vivre près des autels de la patrie sans quitter son canton ; car
en son absence les Divinités négligées pourraient répandre
des calamités inouïes sur les habitants.

Il doit cependant se rendre immédiatement à l'appel du
Grand Hogon sans s'arrêter, quelle que soit la distance ; et
chaque année vers la fin du mois de mai, il va prendre
part aux travaux du Conseil Suprême présidé par le Har-
Hogon-Koro pour discuter les intérêts supérieurs du pays
Habbés.

Dans toutes les sorties officielles, l'itinéraire suivi par le
Grand-Prêtre est fixé d'avance, des musiciens l'accompagnent, les jeunes gens l'escortent en dansant des pas rituels
et en chantant, et les Kédious font porter des nattes et son
siège de forme archaïque, pour le faire asseoir, sous la protection d'un abri, si la fatigue survenait.

Avec la présidence du Conseil des anciens de son canton,
la justice à rendre, les arrêts à faire exécuter, le Hogon est

chargé des sacrifices à offrir aux divinités protectrices et aux astres ; il doit faire annoncer les fêtes, indiquer les jours néfastes, publier les bans des récoltes et des moissons, enfin tenir son village au courant des événements.

La matin au crépuscule (1) avant le lever du soleil le chef religieux fait entendre sa petite clochette pour indiquer que c'est l'heure de saluer l'astre du jour fécondateur des moissons et pour prier les ancêtres de rester favorables et de protéger le village. Dans les cantons Mossi, comme chez les Tombos du Oualo, les grands-prêtres Hougho-Ouango honorent spécialement les astres, le soleil, la lune et le feu, auxquels ils doivent faire chaque année divers sacrifices sur les pierres debout. Un des insignes de cette fonction est une queue de vache peinte en bleu à l'indigo et ornée de cauries. Ces mêmes grands-prêtres sont spécialement chargés de la circoncision des enfants et ce sont seulement les jeunes gens membres de leurs familles, qui figurent dans les cortèges porteurs des masques emblèmes d'oiseaux des Ouango.

Nomination des Hogons. — Les petits Hogon-dota c'est-à-dire les Hogons des petites familles ou tribus, sont nommés par élection après la récolte. Généralement c'est un des vieillards les plus âgés et les plus respectables de la famille qui est choisi. Après une remise solennelle des insignes de grand-prêtre dans le Conseil des anciens par le fils du Hogon précédent, le nouvel élu est conduit en grande pompe au temple des divinités qu'il doit habiter. Il offre alors sur les autels, des sacrifices de bœufs ou de moutons blancs et des

---

(1) Village de Dondori, 16 juin 1903, près de Pelou ; c'est ce signal, me dit-on, qui sert d'indication pour les gens qui se rendent aux marchés voisins ou aux travaux des champs.

libations de bière de mil ; et la fête se termine par de nombreux festins et des danses variées.

Mais lorsque le Conseil suprême des Hogons de famille et des vieillards doit nommer le grand Hogon de la région ou le chef suprême de la Confédération les cérémonies sont bien plus importantes.

Trois années après le décès, à, l'époque fixée par le Conseil des anciens, un soir de pleine lune le Hogon-baga-inde et les Kedious, qui remplaçaient le grand-prêtre décédé, dont la mort a été tenue jusqu'alors cachée au peuple montent accompagnés de ses petits-fils sur les toits du temple et annoncent à pleine voix dans toutes les directions : « le « Hogon-dale est mort » le « Hogon-Koro est mort » : puis poussent ensemble de grandes clameurs.

Aussitôt le Conseil des anciens se rassemble en faisant prévenir tous les villages de la Confédération.

Après avoir sacrifié aux mânes des ancêtres des chèvres noires et des poulets noirs, chargés d'emporter avec eux, dans leurs cendres jetées au vent, toutes mauvaises pensées, les vieillards assemblés consultent les oracles, observent le foie des victimes et la manière dont les poulets sacrifiés expirent, etc... pour savoir quel est celui que la Divinité accueillera favorablement comme grand-prêtre, parmi les membres d'une famille désignée, Guindo ou Togo.

Pendant les trois jours que dure la réunion du Conseil suprême. de grands tams-tams sont organisés sur les places publiques et les jeunes gens dansent des pas rituels devant les autels. Il est inutile d'ajouter que le choix du candidat fait l'objet de vraies campagnes d'intrigues comme dans toute élection européenne.

Le candidat désigné par la divinité et nommé par les membres du Conseil reçoit le matin du quatrième jour sous un des abris-repos d'une place du village son bonnet mitre rouge et son boubou brodé lustré, offerts par les membres de sa famille ; le Kediou-dale lui remet la canne du commandement et le fils de son prédécesseur, les bagues, colliers, bracelets, insignes sacrés de sa fonction.

Accompagné de la foule des dignitaires et des jeunes gens dansant, le nouvel Hogon se rend alors au temple de la Divinité, case très ornementée qui sera désormais son habitation sacrée. Cette promenade est considérée comme le cortège funéraire du Hogon ; car dès son entrée dans la maison Hogonale, après avoir pris possession des « signes d'alliance » le serviteur grand-prêtre de la divinité est considéré comme mort pour sa famille.

Ayant sacrifié sur l'autel à trois pointes des bœufs, dont la viande est partagée entre les chefs de famille, le Har-Hogon vient s'asseoir sur le lit de repos placé devant le temple, et fait distribuer à la foule d'énormes provisions de bière de mil, et de Kous-Kous. La foule l'acclame alors par ses titres Hogon-dalé, Har-Hogon, Hogon-Koro-douha, etc., et commence de grands tams-tams. Au milieu des danses, le Laggam, les Hogons-dota des familles, les fonctionnaires viennent à tour de rôle saluer le grand-prêtre nouvellement élu, puis prendre place à ses côtés sur le lit de repos. Au crépuscule arrivent également aux sons des trompes les chefs de nabas, entourés de tous les « nabas » des familles, masqués et travestis, qui, eux aussi, viennent au nom des Esprits Ancestraux saluer le grand chef suprême de la Confédération.

La fête se prolonge naturellement fort tard dans tous les villages de la Confédération.

Dès le lendemain le nouvel Har-Hogon doit offrir sur tous les autels des libations aux divinités célestes protectrices et aux génies familiaux.

Ces cérémonies d'intronisation du grand chef religieux n'offrent pas de grandes différences d'une région à l'autre, toutefois chez les Oudio de Ouol, dans la plaine du Barasava, certaines coutumes curieuses méritent une description spéciale. Dans cette tribu, les fonctions de Hogon sont toujours remplies par l'Anna-Gara, le vieillard le plus âgé de la région, qui porte le titre de Hogon-Baga-Indé.

Lorsque trois ans et neuf jours après la mort du chef précédent on veut procéder à l'intronisation du vieillard, son successeur désigné, on s'aperçoit qu'il a disparu, enfui dans la brousse. Aussitôt tous les indigènes se mettent à sa recherche ; dès qu'il est retrouvé les habitants du village, chefs en tête, viennent le saluer, les femmes lui apportent à manger et à boire ; mais le retour au temple doit durer huit jours, en souvenir de l'intronisation d'un Hogon célèbre, qu'il a fallu autrefois aller chercher au loin dans la brousse pour l'obliger, contre son désir, à venir gouverner le pays.

Chaque jour donc, après une petite marche, le campement est installé sous un arbre, et des délégations de gens viennent supplier le vieillard de devenir leur Hogon.

Enfin le neuvième jour au matin quatre hommes choisis roulent le nouveau chef dans une couverture de coton rouge et blanche (couverture qui plus tard, à sa mort, lui servira de linceul) et l'emportent sur une civière au milieu des acclamations de la foule, des danses des jeunes gens, aux sons des trompes et des tambours.

Le vieillard est déposé sur le lit de repos devant la case sacrée des Hogons ; le laggam revêtu de son costume rouge arrive aussitôt pour le saluer, suivi de tous les chefs de famille. Ils procèdent aussitôt à son intronisation en lui remettant le bonnet mitre, la canne de commandement, la bague, le collier, etc., et les autres insignes conservés par le fils du Hogon décédé.

A partir de ce moment le nouvel Hogon est considéré comme consacré à la divinité, mort pour sa famille, et personne ne doit plus prononcer son nom. Dès le lendemain il se rend à la grotte, premier logement des ancêtres, et sacrifie à leurs mânes des poulets noirs et des boucs noirs, dont les cendres jetées au vent sont censées emporter toutes les calamités qui menaçaient la tribu. La foule garde un silence religieux pendant cette cérémonie.

Ces offrandes terminées il se rend à l'autel de la cité, accompagné du Laggam, des nabas, et de la foule, pour offrir aux divinités protectrices des libations et sacrifier sur l'autel des animaux blancs dont la chair est partagée entre les chefs de famille avec beaucoup de bière de mil préparée d'avance. La foule chante et danse pendant le sacrifice, et la fête se prolonge fort tard dans la nuit.

Mort et funérailles des Hogons. — Lorsqu'un Har-Hogon meurt chez les Habbés-Gara des monts Tombo, son décès est tenu, en principe, rigoureusement caché au peuple pendant trois ans, seuls, le conseil des Anciens et les fonctionnaires en sont informés. Le fils aîné du Hogon, les Kédious et l'Anna-

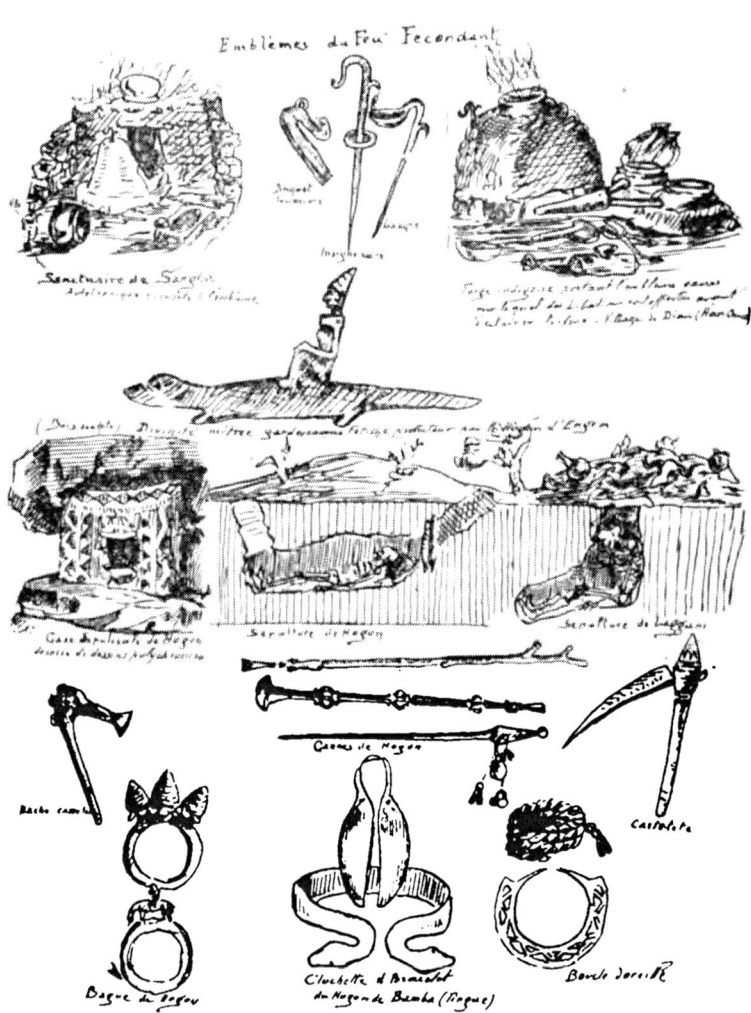

Fig. 165 et 165 *bis*. — Emblèmes et insignes religieux.
166 Sépultures des chefs religieux.

gara le remplacent dans toutes les cérémonies officielles.
L'imprudent qui annoncerait la mort du chef serait immédiatement banni et verrait ses biens confisqués. Le corps du
défunt est lavé et embaumé, les entrailles étant remplacées
par un mélange de miel (1) et de résine aromatique (myrrhe
du Soudan) *Albarkente* ; puis on le place sur le toit du temple jusqu'à ce que le conseil des Anciens décide son inhumation. Celle-ci a lieu de nuit, sans fête, sans bruit et sans pleurs.
Le cadavre est déposé couché, la tête au Nord, les pieds au Sud,
dans une petite case, très peinte et ornée de chevronnage et
dessins polychromes située dans la grotte des Ancêtres, au
flanc de la montagne. Devant la porte de ce caveau funéraire
sont déposés un bâton de commandement, un escabeau
archaïque et des offrandes ; mais les sacrifices rituels dus aux
mânes des morts n'ont lieu qu'au moment de l'investiture de
son successeur.

Dans les populations primitives des plaines, chez qui les
Nabas-amirou ont gardé la puissance politique laissant aux
Hogons les seuls pouvoirs religieux, la mort et l'inhumation
de ces grands-prêtres se trouvent entourées de nombreuses
cérémonies, comme pour les vieillards âgés. Chez les Mossi,
le corps du Hougho-Ouango décédé est gardé dans sa maison
sacrée pendant sept jours après avoir été embaumé, et chaque
matin, en son honneur, des sacrifices sont offerts au soleil
levant. Pendant ce temps la foule se rassemble, vient saluer
le corps et se livre à d'abondantes libations de dolo. Après
cette semaine de deuil, le corps est conduit en grande

---

(1) C'est le procédé qui a été employé pour Sunni-Ali, roi des Songhoï,
que cite le *Tarick-es-Soudan*, traduction de M. O. Houdas.

pompe au sépulcre, précédé par les « Ouango » masques familiaux et suivi par la foule accourue des villages environnants.

Le cadavre orné de ses insignes est descendu dans le trou vertical qui lui servira de tombe ; l'ouverture est alors surmontée d'un tertre funéraire qu'un tuyau de poterie traverse pour mettre en communication le sépulcre avec la surface extérieure de ce monument ; sur lequel des offrandes sont déposées et des animaux sacrifiés.

Dans les tribus Oudio, habitant les plaines du Barasara, les cérémonies funéraires réservées aux chefs religieux sont également très curieuses. Le jour de la mort du Hogon on avertit immédiatement son successeur éventuel, le vieillard le plus âgé du village le « Hogon-baga-indé ». Celui-ci fait annoncer le malheur à tous les villages de la région par des enfants montés sur les terrasses des maisons et des temples.

La foule se rassemble alors en silence devant la maison mortuaire sans cris, sans malédictions pour les génies malfaisants, les femmes se contentant de balancer leurs écharpes en disant : « le Hogon est mort... » « le Hogon n'est plus ». Après avoir été lavé, peint en rouge, le cadavre est roulé dans le linceul de cotonnade, blanc et rouge, qui avait servi à son investiture, puis placé en travers de deux chevaux de selle, dont l'un est monté par son fils et l'autre par le fils du Hogon-baga-indé. C'est ainsi qu'accompagné de tous les gens du village, sauf du Laggam et du vieillard son successeur éventuel, le corps est conduit au sépulcre, les femmes balançant leurs écharpes, les hommes saluant le corps des appellations Hogon-Dale, Hogon-Koro.

Le tombeau est une large chambre sépulcrale de deux

mètres carrés, creusée sous un tertre naturel, sablée de
poussière rouge et munie de deux galeries d'entrée et de
sortie au Nord et au Sud. Après lui avoir fait faire à cheval
trois fois le tour de la colline funéraire, le corps est descendu
dans sa tombe les pieds en avant par la galerie Nord ; puis
couché sur une couverture dans le sépulcre, la tête au Nord
reposant sur un oreiller de peau, et les pieds au Sud chaussés
de bottes neuves et placés sur une planche.

Les ouvertures étant fermées ; la famille sacrifie des animaux et dépose des offrandes dans les vases personnels du
Hogon, sur le tumulus surmontant la sépulture.

La foule va ensuite se réunir devant la maison mortuaire,
où les femmes, pendant six jours, sans cris ni pleurs, chantent la vie du Hogon, ses vertus, sa justice et sa générosité ;
tous les rites funéraires sont alors ceux en usage pour le
deuil des vieillards. Toutefois pendant le cours de ces cérémonies les divinités malfaisantes ne sont pas insultées et les
libations exagérées de bière de mil ne sont pas admises.

Laggams.

Les *Laggams* ou *Leggue* sont les serviteurs et les interprètes des divinités terrestres abandonnées et malfaisantes avec
lesquelles ils sont censés entretenir des relations. Ils étaient
autrefois, paraît-il, choisis exclusivement dans les familles
descendant des primitifs ou venus du Sud avec les Sousous,
mais actuellement, en raison du mélange des tribus, ils sont
pris indifféremment dans toutes les familles. Il n'est même
pas rare de voir dans certains cantons toutes les fonctions
publiques accaparées par une seule famille.

Comme le Hogon, le Laggam doit habiter seul une petite case très ornementée qui est la demeure des animaux sacrés « tannas » emblèmes de la tribu, sur lesquels il doit spécialement veiller. Sa famille loge auprès de lui dans des habitations annexées à cette case ornementée.

Il est en général absolument défendu de l'approcher et de le toucher ; par suite, ce prêtre ne pénètre dans les villages qu'aux fêtes religieuses pour sacrifier sur les autels des divinités terrestres afin de les prier de ménager les récoltes et d'écarter du village leur influence néfaste.

Son itinéraire est toujours fixé d'avance et chacune de ses sorties est annoncée à coups de trompes et de tambours.

Les insignes de sa fonction sont : une grosse agathe de silex rosé qu'il porte suspendue autour du cou par un cordonnet, puis un bracelet fixé autour de la cheville gauche et une bague de fer au petit doigt de la main droite, enfin un anneau d'argent à l'oreille gauche.

Dans ses promenades il s'appuie sur un bâton plat et tient à la main une hache-casse-tête au manche sculpté nommé « Sofa ». Son vêtement de cérémonie se compose d'un justaucorps en peau de mouton colorée en rouge, orné de cauries et de banderolles de cuir, puis d'un bonnet de même nature.

Une fois par an, un homme nommé le « Bounouko » vient lui arranger la chevelure et reçoit une chèvre pour sa peine.

Les laggams s'occupent peu de la politique du pays, car, très craints des indigènes, ils vivent retirés dans leur temple, recevant des cadeaux, exploitant la crédulité des populations, en expliquant les songes, en vendant des gris-gris préservateurs et en prophétisant l'avenir en des crises d'hystérie mystique.

Ils ont la charge spéciale d'écarter des villages les malheurs et d'apaiser les divinités terrestres. Pour les payer de leurs services les indigènes leur cultivent comme aux autres fonctionnaires un petit apanage de lougans.

Chaque fois qu'un habitant du pays meurt, le Laggam parcourt comme un fou le village, écumant, poussant des cris sauvages, pris d'hystérie mystique, puis vient tomber en catalepsie auprès du grand arbre sacré pour montrer son impuissance à écarter le malheur devant la volonté supérieure des Génies.

Nomination du Laggam. — La nomination d'un Laggam ne se fait, comme celle d'un Hogon, que trois ans après la mort du prédécesseur. Les candidats à cette charge, généralement très nombreux, sont des jeunes gens d'une trentaine d'années qui parcourent le pays, en sorciers, apprivoisant des serpents, prophétisant l'avenir, étonnant les indigènes par leurs convulsions épileptiques ou leurs crises hystériques.

Mais pour que l'un d'eux soit nommé Laggam il faut qu'à l'époque fixée par le Conseil des anciens les animaux « tannas » du village viennent coucher près de lui et qu'il découvre, cachés dans la montagne par les vieillards, le collier et les insignes de sa fonction laissés par son prédécesseur défunt. Cette épreuve permet régulièrement de favoriser le candidat officiel du Hogon ou du Naba-Amirou.

C'est également à cause de cette découverte d'un collier sacré que ces prêtres sont surnommés, dans les monts Tombos habités par des chasseurs peu enclins au mysticisme:

les « *Bini-gezoum* » (1) ou les « *Fous au collier* ». Le candidat heureux qui a vu les animaux sacrés coucher à ses côtés et qui a découvert les insignes cachés du Laggam précédent est considéré comme l'intermédiaire surnaturellement désigné des divinités terrestres, et prend immédiatement possession du titre et des avantages du Laggam dont les fonctions inamovibles lui restent définitivement acquises.

Il se rend donc dans la case sacrée des animaux tannas où il fait une retraite de six jours.

Dans la matinée du septième jour revêtu du costume rouge, que lui a fabriqué un Kossodio, précédé de joueurs de tams-tams et de trompes, entouré des jeunes nabas porteurs des masques emblèmes des familles, le nouveau Laggam va saluer le Hogon, puis rentrant à sa case offre aux divinités terrestres son premier sacrifice.

La fête se termine dans le peuple par des libations de bière de mil et des danses variées.

Mort et funérailles du Laggam. — Pendant toute son existence le Laggam n'a pour serviteurs personnels ou pour cultiver ses lougans que des indigènes habitant des hameaux très éloignés. A sa mort ce sont ces mêmes individus qui le roulent dans un linceul de coton blanc à raies bleues après l'avoir lavé, vêtu de son bonnet et de son boubou de cuir rouge orné de cauries, puis chaussé de bottes en peau de mouton blanche. Les gens de son village ignorent sa mort et ne prennent pas part à ses funérailles. Seuls les jeunes nabas masqués aux emblèmes de leur famille se rendent auprès de

---

(1) Ce mot vient de Bina, collier, et Yeze, fou, qui, par euphonie, fait Bini-Gezoum ; et montre l'influence des accords phonétiques des langues Peuhls et Sarakolle.

son cadavre, munis de grandes perches peintes en rouge et ornées de pointillés noirs, blancs, bleus.

Après avoir dansé autour du cadavre posé sur leurs bâtons ils l'emportent, la nuit venue, éclairés avec des torches, dans une tombe, creusée par les gens des villages voisins au loin dans la brousse inculte, ou aménagée dans les rochers sauvages.

Le cadavre du Laggam défunt est toujours revêtu de ses insignes, assis dans son tombeau face au Nord, les jambes allongées, les bras pendants, le corps calé par neuf couvertures, (trois à droite, trois à gauche, deux derrière la tête et le dos, enfin une sur les jambes).

L'ouverture du tombeau est ensuite murée, puis mastiquée avec un mortier d'argile et surmontée, dans la plaine, d'un haut tertre tumulaire. Tout ce qui appartenait à ce prêtre des Djinnis terrestres, bijoux, armes, instruments, animaux, etc., est brisé ou sacrifié sur sa tombe, ses richesses sont distribuées à la foule, sa maison et ses champs abandonnés.

Le peuple évitera désormais de passer près de ces sépultures dénommées Teï ou Te; tumulus dans la plaine inculte ou petite case sépulcrale, peinte de rouge et de noir bâtie dans les rochers de la montagne, contenant les restes d'un serviteur des divinités cruelles.

Seuls les nabas masqués aux emblèmes familiaux viendront encore quelquefois en ces sites sauvages, maudits de la foule, exécuter leurs danses funéraires.

XX. — Justice

Les litiges sérieux entre villages, les crimes, les contestations de propriétés sont jugés par le Conseil des chefs de famille que préside le Hogon du village. Au contraire les délits, les rixes entre particuliers, ou les différends qui s'élèvent continuellement dans les transactions des marchés, sont du ressort du fonctionnaire Kédiou, désigné par le Hogon qui tient cour de justice permanente au marché et se nomme le « *Kédiou indé péon* » ou le « *Kédiou-dale-dale* » (1).

Les condamnés ont toujours le droit d'en rappeler au grand Hogon. Celui-ci, après avoir écouté la cause présentée par le Kediou ou par le Hogon de famille, rassemble quelques vieux chefs influents ou les Hogons du pays et juge en dernier ressort.

Le Kediou est alors chargé de faire exécuter immédiatement la sentence (2) et de recevoir les amendes qui sont partagées entre le Hogon et les fonctionnaires du village membres du tribunal. Les condamnations généralement infligées sont des amendes, la confiscation des biens ou le bannissement avec destruction de la maison ancestrale. Tant que le condamné n'a pas purgé sa peine et acquitté son amende il est considéré comme le captif moral du Hogon.

Dans les cas de sortilèges, de magie, de sorcellerie, de mauvais sorts jetés... etc... causes fréquemment portées devant le tribunal du Hogon, celui-ci ne doit les retenir

(1) Les Foulbés le nomme Kadié par analogie avec les iuges musulmans.
(2) Actuellement les plaideurs en appellent souvent au commandant de cercle de Bandiagara.

22

qu'après trois plaintes consécutives et fondées. L'inculpé reconnu coupable est immédiatement banni de la région; mais comme la preuve de ces crimes est en général impossible à faire, ainsi d'ailleurs qne pour un grand nombre d'accusations, le tribunal perplexe et sceptique dans la bonne foi des plaideurs a recours le plus souvent à l'intervention céleste et surtout à la crainte inspirée par la divinité.

Le « Kediou-dale-dale » envoie chercher chez le Hogon une statuette en bois, figuration de la divinité. Puis l'accusé et les plaideurs doivent, devant le tribunal, frapper et fustiger violemment cette image des génies protecteurs en demandant des malédictions terribles sur eux ou leur famille si dans leur déposition ils ont altéré la vérité.

Dans la crainte, certaine, de se voir sévèrement punis avant trois ans, par la puissance occulte des dieux, les accusateurs préfèrent souvent retirer une plainte mal fondée, et les coupables se résignent à avouer plutôt que de tenter la colère céleste.

Toutefois ces tribunaux n'existent que dans les villages Habbés-Gara organisés et soumis à l'autorité des Hogons, car dans les plateaux du Sud chez les Bobos, Samos-Gourmanké, Lobi... Houmbi indépendants, chez qui chaque chef de famille se considère comme maître dans sa « Soukala » libre, seule la force de voisins coalisés peut faire triompher un principe de justice et exiger le châtiment d'un coupable.

XXI. — Régime foncier et cultures.

Dans toute la région montagneuse, des Habbés-Gara, les
terrains de culture des plateaux et des vallées se trouvaient
naturellement à l'abri des pillards ; par suite la propriété personnelle a pu se former et les biens familiaux ont été exactement délimités. Car pendant longtemps ces peuples, industrieux et commerçants dans l'âme, n'eurent que l'agriculture
comme ressource pour subvenir à leurs besoins, les plaines
étant envahies par des pasteurs nomades guerriers. Tous les
terrains furent utilisés et les flancs des montagnes aménagés
en terrasse pour faciliter les cultures ; chaque lopin de terre
eut ainsi un propriétaire et seuls les apanages des chefs élus
ou les terres confisquées au profit des vieillards restèrent des
propriétés collectives. Mais nous avons vu que dans l'héritage
d'un chef de famille le fils aîné reçoit seul la propriété familiale, avec la charge d'entretenir les personnes âgées et les
membres de sa famille qui l'aident aux travaux des champs,
tandis que la fortune mobilière (cauries, argent, troupeaux,
arbres fruitiers, captifs, marchandises) est partagée entre tous
les garçons. Cependant comme un père a toujours le droit,
avant sa mort, de faire cadeau à ses enfants au moment de
leur mariage, de troupeaux, d'arbres fruitiers, ou d'un champ,
et qu'en outre les filles héritent exclusivement des propriétés
et droits de leur mère, il arrive souvent que certaines terres
appartiennent à une famille tandis que les récoltes des arbres
fruitiers reviennent à une autre.

Ces coutumes amènent de fréquentes contestations qui
doivent être réglées par le Conseil des anciens. En revanche

les champs sont l'objet d'un soin jaloux et les méthodes
d'agriculture indigènes se sont sérieusement perfectionnées
dans ces régions, dépassant de beaucoup les résultats obtenus
par ces cultivateurs de race, les Bambaras.

De tribus d'origines diverses, ces Bambaras, venus du
Sud-Ouest vers le xvie siècle, perfectionnés, et metissés au
contact des peuples rouges, Korongoï, Gara, Markas, des
rives du Niger, formèrent une confédération chez qui pré-
dominaient les types noirs prognathes. Travailleurs tenaces
et infatigables, guerriers robustes et courageux, agriculteurs et chasseurs, ils furent pour nous de précieux auxiliaires.

D'une mentalité enfantine, vivant à leur guise selon la
logique que leur inspirent leur bon sens et leurs simples
réflexions, superstitieux sans croyances bien déterminées,
fétichistes matérialistes peu convaincus, impressionnables et
impulsifs, les Bambaras s'émerveillent de tout ce qui est
nouveau pour eux, s'en font pendant quelque temps une sorte
de culte puis passent à une autre admiration oubliant volon-
tiers la première. Par-dessus tout, les dangers et les émotions
des aventures de chasse ou de guerre les passionnent et ils s'y
adonnent avec la même ardeur qu'ils mettent à cultiver leurs
champs pour leur faire produire d'amples récoltes. Leur
but est toujours de pouvoir jouir, dans le repos et dans
l'abondance, de leurs biens sans jamais prévoir une utili-
lisation commerciale de leurs richesses acquises. Aussi dans
les vastes plaines soudanaises de l'Ouest occupées par les
tribus Bambaras, Samos, Bobos-Fing, Seno-Fo, les méthodes de culture sont toujours restées des plus primitives,
la propriété personnelle n'existant pas, les champs de cul-

tures temporaires appartenant à la collectivité des habitants
du village, ou de la Soukala, l'emplacement et l'étendue des
cultures variant chaque année. Le plus ordinairement le
défrichage s'en fait par le feu, suivi de légers sarclages au
commencement de la saison des pluies, mais rarement un
aménagement d'irrigation permet de compenser l'instabilité
du régime des tornades. Enfin dès que ces champs présentent
des traces d'épuisement ils sont abandonnés incultes, les
habitants du village transportant les cultures vers de nouveaux terrains fraîchement défrichés. La grande majorité des
plantes cultivées par ces populations noires sorties des lisières de la forêt sont d'origine tropicale africaine comme les
mils, sorghos, fonios, manioc, patates, niébé.

Plantées en quantité nécessaire pour la consommation
usuelle et rarement dans un but mercantile, ces essences
locales forment la base des cultures de l'Ouest avec les arachides nouvellement introduites dans ces régions.

Les populations Habbés-gara et toutes les tribus anciennement affiliées aux clans des « Rouges » cultivent au contraire
avec ces plantes indigènes un certain nombre d'essences
d'origines très diverses dont elles ont conservé, semble-t-il,
le monopole, et plusieurs de ces plantations ne sont faites
que dans un but commercial pour servir de matière d'é-
change.

Ainsi réapparaît en matière de cultures l'instinct commerçant toujours si développé dans toutes les tribus provenant
d'un métissage de primitifs avec les populations Gara descendues du Nord, comme actuellement les Sarakolle, Ouakoré-
Ouagara, Markas-Malinkobés.

En effet, dans les régions lacustres et jusque dans les

vallées du Plateau de Bandiagara on cultive le blé et l'orge importée du Nord peut-être par les invasions marocaines, et dans toute la zone inondée ainsi que sur les gradins des plateaux rocheux ont été aménagées avec peine de nombreuses rizières dont l'irrigation demande des soins sérieux. Les variétés de riz cultivées sont nombreuses, et cette culture paraît très ancienne dans ces régions, car Strabon et Pline (*Hist. Nat.* V. 5) qui ne nous disent pas que le riz fut connu en Egypte, le signalent chez les Garamantes établis au Sud de la Tripolitaine. Si cette plante n'est pas aborigène elle a pu être introduite à une époque très reculée soit du golfe Persique, du Sud de l'Arabie, soit des Indes, par les Ethiopiens qui commerçaient dans ces régions (1).

Le maïs, lui-même, cultivé dans la montagne par les Habbés, et dans la plaine par les tribus de pêcheurs du Niger et du Sénégal se retrouve dans les cultures des peuples « Nda » de la forêt puis chez les Lobi et les Bobo-Ouli qui furent ralliés aux clans Rouges (2).

Le chanvre, le tabac, et les calebasses-courges (3), dont la consommation ou l'usage reste très restreint dans la montagne, sont abondamment cultivés pour l'exportation. Descendus sur les marchés de la plaine nigérienne, ces produits agricoles sont transportés par les pirogues Bosos sur tous les marchés soudanais.

De même le coton, l'indigo, le henné, les épices, piments, haricots, tomates, potirons, pastèques, oignons, fabirama, etc.,

---

(1) De Candolle, *Origine des plantes cultivées*, p. 310.

(2) Voir Dr Ruelle, *Anthropologie*, XV, n° 5, 6.

(3) On cultive beaucoup de courges-calebasses, mais surtout pour la vente aux Bambaras et Peuhls de la plaine, car le Habbé se sert surtout de poterie.

Fig. 167. — Marché Yann-Douma.
Falaise Sud du Plateau de Bandiagara.

Fig. 168. — Un marché dans un village de la plaine nigérienne.
Village de Foulbés.

Fig. 169. — Un marchand de poisson séché
sur un marché de la Montagne.

Fig. 170. — Marchande de coton, marché des environs de Douentza.
Type de coiffure des femmes Habbés.

sont en grande partie présentés sur les marchés locaux des villages puis descendus dans les centres de la plaine pour être échangés contre du poisson sec, du sel et des étoffes.

Le régime des propriétés familiales bien déterminées, a mis ces populations dans l'obligation de cultiver avec beaucoup de soins leurs terres, clôturées de murettes, aménagées en terrasses sur le flanc des montagnes, irriguées par le barrage des ruisseaux, fumées sérieusement avec un engrais composé de cendres, de détritus végétaux et de fumiers d'animaux, préparé dans les fosses des villages.

Ils se livrent même à l'arboriculture pour augmenter leurs ressources, car non contents de conserver jalousement dans leurs lougans les grands mimosas, tamariniers, baobabs qui fournissent une ombre légère aux récoltes, ils plantent des arbres fruitiers, les néré ou nette (Parkia biglobosa), les Karité (Bassia Parkii), les pruniers Kountan (Chrysobalanus Icaco),les sabra ou supégon (Cissus) donnant des grappes ayant quelque analogie avec notre raisin mais à gros noyau unique, enfin des palmiers rhoniers ou dattiers et quelques figuiers.

Tous les produits de ces arbres cultivés, ceux provenant des arbres de la brousse, baies, jujubes, gomme myrrhe, encens (*albarkente*) puis les pommes et les graines de nénuphars font l'objet d'échanges et sont soigneusement récoltés pour augmenter l'avoir personnel de chaque indigène.

XXII. — Commerce

Grâce à la sécurité que nous avons su imposer au pays, ces populations, trop resserrées sur les plateaux, descendent de plus en plus dans les plaines apportant une vigueur nouvelle à leurs frères de race, métissés et soumis aux envahisseurs. Seuls les aînés restent encore dans ces montagnes qui leur ont servi si longtemps de refuge et conservent jalousement avec l'autel des ancêtres leurs vieilles coutumes et traditions.

Ces émigrations ont rétabli l'activité des échanges, depuis longtemps abandonnés, entre les populations riveraines du fleuve, pêcheurs, cultivateurs, pasteurs nomades des plaines et les industriels, agriculteurs et commerçants des montagnes. De gros marchés ont surgi aux pieds du plateau rocheux, à la limite de la zone d'inondation, sur les bords du Bani et du Niger.

Actuellement il n'est pas rare de voir rassemblées aux grands marchés de Korienza, de Fatouma, de Sampara et de Kaka près de 6 à 7.000 personnes. Ces foires hebdomadaires dépendent économiquement des deux antiques métropoles commerciales du Soudan : Djenne et Tombouctou, qui restent toujours les grands entrepôts indigènes et même le centre d'activité des maisons commerciales européennes. Dans ces villes habitent principalement les familles des courtiers, commissionnaires, banquiers noirs et marocains, des entrepreneurs de transports, tous gens qui font la bourse soudanaise, donnant le cours journalier aux marchandises et accordant le crédit aux petits commerçants et colporteurs.

Ces indigènes placés autour de nos maisons de commerce, près desquelles ils s'approvisionnent, envoient leurs agents sur tous les marchés intérieurs, même dans les campements des nomades, où réellement se font aujourd'hui les échanges et les affaires ; par suite les deux grandes cités commerciales

ont perdu leur animation, quoique leurs affaires n'aient pas
diminué ; car en réalité, la forme extérieure du commerce,
seule, a changé, en même temps que les voies traditionnelles
des courants commerciaux. Actuellement le fleuve tend de
plus en plus à devenir la grande artère entraînant les
marchandises dans les directions de l'Ouest et du Sud-Ouest.

Le commerce du Soudan, dans ces régions, prend trois
aspects bien différents : le petit commerce local des villages,
le grand commerce indigène et le commerce européen.

Le petit commerce local est des plus actifs sur les bords du
fleuve dans les villages de pêcheurs, et dans les agglomérations des montagnes.

Chez les Hambés-gara et les Korongoï les villages se réunissent par groupe de six et chacun, à tour de rôle, a son
jour de marché.

Sur ce marché, qui se tient ordinairement dans un vaste
espace découvert situé à quelques centaines de mètres en
dehors de l'agglomération des habitations, les indigènes
apportent en grande quantité les produits de leurs cultures,
de leurs récoltes et de leurs industries, qu'ils échangent contre
toutes les choses nécessaires à la vie habituelle des Soudanais : épices, sel, noix de Kola, poissons secs, fer, bijoux,
céréales, fruits, tabac, coton, viande de boucherie, bandes
de toile, cotonnade, Kassas de laine, cire, miel, etc. C'est
là que les petits colporteurs échangent au détail les guinées
et cotonnades européennes contre les produits indigènes
qu'ils se proposent de présenter aux grandes foires de la
plaine. Ce commerce de détail reste tout entier entre les
mains des petits commerçants noirs, et les marchandises

européennes n'apparaissent sur ces marchés qu'après avoir passé entre les mains de plusieurs revendeurs.

Le grand commerce indigène pratiqué surtout par les commerçants soudanais aisés de Tombouctou et de Djenné, par certains chefs Markas intelligents et par les Kountah de la famille El Bakay, consiste surtout en achats faits aux petits colporteurs sur les grands marchés de la plaine lacustre, en transports de sel, céréales et bestiaux vers les marchés de l'intérieur, enfin en approvisionnements de matière d'échange faits dans nos maisons et comptoirs de commerce.

Tombouctou est toujours resté, dans le Nord, le gros centre d'approvisionnement, de transaction, et d'échange. Son commerce consiste surtout à fournir aux tribus nomades sahariennes les céréales et les étoffes qui leur font totalement défaut, en échange du sel et des bestiaux.

Le sel est exporté dans tout le Sud et le S.-E. sous forme de larges dalles de 25 à 30 kilos ; mais quoique son exportation soit arrêtée vers l'Ouest par le sel aggloméré importé de France, son prix de revient minime, sa facilité de transport, les habitudes commerciales acquises, enfin la capacité d'absorption de cette denrée dans tout l'intérieur de la Boucle Nigérienne où les transports se font difficilement par caravane, permettront longtemps encore de lui conserver de sérieux débouchés même dans la région lacustre du Débo en luttant avantageusement contre le sel importé d'Europe. Cependant toute cette production locale reste de plus en plus notoirement insuffisante pour approvisionner de ce condiment les populations soudanaises et, par suite, nos envois de sel aggloméré trouveront toujours preneurs à des prix très rémunérateurs.

Fig. 171. — Colporteurs se rendant au marché de Goundam
et transportant leurs marchandises à dos de bœufs et d'ânes porteurs.

Fig. 172. — Transports à tête d'homme
dans la région boisée de la Sirba.

Fig. 173. — Transports à dos de chameaux dans la région désertique,
Mohamed Ould Badi.

Fig. 174. — Type de pêcheurs des environs de Mopti.
Entrepreneurs de transports par pirogues sur les fleuves.
Niger et Bani et dans la région lacustre.

Les bestiaux échangés dans les tribus sahariennes du Nord, ceux achetés sur les grands marchés de la plaine nigérienne ou dans les campements des pasteurs font également l'objet d'un sérieux transit vers les régions forestières du Sud. Ce commerce, aujourd'hui encore entre les mains des indigènes, prend de jour en jour plus d'importance.

Les animaux, bœufs et moutons, sont descendus vers les colonies côtières du Golfe de Guinée à petites journées, vers la fin de la saison des pluies, en novembre, décembre et janvier ; les uns sont acheminés par Dori et le Haut Dahomey sur la Nigeria anglaise, les autres par le Mossi et Salaga sur le Togo et la Gold-Coast, enfin d'autres sur Bobo Dioulasso et notre Haute Côte d'Ivoire. Tous sont destinés à approvisionner la zone forestière privée d'animaux de boucherie. Les bénéfices retirés de ces entreprises de longue haleine, il est vrai, sont considérables ; car les bœufs se vendent environ 150 francs dans le Sud alors que leur prix d'achat varie entre 40 et 50 francs sur les bords du fleuve ; de même, le prix des moutons passe de 5 francs dans la vallée nigérienne à 20 francs dans les provinces forestières du Golfe de Guinée.

A côté de ce grand mouvement de transactions, qui semble devoir prendre de plus en plus d'importance si les colonies côtières de l'Océan atlantique entrent décidément dans une période d'heureux développement, subsiste toujours l'ancien commerce de province à province, exportation de sel, de poissons séchés, de karité, de miel, fournis par les régions riveraines du fleuve, en échange des kolas, bandes de coton, tissus indigènes, fer... etc... venus de l'intérieur. Ces transactions commerciales donnent toujours un chargement rémunérateur aux piroguiers du fleuve, et encouragent dans l'intérieur les entreprises de transports avec bœufs ou ânes porteurs. Quant aux opérations de nos grandes firmes commerciales qui jusqu'à maintenant paraissaient se borner dans cette région Nord à l'installation de grands bazars pour la vente en gros et au détail des produits européens aux commerçants indigènes, et pour l'achat de plumes (aigrettes, autruches), ivoire, or, cire, aux colporteurs noirs, elles semblent également ces dernières années entrer dans une voie nouvelle.

Depuis que le chemin de fer a concédé des tarifs très réduits à la descente, que des fluviaux à vapeur appartenant à la colonie et aux sociétés commerciales remontent les deux biefs du Niger, il s'est fait de gros achats de riz et de céréales dans toute la région lacustre. Ces céréales sont destinées actuellement à approvisionner les grands chantiers de construction publics de l'Etat, à fournir sur le fleuve du Sénégal le riz que cette colonie demandait aux Indes et enfin à offrir des vivres de réserve aux indigènes de la Haute-Guinée qui négligent leurs cultures depuis que la récolte du caoutchouc leur fournit un travail rémunérateur. En outre il est à prévoir que nos maisons de commerce feront de plus en plus, comme tout le laisse supposer, de nombreux achats pour l'expédition sur l'Europe d'arachides, de cotons, de laines et de beurre de karité, matières premières jusqu'à maintenant négligées.

Ces régions agricoles du plateau central nigérien encerclées par les grandes voies navigables du Niger et du Bani sur lesquels se trouvent de grands marchés d'échanges, paraissent déjà rentrer dans une période d'exploitation normale, car elles contiennent avec des populations travailleuses, industrielles et commerçantes tous les éléments de prospérité

à la seule condition d'arriver à fournir aux colonies forestières de la côte atlantique, les denrées de première nécessité, céréales et animaux de boucherie, qui leur font défaut
et dont les réserves sont inépuisables au Soudan.

Ce développement économique sera peut-être moins bril-
lant et moins rapide que celui des régions plus rapprochées
de l'Océan contenant les riches produits agricoles que réclame
l'industrie moderne, en revanche il paraît devoir être plus
stable. Un plus grand effort pour l'organisation de l'outillage
économique sera nécessaire ; mais déjà en ce sens de grands
progrès ont été accomplis : le Niger sillonné de vapeurs et de
chalands se trouve relié au Sénégal par une voie ferrée, les
chemins de fer des colonies de la côte grimpent à l'assaut des
plateaux soudanais et des routes sont créées dans chaque cir-
conscription administrative ; enfin des missions hydrographi-
ques relèvent soigneusement le cours des grands fleuves afin
de pouvoir étudier facilement les travaux à exécuter pour
assurer la stabilité du régime des inondations en augmentant
le plus possible la superficie des terrains irrigables.

XXIII. — Elevage des animaux domestiques.

Les régions lacustres nigériennes prolongées par les steppes herbeuses des bas plateaux soudanais forment d'admirables terrains d'élevage qui ont dû, dès la plus haute antiquité,
attirer les peuples pasteurs. Actuellement si les tribus Foul-
bés-Touaregs, Maures, d'origine berbère, se sont spécialisées
dans l'élevage des animaux domestiques et continuent à vivre,
en nomades, de l'existence des pasteurs primitifs, la plupart

des noirs sédentaires possèdent également comme preuve matérielle de leur richesse quelques beaux troupeaux et il n'est si pauvre individu qui ne soit propriétaire de quelques volailles ou même de quelques chèvres. D'ailleurs tous les peuples d'origine Mandés ou Gara descendus du Nord avec les pasteurs « Oule » se sont tous plus ou moins adonnés à l'élevage des bœufs et des chevaux, une des meilleures formes de la richesse chez les primitifs. Dans tous les villages de la montagne la plus grande partie des troupeaux se trouve confiée aux soins des Foulannes-Kri-Habbés qui nomadisent sur les plateaux herbeux tandis que les enfants gardent seuls au village quelques bêtes laitières.

Mais parmi les animaux domestiques du plateau central soudanais, à côté d'espèces qui paraissent devoir être d'origine soudanaise africaine comme l'âne, les poules, les pintades, les canards de barbarie, les pigeons (1) et les abeilles (plusieurs variétés de ces animaux vivent encore à l'état sauvage dans des régions africaines voisines) nous trouvons actuellement domestiquées dans tout le Soudan deux espèces très distinctes de bœufs, de moutons, de chèvres, de chiens et de chevaux, dont il nous faut rechercher l'origine pour les uns vers les rives de la Méditerranée, et pour les autres vers les plateaux de l'Est africain.

C'est ainsi que nous croyons devoir placer dans les ani-

---

(1) Les pigeons sont des animaux Tannas à Djenné, comme les hirondelles chez les Kasamba, les perdrix chez les Foulbés, les poulets chez les Dagas Touaregs, l'aigle à tête blanche chez les pêcheurs Dia du Fleuve. Ce qui prouve que tous ces peuples ont fait partie de la même confédération des « Oua » après avoir été soumis aux Mandé, ou font partie de la confédération des Ma.

maux domestiques importés du Nord le cheval du type
barbe, robe grise dit cheval du Fleuve ou cheval du Touat,
les bœufs sans bosse de diverses variétés, les chiens har-
gneux, courts, trappus des Mandés, la grande chèvre maigre
du Nord de l'Afrique du Kordofan et les moutons sans laine de
diverses variétés, dont l'« ovis longipes », type saharien remarquable par ses pattes très longues, sa tête fortement busquée
au chanfrein, ses cornes extrêmement spiralées, sa queue
longue et mince, qui forme le fonds de tous les troupeaux
berbères.

Au contraire devons-nous rechercher vers l'Est l'origine des
chiens du type sloughi soudanais, grand, élancé, à tête fine,
originaire du Haut-Nil (1), les chevaux courts, trappus, à forte
encolure, robe baie brun, au chanfrein busqué rappelant le
type mongol et la variété dite de Dongola (2), puis les diverses
espèces de bœufs zébus dont on retrouve sur les plateaux de
l'Est africain des types analogues ; enfin peut-être faudrait-il
regarder comme provenant du Sud-Est les variétés de chèvres naines, que l'on retrouve domestiquées dans toute la
forêt équatoriale.

Ainsi l'observation des animaux domestiqués au Soudan
nous confirme également les origines et les affinités diverses
des peuples envahisseurs qui vinrent habiter et civiliser
les vallées nigériennes.

(1) Levrier Schillouk.
(2) Voir pour l'origine des chevaux : Cassar Ewart J., « Origine multiple
des chevaux et des poneys », *Trans. of the highland and agricultural
Society of Scotland*, 5e série, t. XVI, pp. 230-268. Ridgeway W., *The
origine and influence of the thoroughbred-Horse*, « L'origine et le
rôle du cheval de sang », 1 vol. in-8° de 538 pages, Cambridge University
Press., 1905.

XXIV. — Chasses et pêches.

L'agriculture, l'apiculture et l'élevage dans les régions
occupées par les divers peuples de la Confédération des
« Rouges » Habbés-Gara, Korongoï, ou Markas, ont atteint
réellement un développement inattendu en pays noir. Elles le
doivent, non à l'instinct naturel des individus désirant se
procurer une réserve de vivres, mais surtout à l'esprit commercial de ces populations voulant augmenter, en dehors des
travaux de la communauté, leurs ressources personnelles par
des échanges fructueux. La chasse et la pêche y furent aussi
organisées et exploitées par des associations ayant pour but
de présenter sur les marchés la viande ou le poisson séché
comme matière d'échange.

La chasse est faite par les jeunes gens en battues régulières et dans des territoires spécialement réservés à certains
villages. Elle a lieu chez les Korongoï habitant la région
inondée du delta Bani-Niger au moment de la grande crue
des fleuves, quand le gibier se trouve parqué dans les
îlots laissés par l'inondation ; chez les Habbés de la montagne
elle se fait avant les semailles, enfin chez les Bobos au
moment de la saison sèche quand le gibier vient boire aux
mares et se tient dans les fourrés qui les entourent.

Toutes ces battues s'opèrent suivant des règles fixes bien
déterminées, où les droits de chacun, directeur de la battue,
rabatteurs, propriétaires du sol, sont reconnus. Ces mêmes
règles se retrouvent dans les grandes pêches organisées par
les villages au moment des plus basses eaux en saison sèche
dans les lacs, les marigots et les fleuves.

Mais certains individus habitant les plaines et la brousse
dense du Sud-Est, comme certaines tribus des bords du fleuve,
se sont complètement spécialisées dans la chasse ou la pêche,
dans un but d'ailleurs essentiellement commercial ; la viande
boucanée et le poisson séché étant des matières d'échange
très recherchées sur les marchés de l'intérieur.

Les chasseurs opérant généralement en troupe utilisent des
pièges, des lances ou flèches empoisonnées (1) et quelques
fusils pour s'emparer du gros gibier : antilopes, sangliers, kobba, buffles et éléphants. Les pêcheurs également
organisés en confédération, pêchent aux filets, aux nasses, et
à la lance empoisonnée, capturant toute une variété de poissons étonnante et même se livrant à la poursuite des hippopotames et des lamentins.

Nous allons rapidement étudier les intéressantes exploitations de pêches organisées par les indigènes sur le Niger et
le Bani ainsi que dans les mares de la région lacustre.

Les tribus qui se livrent spécialement à l'industrie de la

---

(1) Les différents poisons employés dans cette région pour la chasse à
l'hippopotame et l'éléphant, pour la pêche ou contre un ennemi sont :

1° Le strophantus sarmentieus, qu'ils préparent en faisant bouillir les
graines des follicules du fruit cornu, de façon à constituer une pâte siru-
peuse dans laquelle sont plongées les flèches harpons ;

2° Le soumpigna (Mossi), arbuste portant un fruit rond vert. L'action de
ce poison est paraît-il très lente. Lorsqu'on l'emploie pour armer des flèches
il faut le mélanger à un autre plus rapide. En revanche il sert à empoison-
ner les gens ;

3° Le Yaïma. Plante rampante rare, mais dont l'action serait très rapide ;

4° Le datura dont on mélange à du lait la graine pulvérisée de la pomme
épineuse. Les flèches sont souvent trempées dans un cadavre, en décomposition, ou dans les glandes d'un serpent noir cracheur (l'*itis arictans* et l'*ech-
idna athropos*). Enfin on se sert également d'une mouche arthoptère nommée
macamogo, qui vit dans les herbages, on la réduit en poudre et son ingestion
est mortelle.

pêche sont presque toutes composées de familles de grands noirs peu prognathes, mélangés principalement aux envahisseurs Gara de la Confédération des Rouges. Ces grands beaux hommes, portant toujours dans leur jeunesse la coiffure en boule, dite de Djenné, semblable à celle des Appoloniens de la côte Atlantique, sont d'après les légendes les frères des grands noirs de la montagne que soumirent les Mandés-Gara, dont les Tolle, les Pakalla et les Bobos sont actuellement les descendants. Comme ces primitifs, les premiers pêcheurs, au dire des traditions, habitèrent d'abord des grottes et des trous dans la terre (1).

Mais liés par le serment du sang aux envahisseurs Habbés-gara, dont ils observent toujours strictement depuis des siècles les obligations, ils furent ainsi fortement imprégnés et civilisés par ces populations descendues du Nord, si bien que de nos jours dans le langage, les mœurs et les traditions de toutes ces diverses confédérations de pêcheurs, nous retrouvons à peu de choses près les mêmes idiomes Sarrakollé, ainsi que les coutumes et les industries conservées dans les tribus non islamisées du plateau de Bandiagara.

En effet quoique nomades sur le fleuve et pouvant grâce à leurs pirogues éviter le contact des envahisseurs en se cantonnant dans les îles, ces pêcheurs se sont toujours laissé influencer plus ou moins par les conquérants du pays. C'est ainsi que dans l'Ouest, sur le Haut Niger, ils sont actuellement un peu impressionnés par les coutumes des Bam-

---

(1) Voir Ch. Monteil, Monographie du cercle de Djenné. — Ils disent que les chiens sont sortis de terre avec eux et sont pour cela leur vrai tanna de race ; cela rappelle le tanna des envahisseurs Habbés Gara, le chien de Mandès.

Fig. 175. — Chasseurs indigènes ayant rencontré une piste
d'éléphants et reconnaissant les fumées.

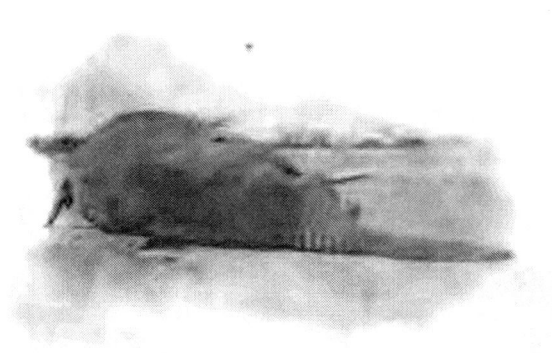

Fig. 176. — Un éléphant tué.

Fig. 177. — Jeunes gens Gabibi pêchant aux basses eaux
dans le lit d'un marigot.

Fig. 178. — Un coup de filet de pêcheurs Sorkos
sur le Niger.

baras et des Malinkés, tandis que sur le moyen fleuve les musulmans du Tekrow les ont obligés à adopter plusieurs règles de la religion islamique.

Par leurs animaux totem et par leurs légendes, nous trouvons la preuve qu'ils ont tous fait partie successivement des clans du Poisson ou Mâ et de celui des Oiseaux « Oua » ou « Dia », puis se rallièrent presque tous aux clans des serpents « So » dont leurs confédérations portent actuellement le nom.

Quoique appartenant à un nombre de familles restreintes que l'on rencontre sur tout le fleuve, ils forment actuellement les confédérations suivantes :

1° *Les So-monos* sur le Haut Niger, composés de familles primitives, furent éduqués par les envahisseurs du Nord, qui leur apportaient l'usage des grands filets (senne) introduits dit-on, par le Mandi Korongoï Tari-mani ; ils leur apprirent à fabriquer la poterie et à construire des maisons en terre, et passèrent un grand nombre de mots sarrakollés dans leur langage. Ralliés aux clans des Sousous, ils furent soumis par les Bambaras Kouloubali dont ils devinrent une caste. Actuellement encore ils vivent dans des villages spéciaux près des agglomérations des Bambaras, et ont adopté quelques-unes de leurs tournures de phrases.

2° *Les Korongoï* stationnés dans toute la région des deltas du Bani du Niger et des Marigots de Dias sont formés de l'alliance et du métissage des primitifs avec des familles originaires de Ganna ou descendues du Nord. Confédérés avec les clans des Rouges ils ne se soumirent pas aux Sousous mais leur résistèrent en s'alliant avec quelques familles Markas qui formèrent avec eux le clan de la Hyène.

Très industrieux ils fabriquent de grandes pirogues clouées,
ils édifient des maisons en briques, du même style que celles
de la montagne de Bandiagara, et connaissent l'emploi du
tour dans la fabrication de la poterie ; enfin ils s'unissent en
mariage avec les Noumous et les Sekous forgerons appartenant à leur famille et originaires du Nord, disent-ils.

3° *Les Bosos*, habitant les rives du Bani et des marigots
nigériens, se déversant dans le Debo, au pied du plateau central nigérien, sont composés de familles primitives de la race
des Bobos, affiliés aux clans des Sousous, mais en général peu
métissés avec les Rouges auxquels ils furent pourtant soumis ; ils habitent toujours des huttes en forme de ruches faites
de roseaux ; leur dialecte Bobo contient beaucoup de mots
Sarghay et Sarrakollé.

4° *Les Sorkos* qui exploitent le Niger du lac Debo jusqu'à Gao,
se composent de familles primitives noires dirigées par des
Gara, métissés aux différents envahisseurs. Ils forment deux
grandes confédérations : à l'Ouest les Fonno Hanna, ou hommes de Fono et à l'Est les Farang Hanna, hommes de Farang.
Nous donnons plus loin dans la légende de Faram, roi de Gao,
la tradition conservée des luttes soutenues par cette confédération contre les autres peuples de la boucle nigérienne. Leurs
dialectes sont des mélanges de la langue Songhoï de l'Est et
du Sarakollé. Ils fabriquent des pirogues cousues, faites de
multiples morceaux de palmiers (*cucifera thebaïca*) ; pêchent
surtout avec des nasses, ou en barrant le fleuve. Si vers le
Debo ils se construisent quelques maisons en terre, vers
l'Est ils habitent plus généralement des paillottes en forme
de ruche.

5° *Les Songoï* occupent toute la branche orientale du Niger, de Gao aux rapides de Boussa. Ralliés aux clans des Serpents comme les Sorkos, ces pêcheurs sont encore des primitifs ; ils ignorent totalement la construction des maisons en terre, habitent toujours des huttes de paille, ne savent également pas construire des pirogues, se contentant de les creuser grossièrement dans des troncs d'arbres ; enfin ne connaissent pas encore l'usage des filets pour pêcher. Si un de leur chef Askia put imposer grâce à ses armées la domination Songhoï sur Tombouctou et Djenné, il ne leur apporta sûrement pas la civilisation, l'industrie et les arts qu'ils ignorent totalement encore de nos jours.

Toutes ces tribus se sont fait de la pêche et des transports par eau une vraie spécialité ; mais, comme nous l'avons déjà dit, elles ont conservé un certain nombre de coutumes anciennes.

Dans chaque confédération les pêcheurs nomment à l'élection un grand chef du fleuve qui, pour les tribus de l'Ouest, habite sur le Debo et appartient actuellement à la famille Te.

Le fleuve et les lacs sont divisés en un certain nombre de secteurs dépendant chacun d'un chef de pêche nommé à l'élection. Ce chef de pêche qui n'a d'autorité qu'au moment de l'exploitation du fleuve obéit aux ordres du chef du fleuve et doit rester soumis à son chef de village pour toutes les questions politiques. Dans la région du Macina, les villages de Mopti, Kounna, Kouentza, Gourao sur le Niger et le Debo puis ceux de Kaka, de Sofara, Debetaka sur le Bani ont chacun leur chef de pêche qui est un Naciré pour les Sorkos et un Kontaro pour les Korongoï.

Les engins de pêche employés sont variés. Les engins fixes sont généralement de grandes nasses faites avec des lianes flexibles, qu'on utilise pendant les hautes eaux lorsque le poisson remonte le courant sur les bords du fleuve (juillet, août, septembre). La ligne de fond est également très employée et sert à capturer, aux abords de villages, les silures. Enfin des barrages sont installés dans les rizières et la zone inondée pour retenir le poisson au moment du retrait des eaux (février, mars). Comme engins mobiles les pêcheurs de l'Ouest se servent aux basses eaux de la senne (avril, mai, juin), puis de filets à mains, enfin de harpons pour capturer hippopotames, caïmans et gros poissons, qui se reposent dans le bourgou pendant les fortes inondations.

Les pirogues de pêche ont en général cinq à six mètres de long, sauf celles employées pour la chasse à l'hippopotame sur les lacs du Sud, dont les quilles atteignent quinze à seize mètres. Faites de planches cousues, elles servent de bateau de refuge aux harponneurs, qui montés sur de petites pirogues vont attaquer l'animal et leurs harpons lancés, regagnent vivement le bord à la nage.

En principe chaque engin de pêche se trouve être une spécialité réservée à telle ou telle famille ou confédération.

Tous les Somonos et les Korongoï des familles Nicuto, Kanto, Tapo, Kontao, Sobbo, Napa, Sabé, pêchent exclusivement avec la senne et les grands filets aux basses eaux.

Au contraire, le Djennepa, les Naciré, le Tamcapo, les Karamantao... se sont réservés la pêche à la lance et aux harpons des caïmans et des hippopotames ainsi que le placement des nasses aux hautes eaux dans les remous du fleuve.

En revanche les familles Tannapo, Korabctao, Tientao, se sont réservé le droit de barrer les marigots pour capturer les poissons.

Mais toutes les populations riveraines ont la permission de
barrer leurs rizières, de pêcher à la ligne de fond ou de poursuivre le poisson avec les filets à mains ; Les Djennenkés, les
Markas Malinkobés qui ne sont pas des pêcheurs de profession, emploient ces méthodes.

Tous les poissons du Niger sont comestibles sauf une
variété qui est dénommée « Borou » dans la région lacustre.

Le fleuve, divisé en zones de pêche, n'est exploité que sur
l'ordre du chef du fleuve lorsque celui-ci a offert un sacrifice agréable à la « *Fille du fleuve* » (1) nommée *Guidjé* par
les Sorkos, *Bidiam* par les Foulannes et *Mounou* par les
Songhoï.

Ce sacrifice est renouvelé dans chaque zone lorsque à son
tour, après l'entente des chefs de pêche, elle est mise en
exploitation.

Les pêcheurs de la région établissent alors sur les dunes
de la zone de pêche leurs campements, villages temporaires
en paillottes, dans lesquels ils préparent le produit de leurs
captures.

Les opérations de pêche se font généralement par plusieurs
familles associées qui partagent les bénéfices. Toutefois un
individu de passage a toujours le droit de prendre part aux
travaux de capture et reçoit alors sa part de prise. Ces prises
sont toujours équitablement partagées entre le chef de pêche,
les chefs de village de la zone exploitée, les pêcheurs et les
voyageurs de passage, chacun recevant selon une coutume
ancienne, la part qui lui revient. De même la location des

---

(1) La fille du Fleuve est le génie du Fleuve, la divinité qu'invoquent les
pêcheurs. Les peuples non pêcheurs la confondent avec les lamentins.

pirogues, et celle des grands filets (1) se paient par des parts
de prises.

Toutes les contestations surgissant entre pêcheurs ou entre
villages sont tranchées en principe par les chefs de pêche et
souvent maintenant par les cadis.

Dans les tribus de pêcheurs tout individu blessé ou estropié
pendant son travail soit par des silures, par les caïmans, les
hippopotames, tombe comme les orphelins à la charge de la
communauté et a droit à sa part d'animaux capturés que perçoit pour lui le chef de pêche.

Pendant que les hommes travaillent et surveillent leurs
filets les femmes vont vendre aux marchés voisins du poisson
frais, puis font sécher le surplus, fabriquent de l'huile avec
le menu fretin, enfin préparent le boucanage de la viande et
de la graisse d'hippopotame et de lamentins.

Ces produits de l'industrie des pêcheurs sont admirablement vendus sur tous les marchés de la plaine, Korienza,
Kaka, etc., ils sont échangés contre des céréales, du sel, des
Kolas, etc..., même des étoffes. Le poisson sec empilé dans
des paniers et l'huile enfermée dans des gourdes nommées
« tonques » prennent aussitôt par caravane les routes du
Mossi, du Yagha et de Bobo Diolasso. La capacité d'absorption de cette denrée est si considérable dans tout l'intérieur
de la Boucle que les pêcheurs n'arrivent pas à satisfaire les

---

(1) Les filets appartiennent généralement en commun à plusieurs individus. Lorsqu'on pêche avec une de ces sennes les captures sont réparties en
trois parts. La première pour les chefs du fleuve et de village qui sont chargés de nourrir les estropiés et les orphelins, la deuxième pour les propriétaires du filet, la troisième pour tous les gens qui ont aidé ou assisté à la
pêche.

besoins locaux et que leur préparation de poisson fait prime
sur tous les marchés.

Toutes ces populations riveraines des fleuves sont travailleuses : elles cultivent quelque lougans de riz, de maïs, de
coton, de tabac et de chanvre, etc., dans les terrains que
l'inondation leur laisse libre ; en revanche la situation de
leur village leur interdit, ou à peu près, l'élevage. Ce sont
eux qui font la plupart des transports de grains, de sel et de
marchandises, grâce à leurs trains de pirogues, formant des
convois réguliers entre les divers marchés de la vallée nigérienne.

Leurs pirogues sont entièrement construites et armées par
leurs soins, avec les ressources locales et les divers bois de
la région : dans le Nord les palmiers doums ou de thébaïde,
dans le Sud les caïlcédrats, les karités ou les vènes ; leurs
cordages sont fabriqués avec du chanvre ou des fibres de
palmier, et le calfatage se fait avec des herbes impustres-
cibles recouvertes de beurre de karité.

Certains villages indigènes possèdent de sérieux chantiers de constructions, sur lesquels sont construits des vrais
bateaux, des pirogues de 15 à 16 mètres de long pouvant
porter 8 à 10 tonnes de marchandises.

Ces véritables coches d'eau sont recouverts d'une toiture
garnie de nattes ou de bâches en peaux, et se manœuvrent à
la perche, à la corde ou à la pagaie, les indigènes ignorant
encore l'usage de la voile.

Les chantiers les plus remarquables de cette région sont
ceux de Saraféré, Korienza, Mopti, Diafarabé, Kaka Djenné
et San.

XXV. — Villages. Constructions. Architectures

Les villages bâtis par les populations réfugiées dans les escarpements rocheux des plateaux nigériens diffèrent totalement des agglomérations de cases en paille, en forme de ruche ou à toit conique, que nous rencontrons dans les plaines sénégalaises et soudanaises de l'Ouest.

Déjà dans les premiers villages de la région lacustre nigérienne établis au pied des montagnes les maisons construites en briquettes d'argile présentent une certaine analogie avec les constructions des oasis sahariennes. Mais là encore les maisons en terre des Korongoï voisinent avec les campements instables de Peuhls nomades et les paillottes des pêcheurs Bozos. Puis dans chaque famille, les récoltes sont enfermées dans des greniers en forme de tour « Krous-Krous », souvent ornementés de haut-reliefs, qui dans les villages en bordure des plaines du Sud sont coiffés de grands chapeaux de paille leur donnant l'aspect pittoresque de clochers.

Dès que l'on pénètre dans l'intérieur des massifs montagneux, chez des tribus moins impressionnées par des éléments nigrètes, les villages ressemblent étonnemment à ceux des peuples berbères de Kabylie ou des massifs du Sud algérien ou tunisien (1).

Au-dessus, dans les parois verticales des rochers, ou dans

(1) Les habitations et les villages de la montagne, principalement ceux de Kikera, ressemblent beaucoup aux habitations de troglodites de la province de Constantine des gorges de Tilatou.

De Foucauld signale aussi des habitations de troglodites dans l'Atlas marocain, vallée de l'Oued Ouaouizert, de Meknas à Quasba Beni Mellal.

Reconnaissance au Maroc, p. 61-62 et fig. p. 70.

Fig. 179. — Village de Fombori, au pied des falaises de Douentza.

Fig. 180. — Village de Guimini-Tireli, construit
dans les éboulis de la falaise.

Fig. 181. — Mont et village de Bamba du Tinguc.
Au sommet de l'agglomération de maisons on aperçoit la colonne
du temple de la Divinité.

Fig. 182. — Village de Toua Tembokho.

les sites escarpés des pics sont accrochées aux aspérités de la montagne d'innombrables petites constructions en briques ou en maçonnerie, auxquelles on ne peut accéder souvent que par des crampons en fer plantés dans le roc et en se hissant par des cordes; vraies habitations de troglodytes. Ces petites cases paraissent avoir été habitées et avoir servi les unes de retraite contre les envahisseurs, les autres de greniers pour garder en sûreté des provisions de réserves, d'autres enfin de tombeaux pour les ancêtres.

D'après les légendes ces constructions seraient dues aux premiers civilisateurs, lointains ancêtres des populations actuelles, hommes rouges, venus du Nord, alliés aux noirs, pêcheurs primitifs et aux nains négrilles des montagnes.

Les maisons Habbés méritent une attention toute particulière; généralement à étages, elles sont construites soit en briques rectangulaires, soit en pierres posées les unes sur les autres avec un art véritable; les matériaux en sont taillés au besoin, et cimentés par de l'argile avec un crépissage extérieur. Les angles de ces constructions sont généralement arrondis, et les chambranles des portes et des fenêtres sont souvent faits en belles dalles.

La disposition intérieure des locaux et la décoration archaïque extérieure des façades rappellent beaucoup celles des maisons de Djenné et de Tombouctou dont les premiers constructeurs furent d'ailleurs, comme une partie du peuple Habbés, des colons de Ganna.

On pénètre toujours dans ces habitations par un vestibule contenant un vaste lit de repos.

Ce vestibule permet d'accéder séparément aux magasins, logements, salle de réunion, et s'ouvre sur une cour inté-

rieure dans laquelle se trouve les dépendances. Les chambres à coucher sont au premier étage et donnent sur des
terrasses auxquelles on monte le plus souvent par une
échelle faite d'une grosse fourche avec des entailles pour
poser les pieds, les escaliers étant rarement employés dans
la montagne. Les toitures sont en terrasses et l'écoulement
des eaux y est assuré par de petites gargouilles en bois. Les
cases des chefs, des notables, et les temples de la divinité sont
décorés sur leurs façades extérieures d'une ornementation
en terre ou en brique formée de colonnades et d'ogives
superposées, d'un effet décoratif des plus inattendus et que
surmonte souvent une frise chevronnée. Les pylônes servant
de contreforts forment, en général, la base de cette ornementation et soutiennent les motifs ajourés, qui entourent et sur-
plombent la porte d'entrée, comportant, suivant la tribu, des
emblèmes mâles ou femelles. Ces mêmes emblèmes sont
souvent sculptés très originalement sur les serrures et les
panneaux des portes, sur les volets des fenêtres ainsi que
sur les piliers en bois servant à supporter les planchers des
maisons, ou les abris-repos des villages ; nous les retrouvons
également modelés en haut-relief comme motifs décoratifs de
quelques vestibules, et pour l'ornementation des « Kroukrous
à mil ». Parmi ces motifs on remarque spécialement des figurines humaines, des masques de « nabas » protecteurs, des
seins de femmes, des animaux totems (oiseaux, iguanes, tortues, etc.), des empreintes de pas, des outils, des instruments
et des signes rappelant ceux reproduits dans les dessins et les
inscriptions rupestres sahariennes.

Cette architecture, sœur de celle que nous retrouvons à
Djenné, à Tombouctou et sur toutes les rives du Niger peu-

Fig. 183. — Mont Kikera et village de Kikera.

Fig. 184. — Village des environs de Kikera sur la pente Nord
du plateau de N'Dalla.
Les habitations de troglodytes des gorges de Tilatou (Province
de Constantine) sont exactement construites sur ce modèle.

Fig. 185. — Un village Habbé vu du haut de la falaise :
au bas dans la plaine, les champs de cultures (lougans)
plantés de grands arbres.

Fig. 186. — Village de Hombori.

plées de Korongoï, a pu recevoir une empreinte égyptienne, mais elle est bien plus généralement orientale, car avec sa prédominance des pleins sur les vides nous la voyons apparaître dans tous les édifices primitifs des premières civilisations sémites, phéniciennes, hébraïques ou méditerranéennes (1).

De nos jours encore, dans le Djerid tunisien, oasis groupées autour de l'ancien lac des Tritons, habitées jadis par des populations lybiennes fortement imprégnées de civilisations sémites par les colonies phéniciennes, nous rencontrons à Tozeur de nombreuses maisons à un seul étage construites soit en briques cuites, soit en briques simplement séchées au soleil. Leur décoration extérieure se compose de colonnades de briques agencées avec une certaine symétrie qui n'est pas dépourvue d'élégance et qui témoigne d'un goût artistique. Ordinairement les briques simulent de petits frontons au-dessus des portes et les motifs architecturaux employés sont identiques à ceux des maisons Habbés.

Dans ce même Sud tunisien (2), on retrouve aussi des tribus montagnardes comme celles des Djebalia et des Matmata, dont les familles sédentaires habitent encore des ksours établis sur des rochers abrupts près des refuges de troglodytes et y cultivent des jardins en terrasses. Ces villages comme ceux de Douïret, de Chenini, de Guermessa, de Beni-

(1) Les fouades des temples Habbés, avec leur colonnades et leur hauts reliefs rappellent l'architecture des monuments semites primitifs dont l'ouvrage classique de M. Ernest Babelon : *Manuel d'Archéologie Orientale*, Quantin, éditeur, 1883, nous donne plusieurs exemples, p. 169, fig. 122, Fouade de l'Apadana d'Artaxercès fig. 136, Tombeau de Nacké-Roustem, p. 209, fig. 156, Tombeau de Gherdek-Kaïasi.

(2) Voir la maison de Touré.

Barka, etc., ressemblent à s'y méprendre à nos agglomérations du plateau central nigérien (1).

Mais ces deux régions africaines si éloignées, ayant entre elles tant d'analogies par les mœurs de certaines de leurs tribus, par leurs anciens monuments funéraires et par l'architecture de leurs constructions modernes se trouvent reliées à travers le Sahara par toute une série de ruines et d'édifices témoignant d'une même conception architecturale. C'est tout d'abord au pied des massifs sahariens, dans le Sud tunisien, les ruines de Djerma et les vieux ksars démantelés que Duveyrier a rattachés à la civilisation libyco-égyptienne des Garamantes ; Puis vers notre Sud algérien dans les oasis du Figuig, ce sont les motifs décoratifs de la tour de Ras-el-Aïn, d'Oudaghir, et les constructions d'El-Abiod, d'El-Maïz et de Zenaga. C'est encore plus au Sud dans notre Mauritanie sénégalaise, toute cette série de constructions ruinées, qui dominent les arêtes rocheuses, et que les Maures-Beïdhannes attribuent aux Ga-Gara (hommes rouges) et dont les vestiges du Ksar-el-Barka dans l'oasis de Tidjikdja au Tagant nous montrent les archaïques et surprenantes méthodes de construction (2).

Enfin, c'est à travers tout le Sahara et le Soudan, du Figuig

---

(1) Je rappellerai que dans la partie archéologique de cette étude j'ai également signalé la corrélation existante entre les sépultures dans Haounets et dans dolmens naturels de la Tunisie et les sépultures découvertes dans les monts Hombori et Bandiagara.

(2) Les maisons voutées à toitures carénées de Matmator, que nous voyons dans les « rhorfor » de Médenine semblent également avoir une origine asiatique car nous en retrouvons des modèles dans l'architecture des primitives civilisations Assyrienne. Monsieur E. Babelon dans son *Manuel d'Archéologie Orientale* (Quantin éditeur 1888) donne page 68 la reproduction d'un bas relief du musée britannique, fig. 39 « un groupe de maison à voute et à cou-

Fig. 187. — Greniers à céréales (Kroukrous à mil)
construits au sommet des éboulis de la falaise de Kani-Komboolé.

Fig. 188. — Tireli. Village au pied de la falaise
de Bandiagara (versant Sud).

Fig. 189. — Village de Kori-Kori.
Plateau de Bandiagara.

Fig. 190. — Village de Nigari.
Plateau de Bandiagara.

et du Touat jusqu'à Kong en passant par Agadez, Tombouctou et les villes nigériennes cette même répétition de méthode
de construction et d'idées architecturales que nous voyons
surgir avec tous les minarets des mosquées, tours rectangulaires, ou dômes ovoïdes surélevés : marabout de la Zaoviet
Kountah, marabout de Méraguen et sanctuaire des Sebaïn
Salah au Tidikelt et au Touat, tour d'Agadez, minarets des
mosquées de Tombouctou, dômes ovoïdes et ornementations
coniques des mosquées de Sansanding ou de Kong. Tous ces
monuments semblent jalonner, à travers l'Afrique saharienne,
la marche des peuples civilisateurs qui, partis des rives de la
Méditerranée, vinrent à une époque lointaine organiser le
Soudan.

XXVI. — Arts et industries

Les Habbés ne sont pas plus spécialement forgerons, potiers
ou tisseurs de profession qu'ils ne sont pêcheurs, chasseurs
ou agriculteurs, mais occasionnellement pendant la saison
sèche ils exercent tour à tour chacun de ces métiers.

Ils font preuve d'un véritable goût artistique dans l'architecture de leurs constructions et dans l'ornementation de leurs
monuments par des sculptures sur bois et des modelages en
haut-reliefs, et se montrent des plus habiles dans la fabrication de leurs masques, qui ne manquent pas d'expression.
Ils se dévoilent surtout ouvriers experts et délicats dans leurs

pole, qui rappelle ces constructions. » Nous retrouvons chez les Habbés ces
mêmes constructions voûtées et a coupole ovoïdes dans les ruines curieuses
conservées, les grottes du ravin ds Laoura Touré à 15 kil. de Douentza.

étonnants bijoux fondus à cire perdue ou fabriqués au filigrane.

Si tous les Habbés organisent par villages des expéditions
vers les gisements miniers pour retirer le minerai et le préparer en lingots suivant la méthode catalane, ils ne fabriquent toutefois dans leurs familles que quelques instruments
courants, laissant à certains individus le soin de se spécialiser
dans les travaux délicats, la réparation des armes, et la confection des bijoux.

. A ces individus libres viennent s'ajouter des familles
d'artisans, chassés de la plaine par les envahisseurs, les *Sama-
Segou*, les *Dions* et les *Noumous,* parents et alliés des *Korongoï* pêcheurs.

Les bijoux filigranés cuivre, argent ou or des Habbés
sont du même genre que ceux fabriqués par tous les forgerons
noirs et semblables aux parures du trésor d'Amadhou (1),
que conserve le ministère des colonies.

Ce travail au filigrane a été pratiqué dès la plus haute
antiquité, dans tout le bassin oriental de la méditerranée,
puis importé en Espagne par les Maures et en Italie par les
Vénitiens.

Quant aux bijoux fondus à la cire perdue, (bracelets,
bagues, manche de canne, poids emblèmes, animaux, clochettes), ils sont surtout connus en Europe par une série de
figurines du même genre rapportées de la côte d'Ivoire, et
servant de poids à peser l'or. Ces figurines représentent les
animaux totems et les emblèmes des diverses familles Nda ;

---

(1) Au ministère des Colonies ; bijoux capturés à Ligon après la prise
de cette ville.

Fig 191. — Constructions Habbés, (Types divers).

Fig. 192. — Motifs décoratifs de portes d'entrée et d'autel du feu.
Emblèmes de la Triade divine.

Fig 193. — Décoration des Koris-Koris à mil et panneau décoratif
dans un vestibule de maison Habbé (Hauts reliefs).

Fig. 194. — Signes, emblèmes, marques de reconnaissance,
employés comme ornements.

Fig. 195. — Un campement d'Européen dans la brousse
(El Oualedji, 1904).

Fig. 196. — Un campement sur la route de Zinder à Dori.
Une case Songoï (Lieut. de Saqui-Sannes).

elles seraient donc très intéressantes à étudier pour l'ethnographie de ces populations.

Dans cette industrie métallurgique les forgerons indigènes
sont arrivés à une perfection étonnante, que l'on ne pouvait
attendre du grossier outillage dont ils disposaient.

La poterie, contrairement à ce qui se passe dans la vallée
nigérienne, est fabriquée, sur le plateau Habbés, indifféremment par les hommes et par les femmes.

Modelée en forme variable, depuis les grandes jarres destinées à contenir la provision d'eau du ménage, jusqu'aux
minces coupelles où l'on place le gris-gris de famille, elle est
cuite en tas, à la volée, après avoir séché à l'ombre. Quelques-
uns de ces vases, ainsi que les pipes, sont ornés de dessins
linéaires grossiers, puis vernissés avec une mixture obtenue
en broyant les fruits et l'écorce d'un arbuste nommé soun-
soun).

La terre est broyée, pétrie, et modelée sur une natte
ou une peau ; toutefois j'ai vu souvent employer, comme
chez les Korongoï du Niger, un tour primitif formé par une
cuvette de terre à fond très arrondi, et mis en mouvement à
la main.

Plusieurs formes de ces poteries présentées sur les marchés
de la montagne, rappellent, en plus grossier il est vrai, le
type des poteries des Tumuli.

Le tissage des étoffes de laine ou de coton est une des industries les plus développées chez les montagnards Habbés.
Elle est réservée aux hommes, et chaque famille possède son
métier, il n'est même pas rare de voir certains chefs Hogons
tisser leurs vêtements.

Les Habbés tissent des étoffes unies ou en couleurs, teignant eux-mêmes les échevaux filés par les femmes, ou les pièces fabriquées. Leurs procédés de teinture et les produits végétaux sont ceux en usage chez toutes les populations noires. Les cotonnades qu'ils fabriquent spécialement sont des pagnes à bordures rouges « sanfiti » et à grandes rayures blanches, semblables aux pagnes de Segou, qu'ils font vendre sur tous les marchés nigériens.

Mais ils tissent surtout des lainages remarquables, ces « kassas » de laine blanche, comportant en leur milieu un dessin noir très archaïque, qui servent de vêtements préférés aux bergers Foulbés ; ils confectionnent également comme dans le Tioki et l'Aharani près de Goundam. ces belles draperies, à dessins variés noirs, sur fond bleu et rouge, tentures que les peuples berbères algériens fabriquent à peu près semblables dans leurs villages de Kabylie et du grand Atlas.

Pendant les heures chaudes du jour, en saison sèche, lorsque les jeunes gens chassent, font du commerce, ou se livrent à une industrie plus pénible, les femmes, dans leurs maisons, égrènent le coton et le filent, puis préparent du savon ou des pains d'indigo, tandis que les hommes âgés, sous les abris des places publiques, se livrent, en causant, à une multitude de petits travaux : ouvrages de vannerie, confection de corbeilles, ou de chapeaux, fabrication d'instruments divers, et tannage des peaux.

En effet, ils savent habilement préparer les peaux en les tannant soit avec le noyau du raisin soudanais (*Cissus Ampelocinus*) soit avec le fruit de l'acacia vereck. Ces cuirs assouplis, puis colorés, servent à fabriquer tous ces menus objets

qui, dans les autres régions soudanaises (1), restent une industrie exclusivement réservée aux gens de caste : les Gara-sa
ou Sa-nké.

La caste des griots, ou chanteurs-musiciens attachés à la
personne des chefs, n'existant pas chez les Habbés, ce sont
les jeunes gens des associations qui accompagnent les chefs
religieux en jouant du tambour, de la trompe, du sifflet et de
la flûte pendant les cérémonies religieuses ; ce sont eux également qui se dévouent à tour de rôle pour faire danser, le
soir, filles et garçons au clair de lune. Ils se réunissent souvent en nombre pour jouer en deux parties des airs qui ne
manquent pas d'un charme barbare mais dans lesquels la
phrase musicale très courte se répète indéfiniment sans
grande variante. Dans ces montagnes, à part les trompes,
les flûtes, les sifflets et divers tambours, je ne me souviens
pas avoir remarqué d'instruments à corde ni de balafon, pourtant répandus dans les plaines de l'Ouest soudanais.

Les danses des jeunes gens le soir au clair de lune ne res-
remblent nullement aux danses funéraires qui doivent mimer
les événements marquants de l'existence du défunt, ni aux
danses sacrées des fêtes religieuses qui sont rythmées, caden-
cées et exécutées avec ensemble par tous les jeunes gens.

La jeunesse des deux sexes prend part à ces fêtes de nuit.
Un garçon et une jeune fille se poursuivent tour à tour en
pirouettant aux sons du tam-tam (tambourin et flûte), dans
un cercle de femmes frappant des mains en cadence et en
chantant en cœur de longues mélopées tantôt gaies, tantôt
tristes.

(1) Voir les détails donnés sur ces industries par le Dr Ruelle dans son
Etude des populations noires de la Boucle, *Anthropologie*, t. XV, n° 6,
pp. 692-693.

XXVII. — Coiffures, parures, tatouages

L'instinct de la coquetterie, le goût de la parure et des bijoux que l'on s'accorde généralement à reconnaître très prédominant chez la femme se montre tout aussi développé chez les jeunes gens Habbés. Ils partagent d'ailleurs cette tendance avec les jeunes nomades Maures-Touaregs et les jeunes pêcheurs Sorkos. Comme eux, jusque vers l'âge de trente ans, les Habbés portent leurs cheveux longs frisés et flottants autour d'un petit cimier de casque conservé sur le sommet de la tête. Ceux d'entre eux qui, trop métissés, ont des cheveux courts et crépus n'hésitent pas à se garnir la tête de fausses nattes. Tous portent autour du front une couronne de cauris, autour du cou des colliers d'agathe et d'opale, autour des bras et des doigts, des bracelets et bagues de cuivre, de fer ou d'argent ; comme tous les Soudanais ils se parent de nombreux petits sachets de cuirs ouvragés contenant des gris-gris et des amulettes, enfin portent à leur ceinture des couteaux à grains de cuir très pomponnés.

Pendant leur enfance ils sont vêtus d'une très large « fila » flottante ornée de pompons. Cette robe fendue sur les côtés, est remplacée vers 15 ans par le pantalon touareg tombant sur le coup de pied, et une « dalmatique » boubou très court orné de franges et de soutaches le long des ouvertures latérales. Les jeunes gens portent tous alors, placé sur l'épaule, un petit corbin de bois sculpté ou une hachette casse-tête nommée « sofa » qui est en quelque sorte l'arme nationale. Quelques-uns d'entre eux promènent un sabre dans le genre de ceux des Touaregs ou une lance Foulbe ; mais ils ne pren-

Fig. 197. — Pêcheurs Bozos du Bani.

Fig. 198. — Pêcheurs Sorkos ayant harponné un hippopotame.

Fig. 199. — Pêcheur Sorko-Korongoï.

Fig. 200. — Pêcheur Sorko-Korongoï
sur les bords du Niger.

nent leurs fusils ou leurs flèches que lorsqu'ils craignent une attaque ou entreprennent un voyage.

Les fillettes sont nues jusqu'à l'âge de 8 à 10 ans, moment où elles adoptent le costume des femmes : un pagne très court ne dépassant pas les genoux et un châle (sanfiti) dans lequel elles se drapent le haut du corps ; les boubous flottants n'étant en usage que dans les villes.

Les cheveux sont tressés et coiffés en cimier de casque que prolonge sur la nuque un catogan et sur les côtés des cadenettes. Dans cette coiffure sont disposés des perles, des bijoux de cuivre, d'argent ou d'or.

Cependant peu d'entre elles arrivent à lutter avantageusement avec la coquetterie des femmes Foulanes-Kri-Habbés de la région dont la coiffure est un grand cimier tout scintillant d'opales de grenats et d'agathe. Toutes les femmes Foulbés adorent d'ailleurs les pierreries, l'ambre, les bracelets de cuivre forgé ou fondu, énormes, qu'elles portent aux poignets aux bras et aux chevilles.

Les femmes Habbés portent bien ces mêmes bracelets de chevilles et de poignets, mais ceux des bras sont le plus souvent des cercles de bois superposés les uns sur les autres au-dessus des coudes.

Leurs boucles d'oreilles (1) se composent de trois ou quatre cercles de métal fixés tout autour du lobe de l'oreille ; comme à Tombouctou elles portent également une bague ouvragée accrochée à une narine ou à la cloison du nez, et même dans

---

(1) Les boucles d'oreilles, portées à Goundam, Tombouctou et dans la région lacustre nigérienne, rappellent exactement les pendants d'oreilles phéniciens reproduit par M. E. Babelon dans son *Manuel d'Archéologie Orientale*, p. 310, art phénicien et cypriote.

les monts Tingué au-dessus de Bamba la lèvre inférieure est souvent ornée d'une bague lisse d'or ou de cuivre doré.

Arrivés à l'âge de 40 ans, aussi bien chez les Habbés que chez les Berbères et les Sorkos les hommes abdiquent toute prétention à l'élégance. Ils se font raser complètement la tête, adoptent les grands boubous flottants, abandonnent leurs colliers et bracelets, ne conservant que les bagues, et enfin échangent leurs armes contre le bâton sculpté du vieillard respectable, membre du Conseil des anciens.

Cependant tous portent au bras au-dessus du coude un bracelet en marbre de Hombori ; cette parure inconnue des gens de l'Ouest a été adoptée par toutes les populations de la région Nord, Sorkos et Bosos, Gabibi, Markas, gens de Tombouctou et de Djenné et même par les Touaregs et les Maures. Ces populations d'origines différentes ont aussi toutes adopté le même tatouage dit des « fils de Tombouctou » consistant en trois petits points bleus placés sur le front à la naissance du nez et répétés aux coins des yeux sur chaque tempe. Nous sommes tentés de voir dans ces coutumes les signes de reconnaissance liant les membres d'une ancienne confédération ; et ce qui semblerait confirmer cette hypothèse c'est de voir les populations Habbés abandonner peu à peu les mutilations ethniques récemment imposées par des peuples conquérants, dont l'influence a disparu depuis notre arrivée. C'est ainsi que dans le Sud se perd l'usage de limer les dents en pointes, importé par les Mossi-Samos et que dans la plaine lacustre les trois grandes cicatrices, insignes imposés par les Couloubali ne sont plus appliquées dans les tribus non Bambaras.

XXVIII. — Cosmographie. Divisions du temps. Saisons. Numération.

Les facultés intellectuelles de ces populations Gara paraissent assez développées ; leur imagination est vive et leur langage imagé.

La mémoire surtout paraît très intense, car ils conservent toute leur vie le souvenir de leurs parents morts, des événements importants auxquels ils ont assisté, et leurs vieillards racontent avec fidélité les légendes et les lointaines traditions. Toutefois leur intelligence semble ne devoir que tardivement aborder les questions abstraites. Avant de bien connaître leur langue très complexe, basée sur le Sarrakolle, il nous sera d'ailleurs très difficile de nous faire une idée exacte de leurs connaissances métaphysiques et des conceptions qu'ils se sont faites de la cosmographie mondiale.

En effet chez les Habbés, il existe des notions d'espace, un système d'organisation céleste, une connaissance de la marche de certains astres et une division du temps ; mais ces idées nous apparaissent confuses, variables suivant les individus et surtout très imprécises. Elles nous sont, en outre, très imparfaitement transmises par des interprètes incompétents.

Voici les quelques vagues notions qu'il m'a été permis de recueillir pendant mon séjour dans les tribus du plateau nigérien.

Le monde, d'après un vieillard de Bankassi, se composerait de sept régions célestes et de sept régions terrestres portées sur le dos d'un bœuf. Parmi les quelques constellations connues qui peuplent les cieux et servent aux prédictions des

Hogons, se trouvent un groupe d'étoiles brillantes nommées
« *atalfa* » (1) sur le fleuve et « *Touleï diangon* » dans la
montagne, dont l'apparition est attendue avec beaucoup
d'anxiété par tout le peuple. Car lorsque ces astres lumineux
surgissent vers l'Est pendant la lune de « *Goura-Keou* »
(mois de juillet) on peut se préparer à la fête des semailles,
l'hivernage suivant toujours l'ascension de cette constellation
dans le ciel.

L'étoile polaire est également connue d'un grand nombre
de vieillards qui la dénomment « *denia siggi* », ou « *siggi-
hire* » ou même « *gangui* ». C'est, disent ils, la colonne qui
soutient le toit de l'univers en s'inclinant légèrement tous les
trente ans ; aussi lorsque cette colonne s'écroulera ce sera la
fin du monde.

Les éclipses de soleil se produiraient, d'après les mêmes
vieillards, lorsque le soleil rencontre sur sa route la lune et la
saisit. C'est alors un signe de grande joie car les humains assis-
tent à la rencontre des principes mâle et femelle de la
divinité qui engendrent les forces de l'univers.

Sur le fleuve au contraire les populations sont persuadées
que les éclipses sont dues à un animal, un chat, qui cherche
à dévorer l'astre céleste. Aussi pour effrayer cet animal on se
livre à un infernal tam-tam, accompagné de coups de fusil,
de cris, de pilage d'eau dans un mortier à broyer le grain,
jusqu'à ce que le phénomène céleste ait pris fin.

La division du temps est faite d'après l'évolution lunaire et
le mois porte le nom de la lune *Keo* (*Keou-kiou-ého-oh-ohé-
oha*).

(1) Ce sont, je crois, les Pléiades.

Ce mois lunaire comporte cinq semaines de six jours. Les jours de la semaine ne reçoivent pas de noms particuliers, ils sont désignés dans chaque canton par le nom du village dont le marché se tient ce jour là. Sur ces six jours, cinq sont dus au travail ou à la communauté. Chacun dispose du sixième à son gré : c'est le « Repos ».

Les Habbés différencient parfaitement la journée de 24 heures (*lougoulé*) du jour proprement dit « *nale* » ou « *iguidia* » (lumière).

Les différentes divisions de la journée sont :

Lougoule : la journée.

Le jour
Iguidia

1° le matin : aga ou ibéoro en Mossi.

Iguidia, 5 h. du matin, la lumière.

Iguidia-Boula ou Aganon-Dimbé de 8 à 10 h.

2° midi : Iguidia dindin ou naletigue ou oueïdinga.

3° après-midi : 2 h. Iguidia tohe guele.

4 h. Daganou ou Digna.

La nuit se nomme suivant les régions Nianga, Yanga ou Ioungo au Mossi ; elle comprend :

La nuit
Yanga

1° le crépuscule : 5 h. Nonon lougousson.

6 h. Nounouleij.

2° la soirée : 9 h. Dayadie.

3° minuit : Niangatara ou digue tanga.

4° le chant du coq : 3 h. Koko, Kauke, Kouni. Si le coq chante avant ce moment c'est l'indice qu'une fillette est allée retrouver son bon ami.

5° l'aube : 4 h. Aga yougou.

L'année lunaire se compose de douze lunes qui sont numérotées : 1re lune, ohe ti ; 2e lune, ohe beij, etc., de même les jours se dénomment : le 1er jour de la lune, oha lougoule ti ; le 2e jour de la lune, oha lougoule leij, etc...

Dans certaines provinces plusieurs de ces mois ont reçu des dénominations locales, ainsi les mois de la saison sèche s'appellent : les pieds chauds ou lunes du sable brûlant ; le mois des tornades sèches : la lune de ferme ta bouche ; le mois des semailles : la lune où il faut activer le travail ; le mois des grandes fêtes : la lune des ventres pleins, etc., etc.

Ces mois sont groupés en saison de deux manières différentes selon que les travaux des champs ou les phénomènes athmosphériques ont été pris comme base de la division. En général l'année commence à la lune qui suit la récolte du petit mil, c'est-à-dire vers décembre.

La division des saisons d'après les travaux des champs comprend :

1º Les lunes de repos : décembre à juin ;

2º Les lunes de semailles : juin à septembre ;

3º Les lunes de récoltes : septembre à décembre.

D'après les phénomènes athmosphériques les saisons sont :

1º Le froid	Décembre Janvier Février	Niouniou, Nioubouleg, Hieme, selon les dialectes indigènes.
2º La chaleur	Mars Avril Mai	Hogou, Nounou bene clisso ou Nanouma.

3º Les pluies ⎰ Juin
⎱ Juillet   Dogondo ou Guinga.
⎱ Août

4º Le calme ⎰ Septembre
ou les récoltes ⎰ Octobre   Paragoro.
⎱ Novembre

Les songhoï de Tombouctou et de Djenne divisent les saisons à peu près de la même manière.

18 novembre : Foufou, le froid ; 1er février : Fata Fata ;
5 avril : Koron, la chaleur ; 3 juin : Keydia, l'hivernage.

Quoique ces indigènes connaissent les points cardinaux et
les utilisent quelquefois pour sé diriger dans leurs voyages
ils ne leur ont jamais donné de nom particulier.

Dans chaque région ces positions astronomiques prennent
le nom du pays des populations ou des royaumes qui se trouvent dans leur direction.

C'est ainsi qu'au village de Boumbou (Gondo).

Le Nord est désigné par Tombo-daka : dans la direction
des monts Tombo.

Le Sud est désigné par Modio-daka : dans la direction des
Mossis.

L'Est est désigné par Dian-daka : du côté d'où vient la
pluie vers le village de Dian-kabo.

L'Ouest est désigné par Tingue-daka : vers le pays de
Tingue.

Numération. — Les Habbés savent compter jusqu'au mil-
lion et emploient un système décimal semblable à celui en
usage chez les Sarrakole et les Foulbés soudanais.

Voici dans les différents dialectes de la région cette numération, qui n'est jamais écrite. Ces indigènes ignorant les

chiffres se servent seulement dans leur calcul de lignes tracées sur le sol.

Numération des peuples noirs soudanais

	Foulbes	Sarakolle Wakore	Pignari Nononkés Malinkés	Tombos			Somonos Korongol Bozos	Songhoï Tombouctou	Mossi	Bambara
				N. Dogoms	Tingue	Houmbo				
1	Goo	Bane	Tida	Ti-ou Kele	Ti	Tiro-Kepe	Sann	Fo	Ye	Kele
2	Didi	illo	nega	ley	ley	leyrou	pende	hinka	ihou	Foula
3	Tati	siko	tando	tando	tando	tando	siko	india	Tando	Saba
4	Nahi	nahato	kedio	nahi	nahi	nase	nataho	taki	nase	nani
5	Diol	karago	nom	no	noune	nouhi	kaogo	higou	nou	dourou
6	Diegon	toumbo	kourey	koley	kourey	kouey	tourni	iddou	yobe	oulo-oula
7	Die-didi	nierou	soule	sol	se	soe	ioni	ye	yo-poï	segui
8	Die-tati	seckou	seli	gɔgara	sila	gara	secki	yaha	ni	Kolonta
9	Die-nahi	kabo	toua	tougo	toua	lahoua	kabi	yaga	ouei	nita
10	Sappo	Tan-bou	Penou	Pen	Pero	Pero	Temi	Awe	Piga	Ta
11	Sappo-i-goo	—	—	Pen-lo-segue Pene-ley-seg.	—	Perou touro Seko	—	waranka	Pisi	—
20	Noga	Tan-illo	Tanouno	Pency	Peloy	Peloy	Tane nade Tanlmolemi-seko	—	—	Mora
21	—	—	—	Pene-lo-segue	—	—	—	—	—	—
30	Tispan-tati	—	Tando-peno	Pen-ando	Pelando	—	Tannata ou Debe	we-laki	Pistan	moranita
40	Tiapande-nahi	—	Debene	Pennahl	—	—	Debe-Teml	—	pisinase	Debe
50	Tiapande-diot	—	debi-peno	Pennô	Penouno	—	Tanema-siko	—	—	Debenta
60	—	—	—	Pen-Kouley	Per-Kourey	Pesol	ioro lemi-aka	—	—	—
70	—	—	debe tando	Pen-sol	Peso	Pongara	ioro	—	—	Debe-mora
80	—	Tan-sectou	Tansigue	—	—	Pen-nahoüa	—	—	—	Keme
90	—	Tan-kato	—	Pen tougo	—	Ke Soun	—	—	—	—
100	Tomerdé	Kamou	Teɉene peno	Ke-Soun	Ké-Soumgo	—	ioro	Diongo	Kobega	Kome
110	Tomerdé didi	—	—	—	—	—	ioro pende	—	—	—
200	—	—	—	Soun-ley	Soungo-ley	Sougou-ley	—	—	—	—
300	—	—	—	Soun-lando	—	—	—	—	—	—
1.000	Oadjounere	Oudjouno	—	Moniou	Moniou	Moniou	Moussou	Diomber	Toussouri	—

XXIX. — Littérature.

Toutes les populations noires soudanaises possèdent des légendes et des fables ; mais seules, les populations arabisées ont une littérature écrite à leur disposition.

, Comme nous le dit si bien M. Maurice Delafosse dans son étude sur les Libériens et les Ba-oulé :

« La légende est l'histoire des peuples qui n'ont pas d'écri-
« ture. Le fonds en est constitué par des faits historiques et
« vrais qui se transmettent de générations en générations,
« mais chaque conteur y met du sien ; puis avec l'éloigne-
« ment, les faits prennent une allure surnaturelle, et le récit
« est devenu légende. Mais toute légende repose sur un
« fond de vérité qu'il faut chercher à démêler derrière les
« enjolivements et les exagérations qui sont venus s'y sur-
« ajouter ».

Aussi sera-t-il intéressant de recueillir et d'étudier toutes ces grandes légendes historiques, qui racontent, comme celle des « Faram », les exploits des grands chefs du Nord, Fondateur de Faram-Koïra (Sare-Faram), et organisateurs des confédérations de pêcheurs Sorkos, Songoï et Bozos (1).

Mais si les légendes sont l'histoire des peuples qui n'ont pas d'écriture, les fables et les proverbes sont leur morale.

---

(1) C'est probablement à ces Faram ou Far, chefs préhistoriques de populations descendues lentement du Nord, que nous devons la confusion de nom avec les Pharaon d'Egypte, à qui on attribue une visite à Bourrem, le passage dans les défilés des monts de Bandiagara, vers Kiro-Borko. nommé le col de Pharaon, et l'organisation d'une troupe de danseuses et de magiciens tiré de Koukia. Ce titre de Far dont Farmaga est l'origine a été conservé par de hauts dignitaires dans toute l'histoire Soudanaise.

Nous avons eu au moyen âge, en France, le roman du
renard, les populations nigériennes ont le « Roman du
Lièvre », qui personnifie la ruse, la roublardise, le triomphe
des petits sur les forts et les puissants.

« Le soir au clair de lune, ou après l'étape autour du feu
« qui réchauffe, chacun à son tour conte les légendes des
« temps passés qui instruisent et font penser, ou les fables
« qui font rire et donnent à réfléchir.

« Les narrateurs ont en général un réel talent; ils miment
« leur récit d'une façon remarquable, prêtant à chaque per-
« sonnage un langage et une intonation qui lui sont spéciale-
« ment affectés. Les récits sont émaillés de couplets, de jeux
« de mots, de proverbes et de gauloiseries; ils constituent de
« véritables récréations intellectuelles ».

Ces légendes et fables indigènes présentent toutes un inté·
rêt considérable pour l'étude des coutumes, des mœurs et des
traditions soudanaises.

Pour confirmer le mode de formation des groupements et
des confédérations, pour expliquer le culte des génies protecteurs, des animaux-emblèmes des familles et des tribus, enfin
pour montrer les affinités méditerranéennes de la civilisation
nigérienne, Je crois donc devoir donner ici une partie de
l'épopée légendaire de Faram, que M. Dupuis-Yakouba voulut bien me recueillir chez les pêcheurs du fleuve des noirs.

Ces légendes ont déjà reçu une aimable hospitalité dans
la *Revue des Traditions populaires*, dirigée par M. Paul
Sébillot.

XXX

LÉGENDES DE FARANG

INTRODUCTION

Lorsque chargé par l'Académie des Inscriptions et Belles-Lettres d'une mission archéologique et ethnographique dans la Boucle du Niger, je quittais Tombouctou en novembre 1903, pour me rendre dans la région lacustre du Sud du Niger, encore peu connue à cette époque, M. Dupuis-Yacouba, interprète du gouvernement du Haut-Sénégal-Niger, voulut bien m'accompagner.

Pendant tout ce voyage, j'ai trouvé auprès de cet aimable compagnon de route le concours le plus précieux que l'on puisse imaginer, car Yacouba (c'est le nom sous lequel tous les indigènes soudanais connaissent M. Dupuis) est l'homme le plus charmant, le plus instruit, le mieux au courant des usages, coutumes et dialectes indigènes du Nord soudanais.

Auteur en grande partie de la grammaire Songhoy publiée par Mgr Hacquard des Pères Blancs, n'ayant pas quitté depuis plus de dix ans la région de Tombouctou, où il a su si bien faire apprécier par tous son inépuisable amabilité et sa haute compétence des choses du pays M. Dupuis s'est vu en même temps nommer par le Gouvernement interprète principal du Territoire militaire, et par les indigènes, qui le considèrent comme l'un des leurs, citoyen de Tombouctou, sous le nom de Yacouba. C'est le plus grand éloge que l'on puisse faire de lui et de sa science. Vivant de la vie d'un indigène à Tombouctou, et surtout aux environs de Kabara où il aime à aller se reposer en pleine campagne, sur les bords du grand Fleuve, au milieu des pêcheurs derniers descendants des primitifs Soudanais, Yacouba a pu recueillir en langue indigène avec leur forme particulière, un grand nombre de légendes, contes ou fabliaux. Ce sont ces poèmes que l'on narre le soir autour des feux de campements dans la brousse, ou que dans les réunions indigènes de Tombouctou l'hôte généreux offre à ses invités, avec le thé parfumé de menthe, déclamés par le « troubadour » en renom de la ville, accompagnant sa mélopée du son grêle de la guitare touareg.

Pendant mon séjour dans la Montagne chez les tribus Habbès, je fus frappé de la ressemblance des coutumes existant encore chez ces primitifs avec celles décrites dans les légendes des Pêcheurs que Yacouba nous narrait après l'étape pendant les longues heures de la soirée.

Je le priai donc de vouloir bien me traduire quelques-uns des récits qui composent son recueil de légendes, et principalement ceux ayant trait aux luttes des Sorkos conduits par leur chef Faram, contre les différents peuples envahisseurs du Soudan.

J'ose espérer qu'en dévoilant ces premiers récits légendaires, la modestie de M. Dupuis ne m'en voudra pas trop d'avoir révélé au public ses travaux et qu'il continuera au contraire la publication de ces documents si intéressants pour la connaissance des mœurs, de la littérature et de l'histoire des pays soudanais. Toutes ces légendes se déroulent sur les bords du Niger, le grand fleuve des Noirs, dans la partie de

Cliche de la Société d'anthropologie.

Fig. 201. — Types de pêcheurs Bozos, du Niger et du Bari.

Fig. 202. — Pêcheurs Songhoï du village de Bentia.

Fig. 203. — Pêcheurs Bozos portant la coiffure de Djenné semblable a celle des Apolloniens du golfe de Guinée.

Fig. 204. — Femmes et filles de pêcheurs Bozos devant leur case de campement sur une dune de la région lacustre, préparant le poisson sec et la viande d'hippopotame boucanée.

son cours qui s'étend de Djenné et du lac Debo à l'Ouest jusqu'aux grands rapides de l'Est vers Say et Boussa.

Nous y voyons décrites les mœurs, les relations et les luttes
d'une tribu de pêcheurs conduite par son chef, *Faram* ou
Farâng, avec les différents envahisseurs de la région : les
Belle -- ou Bellahs, tribus noires vassales des confédérations
touaregs, puis avec les gens de la confédération du Gondo,
du Korarou, de la Hyène... etc..., etc.

Ces Sorkos formaient une tribu de pêcheurs, fraction à un
moment donné du peuple Songhoï, qui reçoit sous son
commandement les villes de Djenné, Tombouctou et Gao.

Ils se prétendent les descendants directs des aborigènes
du pays. Ce sont des noirs presque orthognathes, ressemblant
assez aux Ethiopiens des tribus Nilotiques.

Etablis dès la plus haute antiquité sur les rives du Niger,
ces indigènes eurent à lutter constamment contre des invasions de peuples nouveaux attirés par les terres verdoyantes
et irriguées de la vallée du Fleuve, Pasteurs Foulbés ou Berbères descendus des steppes désertiques du Nord, Trappeurs
noirs prognathes sortis des lisières de la Grande Forêt du
Sud.

Actuellement les descendants de ces primitifs nigériens se
sont réfugiés soit dans les îles du fleuve (Bozos, Sorkos) soit
dans les sites inaccessibles des montagnes du Plateau Central
Soudanais (Tombo, Oumbo, Habbés). Et seules ces légendes
et traditions orales permettent de retracer leurs grandes luttes
du passé.

En transcrivant ces légendes, M. Dupuis-Yacouba a conservé fidèlement dans sa traduction les tournures indigènes.
Les noms propres des individus et des groupements ont

été orthographiés littéralement selon la prononciation des
Pêcheurs Sorkos. De ce fait, les mots et les noms Maures,
Berbères ou Tamachek nous apparaissent avec une allure
toute différente de celle que nous leur trouvons habituellement. C'est l'inverse de ce qui s'est produit dans le Tarick-
es-Soudan où nous recherchons avec peine les noms des noirs
très difficilement transcrits et rendus en caractères arabes.

LES LÉGENDES DE FARANG ROI DE GAO

Recueillies par M. Dupuis-Yakouba

(Fragments)

I

FARANG ET FATIMATA-BELLE

§ 1. — FATIMATA-BELLE

Fatimata-Belle (1), esclave des Kalinokounder, des Kelennasara, des Keltegosma, des Kelhehaggaren, des Mittisen,

(1) L'orthographe des noms « propres » est celle qui se rapproche le plus
de la prononciation littérale indigène noire. Belle = Bellah et signifie un
noir tributaire ou serf des Touaregs. Fatimata-Bellé est prise ici pour
l'ensemble des tribus bellahs.
De même le nom des tribus nobles touareg ou berbères. — Kelino-Koun-
der, Tendjeredef, Agawadaren, Kelantasar, etc., s'écrit le plus souvent :
Kel-NIKounder, Tengueriguif, Igouadaren, Kel-Antasar, etc , etc.

des Tendjeredjef, des Agawaddaren, des Houbibi, des Lenchar, des Telamakhtou, des Kelantasar, habitait le Gourma. On n'avait jamais vu une femme aussi grande. Une année de sommeil comptait pour une nuit. Elle avait trois fils, chasseurs d'éléphants et d'antilopes. A chacune de leurs chasses ils tuaient 300 éléphants d'une seule main.

FARANG-BER

Faram-ber habitait Gao ; il parcourut toute la terre sans y trouver son égal. *Albarka Babata*, son esclave, n'avait pas non plus son pareil au monde.

KOBÉ-TAKA

1° *Sa jeunesse.*

Cette Belle habitait donc le Gourma au moment de la naissance de Kobé-taka, fils de Farañg-ber. Il régna dès la mort de son père, arrivée au moment de sa naissance. Il n'était encore qu'un enfant au milieu des Sorko, ses sujets. Sa mère manda le chef des Sorko et lui dit : « Procure-toi pour Kobe-taka un peu de fer et fais-lui fabriquer un petit javelot, afin qu'il puisse s'exercer à la pêche, car un Sorko qui n'apprend pas à manier le harpon dès sa jeunesse ne saura pas s'en servir quand il sera grand. »

Les Sorko se réunirent et prenant 4.000 pamparam (morceaux de fer ayant la forme d'un poisson et livrés ainsi dans le commerce) en fabriquèrent une lance ; ils coupèrent trois grands roniers, les assemblèrent et en firent la hampe.

Un jeune Sorko était assis au milieu d'eux ; ceux ci lui
dirent : « Voici le harpon, va le montrer à ta mère, Innamoy ».
L'enfant le prit et s'en alla. Innamoy donna le harpon à son
fils et lui dit : « Kobé-Taka, voici ton harpon ! » Kobe-taka
le souleva et le jetant à terre se mit à pleurer : il dit à sa
mère : « Si mon père (que Dieu ait son âme) était vivant, il
m'aurait dit : Prends cette aiguille et fixe-la à une paille ! » —
Sa mère lui répondit : « Cela est vrai ! mais ce que les Sorko
t'ont donné, prends-le pour l'amour de Dieu ! »

Kobé-taka se mit à pêcher avec ce harpon. Il alla de village
en village en pêchant, il se nourrissait de sa pêche et ven-
dait le surplus. Son déjeuner se composait de cinq hippopotames. Quand il était rassasié, il disait : « Que Dieu maudisse
le jeune Sorko qui pêche avec un tel harpon ! » (Il en fut
ainsi jusqu'à sa mort, et il ne rencontra jamais son pareil.)

Un jour il revint à Gao trouver sa mère, et lui dit : « Je
m'en vais au loin ; je vais aller chercher quelqu'un à combattre ; celui qui me vaincra sera mon maître ! »

Il voyagea donc et à tous ceux qu'il rencontrait, il demandait s'il y avait quelque part quelqu'un de sa force. Partout
on lui dit que non. Il voyagea dans le Haousa et il trouva
là un jeune homme qui connaissait Fatimata-Belle.

Quand il demanda aux gens du pays s'ils connaissaient
quelqu'un de sa force ceux-ci lui dirent que non : mais un
jeune homme lui dit : « Si tu cherches quelqu'un à combattre, je t'en supplie ne va pas au Gourma, il y a là Akhali,
Ahambal et Bokholiten, les fils de Fatimata-Belle. » Kobé-
taka lui dit : « Est-ce qu'ils sont aussi forts que moi ? » Le
jeune homme lui dit : « Farañg-ber était un Sorko qui habitait Gao, il n'avait pas son pareil au monde : jusqu'à sa mort,

Fig. 205. — Un campement de Touareg.
Tentes de cuir sur une dune nigérienne.

Fig. 206. — Un campement de Bellahs (serfs Touareg)
en saison sèche aux environs de Bamba.

Fig 207. — Un campement de Foulbés nomades (Bari)
dans le Gondo (Plateau Central Nigérien).

Fig. 208. — Un campement de Poulo nomades du Barasara.
au sud de la falaise d'Irirelé.

il entendit parler de Fatimata-belle, de Akhali, de Ahambal
et de Bokholiten ; eh bien ! il n'osa pas se mesurer avec eux.
Que pourrais-tu faire, toi, jeune Sorko dont on ne connaît ni
le père ni la mère ? » Il lui répondit : « Eh bien, moi, j'irai au
Gourma ! »

2° *La rencontre avec Fatimata-belle*

Il passa donc au Gourma. Il descendit chez Fatimata-
belle ; il s'assit auprès d'elle et causa avec elle. Alors l'esclave de Fatimata-belle jeta à terre sa couverture. Un pan
de cette couverture tomba sur Kobe-taka et faillit l'étouffer ;
il se mit à crier, mais personne ne soupçonnait même qu'il
appelât. Alors qu'à Gao lorsqu'il criait on l'entendait jusqu'à Tigilem, jusqu'à Bawœni, jusqu'à Berregoungou. Il
criait donc sous la couverture et personne n'entendait des
cris.

Enfin Fatimata-belle se retournant s'écria : « Où donc est
mon hôte ? » L'esclave répondit : « Par Dieu ! je n'en sais
rien. » — Elle dit : « Donne-moi ma couverture que j'aille
le chercher. » Elle leva la couverture et le trouva dessous.
L'esclave s'écria : « Maîtresse ! ton hôte est là. » Fatimata-
belle lui dit : « Mon jeune hôte, d'où viens-tu donc ? » Celui-ci
honteux, n'osa lui avouer qu'il était là sous la couverture et
qu'il suffoquait, il lui dit donc : « J'étais couché, ici, sur
la couverture. » Elle lui dit : « Que cherches-tu dans le
monde ? » Il lui dit : « Je cherche quelqu'un à combattre. »
Elle lui dit : « Mes fils sont allés au bois, va au devant
d'eux. »

Il se leva et alla au devant d'eux. Il rencontra d'abord

Akhali et lui dit : « Grand frère ! laisse-moi t'aider, tu es
fatigué ! Celui-ci lui répondit : « Continue ta route, mon
jeune frère est derrière, va l'aider ! » Il passa, et alla à la
rencontre de Ahambal et lui dit : « Grand frère ! laisse-moi
t'aider, tu es fatigué ! » Celui-ci lui dit : « Passe ton chemin et
va aider mon jeune frère qui vient derrière » : Il s'en alla et
rencontra Bokholiten ; il lui dit : « Grand frère, laisse-moi
t'aider, tu es fatigué ! » Celui-ci lui dit : « Laisse, prends seulement mes sandales. » Kobe-taka fit tous ses efforts pour les
soulever de terre et ne put y réussir. De honte il s'enfuit alors
à Gao.

3° *Son mariage.*

Quand il arriva il dit à sa mère : « Ma mère ! » Innamoy
lui dit : « Kobé-taka ? » — « Je vais me marier, mais si
j'épouse une jeune « Belle », elle ne pourra pas se moquer
de moi, je t'assure ! » — Sa mère lui répondit : « Soit ! » —
Kobe-taka se maria. Quand sa femme fut enceinte, il dit à sa
mère : « Maintenant je vais aller combattre la Belle ; il faut
que je la tue ! »

4° *Deuxième voyage au Gourma. Sa mort.*

Il se prépare, réunit ses bagages, les mit sur sa tête et
partit. Il arriva au Gourma et entra dans le campement de
Fatimata-Belle ; il la trouva dormant à terre. Il se mit à la
frapper de sa lance depuis le matin jusqu'au soir. Sur ces
entrefaites ses fils arrivèrent et le trouvèrent en train de frapper leur mère (Quand celle-ci dormait elle dormait pendant

une année entière). Akhali le saisit par la nuque et lui brisa
la colonne vertébrale. Kobé-taka mourut donc au Gourma
et c'est là qu'il repose jusqu'à ce jour.

Expédition des Sorko contre Fatimata-Belle.
Leur défaite.

La nouvelle de la mort de Kobé-taka arriva à Gao. Les
Sorko s'assemblèrent en disant : « Voici une grande nou-
velle ! Que tous viennent ! Allons chez Fatimata-Belle ! allons
la tuer ; allons tuer Akhali, Ahambal et Bokholiten, ses fils !
Celui qui restera ici sera maudit ! » — « Jamais un Sorko n'a
pu tuer Kobe taka, pas plus qu'un Korencho, un Pagou, un
Djemoy, un Sabia, un Touroufo, un Kontabo, un Nabo, un
Sabo, un Djingaba, un Tanafo, un Sembe, un Koyta, un
Sanko, un Bilakoro, un Sego, un Tjébé (1) ; seule cette Belle
l'a tué ! »

Les Sorko, assis en conseil, lancèrent des imprécations contre la Belle : ils jurèrent que s'ils rencontraient Akhali, dut-il
s'envoler au haut des airs, ils prendraient leur vol à sa suite et
lui apprendraient qu'il n'est que le fils d'une Belle, d'une belle
des Mittisen, des Kalino-Kounder, des Kelelnasara, des Keltegosma, des Kelhehaggaren, des Tendjeredjef, des Agawaddaren, des Houbibi, des Lenchar, de Telemakhtou, des
Kelantasar, des Ewannada, des Kelhikiken (2). Tous jurèrent
ainsi à l'envi.

Ngasa, la femme de Kobé-taka vint à eux en poussant des

(1) Noms de familles de pêcheurs.
(2) Noms de tribus touaregs ou berbères.

cris de douleur et leur dit : « Mon époux a été tué par la
Belle, l'esclave du irow, du bois, de l'aworwor, du bisow, de
l'adarin, du gorboy (1), du sanga-sanga, du hasana ! c'est elle
qui l'a tué, l'esclave du darey ! Les Bambara n'avaient pas osé
l'attaquer, ni les Telemakhtou, ni les Foulbé, ni les Sorko,
ni les Mittisen !... » Elle énuméra ainsi tous les peuples.

Les Sorko se levèrent alors et jurèrent de se rendre tous
en Gourma. Puis ils s'en furent coucher. Le lendemain matin
ils partirent et se dirigèrent vers le Gourma. Ils rencontrèrent
le campement de Hayal et le ruinèrent ; puis ceux de Boud-
ladjii et de Gangani-Korto, ils les ruinèrent entièrement. Ils
détruisirent ces trois campements, puis ceux des Daga (2),
des Sourgou, des Kelantasar.

Quand Akhali apprit cette nouvelle à sa mère, celle-ci lui
dit : « Pourquoi restes-tu donc ainsi inactif alors que tu
entends dire que ces Sorko maudits, ces Sorko de Bamba, de
Bambakoura, de Wagay, de Wagaybougou, de Berregoungou, de Bellesao, ces Sorko qui mangent de la main gauche,
qui ne voient que de l'œil gauche, qui ne marchent que du
pied gauche, qui ne parlent qu'un mauvais langage, embrouillé
et incompréhensible aux autres peuples du monde, ont détruit
les campements de Gangani-Korte, de Boudjadji, de Hayal
ces trois campements sans pareils ? »

Alors Akhali se leva, — Ahambal se leva aussi pour le

---

(1) Noms indigènes des arbres de la brousse, car les Bellahs serfs récol-
tent du bois pour leurs maîtres. Ces noms indiquent également les membres
d'une ancienne confédération dont les emblêmes et signes de reconnaissance
(tannas) avaient été pris dans le règne végétal :

(2) Daga, touaregs vassaux ; Sourgou, touaregs guerriers ; Kel-Antassars,
tribu maraboutique.

suivre, — Akhali lui dit : « Ahambal, mon jeune frère, reste là, ce n'est pas même la peine que pour ce combat je prenne mon pantalon, ni mon javelot, ni mon sabre, ni ma lance. J'anéantirai aujourd'hui ces Sorko. Les Akili, les Akilidjou, les Segnanidgou, les Masagnani, les Abbamarabani (1), les Koda-Keyna-Koy-Kate-mkourabosi, les Meynagoungou-boñgo, les A-tafala-djangal les A-wa-na-tji-a-wañe, les Wa-na-tji-nga-alala, les Nda-ne-Kar-ga-ganda-wane-a-mabisa-ni-Kati, les Nda-ni-bisa-ga-dji-bara-a-ma-bisa-ni-bondles Nda-ni-bisa-ga-djiour-bara-a-ma-bisa-ni-Kousoæ ; sûrement ils apprendront que j'ai tué les Sorko aujourd'hui.

Akhali alla à la rencontre des Sorko ; il les trouva tous réunis ; il se jeta au milieu d'eux avec un bâton. Surpris, tous se levèrent et s'enfuirent ; il ne put en atteindre un seul ; mais il les chassa du Gourma (2) sur le Haousa (3) et jusqu'à Bamba.

Alors il s'arrêta. La troupe s'enfuyait toujours, il lança son bâton et en tua mille d'un coup. Il revint alors et dit à sa mère : « Si j'avais eu le temps de déjeuner ce matin, je serais allé jusqu'à Gao et l'aurais détruite ».

Les Sorko revinrent à Gao en disant : « Cette Belle ne peut être tuée que par celui qui l'a créée ».

---

(1) C'est pour les gens du campement de Akili, de Akilidjou, etc.

(2) Gourma, nom donné à la rive droite du Niger sur laquelle se trouvent les Etats de Gourma, où est encore aujourd'hui Fada-N-Gourma, dans le Haut-Dahomey vers Say.

(3) Haoussa, nom donné à la rive gauche du Niger, sur laquelle se trouvent les Etats haoussas.

FARANG-NABO

1° Sa naissance.

Les Sorko restèrent à Gao jusqu'aux couches de Ngasa. Elle mit au monde un garçon. On annonça cette nouvelle aux Sorko assemblés. Ils tuèrent alors des animaux et préparèrent tout ce qu'il faut pour la cérémonie de l'imposition du nom. Ils convinrent de lui donner le nom de son grand-père. On l'appela donc Farañg.

2° Son enfance.

Il resta couché sur des linges jusqu'à ce qu'il pût s'asseoir; puis il se mit à ramper sur ses mains; puis à se tenir debout; enfin il commença à marcher.

Il alla alors jouer avec les autres enfants. En jouant avec les enfants de Gao, s'il venait à se battre avec eux il cassait soit une jambe, soit un bras, en sorte que les enfants mécontents se mirent à lui rappeler la mort de Kobe-taka, son père tué par la Belle : « Elle n'était qu'une méchante esclave de Mittisen, celle-là ! »

Farañg, furieux, alla trouver sa mère et lui dit : « Ngasa, ma mère, je t'en prie, dis-moi la vérité, est-il vrai que la Belle a tué mon père? » Sa mère lui répondit : « Mensonge que tout cela ! ce sont des propos d'enfants ! Les Sorko n'auraient pu tuer ton père, pourquoi la Belle l'aurait-elle pu? »

Farañg se leva et sortit : Pourtant pendant un an encore les enfants se moquèrent de lui en lui disant que la Belle avait tué son père.

Son bateau.

Quand l'année fut écoulée, il dit à sa mère : « Bon gré
mal gré, demain j'irai à la forêt couper un petit arbre pour
en faire une barque. Un fils de Sorko qui n'a pas de barque
ne peut être digne et bien vêtu, il n'est rien ! » Sa mère lui
répondit : « C'est bien ! »

Farañg était encore enfant : sa mère se leva de bonne
heure, lui prépara neuf mesures de mil pilé (chaque mesure
est de quatre litres environ), et les mit dans une petite peau
de bouc.

Farañg partit de bonne heure à la forêt ; il prit sa hache
et son erminette et entra au milieu des doueygna et passa la
journée à abattre du bois. Le soir, il se coucha au pied d'un
arbre et s'endormit. Le lendemain il recommença à couper
des arbres jusqu'au soir, et ainsi pendant quatorze jours. Puis
il prépara le bois, il écorça les arbres, il en fit les bordages
inférieurs du bateau, puis les bordages supérieurs, puis le
fond, puis la poupe, puis la proue. Il mit ensuite toutes ces
pièces en tas et les laissa là. Il revint chez lui.

Il alla trouver sa mère : « Ngasa, ma mère, j'ai fait mon
bateau, aide-moi en me prêtant une scie ». Elle lui donna une
scie.

Farañg partit de grand matin à la forêt, il passa la journée
à couper des feuilles de palmiers-nains, et ainsi pendant quatorze jours. Il prépara ces feuilles et en fit des cordes. Quand
il eut fini, il revint à la ville. Il dit à sa mère : « Ngasa, ma
mère, j'ai coupé des feuilles de palmiers nains, et en ai fait
des cordes que j'ai déposées en tas ». Ngasa lui dit : « Va

trouver les gens de Gao, qu'ils t'aident ! tu as préparé le bois de ton petit bateau, qu'ils t'aident ! »

Farañg alla trouver les vieillards de Gao et leur dit : « Je suis venu vous demander l'aide des jeunes gens ; j'ai coupé du bois dans la forêt, en ai fait les différentes parties de mon bateau, aidez-moi à les faire transporter ici ». Ils lui répondirent : « C'est bien ! Nabonké, Sondjinabo (1), Soynakoledji nabo (2), fils de Kobe taka ! Que Dieu te donne autant de biens qu'il en avait donnés à ton père ».

Farañg s'en alla. Quand il fut parti, un vieux Sorko se leva et dit : « Que tout le monde vienne ! Ce jeune Sorko, s'il plaît à Dieu, nous vengera : les Sorko posséderont en paix Gao, Bamba, Bambakoura, Bamba-debesou... »

Ils s'en allèrent. Quand tous furent là, il leur dit : « Je vous en prie, aidez Farañg-Nabonke : il a coupé du bois, allez le chercher ». Les Sorko partirent. Tous réunis voulurent soulever la poupe du bateau, ils ne purent.

Nabonke était là ; il les regardait, alors voyant leur faiblesse : « Gens de Gao, dit-il, allons donc ! ce simple petit morceau de bois que j'ai façonné avant qu'il fût sec, vous ne pouvez pas le soulever ! » — Ils envoyèrent, à Gao, dire aux vieillards : « Envoyez-nous tous les enfants pour nous aider, car ce jeune Sorko veut nous faire transporter, non pas des pièces de bateau, mais des rochers. Les vieillards vinrent eux-mêmes s'en rendre compte en amenant les enfants. Tous les Sorko, réunis, parvinrent à soulever la poupe du bateau.

---

(1) Nom de famille signifiant fils de Nabo, descendant des Nabo du Serpent.

(2) Fils de la confédération de la Sounna Blanche (Soyna, Kole dji). La Souna ou Sunni, confédération des Senahadja.

Fig. 209. — Case de Foulbés de Kondi et de la région lacustre,
(Killi-Tioki).

Fig. 210. — Type de case de paille en forme de tortue,
adopté par les Foulbés du Farmagha Guimbala Farimaké
et de toute la région lacustre.

Fig. 211. — Un campement de pêcheurs Bozos sur une rive du Bani.

Fig. 212. — Case Bobo-Samos, creusée dans le sol et recouverte
d'un toit plat supporté par des piliers ;
dans le fond, grenier à mil à toitures coniques.

Ils lui dirent : « Farañg, tu ne finiras pas de coudre ton bateau
cette année, nous ne savons quand tu l'achèveras ». Farañg
leur dit : « Attendez-moi ! » Ils s'arrêtèrent. Farañg prit
toutes les pièces de son bateau, les plaça sur son épaule. Il
ramassa tous les débris de bois en disant : « Je vais les porter
à Ngasa pour allumer le feu ». Il prit encore les cordes et les
porta jusqu'à Gao. De plus, les porteurs de la poupe étant
fatigués en route. il avait pris la poupe.

En arrivant il plaça tous ses bois en tas dans la plaine et
arrangea un emplacement pour la construction du bateau.
Pendant quatorze jours il assembla les pièces avec ses cordes
jusqu'à ce qu'elles fussent finies. Il vint alors trouver sa mère
et lui dit : « Ngasa, ma mère, ma corde est finie ». Elle lui
dit : « Va trouver ton oncle et tu lui demanderas où est
Albarka-Babata ».

Il alla trouver son oncle « le harponneur » Tinamori-Farañg,
et lui dit : « J'ai déjà assemblé les pièces de mon bateau, mais
je manque de cordes pour la dernière couture ». Tinamori se
leva : « Gloire à Dieu et son prophète, dit-il, lui seul est
grand ! Farañgaka ! Dès ta naissance on t'a donné le nom de
mon père. Quand il vivait, il y avait une esclave, Fatimata-
Belle, dont le fils Akhali est ton ennemi. Celui qui t'a donné
la force de construire ton bateau, te fournira aussi les moyens
d'aller au Gourma combattre Akhali. Farañgaka ! Je vais te
donner tous les sortilèges et les piroguiers que ton père a
laissés en mourant ».

Alors il le laissa là. Il appela : « Albarka-Babata ! » Celui-ci
dit : « Voilà ! maître ! » Fomboragali ! — « Voilà ! maître ! »
— Kousoutelje ! Kousou-Djoumandi ! Hi-korembanoura !
Hi-bongo-mbanoura ! Fa-ma-Kautje ! Hikatou-djereDjongo !

Bouboulougadji ! (1) Ahmadou-Karankaran ! Asseyta-Bakari ! Koynsata-Bakari ! Hasey-ukandje-s'a-su ! Tjere-nda-tjere-Kati ! Tjere-nda-tjere-notangou ! Hi-kore-gafa-noni ! Hiboñgo-gafa-noni ! Venez tous ici ! »

Ils arrivèrent au nombre de 333. Il leur dit : « Allons ! je vois que notre race n'est pas encore éteinte et qu'elle ne s'éteindra jamais ici-bas ! » Il dit à Farañg : « Voici les piroguiers, ceux de proue et ceux de poupe ! Nabonké ! Fais attention ! Les gens de Gao seront témoins de tes actes ! Respecte les Sorko ! Respectez-vous mutuellement ! Dans votre union à Gao tu trouveras ta puissance, Nabonké ! »

Il lui enseigna ensuite tous les sortilèges qu'il connaissait. Il lui dit : « Nabonké ! prends le bouc noir, la poule noire, le vase de terre pour le lait frais, sois plein d'attention à Karamankoy, à Marmankoy (2), à Kayankoy, à Mangasi ! Voilà que je t'ai tout donné, Farañg ! »

Farañg revint trouver sa mère et lui dit : Ngasa, ma mère ! Rendons grâce à Dieu ! mon oncle Tinamori m'a donné 333 piroguiers ; il m'a donné aussi beaucoup de sortilèges ! Ngasa dit aux piroguiers : « Que le salut soit sur vous ! Approchez ! » Les piroguiers entrèrent et s'assirent dans la maison. Ils se couchèrent.

Le lendemain, au jour, ils allèrent avec Farañg à la forêt ; ils coupèrent des palmiers nains, les préparèrent et revinrent

---

(1) Surnoms des matelots armant la pirogue.

(2) Noms des divinités protectrices de la race Sorko. Son oncle l'initie au culte à rendre à la divinité. Kara-ma-nkay, chefs des Rouges du Lamentin Garama ou Karama Marma-nkoy, chef des Marmar, Kayankoy, chef protecteur des Kaya. Manga Si. Les Má et les Si = Lamentin et Serpents. Ce sont les protecteurs de différents clans auxquels les Sorkos ont été affiliés Garama, Marmarides, Kaya ou Ia, puis Mande Mango et Sousous.

coudre le bateau. Quand il fut terminé ils le mirent à
l'eau.

Ses pêches.

Le lendemain Farañg dit aux piroguiers : « Allons sur le
Haousa ! allons à la pêche ! » Ils partirent. Farañgaka tua
300 hippopotames, 300 caïmans, 300 lamantins, 300 tortues
d'eau, 300 boas, 300 lézards d'eau, 300 gay (gros silures). Les
piroguiers lui dirent : « Par Dieu ! et pour ton père ! couche-
toi ! Demain tu le vengeras ! » Ils revinrent. Albarka-Babata
dit aux piroguiers : « Que le salut soit sur vous ! Obéissez à
Dieu et à Farañg, comme moi, j'obéis à Dieu et à Farañg.
Farañg continua ses pêches dans tout le pays.

Pêche à Wagay.

Il dit à ses piroguiers : « S'il plaît à Dieu, j'irai à Wagay,
je pêcherai et donnerai le produit aux gens de Wagay ! » Le
lendemain ils partirent pour Wagay. Il tua des hippopotames,
des lamantins, des caïmans, des tortues d'eau, des boas, des
lézards d'eau, des gay. Il arriva ainsi à Wagay et aborda au
port. Il appela Albarka-Babata et lui dit : « Monte au village
et dis au chef de venir ici ». Albarka-Babata alla trouver le
chef et lui dit : « Chef ! Nabonke te fait dire d'amener au port
tous les gens, hommes et femmes ». Ils vinrent et saluèrent
Farañgaka. Celui-ci leur dit : « Reculez-vous un peu, que
je vous jette un peu de viande pour faire la sauce de votre
nourriture ! » Ils se retirèrent et Farañg leur jeta des hippopotames, des caïmans, des lamantins, des tortues, des boas,
des lézards, des gay.

Les gens de Wagay ramassèrent, mais ne purent en venir à bout ; la viande se corrompit avant qu'ils eussent fini. Ils remercièrent Farañg en lui souhaitant une aussi longue vie que celle de ses pères.

Farañg partit. Il dit à Albarka-Babata : « Je vais encore pêcher ici, mais si rien ne s'y oppose, je n'oublierai pas la Belle, ni Akhali, ni Ahambal, ni Bokholiten, je ne les oublierai pas, ces esclaves des Kelennasara ! Je veux que tout Gao sache qu'il est temps que je venge mon père, que tout le Dendi (1) soit témoin de ma vengeance ! Albarka-Babata ! je le jure sur la Sonna ! (2).

Pêche à Wagay-bougou.

Farañg lui dit : « Demain, de bonne heure, j'irai pêcher sur le fleuve de Wagay-bougou ! » Ils se couchèrent.

Le lendemain les Sorko embarquèrent et le ramenèrent jusqu'à Wagay-bougou. Ils tuèrent des hippopotames, des lamantins, des caïmans, des tortues d'eau, des lézards d'eau, des boas, des gay. Les barques étaient pleines. Ils gagnèrent le village. Les gens de Wagay-bougou avaient appris la nouvelle et considéraient de loin le Sorko qui venait. Arrivé au port, Farañg dit à Albarka-Babata : « Va dire au chef de venir avec ses gens, hommes et femmes ». Albarka Babata alla dire au chef d'amener tous ses gens. Ils vinrent saluer le Sorko. Celui-ci leur dit : Reculez-vous un peu, que je vous jette un peu de viande pour la sauce de votre nourriture ! »

(1) Province du S.-E. de l'empire Songhoï. Pris en général veut dire l'Est.

(2) La confédération des Hannon du Serpent.

Ils se retirèrent. Le Sorko leur jeta des hippopotames, des lamantins, des tortues d'eau, des caïmans, des boas, des lézards d'eau, des gay.

Pendant sept jours ils ramassèrent la viande, le reste se corrompit avant qu'ils aient pu l'emporter. Ils remercièrent le Sorko en disant : « Sorko ! Que Dieu te donne une vie aussi longue que celle de tes pères ! »

Farañg dit à Albarka-Babata : « Demain, si tout va bien, j'irai pêcher à Berre-goungou. Ils se couchèrent.

(Pêche à Berre-goungou).

A l'aurore le Sorko se leva et dit : Albarka Babata ! je te le jure sur la Sonna (1), le Dendi apprendra que le temps de venger mon père est venu, que je ne l'oublie pas ». Il prépara des harpons, en fixa le fer à la hampe : il tua des hippopotames, des lamantins, des caïmans, des tortues d'eau, des boas, des lézards d'eau, des gay ; puis il dit à Albarka-Babata : « Gagnons Berre-goungou ! Ils y allèrent. Farañg dit à Albarka Babata d'aller chercher le chef et ses gens, hommes et femmes. Il y alla. Les gens de Berregoungou vinrent saluer le Sorko. Il leur demanda des nouvelles du pays. Puis il leur dit : « Reculez-vous que je vous jette de la viande ! » Quand ils se furent retirés, il leur jeta de la viande. Pendant sept jours ils ramassèrent et le reste se corrompit sur place. Ils le remercièrent.

Retour à Gao. — Farañg dit à Albarka Babata : « Retour-

---

(1) Sonna ou Souna, confédération des Senhadja.

nons à Gao pour dire à Ngasa que les gens de Wagay, de Wagay-boujou de Berre-goungou ont vu ».

Ils partirent.

En arrivant à Gao il alla trouver sa mère, s'assit auprès d'elle et lui dit : « Ngasa (2), ma mère, il vaut mieux agir soi-même une fois que de faire agir d'autres, fussent-ils cent ! Toutefois je vais envoyer un homme au Gourma pour annoncer à Fatimata-Belle que je suis né, que je viendrai venger mon père, que tout le Gourma sera témoin de ma vengeance ».

Il envoie au Gourma Fomborogasi et Fombebagoube.

Il appela Fomborogasi, il appela Fombebagoube : « Fomborogasi, dit-il, je t'envoie avec Fombebagoube. Allez par le Haousa, vous passerez ensuite sur le Gourma, vous irez trouver Fatimata-Belle, vous lui direz : Faraṅgaka-Nabo-Kontabo te fait dire : que Dieu détruise ta race ! Moi, Faraṅgaka-Nabo, je vengerai mon père, si Dieu me donne vie j'irai trouver au Gourma l'esclave des Mittisen et des Agawaddaren ! — Vous direz à Akhali : Voici les paroles du Sorko : Va, viens, vole, je te suivrai. — Attacher un homme n'est pas aussi difficile que de le délier. — Si la hyène se fait tisserand, le mouton lui prépare sa navette. — Si le chat se fait marchand, la souris lui comptera ses cauris ».

Ils partirent. Ils voyagèrent chaque jour en partant de bonne heure. Enfin ils atteignirent le Gourma. Fatimata-Belle était là. Ils s'enquirent de la tente de la Belle. « Voyez, leur

---

(2) Ngasa ou Sanga, nom de la mère, signifie qu'elle appartient au clan du Serpent nga femelle.

dit-on, cette tente là-bas, on dirait une forêt, c'est là ». Ils
arrivèrent, saluèrent. On leur étendit des nattes, ils s'assirent. Fatimata-Belle appela son esclave Djidi-ber : « Prends
des Kram-Krams (1), lui dit-elle, et prépare à déjeuner à
mes hôtes ». Pendant que Djidi-ber s'acquittait de son office
Fomborogasi dit à Fombebagoube : « Cette esclave est jolie,
je l'aime ! » Djidi-ber leur apporta du dôn (boisson rafraîchissante) : ils mangèrent, ils burent jusqu'à ce qu'ils fussent rassasiés. Fomborogasi dit à Fombebagoube : « Moi je ne ferai
pas la commission de Farañg. Si Fatimata-Belle me demande
ce que nous sommes venus faire, je lui dirai que je suis venu
demander Djidi-ber en mariage ». — Ils restèrent là jusqu'à
la nuit. Fatimata-Belle leur dit : « Mes hôtes, que voulez-vous
de moi ? » Fomborogasi répondit : « Je suis venu demander
Djidi-ber en mariage ». — « Qui es-tu ? » — « Je suis un
homme Wagay-bougou, les Soñgoytje (2) sont mes maîtres ».
— Fatimata-Belle lui donna Djidi-ber. « Je te donne Djidi-
ber, mon esclave, épouse-la ». — Il l'épousa.

Ils restèrent longtemps au Gourma.

(Boumbouloungasi).

Farañg appela Boumbouloungasi et lui dit : « Va donc
voir ce que deviennent Fomborogasi et Fombebagoube ».
Il partit, en arrivant au Gourma il demanda la tente de Fatimata-Belle. On lui dit : « Vois la tente qui est là-bas, semblable à une forêt, c'est là ». Il y alla, il trouva Fombo-

---

(1) Graines de « pennisetum dystichum » grosse comme du millet, que l'on
mange en coulis, avec du lait.
(2) Songoytje, enfant eu Songoï.

rogasi étendu appuyé sur son coude (Fombebagoube était
allé se promener dans le campement). Ils se saluèrent.
Boumbouloungasi dit alors : « Fomborogasi, notre maître me
charge de te demander si tu es malade, si rien de mauvais ne
vous est survenu au Gourma ». — « Nous ne sommes pas
malades, mais nous n'avons pas été libres ». — « Où est
Fatimata-Belle ? » — « Elle est dans sa tente ». — Il alla chez
Fatimata-Belle, la salua et lui dit : « Nabonke te fait dire :
Que Dieu te brise ! que Dieu détruise ta race ! Si Dieu me
donne vie, je viendrai te trouver au Gourma, pour venger
mon père. Celui qui a épousé ton esclave est l'envoyé de
Farañg ». Fatimata-Belle se mit à rire : « Et toi, dit-elle, qui
es-tu ? » — « Moi, je suis Boumbouloungasi ». — « Donc,
quand tu retourneras chez Farañg, dis-lui que s'il revient au
Gourma, il m'y trouvera, dis lui : « Kobe-taka, ton père, est
ici, enterré, à plus forte raison, toi qui es à peine né y res-
teras-tu ; sache aussi que ton esclave que tu m'avais envoyé
s'est marié ici à Djidi-ber mon esclave ».

Elle appela Djidi-ber, et lui dit : « Il paraît que ton mari
est un esclave du Sorko, tu ne seras plus sa femme dès
aujourd'hui ».

On envoya chercher Fombebagoube et tous trois revinrent
à Gao.

Boumbouloungasi dit à Farañg : « Fomborogasi et Fombebagoube n'ont pas fait ta commission, au contraire ils épousè-
rent là-bas l'esclave de la Belle. Moi je l'ai faite, ta
commission : Farangaka Nabo ! Cette Belle est très forte, si
tu voyais sa tente, tu dirais une forêt ; cette Belle est très
grande, elle est grande comme le monde ! lorsqu'elle s'asseoit

Fig. 213. — Village Songoï de Bentia-Fafa
sur la branche orientale du Niger, près de l'ancienne ville de Koukyia.

Fig. 214. — Un village Korongoï de la région lacustre nigérienne.
(Maisons en terre).

Fig. 215. — Une maison de pêcheurs Korongoï
sur le Niger vers Diaka à Nohou.

Fig. 216. — Une maison de pêcheur Korongoï
vers Diafarabé, sur le Niger.

sous sa tente, la moitié de son corps est dedans, l'autre moitié
est dehors ».

Farangaka lui dit : « Cette Belle est grande, dis-tu ?
Eh bien, si je vis, je détruirai sa race dans le monde comme
si elle n'avait jamais existé ». Bombouloungasi lui dit : « Elle
m'a dit de te dire que ton père Kobe-taka était enterré au
Gourma, à plus forte raison toi, qui es à peine né ». Farañg
dit : « Soit ! »

Il appela Albarka-Babata et lui dit : « Si rien ne s'y oppose,
je veux aller voir Tigilem. Je te jure par la Sonna que je ne
perds pas de vue la Belle, et que je n'oublie pas ses paroles ».
Ils allèrent coucher.

Voyage à Tigilem

Le lendemain, à l'aurore, ils se levèrent. Farañg embar-
qua ses armes, puis entra dans sa barque. On partit. Le
Sorko passa la journée à harponner. Il dit à Albarka-
Babata : « Abordons sous ce gros arbre, et déjeunons ! »
— Ils débarquèrent sous l'arbre, descendirent à terre les
marmites et le foyer. Ils firent la cuisine et mangèrent bien.

Le Djinni de Tigilem (1).

Le Sorko dit à Albarka-Babata : « Je vais dormir et ronfler
un peu ! » Il se coucha à terre et dormit. Les piroguiers
s'assirent auprès de lui.

(1) Les Soudanais en général et surtout les fétichistes primitifs des montagnes croient à l'existence d'êtres supérieurs aux humains, sortes de génies

Le Djinni de l'arbre descendit et leur dit : « D'où venez-vous et où allez-vous? » — « Nous venons de Gao, et nous allons à Tigilem ». — « Mais vous ne savez donc pas que personne ne peut aborder ici impunément, à plus forte raison s'asseoir au pied de mon arbre et y faire sa cuisine et y coucher? »

Alors les piroguiers se levèrent et se mirent à pleurer sur leur sort. Le Sorko s'éveilla et dit : « Albarka-Babata? Qu'y a-t-il? vous pleurez? Est-ce que je suis mort? » Alors le djinni de l'arbre s'agita, le Sorko se leva, il dit au Sorko : « Ton voyage te portera malheur! » — « Et toi, ta venue ici sera ton malheur! » — Le Sorko s'écria : « Que son arbre soit coupé aujourd'hui! » — « Et toi, dit le Djinni, tu mourras aujourd'hui même! et tous tes piroguiers périront et disparaîtront de la face du monde! » Ils continuèrent à s'invectiver ainsi : « Je jure que ton arbre sera coupé aujourd'hui! » — « Et toi et tes piroguiers vous périrez aujourd'hui ». — Enfin ils se lassèrent. Le Sorko appela ses idoles à son aide(1) ; il enleva le djinni, le lança en l'air, le jeta à terre ; puis il lui saisit le cœur ; il appela Albarka-Babata : «Donne-moi mon couteau». Il le prit et le plaça sur la gorge du Djinni. Celui-ci supplia : « Ne m'égorge pas, au nom de Dieu et de son prophète! Je vais te donner des sortilèges ». Le Sorko retint son bras. — Le djinni lui donna des sortilèges. « Ce sortilège te servira dans telle et telle circonstances ». Il lui donna ainsi 333 sortilèges. — Le Sorko lui dit : « Tu m'as tout donné? »

---

du lieu, qui se partagent les différents sites terrestres. Les humains entrent en relations avec ces génies, se placent sous leur protection exclusive, leur font des libations et cherchent à pactiser avec eux.

(1) Il invoque ses divinités protectrices.

L'autre répondit : « Oui! c'est tout! » — Le Sorko replaça
son couteau sur la gorge du Djinni. Celui-ci s'écria : « Ne
m'égorge pas, j'ai encore des sortilèges! » Il lui donna encore
333 sortilèges. — Le Sorko recommença à le menacer de son
couteau. « Ne m'égorge pas, je vais te donner le vase aux
sortilèges! » Il le lui donna. Alors le Sorko égorgea le Djinni.
Il creusa une fosse et l'enterra. Or c'était le fils du chef des
Djinni. Tous les Djinni pleurèrent sa mort : « Malheur !
Farangaka-Nabo nous a détruits aujourd'hui en égorgeant le
fils de notre chef. Si celui-ci ne lui avait pas donné les sortilèges, jamais il n'aurait revu le soleil, maintenant nous
n'avons plus de pouvoir ».

Retour à Gao.

Farañg revint à Gao. Il dit à sa mère : « Ngasa, ma mère,
qu'il advienne ce que pourra, demain sans faute je vais aller
trouver Fatimata-Belle, la maîtresse de Djidi-ber, l'esclave
des Wittisen, des Agawaddaren, des Kalinokounder, des
Kelennasara, des Keltegosma, des Kelhehaggaren, des Tendjeredjef, des Houbibi, des Lenchar, des Telemakhtou, des
Kelantasar, j'irai la trouver ».

Sa mère lui répondit : « Nabonke, ce n'est pas à moi qu'il
faut dire cela ; va consulter les divinités protectrices ». — Il
alla à ses protecteurs ; il appela Karmankoy, Marmankoy,
Kayankoy et leur dit : « Demain, je veux aller trouver Fatimata-Belle » ! Ils lui répondirent : « C'est bien » ! — Ils le
retinrent sept jours et encore sept jours, — ils lui firent boire
un breuvage et lui enseignèrent toutes choses. Alors il revint

chez sa mère et lui raconta ce que les idoles (1) avaient fait. Celle-ci lui dit : « Maintenant, va trouver Fatimata-Belle ».

Départ de Farang. — Mort de Fatimata-Belle.

Il partit et se dirigea vers le Gourma. Albarka-Babata poussait la barque. Ils trouvèrent Fatimata-Belle changeant de campement. Elle prit une outre et vint l'emplir au bord du fleuve. Elle mit un pied sur une rive et l'autre en face sur l'autre rive, elle se pencha pour emplir son outre, or sa couverture était tombée.

Quand le bateau de Farañg arriva, il la trouva dans cette position. Farañg était couché dans le bateau, les piroguiers poussaient, faisaient face aux parties nobles de Fatimata-Belle. Ils entrèrent ainsi dans le ventre de la Belle, sans le savoir. Elle-même ne se douta pas de la chose. Ils arrivèrent ainsi jusqu'à son cœur, mais là le bateau ne put passer. Ils réveillèrent Farañg : « Lève-toi, nous sommes au bout du fleuve ! » Farañg se leva, et leur dit : « Retournez en arrière, vous n'êtes pas à l'extrémité du fleuve, mais dans le ventre de la Belle ! » (2).

Quand ils furent sortis, Farañg dit à Fatimata-Belle : « Hé ! Belle, idolâtre, qui ne pries pas, qui ne connais ni Dieu ni son Prophète, ôte-toi de là que je passe avec mon bateau ! » — Elle lui répondit : « Je ne me retirerai pas d'ici que mon outre ne soit pleine ». — « Si tu ne te retires pas, je détruis ta race à jamais ». — « Je n'ai rien à te dire, Akhali, Ahambal, Bokholiten sont là pour te répondre ».

(1) Idoles, divinités protectrices.
(2) Ce passage signifie que les Bellahs et leurs campements occupaient les deux rives du Fleuve.

Farañg descendit à terre; il saisit une patte de l'outre et voulut pousser Fatimata-Belle pour la faire tomber. Celle-ci tira sur l'autre patte de l'outre et l'outre s'arracha. Fatimata-Belle s'écria : « Tu seras puni aujourd'hui et l'œil qui t'a vu ne te verra plus jamais ».

Farañg saisit son harpon et frappa la Belle et la transperça. Fatimata arracha le harpon et le lança contre Farañg, mais celui-ci para le coup. Farañg reprit le harpon et en frappa de nouveau la Belle. Elle .tomba. Farañg et ses piroguiers la frappèrent jusqu'à ce qu'elle mourût.

Mort de Akhali.

Farañg débarqua alors et établit son camp dans cet endroit. Ils se mirent à pêcher pendant quatorze jours. La nouvelle arriva aux oreilles de Akhali-Belle. Il prit son poignard, son sabre, ses deux lances et vint au camp de Farañg sur l'autre rive du fleuve. Il salua : « Le salut soit sur vous, maudits Sorko! » Ils lui répondirent : « Et sur toi le salut, maudit esclave de Belle! » — Akhali dit : « Farañg, que Dieu te perde, qu'il perde ta mère, ton père, ton grand-père, ton oncle, ta tante, ton commencement et ta fin, tous tes ancêtres! Qu'il détruise le camp d'où tu viens, la ville d'où tu sors! je jure de te faire aujourd'hui plus que tu n'as fait à ma mère ».

Farañg dit : « Albarka-Babata! Que dit donc cet homme de l'autre côté du fleuve? Je n'entends pas une de ses paroles! » — « Moi, non plus, je n'ai pas compris une seule de ses paroles, je n'ai entendu que le son de sa voix ». — « Allez le chercher! »

Ils le traversèrent. Quand il fut arrivé, Faraūg lui dit : « Que disais-tu? » — « Je te disais que Kobe-taka a eu le cou cassé ici ».

« Dormons jusqu'à demain, répondit Faraūg ; demain nous nous verrons et nous nous expliquerons ensemble ! »

Ils dormirent jusqu'au lendemain. On lui donna à souper. Akhali dit : « Depuis ma naissance, je n'ai jamais mangé la nourriture des Sorko, je ne commencerai pas aujourd'hui ». Ils lui dirent : « Par Dieu! s'il plaît à Dieu et à son Prophète demain, nous te percerons de ta lance ! »

Faraūg lui dit : « Dormons ! »

Ils allèrent se coucher. Le lendemain, ils se levèrent.

Ils se mesurèrent. Akhali le frappa de sa lance : elle ne pénétra pas. Il le frappa de son autre lance : elle ne pénétra pas. Il le frappa de son poignard : le poignard se brisa. Il le frappa de son sabre : le sabre se brisa.

Alors Faraūg le frappa de son harpon, le harpon pénétra tout entier. Akhali mourut.

Faraūg chanta ses propres louanges : « Moi! Nabo! Kontabo! Sondji-nabo! Sognakolegni-nabo! Ngasa-doumi-den-kele! Sata-doumi-gouroudjoumboy! Je rends gloire à Dieu et à son Prophète »

Mort de Ahambal.

La nouvelle arriva aux oreilles de Ahambal-Belle. Il s'écria : « Malheur de moi! Belle! esclave des Mittisen! » Il se prépara : il prit sa lance, son sabre, son poignard et marcha contre Faraūgaka. Quand il arriva il dit : « Faraūgaka Nabo !

Je jure que tu changeras de camp aujourd'hui et que tu disparaitras comme si jamais tu n'avais vu le jour ».

Farañg lui répondit : « Viens ici, attendons à demain et alors les gens du Gourma, du Haousa, du Dendi, du Malle (1), du Dengua entendront dire que lui, Farañgaka-Nabo et Fatimata-Belle, l'esclave maudite, vêtue de cuir, mangeuse de daney, de nganchi, de ngorfou, se sont rencontrés. Que ce qui a perdu Fatimata-Belle et Akhali-Belle te perdra aussi, toi, Ahambal-Belle ».

Ils se couchèrent. Le lendemain, Ahambal réveilla Farañg et celui-ci lui dit : « Je ne me lèverai que je n'aie déjeuné ».

Ahambal alla s'asseoir. Quand Farañg eut déjeuné, vers midi, il se leva et dit : « Allons, Ahambal-Belle ! maudit esclave, arrive ici, que nous nous battions ! »

Ahambal se ceignit ; il brandit sa lance, et marcha contre Farañgaka. Il le frappa, mais Farañg para le coup. Il le frappa de son poignard : le poignard se brisa. Il le frappa de son sabre : le sabre se brisa. Alors Farañg prit son harpon, le brandit et le lança. Le harpon pénétra dans la tête de Ahambal et le traversa de part en part de haut en bas. Ahambal tomba et mourut. Alors Farañgaka-Nabo chanta ses propres louanges.

Mort de Bokholiten.

Bokholiten apprit cette nouvelle. Il partit, alla à sa tente, y entra, prit la lance, la planta en terre ; il prit son poignard, le posa à terre ; il prit son sabre, le posa à terre ; il prit son

(1) Noms de province, Melle, Mali.

bouclier, le posa à terre. Il prit sa ceinture et s'en ceignit ;
il prit son*amulette, se la passa au cou ; il sortit. Il prit ses
armes et courut à la rencontre de Farañg. Il arriva et dit :
« Farañgaka ! le Dendi, le Denga entendra parler de nous ! »

Farañg lui dit : « A demain ! je vais dormir ! Ecoute, Bokholiten-Belle ! Le Gourma et le Haousa sauront que je suis
ici. Ta lance ne me percera pas ; mais mon harpon ne te percera pas non plus. Je t'emmènerai à Gao, pour te faire voir
à tous mes gens ».

Ils se couchèrent et dormirent.

Le lendemain ils se levèrent. Ils marchèrent à la rencontre l'un de l'autre. Bokholiten le frappa de sa lance, Farañg
la para ; il frappa de son poignard, de son sabre : le poignard
et le sabre se cassèrent. Alors Farañg saisit Bokholiten par
son vêtement et le conduisit ainsi jusqu'à Gao, après lui avoir
attaché les bras derrière le dos.

Retour à Gao.

Il revint donc à Gao. Il dit aux gens de Gao : « Vous êtes
témoins que ce que Farañg-Ber, ni Kobetaka n'ont pu faire,
moi Farañg-Aka Nabo, je l'ai fait. J'ai tué Fatimata-Belle,
Akhali-Belle, Ahambal-Belle ; je suis venu ici avec Bokholiten-Belle ! »

Les gens de Gao lui dirent : « C'est vrai ! Nabo ! Kontabo !
Sondjionabo ! »

Il amena Bokholiten-Belle, le coucha sur son bouclier et
l'égorgea.

Telle est l'histoire de Farañgaka avec Fatimata-Belle (1).

(1) Cette légende paraît reproduire les différentes phases de la lutte des

II

FARAÑG ET SA FEMME (FATIMATA DE TIGILEM)

§ 1. — VOYAGE A TIGILEM

Farañg habitait au Dendi.

Il appela ses gens et leur dit : « J'aime Fatimata ».

(Fatimata habitait Tigilem).

Ses gens lui dirent : « N'aime pas Fatimata ! car sa mère connaît de mauvais sorts ; et à tout homme qui vient lui demander sa fille en mariage, elle lui jette un sort pour le faire mourir ». — Moi, je l'aime ! »

« Non, ne l'aime pas ! »

Farañg alla trouver sa mère et lui dit la chose. Sa mère pleura et dit : « Farañg va ruiner sa maison ! » Farañg dit : « Que ce soit bien ou mal, je veux épouser Fatimata ! »

Le lendemain, de bon matin, il s'embarqua avec ses armes et ses gens. Il leur dit : « Allons ! poussez la pirogue ! » Il harponna sur la route des lamentins et des hippopotames et des caïmans jusqu'à ce que la pirogue fût pleine. Il arriva ainsi à Tigilem. Il descendit à terre et envoya dire à la mère de Fatimata de venir prendre la viande. Tout le village arriva et prit la viande.

---

tribus de pêcheurs Sorko songoï contre des tribus de bellahs vassales des Touaregs, qui occupaient les bords du Niger.

(1) Province du S.-E. de l'Empire Songhoy.

Faraũg se coucha et dormit.

La mère de Fatimata prit du miel et le pila pour en faire du dòn (boisson rafraîchissante), elle y déposa un mauvais sort et le porta à Faraũg pour le faire mourir. Elle trouva Faraũg dormant; elle donna le dòn aux piroguiers. Ceux-ci dirent : « En ce moment Faraũg dort, buvons le dòn avant qu'il se réveille ; à son réveil nous ne lui dirons pas que nous avons bu le dòn de sa belle-mère ». Ils burent. Les uns furent malades, d'autres eurent mal au ventre, d'autres à la tête, d'autres aux oreilles, d'autres devinrent aveugles, d'autres boiteux. Ils faillirent en mourir. Ils réveillèrent alors Faraũg et lui racontèrent ce qu'ils avaient fait.

« Nous te l'avions bien dit, la mère de Fatimata connaît de mauvais sorts ». Faraũg prit son sac, y prit de la poussière d'un certain bois, la mit dans de l'eau et les en asperga. Tous furent guéris.

Il prit alors son pantalon de 333 coudées d'étoffe. Il le passa, mais une seule jambe y trouva place, l'autre ne sut où se mettre. Faraũg s'écria : « Ah ! que je suis grand ! Aujourd'hui ma nudité me fera honte, elle me tuera ! »

Il alla chez la mère de Fatimata. Celle-ci lui souhaita la bienvenue : « Viens ici, Nabonke ! » Faraũg lui dit : « Mère de 'Fatimata, je suis venu te demander la main de Fatimata ». La mère de Fatimata répondit : « Que Dieu t'anéantisse ! Fatimata n'est pas en âge de se marier, à plus forte raison avec un homme aussi grand que toi, Faraũg ! Tu es un infidèle ! Je te donnerai Fatimata pour la tuer : si tu poses seulement ces gros bras sur elle, tu lui briseras les côtes : si tu places seulement ces grosses jambes sur les siennes, tu les lui briseras ! » Elle continua à insulter ainsi Faraũg. Celui-ci se fâcha, il revint.

Il rencontra alors le père de Fatimata, il voulut s'adosser à
un mur (1), le mur s'écroula ; il s'adossa alors à une grande
maison, elle s'écroula aussi ; il alla s'appuyer à un Baobab,
le baobab tomba ; il alla à un ronier, le ronier tomba : il
revint à un autre baobab, celui-ci put le soutenir. Il dit :
« Comment vas-tu, père de Fatimata ? » — « Très bien,
Farañg ! que veux-tu ? » — « Je suis venu demander Fatimata en mariage ». — « Je te la donne ; je te donne ses
bras, ses jambes, sa tête, sa bouche, en un mot je te donne
son corps tout entier ». — « Que Dieu te bénisse, père de
Fatimata ! »

Farañg retourna chez la mère de Fatimata et lui dit :
« Mère de Fatimata, tu es une hypocrite ! Quand le père de
Fatimata t'a épousée, pourquoi ne t'a-t-il pas brisé les pieds,
ni les bras, ni le reste ? » Farañg revint au bord du fleuve.

Fatimata pleura, sa mère pleura, elles n'aimaient pas
Farang. Le père de Fatimata les trouva en pleurs. La mère
de Fatimata dit à son mari : « Tu déshonores notre maison ! »
— « Si notre maison est déshonorée, répondit-il, tant pis, je
l'ai donnée, je ne la reprendrai jamais ».

La mère de Fatimata prit de la poussière d'un certain bois,
la donna à Fatimata en disant : « Quand tu iras à Gao, s'ils te
construisent une case, sème cette poussière dedans ; quand
Farañg entrera, il mourra ».

---

(1) Comme marque de déférence pour le laisser passer librement dans la
rue du village.

RETOUR A GAO. FATIMATA ESSAIE DE FAIRE MOURIR FARANG

Fatimata emporta avec elle à Gao la poussière de bois. On lui construisit une case ; elle prit alors la poussière et la sema dans case. Farañg vint se coucher auprès de Fatimata. Le lendemain il partit de bonne heure à la pêche. Fatimata envoya dire à sa mère : « Farañg a couché dans la case et la tête ne lui fait même pas mal ». Sa mère lui envoya de la poussière rouge d'un autre arbre et lui fit dire : « Quand tu prépareras sa nourriture, mets cette poussière dedans, si Farañg en mange il mourra ». Farañg revint de la pêche ; il rentra chez lui. On lui apporta sa nourriture : « Fatimata, dit-il, tu as mis le sort dans ce mets. Eh bien, j'en mangerai ! » Il en mangea.

Le lendemain il partit à la pêche. Fatimata envoya encore dire à sa mère que son sort n'avait pas réussi. Celle-ci lui envoya de la poussière noire en lui disant : « Enterre-la à l'endroit où Farañg va uriner ; s'il urine dessus, il mourra ». Farañg revint à la maison, il va pour uriner et dit à Fatimata : « Ton mauvais sort est là, je le sais, eh bien, j'urinerai dessus quand même ». Il le fit.

Fatimata comprit alors que les sorts de sa mère étaient impuissants contre Farañg.

Farañg partit à la pêche, sa femme vint se placer sur le seuil de la case. Une vieille femme vint à passer et l'aperçut : « Fatimata, lui cria-t-elle, qu'as tu ? on dirait que tu n'as ni mangé, ni bu ! »

— « Par Dieu ! je n'ai rien, si ce n'est que je n'aime pas Farañg ; je voudrais connaître un moyen de m'en débarrasser ». La vieille répondit : « Tais-toi, si tu me donnes quelque chose je te donnerai de suite ce qui le fera mourir ». — « Je te donnerai. reprit Fatimata, 100 sacs de grains, 100 mitkals d'or, 100 esclaves, 100 chevaux, 100 bœufs ; dis-moi ce qui le fera mourir ». La vieille répondit : « Je ne veux rien de tout ce que tu dis : je veux seulement un peu de son et une vieille pipe ». Fatimata donna ce qu'elle demandait. La vieille lui dit : « Fatimata, défais les tresses de tes cheveux : sème dessus de la cendre pour blanchir ta tête. Quand Farañg reviendra, il te dira : « Fais-toi coiffer et enduis tes cheveux de graisse ». Dis-lui : « Je ne me ferai coiffer et ne me oindrai les cheveux que lorsque tu m'apporteras de la graisse de l'hippopotame de Dendera-gousou ». — (Or cet hippopotame tue tous ceux qui viennent l'attaquer).

Farang et l'hippopotame de Dendera-Gousou.
Combat

Farañg revint de la pêche, il trouva sa femme assise dans sa case : elle était décoiffée et la tête blanche de cendre. « Fatimata, lui dit-il, fais-toi donc coiffer ». — « Farañg, je ne me ferai pas coiffer et n'oindrai pas ma chevelure, si ce n'est avec la graisse du ventre de l'hippopotame de Dendera-gousou ». — « Mais tu veux détruire ma maison ! Personne ne peut aller combattre cet hippopotame ! Fais-toi coiffer, je te donnerai 100 esclaves, 100 chevaux, 100 bœufs, 100 moutons, 100 mickals d'or, 100 écus d'argent ! » — « Si tu me donnais, fût-ce même Ngasa ta mère et ma belle-mère, je ne me ferai coiffer que si tu m'apportes cette graisse ».— « Alors, Fatimata, si je tue l'hippopotame je te tuerai en rentrant ; si l'hippopotame me tue, mes gens te tueront ! » — « Soit, qu'ils me tuent, mais vas-y ! »

Farañg alla dire cela à sa mère. Sa mère poussa de tels cris de douleur que les gens de Karabara les entendirent ; elle lui dit : « N'y va pas ! Elle cherche ta perte, renvoie-la, qu'elle retourne chez elle ! » — « Non ! je ne la renverrai pas ; je l'aime pour toujours... Je vais aller à l'hippopotame, s'il me tue, que mes gens égorgent Fatimata : si je le tue, moi je l'égorgerai ! »

Sa mère ne cessa de pleurer, alors Farañg manda ses gens au nombre de 333 et leur fit part de son dessein. Ils s'écrièrent : « Farañg ! renvoie Fatimata ! Qu'elle retourne chez elle ! Qu'elle ne vienne pas ainsi détruire nos maisons ! Si tu meurs, la ville est perdue. Elle ne désire que ta mort » ; — « Non ! car je l'aime d'un amour éternel ».

Ils allèrent dormir. Le lendemain à l'aurore ils prirent 333 harpons et les embarquèrent : ils choisirent 333 piroguiers pour pousser la pirogue. Ils partirent. Ils étaient déjà loin qu'ils prirent peur et revinrent au port.

Farañg appela Fatimata et lui dit : « J'y vais moi-même ; si l'hippopotame me tue, mes gens te tueront à leur retour ; si, moi, je le tue, je t'égorgerai ! » — « Soit ! dit-elle ».

Farañg partit et arriva auprès de l'hippopotame. Depuis le matin il le harponna ; mais le feu mangeait ses harpons. Enfin les harpons furent tous détruits : ils partirent. Or, Farañg ne voulut pas retourner ainsi chez lui : « Abordez la pirogue, dit-il ». Ils abordèrent, puis tous se sauvèrent en abandonnant Farañg. « Moi, dit-il, je ne me sauverai pas ! » L'hippopotame accourut : Farañg était à la proue de la pirogue, il courut au centre, l'hippopotame l'y poursuivit : Farañg

s'enfuit à la poupe de la pirogue, l'hippopotame y vint aussi ;
Farañg se sauva à terre, l'hippopotame l'y suivit ; Farañg
courut, l'animal courut derrière lui. Ils s'éloignèrent ainsi du
bord du fleuve. Alors Farañg s'arrêtant, ouvrit les bras en
présentant sa poitrine et dit : « Il ne sera pas dit que j'ai fui
devant un hippopotame ; les femmes des Sorko ne l'entendront pas dire, les hommes ne le raconteront pas ». Ils se
saisirent réciproquement. Farañg souleva l'hippopotame et
voulut le jeter à terre ; mais l'endroit où celui-ci frappa sa
patte se transforma en mare. L'hippopotame souleva Farañg
et s'efforça de le jeter à terre ; mais l'endroit que Farañg
toucha de son pied devint une grande dune. La poussière
qu'ils soulevèrent en luttant s'étendit au loin sur la terre,
elle obscurcit le ciel. Les gens de Gao l'aperçurent. Quand le
muezzin alla appeler à la prière : « Allahou... Venez donc
voir ! » Alors le marabout de Farañg sortit (1).

Alfa Mahalmoudou

Ce marabout s'appelait Alfa Mahalmoudou. Il partit de
suite retrouver Farañg. Il le trouva aux prises avec l'hippopotame. Il les frappa tous deux de son bâton : ils tombè-
rent. Il dit alors à Farañg : « Lève-toi et viens ! » —
« Non, répondit Farañg, il faut que je tue l'hippopotame ou
bien qu'il me tue ! »

Le marabout revint à Gao. Ils se battirent de nouveau ; le
marabout repartit et les sépara de nouveau : « Lève-toi,

---

(1) Cette légende paraît retracer les luttes des Sorkos contre les gens de
l'Hippopotame (Malinké), avec l'intervention entre les combattants des premiers marabouts musulmans.

dit-il à Farañg, et rentre chez toi ! » — « Non ! répondit
Farañg, je ne retournerai pas ! »

Le marabout les laissa. Ils recommencèrent la lutte ; mais
Farañg était fatigué, il se sentait succomber. Le marabout
revint et les sépara ; pour la troisième fois il supplia Farañg
de revenir chez lui. Celui-ci refusa. Alors le marabout lui
dit : « Je ne t'aiderai plus après ces trois fois, maintenant je
m'en vais et ne reviendrai plus ; si tu as des idoles (1), con-
sulte-les, afin que l'hippopotame n'aille pas te tuer ! » —
« Tu as raison » dit Farañg. Il appela à son aide ses idoles.
Elles vinrent aussitôt : « Saisissez l'hippopotame ! » dit
Farañg. Elles le saisirent et le jetèrent à terre. Farañg prit
son couteau et égorgea l'hippopotame. Les idoles burent le
sang.

Alors Farañg appela ses gens, ils vinrent. « Arrangez
l'hippopotame », leur dit-il. Il le coupèrent en morceaux. Il
leur dit : « Mettez-les dans la pirogue et mettez de côté pour
ma femme la graisse du ventre ». Ils le firent. Ils leur dit :
« Je vais me souiller de sang et me coucher dans la pirogue ;
quand vous approcherez de Gao vous pleurerez en disant :
Farañg est mort, l'hippopotame est mort ! Je verrai ainsi si
ma femme désire ma mort. » (2)

Il s'étendit dans la pirogue et se dirigèrent vers Gao.

_____

(1) Divinités protectrices de la famille ou de la tribu.

(2) Cette légende nous montre la victoire des Sorkos sur les Malinkés (gens
de l'hippopotame) qui au xıv⁰ siècle avaient réussis à occuper Tombouctou
et Gao avec Kankan-Mousson-Manson.

Rentrée à Gao.

Quand ils arrivèrent en vue de la ville ils poussèrentdes cris de douleur. Sa mère les entendit et se mit à pleurer, elle se leva et appela ; les gens de la ville accoururent, La fille de Farañg dit à la mère de celui-ci : « Ne pleure pas ainsi ! Farañg n'est pas mort, au contraire c'est lui qui a tué l'hippopotame. »

Ils arrivèrent au port. La femme de Farañg se leva et vint au bord du fleuve. Elle dit aux gens : « Taisez-vous donc, ne pleurez pas ! Moi, je rends grâce à Dieu et à son prophète, parce que Farañg est mort ! Elle enleva le vêtement qui le recouvrait. Elle appela les habitants de Gao ; elle souleva un des pieds de Farañg et dit : « Voyez ! croyez-vous qu'une femme sur laquelle repose une telle jambe le jour et la nuit, croyez-vous, dis-je, qu'elle n'en meure pas ? ».

Elle prit un bras, le leur montra en disant : « Croyez-vous qu'une femme sur laquelle se pose jour et nuit un tel bras, croyez-vous, qu'elle n'en meure pas ? »

(1) . . . .

« Tout cela est vrai », dirent-ils. — C'est moi qui l'ai emporté sur Farañg ; maintenant je vais retourner chez ma mère. »

Elle voulut sortir de la pirogue ; alors Farañg lui saisit la main. La femme s'écria : « Bonjour Farañg ! Comment vas-tu ? Nabo ! Kontabo ! mon mari ! » Farañg lui dit : « Prends la graisse de l'hippopotame, va te faire coiffer et oindre les cheveux ! » — « Oui ! dit-elle. » Elle prit la graisse, se fit

_____

(1) Ici se place un détail trop naturaliste pour être reproduit.

coiffer et oindre ; elle tressa ses cheveux avec des fils d'or et
d'argent ; elle mit des anneaux à ses chevilles, un labadjour
et un bakawel à ses reins, des bracelets à ses bras ; elle se
para de tous ses bijoux. Elle vint ainsi chez elle ; Farañg la
vit et la trouva plus belle qu'aucune femme. Il s'assit auprès
d'elle sur la couverture et restèrent ainsi à causer. Sept jours
et encore sept jours ils ne mangèrent, ni ne burent, ils causèrent ainsi amicalement.

MORT DE FATIMATA

Enfin *Himadou* (neveu de Farañg) et *Bande* (fils de Farañg)
vinrent trouver leur père. *Fatimata* était sortie ; elle était
aller saluer une amie. Ils vinrent pleurer à la porte de la case.

Farañg se leva et les vit ainsi tout en larmes. « Qui les a
frappés ? dit-il, que je détruise sa maison ! Qui les a insultés
ou qui les a vus seulement ? Que je le punisse ? » — « Personne, dirent-ils, ne nous a frappés, ni insultés, ni vus ; c'est
toi, Farañg, qui nous a frappés, toi, qui nous as vus ; c'est
toi, qui nous fais honte et nous fais mépriser. Quand tu es
parti de Gao, tu as dit : « Si l'hippopotame me tue, mes
enfants tueront leur belle-mère ; si je tue l'hippopotame,
c'est moi qui l'égorgerai. » — « C'est vrai dit Farañg, allez la
chercher, vous l'égorgerez. »

Bande alla la chercher : « Mon père te demande » dit-il. —
« Oui, je sais ; il veut m'égorger ! » « Mais non ! tu sais bien
que s'il voulait t'égorger, je ne viendrais pas t'appeler. ». —
« Allons ! » Ils partirent ensemble. Ils arrivèrent chez
Farañg. Celui-ci lui dit : « Fatimata, couche-toi que je

t'égorge ! Le jour où je suis parti ; je t'ai dit : Si je tue l'hippopotame je te tuerai ; s'il me tue mes enfants te tueront ! »
— « C'est vrai ! Farañg. Nabo ! mais tu vois bien que je me
suis fait coiffer ! ne m'égorge pas ! tu as vu mon labadjour ? »
— « Couche-toi, te dis-je ? reprit Farañg, que je t'égorge. »

Fatimata se coucha ; Farañg prit son couteau et voulut
l'égorger ; mais il ne put ; il recommença, mais ne réussit
pas davantage. Le fils de Farañg saisit alors le couteau et
coupa la gorge de Fatimata. Farang, s'écria : « Je rends
grâce à Dieu ! car si je ne l'avais pas tuée, c'est elle qui
m'aurait tué ! » Il prit les bijoux qui l'ornaient et les envoya
à la mère de Fatimata. Quand elle les vit, elle se mit à
pleurer.

Farang et le chef de Djoni

La mère de Fatimata alla implorer le chef de Djoni (1) (Djoni
est un village de Soñgoytje). Celui-ci appela ses forgerons ;
ils lui fabriquèrent des balles de fusil, des flèches, des lances,
des sabres.

Puis il envoya un homme à Farañg pour lui dire de
venir.

Il dit à la mère de Fatimata : « Maintenant va-t'en chez
toi ! Je jure que Farañg ne verra plus le soleil. Je lui couperai
la tête et l'enverrai à sa mère ! »

Farañg se leva avec ses gens et vint à Djoni, où il arriva au
milieu du jour. Les gens de Djoni se ceignirent, ils prirent

---

(1) Ce sont des hommes de la tribu des *Dios* ou des *Dias*.

leurs lances et leurs fusils, les cavaliers montèrent à cheval
et vinrent à la rencontre de Faraṅg.

Celui-ci dit à ses gens : « Restez ici, aux pirogues, et atten-
dez mon retour. » Il s'en alla sans armes. Il étendit les bras
et leur présenta sa poitrine. Ils le frappèrent de leurs lances ;
déchargèrent sur lui leurs fusils, mais en vain., Le chef dit à
ses gens de ne cesser de tirer dessus jusqu'à ce qu'il meure.
Ils tirèrent tellement que la fumée masqua le village et obscurcit le ciel. Ils s'arrêtèrent de tirer : ils croyaient Faraṅg
mort. Quand la fumée se dissipa, ils le virent toujours debout,
les bras étendus.

Pendant trois jours encore ils s'acharnèrent sur Faraṅg, le
fusillant, le frappant de leurs lances, de leurs sabres, de leurs
flèches. Toujours il était invulnérable.

Enfin les armes et les munitions des gens de Djoni furent
épuisées. Alors il marcha sur eux, saisit le chef par les pieds,
fit face à Tigilem, fit tourner le chef autour de sa tête et le
lança au loin. Le tronc du corps alla tomber au delà du village de Tigilem ; quant à la tête personne ne sut jamais où
elle tomba.

Alors les gens de Faraṅg se saisirent de lui pour qu'il
n'aille pas détruire le village ; ils préféraient le rendre tributaire de Gao. Faraṅg alors souffla si fort qu'il renversa les
palissades, les arbres, les murs, dessécha les mares. Les gens
le conjurèrent d'épargner le reste. Il accepta ; mais il décida
que cette ville paierait l'impôt à Gao.

Telle est l'histoire de Faraṅg et de Fatimata son épouse (1).

(1) Cette histoire de Farang et de Fatimata de Tigilem paraît devoir
représenter les péripéties d'une lutte entre les pêcheurs des Fari et des
tribus de la région lacustre de Goundam, les Dios qui furent réduits eu servage comme forgerons.

III

FARANG ET KORAROU

FARANG CULTIVE LE RIZ.

Ses gens.

Farañg habitait Gao. Il fit venir Bande (son fils), Albarka-Babata (son esclave), Fomborogasi, Fombebagoule, Kousou-tetje (marmite posée sur le foyer), Kousou-djoumandi (marmite posée à terre), Hi-Kore-mbanou (grande poupe de la pirogue), Hi-boñgo-mbarrou (grande proue de la pirogue), Himadou (neveu de Farañg), Fema-Kandje (pointe du foyer), Asseyta-Bakali, Hasey-nkandje-s'a-se (l'oncle sans genou), Boubouloungadji, Ahmadou-Karankaran (le sorcier), Kari Ka-te bañga-wi (qui tue l'hippopotame avec une tige de mil), Kobe-Ka-te-bañga-for (qui écorche l'hippopotame avec ses doigts), Alkatou-ma bañga-djemma (qui dépèce l'hippopotame avec un morceau d'écuelle), Koynsata-Bakali (grand échassier), Tjere-ma-tjere-Kati (celui qui appelle les autres), Tjere-ma-tjere-notangou (celui qui crie au secours), Hi-Kore-gafe-tjire-noni (ver qui est auprès du siège de la poupe), Hi-boñgo-gafe-tjire-noni (ver qui est au siège de la proue), Hari-alkatou-djere-djongo (moitié d'écuelle brisée), Alkatou-Kosi (écuelle à puiser l'eau de la pirogue) (1).

(1) Nous voyons ici tous les surnoms légendaires des compagnons de Faram.

Il leur dit : « Rassemblez tous les forgerons de la terre ! ».
Ils les réunirent.

Ses outils.

Il leur dit : « Faites-moi des couteaux à couper le riz ;
faites-en pour mes ouvriers, ils sont 333 ». Ils fabriquèrent
les couteaux : « Nos couteaux, dirent-ils, ne ressemblent
pas aux autres ». Ils prirent pour cela 333 morceaux de fer
(dits : pamparam). Ils choisirent ensuite des baobabs, les
préparèrent et en firent des manches de couteaux.

Ils donnèrent les couteaux. Farañg les fit déposer jusqu'à
la crue du fleuve.

Le défrichage du champ.

Il réunit les gens du pays et leur dit : « Je vais aller faire
un champ de riz ; la brousse ne nous rapporte rien. Venez,
nous allons défricher le champ ! »

Tous partirent au champ. Farañg partagea le terrain en
deux parts. Il en donna une part aux gens et se réserva
l'autre.

Il défricha sa part et revint aider ses gens à défricher la
leur.

Puis ils revinrent à la maison.

Les semailles.

Quand la crue commença, Farañg dit à ses gens : « Allons
semer le riz ! ». Ils allèrent au champ. Farañg divisa le

champ en deux parts, en prit une et laissa l'autre à ses gens ;
il leur dit : « Ensemencez cette part pendant que j'ensemen-
cerai l'autre ». Il sema son riz, le hersa, et revint aider ses
gens.

Alors on apporta le déjeuner. Farañg en fit deux parts ; une
pour lui et l'autre pour ses gens. Il mangea sa part et vint
aider ses gens à manger la leur. Ceux-ci lui dirent : « Que
viens-tu faire ? ». Farañg leur répondit : « Quand il s'est agi
de défricher le terrain et de l'ensemencer, je vous ai aidé, il
est bien juste que je vous aide aussi à manger votre part ! ».
Ils déjeunèrent et retournèrent chez eux.

§ 2 — KORAROU

1° *Korarou et les animaux du Niger.* — Le riz poussa
bien, la récolte s'annonçait belle : tout le monde en parlait.
Les *Poissons* (1) en entendirent parler. *Korarou* fut un des
premiers. Il prit sa guitare et vint s'installer auprès du champ
de riz. Il appela tous les animaux du Niger : tous vinrent. Il
leur dit : « Délibérons ! Farañg est un pêcheur qui nous tue
et nous fait du mal ; essayons de nous venger ; mangeons
son riz, détruisons son champ. Alors cela lui fera du mal,
puisqu'il nous donne l'occasion » (2).

(1) Les gens du Korarou cherchent à reformer une confédération avec tous
les clans des pêcheurs dont les « tannas » sont des poissons pour arrêter les
empiétements des Sorkos de Farang. Ce sont encore les « Rouges » et les clans
du Poissons Mândi qui vont lutter contre les pêcheurs dirigés par les « Far ».
(2) Nom des différents clans ou familles Mali, Mande, Bambara, Markas,
Sousous… etc., représentés ici par leurs animaux emblèmes.

L'hippopotame dit : « Moi, par Dieu, je ne le ferai pas, j'ai trop peur ! »

Le lamentin dit : « Moi, j'ai peur ! »

Le caïman dit : « J'ai peur ! »

La tortue dit : « J'ai peur ! »

Le boa dit : « J'ai peur ! »

Le gay (sorte de silure) dit : « J'ai peur ! »

Le bo-findi (sorte de lézard d'eau) : (gueule tapée) dit : « J'ai peur ! »

Le desi-tjirey (sorte de silure rouge) dit : « J'ai peur ! »

Le tampi (   ) dit : « J'ai peur ! »

Le hani (silure-torpille) dit : « J'ai peur ! »

Le ham-idje (sorte de brochet : capitaine) dit : « J'ai peur ! »

Le da (   ) dit : « J'ai peur ! »

Le bor (   ) dit : « J'ai peur ! »

Le desi-bibi (silure noire) dit : « J'ai peur ! »

Le yollo (   ) dit : « J'ai peur ! »

Le wasi (   ) dit : « J'ai peur ! »

Le goura (   ) dit : « J'ai peur ! »

Tous dirent : « Nous avons peur ! »

Le djinjiria (silure) dit : « Tous ceux qui marchent en avant ont peur ! à plus forte raison, nous qui marchons à la suite » (1).

Korarou dit alors : « Allez-vous en ! Si vous avez peur vous mourrez ! Si vous n'avez pas peur, vous mourrez quand

---

(1) — Il veut dire par là que les grands clans ayant peur de lutter contre les Sorkos eux qui font partie de familles peu puissantes, du clan des Poissons n'osent pas entamer la lutte contre les empiétements des Sorkos.

même ! (1) Moi j'irai manger le riz ; j'irai détruire le champ
de riz ! »

Tous partirent.

Alors Kórarou (2) prit sa guitare et se mit à jouer. Il entra
dans le champ et se mit à le couper, à disperser le riz, à en
manger ; il continua ainsi pendant douze jours.

Farang va trouver Korarou.

Une vieille femme était allée couper du bois ; elle constata
les dégâts ; elle revint en courant à la ville et alla chez
Farañg : « Que fais-tu là, lui dit-elle, pendant que tout le
riz est abîmé et mangé ? » — « Ce n'est pas vrai ! répondit-il,
les Djinni ne le mangeraient pas, ni Seytan, ni l'hippopotame, ni le lamantin, ni le caïman (3) aucun animal du
fleuve n'oserait faire cela ! » La vieille femme partit.

Farañg appela Albarka-Babata : « Va voir le champ de
riz, dit-il, car il y a longtemps que je ne l'ai vu ! » Albarka-
Babata y alla. Il trouva en effet le riz dévasté. Il vit là Korarou et sa guitare. Il l'interpella et l'interrogea : « Qui a mangé
le riz ? Est-ce le Djinni ? Est-ce Seytan ? — « Non, dit Korarou, ce n'est pas le Djinni, ce n'est pas Seytan ! C'est moi,

---

(1) Ce qui signifie que leurs clans disparaîtront toujours, englobés par le
vainqueur et qu'ils seront réduits en servage quelque soit l'issue de lutte.

(2) Korarou est pris ici pour les gens du clan des Korarou, ce clan rallié
à la confédération des Poissons est presque éteint aujourd'hui, mais un lac
de la région lacustre Sud du Niger vers Oddari, Bambara-Maôdé porte
encore ce nom.

(3) Hippopotame ou clan des Malinké ; Lamantin ou clan des Mândé ; Caïman ou clan des Bammana ou Bambara. Seytan un clan des Serpents,
Djinni divinités locales, génie du lieu.

Korarou, à la poitrine rouge (8), moi, qui ai mangé le riz ! »
— Albarka-Babata revint en hâte raconter cela à Farañg.
Celui-ci s'écria : « Albarka-Babata, tu es un imbécile. Tu
trouves Korarou en train d'abîmer le riz, tu ne le prends
pas ! Eh bien ! Korarou ne mangera pas d'autre riz que le
mien. »

Le lendemain matin Farañg se leva et alla à son champ.

Premier combat.

Il trouva Korarou jouant de la guitare et chantant ses
louanges, Farañg l'appela : « Qui a mangé mon riz, dit-il »
— « Personne autre que moi, Korarou ! ». Farañg leva la
main et menaçant : « Disparais, dit-il à Korarou, comme si
tu n'avais jamais existé ! » Il alla à Korarou. Celui-ci déposa
sa guitare : ils en vinrent aux mains. Farañg enleva Korarou
au-dessus de sa tête et le fit tourner autour de lui comme pour
le jeter à terre. « Arrête, dit Korarou, la feuille de palmier
nain ne se casse que lorsqu'elle est sèche ! » Korarou fit
tomber Farañg.

Farañg se releva et revint à la ville. Il passa devant la
vieille femme. Celle-ci l'appela : « Farañg, dit-elle, qu'as-
tu ? » — « J'ai mal à la tête, répondit-il ! » Il rentra chez lui.

---

(3) Korarou Korongoï ou Kararou sont du clan des « Rouges » Kara et les
membres du clan se peignaient le corps en rouge ; comme actuellement
encore les Lobi et ainsi que les auteurs anciens le signalaient chez les
chefs et les idoles des peuples d'Afrique (Pline, XXXIII-112).

Deuxième combat.

Le lendemain de bonne heure, il revint trouver Korarou.
Korarou jouait de la guitare :

> « Lambagouley ! lambagouley !
> Reyragirem ! reyragirem !
> Lambagouley ! reyragirem ! »

Korarou déposa sa guitare. Ils luttèrent de nouveau, Farañg enleva Korarou au-dessus de sa tête pour le jeter à terre. Korarou lui dit : « Attends ! la feuille de palmier nain ne se brise que si elle est sèche ! » Il fit de nouveau tomber Farañg.

Farañg revint chez lui. En chemin il rencontra encore la vieille femme. Celle-ci l'interrogea : il lui répondit comme la première fois : « La tête me fait mal ! » Il rentra chez lui.

Troisième combat.

Le lendemain de bonne heure Farañg revint trouver Korarou. Celui-ci jouait toujours de la guitare. Farañg lui dit : « Pour Dieu ! quitte mon champ ! quitte-le ! pour le Prophète ! » — « Non ! je ne le quitterai pas ! ».

Farañg saisit Korarou et voulut le jeter à terre. Celui-ci lui dit : « Attends ! si la feuille de palmier n'est pas sèche, elle ne casse pas ! » et il jeta Farañg à terre, la ceinture de son pantalon se cassa. Farañg revint chez lui.

Il rencontra la vieille femme qui lui demanda encore : « Qu'as-tu ? » — « J'ai mal à la tête, dit-il. » — « Tu mens ! Toi et Korarou depuis trois jours vous luttez et chaque fois tu

fus vaincu ; tu es un avare ; si ce n'était cela je te dirais ce
qu'il faut dire à Korarou pour le vaincre et le tuer ! » **Farañg**
répondit :

« Je te donnerai 100 esclaves, 100 chevaux, 100 bœufs,
100 ânes, 100 mulets, 100 moutkals d'or, et 100 de toutes
·choses ? » La vieille lui dit : « Je ne veux rien de tout cela,
donne-moi seulement un peu de son, de tabac et une vieille
pipe ! Farañg les lui donna. La vieille lui dit : « Demain,
quand tu iras trouver Korarou, tu le soulèveras pour le jeter
à terre ; alors il te dira : « Arrête ! la feuille de palmier nain
ne se brise que si elle est sèche ». Alors toi, réponds-lui :
« Mais si elle est sèche elle se brise ! » (1).

Quatrième combat.

Le lendemain donc, Farañg retourna combattre Korarou.
Ils en vinrent aux mains. Korarou dit : « Arrête ! la feuille
de palmier nain ne se brise que si elle est sèche ». Farañg
répondit : « Oui, mais si elle est sèche elle se brise ! ». Et
jeta Korarou par terre.

Mort de Korarou.

Une partie de la chair (2) de Korarou se perdit dans la
vase, l'autre partie sauta en l'air jusqu'à la forêt. La partie

(1) Les formules magiques sont souvent employées comme sortilège magique chaque fois qu'un indigène entreprend quelque chose de difficile ou
court un danger.

(2) La chair signifie les membres de la tribu des Rouges, les chefs
Kountahs parlant de leur peuple disent la « viande » de la tribu, eux étant
la tête, l'ossature.

de Kororou qui alla jusqu'à la forêt forma les Antilopes qui existent actuellement ; l'autre partie forma les Kororou actuels (1).

Farañg prit la guitare et se mit à chanter ses louanges en allant à la ville. Depuis qu'il possédait la guitare, il ne prenait plus d'armes pour aller à la pêche. Il jouait de la guitare et tout ce qui était dans le fleuve en sortait. Il pêchait donc avec sa guitare.

Et quand il revenait à la ville il se jouait à lui-même ses louanges.

Tout le pays entendit parler de la guitare de Farang.

IV

FARANG ET LA HYÈNE

L'hyène vole la guitare.

Un jour Farañg alla à la pêche. Il joua de sa guitare : les animaux du fleuve vinrent mourir à ses pieds. Ses gens pilèrent le mil et firent la cuisine, ils mangèrent jusqu'à ce qu'ils furent rassasiés. Alors ils se couchèrent et s'endormirent. L'hyène (2) vint. Elle aussi avait entendu parler de la fameuse

---

(1) Cela signifie que le clan primitif du Kororou se dispersa en formant deux clans nouveaux, les Kororou actuels de la région lacustre de Bandiagara et le clan des Antilopes qui se réfugia vers la Forêt de l'Ouest ; ainsi cette confédération, ralliée aux (Poissons) Mandé se trouve désagrégée.

(2) La confédération de la Hyène comprend des Markas du Debo et des Korongoi pêcheurs de Djenne et de San sur le Bani.

guitare. Elle entra dans le bateau, lécha les plats, s'empara de la guitare et s'enfuit. En sortant de la pirogue elle heurta la guitare contre le bord, elle produisit un son : « Pejem ! » qui réveilla Farañg. Mais il constata que l'hyène s'était enfuie. Il se mit à la poursuivre en gémissant : « Ma renommée est finie ! ma race est finie ! » Il appela : « Albarka-Barbata ! ma guitare est perdue, je ne sais qui me l'a prise ? »

Farañg en éprouva une telle douleur qu'il en tomba malade et fut obligé de se coucher.

Pendant ce temps l'hyène, dans la brousse, jouait de la guitare et se bâtit une case. Tout ce qui était dans la brousse venait mourir auprès d'elle ; tout ce qui était dans le fleuve venait également mourir là (Se soumettait et se ralliait au clan de la Hyène).

Farañg était toujours malade. L'hyène, au contraire était dans l'abondance, elle faisait bonne chère et faisait sécher de la viande pour le mauvais temps.

Le chacal (1).

Un jour le chacal passa derrière la case de l'hyène. Il vint et resta à la porte. L'hyène lui dit : « Qui es-tu ? » Moi, le chacal (2), Djoñgo-Doumbani ». — Que désires-tu ? » — Donne-moi un morceau d'os à ronger ! — « Chacal ! si tu ne t'en vas pas, je vais jouer de la guitare et tu mourras.

Le chacal se sauva et vint à Gao. Il vint trouver Farañg : « Comment vas-tu Albarka ! » — « Qui es-tu ? » — « Moi le chacal Djoñgo-Doumbani ». — Que veux-tu ? — « Je veux

(1) Les Allouchs, Meschdoufs etc., ont fait partie de ce clan du chacal.
(2) Confédération du clan du travail.

voir Farañg ! » — « Farañg est malade ! il ne peut se lever ».
— « Je voudrais lui parler ! » Farañg ordonna de le laisser
entrer.

Il vint jusqu'à Farañg : « Farañg, dit-il, je sais où est ta
guitare ». — « Où est-elle ? » « Je sais que c'est l'hyène qui
la possède ». — « Albarka ! donne-lui à manger ! »
On apporta à manger au chacal. Alors Farañg dit à ses
gens : « Allez trouver l'hyène ». Mais le chacal dit : « Non !
mais que Farañg aille se coucher en dehors de la ville de Gao
comme s'il était un cadavre ».

Farañg alla donc s'étendre à terre en dehors de Gao,
comme un cadavre, on jeta sur lui quelques vieilles nattes.

Le chacal partit en courant trouver l'hyène, il s'arrêta près
de sa case et lui dit : « Ecoute, hyène ? » — « Qu'y a-t-il ? » —
« La paix ! Je viens t'annoncer une grande et bonne nouvelle ! » — « Quelle nouvelle ? » — « Farang est mort, on l'a jeté
en dehors de la ville de Gao ; moi, chacal, je me suis dit, personne n'y touchera avant l'hyène ! » L'hyène lui dit : « Chacal ! entre dans ma case, mange ce que tu voudras, ma case
est la tienne ! » Le chacal entra et mangea. L'hyène prit sa
guitare, la plaça sur sa patte et se mit à jouer : « L'emba-
gouley !... »
Le chacal mangea.

Enfin ils se levèrent et partirent. L'hyène emporta sa guitare. Ils coururent, ils se hâtèrent. Ils arrivèrent auprès de la
ville. L'hyène dit : « Où est-il ? » — « Vois, hyène, ce qui
est gros là-bas ! c'est lui ! « L'hyène y courut avec le chacal.
L'hyène regarda attentivement : « Il n'est pas mort ! dit-elle ».
— « Si, dit le chacal, il est mort comme s'il n'avait jamais été
vivant ! » — « Moi, je ne m'y fie pas ! » — « Si tu n'en veux

pas, dis-le moi, je vais aller chercher le lion (1), il le mangera, lui ! » — « Non ! je vais tout manger de suite ».

L'hyène s'approcha pour saisir la poitrine de Farañg. Celui-ci voulut lui prendre la patte. L'hyène se sauva.

Farang poursuit l'hyène jusqu'a Saraféré (Farangkoyra) Il reprend sa guitare.

Farañg se leva, il la poursuivit jour et nuit jusqu'à (Saré Farañg) (Farañg-Koyra) Saraféré. Il ne put l'atteindre. Alors il s'arrêta : l'hyène courait toujours. Farañg se frappa la cuisse ; il en sortit une brique ; il la lança sur l'hyène, la brique tomba en avant de celle-ci, elle devint une mare vaseuse. L'hyène s'engagea dans la mare pour la traverser; mais elle s'enlisa des quatre pattes.Farañg accourut, il descendit dans la mare, s'empara de la guitare. Il dépeça l'hyène en morceaux avec l'ongle de son petit doigt. Ainsi mourut l'hyène (2).

V

FARANG ET LE ROI SI

Si envoie un Djoron.

Farañg revint à Gao. Il continua à jouer de la guitare et remercia Dieu et son prophète de lui avoir rendu sa guitare.

(1) Les gens du clan du Lion, les Oudraba-Ndogom, etc.

(2) Destruction du clan de la Hyène ; les familles Maïkas du Debo sont encore du clan de la Hyène et vivent dans la vase de la région marécageuse.

Le pays entier entendit parler de sa guitare. La renommée en arriva aux oreilles de *Si*, qui gouvernait la moitié de
la terre. *Si* (1) avait un *Djoron* qui s'appelait : « Mahama-
dou-Djoron ».

Le Djoron vint trouver Si et lui dit ; « Si ! Meyga ! Dja-
Eliamin-Koy ! Fati et Karakara-Koy ! Le Sorko qui est à Gao
possède une guitare magnifique. Toi, si tu n'as pas de guitare
tu n'es pas un roi ! Or demain je vais à Gao pour entendre
cette merveille ; je t'en rapporterai des nouvelles ! »

Le lendemain il sella son cheval et partit. Il arriva à Gao et
descendit chez Farañg. Farañg lui offrit l'hospitalité : lui fit
donner à manger, à boire du vin, il tua pour lui un mouton.
Il mangea : lorsqu'il fut rassasié, Il dit : Farañg ! merci !
que Dieu te bénisse ! te récompense ! Joue-moi un peu de ta
guitare ! « Farañg dit : « bien ! » Il appela sa fille, Nana, et lui
commanda d'apporter la guitare. — Nana lui apporta la guitare et la lui donna. Farañg joua de la guitare au Djoron, et
chanta, Le Djoron dit : « Merci ! »

Il se leva et partit.

Il alla trouver Si et lui dit :

« *Si* ! la guitare fait : lambagouley, reyragiren !... »

Si répondit : « Par Dieu ! c'est vrai elle a un joli son ? Je
vais rassembler mon armée pour aller à Gao ». Le Djoron
lui dit : « Ne rassemble pas d'armée ainsi sans raison ! Envoie
plutôt quelqu'un à Farañg pour dire de faire couper de
l'herbe pour ton cheval, qu'il soit ton palefrenier ; si

---

(1) Si — Confédération du Serpent dont le chef était de la famille des
Dia, c'est pour cette raison qu'il l'appelle Dja-Eliamin-Koy. Ce sont les Dias
ou Sa de Koukia. Djoron est un conseiller de la Tribu des Dias.

Farañg refuse, alors tu iras démolir Gao et tu auras la guitare » (1).

Si envoie deux hommes.

Si appela deux hommes et leur dit : « Allez dire à Farañg
de couper de la paille pour mon cheval ».

Ils partirent et arrivèrent à Gao. Il rassemblèrent tous les
alfa (marabouts) de Gao, tous les Arma, tous les Elwalidji.
Ils leur dirent le but de leur venue.

Les uns dirent : « Nous ne pouvons aller lui dire cela ! »

Les autres dirent : « Il faut que nous y allions ; Si n'est-il
pas le roi ? »

Ils allèrent trouver Farañg et le lui dirent. Farañg répondit : « Allez-vous en ! vous êtes fous ! jamais je ne couperai
d'herbe, un sorko ne coupe pas d'herbe ! » — Sa mère lui dit :
« Ne parle pas ainsi, s'ils vont rapporter tes paroles à Si, il va
venir détruire Gao. Je t'en supplie par mon sein coupe de
l'herbe pour Si ! » — Il répondit : « Allez diré à Si : au nom
de Dieu ! je lui couperai de l'herbe ! » — Ils dirent : « C'est
bien ! » Ils partirent rapporter ces paroles à Si (2).

---

(1) C'était un moyen d'inviter les Sorkos et Farang à faire leur soumission aux clans du Serpent et à s'en reconnaitre tributaire, vassaux ou
griots.

(2) D'après d'autres légendes de la confédération du Serpent sont appelés
Sansan, Sousous, Sa, Si, So, ce furent des hordes de cavaliers envahisseurs
qui arrivant de l'Etat par le Ouadaï conquirent tout le Soudan renversèrent
la confédération des Mândé (lamantin) et détruisirent Ganna (M. S. de
Bello, *Tarick-es-Soudan*). Les Dia s'allièrent à ces Sousous et se nommèrent Sa.

Farang va trouver Si.

Farañg appela ses gens : « Demain, leur dit-il, nous irons couper de l'herbe ! » — Ses gens vinrent de bonne heure, entrèrent dans les pirogues ; Farañg lui-même s'embarqua. Ils partirent. Ils pêchèrent en route des hippopotames, des lamantins, des caïmans, des tortues, des boas, des gay, en nombre considérable. Ils arrivèrent ainsi au village de Si. Ils abordèrent à la rive. Farañg : « Allez, dit-il, dire à Si, qu'il vienne prendre son herbe avec 300 chevaux ». Si dit : « Allez ! » Les chevaux vinrent au fleuve ; Farañg dit : « Tous sont là ? »

Ils répondirent : « Oui ! » Farañg se leva ; il prit un hippopotame, le lança au milieu des chevaux, il renversa deux cavaliers, ceux-ci en renversèrent deux autres et ainsi de suite. Puis il lança des caïmans, les lamantins et le reste...

Des 300 chevaux, il en tua 250. Le reste se sauva et retournérent chez Si. Farañg revint à Gao. « Jamais, dit-il, je ne couperai d'herbe ; jamai un sorko ne coupera d'herbe ! »

Si vient à Gao.

Alors Si fit battre le tambour de guerre. L'armée nombreuse se rassembla. Il lui dit : « Nous allons à Gao : nous allons aller couper la viande de Farañg, pour la donner à manger aux chiens ».

Farañg rassembla ses gens ; il leur dit : « Allez couper des bâtons plein les bateaux ! Ils y allèrent, coupèrent des bâtons et les rapportèrent ; ils les mirent en tas derrière la ville.

Si arriva avec son armée ; Farañg sortit à sa rencontre avec ses gens au nombre de 333. Il vint se placer devant les bâtons, il étendit les bras.

Si demanda : « C'est là Farañg ? » — « Oui ! répondit-on ». « Qu'on le fusille ! ». Farañg réunit ses gens derrière lui. Ils tirèrent tellement que la fumée obscurcit le ciel et la terre

Si arrêta ses gens : « Cessez le feu ! dit-il : Farañg est tombé ! »

Quand la fumée fut dispersée ils virent Farañg debout. Ils continuèrent ainsi jusqu'à l'épuisement de leurs munitions. Alors Farañg dit : « Si ! je viens à toi, « sans armes pour me battre avec toi ! » Il dit à ses gens : « Passez-moi les bâtons ! » Ils les lui passèrent. Il les lance l'un après l'autre parmi les gens de Si. Les gens de Si épouvantés tombaient les uns sur les autres et se tuaient.

Si s'enfuit, Farañg le poursuivit. Si entra à Gao, Farañg l'en chassa. De là il se sauva à Karabara, à Wagay, à Bawani, à Berregoungou, à Bellesao, à Djoni, partout Farañg le rejoignit et le chassa. Enfin Si se sauva chez les chrétiens.

Farañg lui dit : « Va, imbécile ! tu ne reviendras plus jamais grossir le nombre des Songoytje ! » (1)

Farañg revint à Gao (2).

Voilà ce qui arriva entre Farañg et les Sousous.

(1) Songoytie veut dire fils des Songoï, cette légende nous montre la lutte des Sorkos pécheurs contre les cavaliers envahisseurs de la confédération du Serpent (Si) après avoir lutté contre les gens du Korarou et de la Hyène.

(2) Les clans des Serpents Sousous sont en ce moment sur les bords de l'Atlantique en Casamance et Sénégal à côté des colonies des chrétiens Européens. Dans cette légende il semble que les animaux et les batons que le chef Sorkos jette successivement sur le gens des Si. représentent les emblèmes des différentes confédérations nigériennes ralliées et dirigées par Faram.

VI

FARANG ET LE GONDO

(de Namara-San)

LE GONDO (ANGUILLE) (1)

Le Gondo de Namara San devint fort et gras. Il était puissant. Aucun bateau ne pouvait passer à Namara-San, soit en remontant, soit en descendant. Le Gondo était là. Dans tout le pays on n'entendait parler que des méfaits du Gondo de Namara-San.

Réunion des Sorko à Mopti.

Les gens de Mopti étaient fatigués. Ils envoyèrent dire aux Sorko de Kouakourou de faire en sorte de venir les aider à vaincre le Gondo, car aucune pirogue ne pouvait franchir le Namara-San. Si même un oiseau passait au-dessus de Namara-San, le Gondo le saisissait au vol et lui brisait le cou. Les Sorko de Kouakourou se réunirent (2).

Les gens de Mopti envoyèrent chercher les Sorko de Mayel-Nasou. Ceux-ci vinrent à Mopti.

(1) Les gens de la confédération de l'Anguille appartiennent aux grands clans des Mandès (lamantins). Une province sur le plateau central soudanais à l'Est de San et dans le Bornou s'appelle toujours Gondo, mais ce clan de l'Anguille a disparu actuellement : ces deux régions sont peuplées par des Foulbés.

(2) Les gens de la confédération des Oiseaux « les Rouges », Oua-Kore, Oua Gara, etc.

Dans cette légende les Ouagara, Korongoï, Bosos, Sorkos, se réunissent

Ils envoyèrent des émissaires à Toñgoroñgo, à Feytara, à Guimitoñgo. Tous les Sorko vinrent à Mopti.

Tous les Sorko se réunirent à Mopti, car la nouvelle se répandit partout.

Etaient là : Gow Mahmadi (Mo-na-di-de-Kamba-na Salem), Gow Idrisa (Fini-wali-gabou), Gow Soleymann (Gabou-felen-felen gabouwalengadji).

Le lendemain, de bonne heure, ils se dirigèrent vers Namara-San.

Le Gondo, furieux, se métamorphosait continuellement. Il dit : « Par Dieu ! aucune pirogue ne passera à Namara-San. Je verrai bien s'ils pourront me prendre ! »

Quand ils furent près de Namara-San, les Sorko dirent : « Que Gow Mahmadi s'avance et aille combattre le Gondo ! »

Gow Mahmadi.

Gow Mahmadi se détacha du groupe ; il s'avança et engagea la lutte avec le Gondo. Il prit un djow (harpon), le lança sur le Gondo. Celui-ci prit le djow et en brisa la hampe en mille pièces.

Gow Mahmadi prit un djaba-pa (harpon), le lança sur le Gondo. Celui-ci en brisa la hampe, en coupa la corde.

Gow Mahmadi prit un hardji (harpon), il voulut en percer le Gondo. Celui-ci en brisa la hampe.

Le Gondo dit : « Gow Mahmadi ! Est-ce que tous tes harpons sont brisés ? — Oui ! »

pour lutter contre cette confédération du Gondo. Les Oiseaux Rouges contre un clan des Poissons.

Le Gondo prit une flèche, la planta dans le dos de Gow Mahmadi. Celui-ci tomba et mourut.

Gow Idrisa.

Gow Idrisa s'approcha. Il harponna le Gondo avec un djow (harpon). Celui-ci brisa la hampe.

Gow Idrisa harponna avec un djaba-pa. Le Gondo le brisa.

Gow Idrisa prit un dama et harponna le Gondo. Celui-ci le brisa.

Gow Idrisa prit un hardji et harponna le Gondo. Celui-ci le brisa.

Le Gondo lui dit : « Gow Idrisa ! tous tes harpons sont-ils brisés ? — Oui ! »

Le Gondo prit une flèche et la planta dans le dos de Gow Idrisa. Celui-ci tomba et mourut.

Retraite des Sorko.

Les Sorko se réunirent et dirent : « Deux Gow fameux sont morts ! »

Gow Soleymann leur dit : « Retournons à la ville ! » Ils retournèrent à la ville en disant : « Personne ne peut lutter avec le Gondo, que Dieu qui l'a créé ! »

FARANG EST INFORMÉ

La renommée du Gondo se répandit en amont et en aval ; elle parcourut toute la contrée jusqu'au Dendi. Elle arriva à Berregoungou, à Karabara, à Gao.

Farañg était dans sa case. Albarka-Babata vint : « Allons !
n'as-tu pas entendu la nouvelle ? — Quelle nouvelle ? — Le
Gondo de Namara-San ? Aucune pirogue ne peut passer à
Namara-San. Le Gondo est furieux, il est fou. Si même un
oiseau passe au-dessus de Namara-San, le Gondo le saisit au
vol et lui brise le cou. Nabouke ! Kontabo ! Sondjinabo !
Kolegninabo ! Kolegnagotedjinabo ! fils de Ngasa ! de Sata !
de Satadawey ! de Kobetaka ! Toi le ramasseur de vieilles
nattes ! toi le ramasseur d'habits usés ! toi dont les cheveux,
semblables à des tiges de mil, ne peuvent être tressés ! toi,
dont une mare où l'eau atteint la cheville de la patte d'un
lièvre ne peut suffire à laver l'œil ! voilà que tu restes assis
dans ta case, alors que la rumeur parcourt le fleuve en amont
et en aval ! »

Farañg répondit : « Albarka-Babata ! que dois-je faire ?

— Lève-toi ! Les gens de Wagay, de Wagaybougou, de
Berregoungou, de Bellesao, de Bawani, de Tigilem, de
Tafalit, de Karabara, de Djoni, de Dangasa et de Gao ont
entendu la nouvelle et toi tu restes étendu dans ta case ! »

Alors Farañg fit battre le tambour de guerre.

Puis il s'assit et dit : « Albarka-Babata ! si rien ne s'y
oppose, nous partirons demain pour Goura. Je le jure par
Karamankoy, par Kayankoy, par Mangasa (1), par mon vase
au bois de fer, par mon écuelle au lait frais, par le wakondo,

---

(1) Les trois divinités protectrices de la confédération des Sorko :
Karamankoy = le maitre, le chef des mâles de la confédération des Mâ-
Rouge (lamentins) ou Garama ;
Kayankoy = le chef des familles El Kaya (originaires de Tichitt) ;
Mangasa = le chef des gens confédérés des campements du Lamantin et
du Serpent.

par mon charbon de bois, par ma poule noire (1) ; demain à
l'aurore, je les consulterai ! je le jure par Ngasa, ma mère, si
rien ne s'y oppose je partirai demain. »

Albarka Babata s'en alla se coucher.

Le lendemain, à l'aurore, Farañg se leva ; il appela
Albarka-Babata. Fomborogasi, Fombebagoule, Kousou-Tedjé,
Kousou-Djoumandi, Hi-Kore-mbanoura, Hi-Boñgo-mba-
noura, Feina-Kandje, Hari-Katou djere-djongo, Boubou-
loumgadji, Ahmadou-Karankaran, Asseyta-Bakali, Koynsata
Bakali, Hasey nkandje-s'a-se, Tjere-ma-tjere-Kati, Tjere-ma-
tjere-notangou, Himadou (le fils de sa sœur) et Bande (son
propre fils).

Tous se réunirent et répondirent à son appel.

Premier voyage de Farang.

Farañg leur dit : « Rassemblez tous les harpons et embar-
quez-les. »

Il les mirent dans la pirogue. Lui-même alors prit son pantalon de 333 coudées d'étoffe, le secoua, y passa une jambe,
l'autre jambe n'y trouva pas place ; elle ignorait si sa compa-
gne était dans un pantalon. Farañg, voyant cela, s'écria :
« Ah ! malheur ! Nabo ! Kontabo ! si la pauvreté ne me fait
pas mourir cette année, elle me fera honte aux yeux des fils
de mon père ! »

Il s'en alla au fleuve et s'embarqua. Il commanda : « Par-
tons ! »

On poussa la pirogue avec 333 perches. Il voyagea jusqu'à
Karabara. Là, il demanda des nouvelles. On lui répondit :

(1) Différents objets destinés à offrir les sacrifices rituels.

« Des nouvelles ? Nous ne savons qu'une chose : c'est que le Gondo de Namara-San a coupé la route, aucune pirogue ne peut passer à Namara-San, aucun oiseau n'y passe sans être pris et tué. De plus, nous avons entendu dire que les Sorko de Waladou, de Goura, de Bowkora, de Gouloumbou, de Gouloumbou-Koro, de Baniba, de Baniba-Koro, de Kona, de Poure, de Hengem, de Bia, de Yowar, de Sobe, de Djindjow, de Gisiwali, de Koynsa, de Sendege, se sont réunis pour aller combattre le Gondo ; que Gow Mahmadi, Gow Idrisa sont morts dans cette lutte. »

Il leur répondit : « Voilà une grande nouvelle ! » Il envoya demander à sa mère, à Gao, de la poussière d'un certain bois, car ce Gondo est vraiment redoutable ! Sa mère la lui envoya.

Farañg partit de bonne heure de Karabara. Il voyagea rapidement jusqu'à Goura (1). Là, il s'informa des nouvelles, au sujet du Gondo. On lui répondit : « Nous ne savons qu'une chose, c'est qu'aucune pirogue de Djenne ou de Tombouctou ne peut franchir Namara-San, qu'aucun oiseau (2) ne s'y aventure sans être tué. »

Farañg continua sa route et vint coucher auprès de Namara-San.

Au milieu de la nuit le Gondo bâilla ; du feu sortit de sa gueule. Jamais Farañg n'avait été réveillé en sursaut comme il le fut cette nuit-là par le feu qui jaillit de la gueule du Gondo. Le Gondo envoya une étincelle de ce feu contre Farañg, elle lui tomba sur l'épaule. Farañg s'assit et se

(1) C'est Gourao de nos postes.
(2) Clan des Oiseaux (Oua).

gratta l'épaule et dit à Albarka-Babata (1) : « Jamais il ne m'est arrivé une chose semblable à ce qui m'est arrivé cette nuit. »

Premier combat.

Ils se recouchèrent jusqu'au matin. Farañg marcha alors contre le Gondo. Il harponna le Gondo et celui-ci lui renvoya ses harpons en miettes ; et cela depuis le matin jusqu'au milieu du jour, jusqu'au soir, jusqu'au milieu de la nuit, jusqu'à l'aurore, jusqu'au milieu du jour. Enfin il n'avait plus de harpons.

Le Gondo lui dit : « Est-ce que tu as épuisé tous tes harpons ? — Oui ! » Alors le Gondo chassa Farañg depuis Namara-San jusqu'à Hondou-nine (Djeygalia). C'est alors seulement que Farañg pensa à la poussière de bois que sa mère lui avait envoyée. Il la prit et en sema entre le Gondo et lui (2).

Le Gondo s'arrêta et retourna à Namara-San.

Farañg retourna à Gao.

Retour à Gao. — Farang consulte les idoles.

A son arrivée à Gao, il alla trouver sa mère et lui dit : « Le Gondo et moi, nous nous sommes rencontrés. Il a brisé tous

---

(1) Peut-être cela veut signifier que les gens du Gondo possédaient quelques fusils, car cette légende se passe après l'arrivée des Sâ (Serpents), puisque dans les divinités protectrices des Sorko, nous voyons les Serpents. Or les Sousous, Socé, Sisoko, etc., familles de la confédération des Serpents, envahirent le Soudan, et détruisirent Ganna, au xiii° siècle.

(2) Ce qui signifie que la confédération des gens du Gondo, victorieuse, arriva jusqu'aux environs de Tombouctou ; Djeijgalia est une dune sur le Niger en face de Tombouctou.

mes harpons. Il me faut une méthode nouvelle pour le combattre, ce n'est pas un Gondo quelconque. »

Sa mère lui dit : « Nabonke ! Depuis que Dieu a créé le
monde, il a réellement envoyé son prophète. Tu me demandes la vérité ? La voilà : Quand tu partiras pour aller combattre le Gondo, va consulter les divinités protectrices ! »

Farañg suivit ce conseil. Il alla trouver la divinité et lui
dit : « Le petit Gondo de Namara-San empêche les pirogues
de passer par là. »

Alors la fille de Farañg vint le trouver et lui dit : « Mon
père ! moi, Nana, je suis en âge de mettre un pagne, laisse-
moi aller voir le Gondo ; je te le ramènerai ! — Vraiment,
Nana ! ton sexe ne t'arrête pas ? — Alors, mon père, si rien
ne s'y oppose, va consulter les divinités (1). — Oui !
j'irai ! »

Farañg se coucha et dormit jusqu'au matin. Il se leva et
alla trouver Karamankoy ; Karamankoy appela Marmankoy ;
Marmankoy appela Kayankoy ; Kayankoy appela Mangasa.

Mangasa arriva. Toutes les divinités protectrices étaient
réunies : « Qu'y a-t-il, Farañg ? » demandèrent-elles. Farañg
répondit : « Moi, Sorko du Dendi, je suis parti de Gao et suis
allé à Goura. Toutes les femmes de Goura, de Manimani, de
Koyta-Debo, de Barisemo-Debo, de Waladou, de Baniba, de
Baniba Koro, de Gouloumbou, de Gouloumbou-Koro, toutes

---

(1) Divinités protectrices ; ce passage est très intéressant pour la filiation
des clans dans la grande confédération, dont les divinités protectrices invoquées sont : 1º Kara-ma-nkoy, le chef des Mà (lamentins) Rouges. Nous
voyons ici le terme : Kara-ma ou Garama des anciens ; 2º Mar-ma-nkoy, le
chef des mâles de la confédération du Lamantin, actuellement Man-Kas,
après la dissolution de la confédération des Mà, ancien Marmarides ; 3º les
Kara-nkoy ; 4º Manga-sa.

les femmes des Sorko ont su que je suis allé à Namara-San, que le Gondo de Namara-San m'a chassé depuis Mopti jusqu'à Gao. Mais vous, vous êtes là, vous n'êtes pas encore mortes ! — C'est vrai, répondirent-elles ; mais quand tu es parti tu n'es pas venu nous trouver. Ton père Kobetaka, ton grand-père Farañg, n'ont jamais rien entrepris sans nous consulter ; toi Farañgaka, tu t'es dit : « J'irai bien sans les consulter. » — C'est vrai, mais aujourd'hui je viens vous demander de me dire comment je dois m'y prendre envers le Gondo. » Elles lui répondirent : « Attends que nous réfléchissions ensemble. Toi, va-t'en. Quand nous aurons trouvé nous te le dirons. Certainement ce sera avant la nuit. »

Il partit. Les divinités restèrent à se consulter. Mangasa leur dit : « Le Gondo mourra et disparaîtra du monde comme s'il n'y avait jamais existé ! Mais il faut pour cela que Farañg nous immole un bouc noir, une poule noire, qu'il mette du « verré » dans le vase, du lait frais dans l'écuelle. »

Elles allèrent dire cela à Farañg. Farañg dit : « C'est bien ! » Il immola un bouc noir, une poule noire, mit dans le vase du verré, dans l'écuelle du lait frais. Elles dirent à Farañg : « Donne-nous ton djow. » Il le leur donna. Elles le lui attachèrent et y mirent leur sortilège, puis le donnèrent à Farañg en disant : « Maintenant, demain, va à Namara-San. »

Deuxième voyage de Farang.

Farañg se coucha ; le lendemain il appela ses gens et leur dit : « Mettez tous les harpons dans la pirogue. » Puis il s'embarqua lui-même après avoir passé son pantalon à une jambe.

29

Ils partirent et se dirigèrent vers Namara-San. Ils arrivèrent à Goura et y couchèrent. De là ils gagnèrent Namara-San. Ils couchèrent là.

Le lendemain à l'aurore Farañg alla combattre le Gondo.

Deuxième combat. — Mort du Gondo.

Il commença par harponner le Gondo. Celui-ci lui renvoya ses harpons en morceaux. Mais alors il prit le djow que les idoles lui avaient préparé, il en frappa le Gondo. Le harpon pénétra dans le Gondo et le transperça. Le Gondo mourut.

Alors Farañg se mit à chanter ses louanges : « Moi, Nabo ! Kontabo ! Sondjinabo ! Sognegotedji-nabo ! Ngasa-doumi-denkele, Sata-doumi-gourou dioumboy ! Je n'ai pas mon pareil parmi les Sorko ! »

Tous les gens de la contrée du Debo vinrent couper le Gondo. Ils ne purent achever d'en découper la moitié que l'autre moitié était déjà corrompue, ils durent l'abandonner (1).

Farañg revint à Gao.

Telle est l'histoire de Farañg avec le Gondo de Namara-San.

DUPUIS YACOUBA.

(1 Dissolution de la confédération du Gondo, dont les provinces sont divisées entre les autres clans ; et une partie de la population réduite en servage.

QUATRIEME PARTIE

CONCLUSION

SUR LES ORIGINES DES POPULATIONS NIGÉRIENNES

I

CONSIDÉRATIONS GÉNÉRALES
SUR LE PRÉHISTORIQUE NORD-AFRICAIN

La connaissance plus approfondie que nous avons acquise pendant ces dernières années, des populations soudanaises; par l'observation de leurs mœurs et coutumes, par le recueil de leurs légendes et traditions, par l'étude de leur langage ; enfin les dernières découvertes archéologiques et la comparaison des monuments préhistoriques trouvés tant au Soudan, au Sahara, en Guinée, qu'en Ethiopie et en Nubie ; permettent actuellement de discerner vaguement l'origine de quelques-unes des grandes migrations qui ont amené sur les bords du Niger-Moyen ces divers groupements ethniques de types si différents dont les éléments, plus ou moins métissés et mélangés par les événements politiques, occupent par leurs Clans ou Confédérations notre empire Soudanais.

.·.

Les premières traces d'Humanité retrouvées jusqu'à ce jour sur les bords du Niger appartiennent toutes à la période néolithique africaine.

L'observation des nombreux ateliers laissés par les primitifs sur les berges de la branche orientale du Niger sur les émergences de la région lacustre, enfin sur les bords des Oueds-Sahariens et des dépressions de l'Azaouad, démontre que pendant cette période le climat bien plus humide que de nos jours fournissait à ces populations des ressources suffisantes. Toutefois il apparaît que déjà à cette époque la grande région lacustre nigérienne avait trouvé un déversoir par la faille de Tosaye, et que le cours oriental du Niger recevait comme tributaire l'Oued-Telemsi, collecteur des massifs de l'Adrar, roulant encore des eaux abondantes et poissonneuses. Dans les débris des foyers et des cuisines, nombreux parmi les ateliers, s'observent beaucoup d'ossements de poissons, de sangliers, d'antilopes mêlés à des fragments de vases en pierre, en jaspe, et à quelques ornements en agathe, en silex, ou même en terre cuite. Tout autour sont éparpillés une grande quantité de petits instruments couteaux, burins, retouchoirs, racloirs, grattoirs, pointes, perçoirs, poinçons et lames à dos rabattu avec les rognons de silex qui ont servi à les produire. Ces silex proviennent de l'Adrar oriental et des massifs sahariens. Les gros instruments sont plus rares dans les ateliers eux-mêmes, car à part quelques hachettes, ciseaux, gouges de petite taille, on ne trouve en surface que des broyeurs concasseurs de formes variées, avec des meules dormantes. En revanche les grandes haches, massues, marteaux, ciseaux sont disséminés abondamment aux environs et dans les cimetières des nomades.

Ils proviendraient en grande partie, au dire des indigènes, de sépultures néolithiques africaines situées dans les massifs de l'Adrar, où les cadavres des primitifs seraient accroupis

Fig. 217 — Mosquée à minaret ovoïde des régions Nigériennes.
(Sansanding).

Fig. 218. — Marabout de Meraguen (Touat).

Fig. 219. — Marabout de Zaouï h Kounta, Tidikelt (Sud Algérien).

Fig. 220. — Mosquée de Sankore et vue de Tombouctou.

dans les cavernes, entourés de tout un mobilier de l'âge de la pierre polie soudanaise.

On peut remarquer que les sépultures retrouvées au milieu des ateliers contiennent également des corps accroupis recouverts par un vase renversé entouré d'un petit cercle de quatre à cinq pierres, couronnant un léger tertre funéraire (1).

La poterie en effet est apparue pendant cette période néolithique ; car on en trouve de nombreux fragments mêlés aux cendres des foyers, et ornés d'une décoration variable en creux et en relief.

Cet âge de la pierre polie africaine nous a également laissé dans la région lacustre nigérienne quelques curieux monuments mégalithiques. Ce sont ces groupes si caractéristiques de monolithes polis, cylindro-coniques, ornés de sculptures, généralement attribués, par les traditions, aux Bosos, premiers pêcheurs du Grand Fleuve.

Si nous comparons les objets recueillis et les monuments observés dans notre Soudan nigérien, avec ceux retrouvés dans les différentes parties de l'Afrique du Nord en ces dernières années, nous sommes obligés de constater d'étonnantes similitudes ; et certains rapprochements paraissent s'imposer à l'esprit. M. l'administrateur Arnaud (2) vient de signaler au

(1) Des sépultures de ce genre ont été trouvées dans la province de Constantine. M. Cristy a fouillé en 1863. « ... 14, Cromlechs qui étaient des tombeaux. Le cadavre y avait été déposé dans une position assise, accompagné quelquefois d'anneaux de cuivre ou de fer, de silex travaillés et de fragments de poteries... »

Recueil de notices et mémoires de la Société Archéologique de la province de Constantine, 1863, p. 214.

(2) *Bulletin de la Société d'Anthropologie de Paris*, 1906, n° 2.

Les dessins rupestres découverts par M. Arnaud aux sources de l'Oued

Tagant, dans le sud de la Mauritanie des groupements de pierres levées et des figurines rupestres.

Sur les plateaux éthiopiens la mission du Bourg de Bozas a rencontré des monument lithiques semblables à ceux qui furent élevés sur les bords des grands lacs nigériens ; enfin le capitaine *Duchemin* a découvert en Gambie soit isolés, soit accompagnant des tumuli, des monolithes qui paraissent également avoir une grande analogie avec les précédents (1).

Les petits instruments de l'âge de la pierre polie, récoltés au Somal, en Abyssinie et sur les plateaux éthiopiens par les missions Revoil et du Bourg de Bozas, en ce moment étudiés au laboratoire d'*Anthropologie du Muséum*, présentent également de grandes similitudes de forme et de travail avec les pointes de lances, les couteaux et les lames à dos rabattu de nos ateliers soudanais. Quant à l'outillage néolithique récolté dans les ateliers des environs de Timbo (Haute Guinée) par M. l'administrateur *P. Guebhard* il est exactement semblable à celui des plaines nigériennes.

Les fragments de poteries trouvées dans le désert Somali, dans le Sahara et sur les bords du Niger, sont également de composition et de factures identiques. Elles ont été obtenues, comme M. le docteur Hamy l'a si judicieusement fait

Garoual (Tagant) en Mauritanie marquent l'extension vers le Sud des populations qui ont orné de leurs dessins les rochers du Sous marocain signalé par le rabbin Mardochée. Ces dessins sont à comparer avec les figures de Niodougou et les dessins de Sanga sur le plateau central de Bandiagara.

(1) Les sépultures sous tumuli, fouillés par le capitaine Duchemin en Gambie présentent de grandes similitudes avec le mode d'inhumation employé de nos jours par les Macagnes, dont M. l'adm. Leprince a donné une étude dans l'*Anthropologie*, XVI, 1·1905.

observer au musée du Trocadéro, en poussant de la terre dans des nattes faites en feuilles de palmiers Doums (*cucifera Thebaïca*). Cette méthode est encore employée par les Songhoï, les Sorkos et les primitifs Soudanais de l'Est. De même les pointes de flèches soudanaises se rapprochent beaucoup de celles que l'on trouve bien plus au Nord dans les oasis saha-riennes.

Quelques-uns des instruments les plus caractéristiques du Néolithique de cette région, restent encore en usage chez certaines populations noires des rives Est du Niger à l'exclu-sion des derniers conquérants du pays. Ce sont les broyeurs, pilons, cylindres écraseurs (1) et les formes variées des meules dormantes que E. F. Gautier a trouvés si abondamment sur les pentes de l'Adrar.

Enfin dans la décoration de l'âge néolithique domine un motif très particulier signalé par M. le docteur Hamy sur les fragments de poteries récoltés au milieu de l'outillage préhis-torique de la grotte de Kakimbon à Rotoma près de Konakry (Guinée française). Ce dessin représentant une espèce de digita-tion inégale et imbriquée en désordre, a été retrouvé dans l'ornementation d'une poterie funéraire surmontant une des tombes d'un tumulus du Yagha (Haut Dahomey), puis sur une des grandes pierres cylindro-coniques du monument lithique de Tondidarou dans la région lacustre nigérienne. Enfin, un motif ornemental analogue a été observé dans des débris de poteries d'un ancien atelier de « noumou » près de Bamako ; il figure dans les dessins rupestres de Sanga et reste encore

---

(1) Les Lobi, les Gourmankes, écrasent toujours leurs grains sur des mor-tiers en pierre, v. Dʳ Ruelle, *Anthropologie*, t. XV, p. 6.

employé de nos jours dans les broderies indigènes du Haoussa et du Mossi.

De cet ensemble de faits et de constatations il n'est peut-être pas trop prématuré de supposer que vers la fin du quaternaire une civilisation néolithique assez avancée régnait sur toute la région saharienne et soudanaise actuelle, de la mer Rouge à l'océan Atlantique. Cette civilisation était probablement très voisine, si elle ne s'assimilait pas complètement à celle des races éthiopiennes qui, d'après M. *Blancken-horn* (1), auraient peuplé l'Egypte à l'époque quaternaire. En effet dans cette partie du globe on constate que la distinction entre le Paléolithique et le Néolithique est bien moins marquée qu'ailleurs, et on a été conduit à l'hypothèse, d'après les observations sur les ateliers, les outillages et les divers documents récoltés, que les Paléolithiques et les Néolithiques d'Egypte étaient apparentés les uns aux autres et appartenaient peut-être au même peuple. Ils représentaient la partie la plus progressive du tronc Hamitico-Libyen qui, venu d'Arabie, peuplait le Nord de l'Afrique et a occupé temporairement les îles grecques et les côtes septentrionales de la Méditerranée avant la période Mycénienne.

Ces néolithiques différaient par leurs caractères physiques et par leurs mœurs des populations ayant dominé l'Egypte pendant l'époque historique, envahisseurs Sémites-Sumériens, qui venus des vallées de l'Euphrate aux temps préhistoriques se mélangèrent aux autochtones en leur apportant la connaissance de l'agriculture, de la construction de la métallurgie et de l'écriture.

(1) Voir : *Anthropologie*, t. XVI, n° 6, 1905.

Fig. 221. — Façade d'une maison du village de Nigara-Monduli
ornée de trophées de chasses, crânes des animaux tués par
le propriétaire.

Fig. 222. — Décoration en haut relief d'une case
habitée par l'Anna-Gara d'un village Habbé.

Fig. 223. — Une maison Habbé du village de Kori-Kori.

Fig. 224. — Une maison de Touré (Tomboko)
sur la droite de la porte se trouve l'autel du Hogon.

D'après *Schweinfurth* ces néolithiques Ethiopiens se ratta-
cheraient aux populations Nubiennes, en particulier aux *Bega*
ou *Bedjas* (1). Ils seraient venus du Sud et du Sud-Est et
auraient habité, avant d'arriver en Egypte, les déserts arabi-
ques et lybiques dont le climat était encore humide.

Ils avaient des instruments en silex et en jaspe, des vases de
pierre ; ils connaissaient la poterie, mais toujours ignorèrent
l'art de construire des maisons et la confection des briques.
Nomades vivant de chasse, ils brûlaient les corps de leurs
chefs tandis que ceux des autres personnes étaient enterrés
en position fléchie.

De nombreux rapprochements semblent donc s'imposer
entre les néolithiques égyptiens et nos néolithiques soudanais
et sahariens de la fin du quaternaire ; mais toutes ces présomptions et ces probabilités ne peuvent devenir des certitudes que
lorsque dans les ateliers soudanais les études stratigraphiques
des gisements et les observations cranométriques des documents découverts établiront les corrélations existantes entre
ces types humains primitifs et les périodes géologiques pendant lesquelles ils vécurent.

(1) Bagas, voir E. T. Hamy (Grotte de Kakimbon), p. 247. — Ces Borgas
paraissent être les primitifs néolithiques de Guinée comme les Ba, Ba ou
Bobo au Niger et les Béga au Nil, tous ces noms présentent de grandes
ressemblances.

II

SURVIVANCES LAISSÉES DANS CERTAINES TRIBUS NIGÉRIENNES PAR LES POPULATIONS PRIMITIVES

Parmi le métissage extraordinairement varié des différents groupements politiques de notre empire soudanais on retrouve dans certaines castes d'individus et même dans quelques tribus, des survivances de traditions, coutumes, mœurs, industrie, qui semblent devoir nous les faire rattacher aux néolithiques soudanais, et nous autorisent à prendre en considération les légendes, qui attribuent à leurs ancêtres directs la construction de grands monuments mégalithiques nigériens.

Les tribus et les familles ayant de nos jours conservé un très grand nombre de points communs avec les Néolithiques sont réparties sur les bords du Niger, du Sénégal et de leurs affluents. On les retrouve dans toutes les régions montagneuses et boisées du Plateau central Soudanais, du Mossi, de la Guinée, et elles existent également dans tout le Soudan plus ou moins métissées et réduites à l'état de castes industrielles.

Ce sont de grands beaux hommes, de teint très noir, au prognathisme peu prononcé, caractérisés par des jambes longues. Ils habitent presque tous des huttes rondes, paillottes en forme de ruches, dont la membrure est constituée par des perches flexibles fixées dans le sol et réunies au sommet. C'est ce genre d'habitation que nous retrouvons à travers toute l'Afrique de la mer Rouge à l'Atlantique, employée par les Somali, Danakil, les peuples de l'Ethiopie et du Chari (Dʳ Decorsse) par les Haoussas, les Songhoï, les Mossi, les pêcheurs des grands fleuves soudanais, enfin par certaines castes sénégalaises comme les Laobé, Diawando, N'Dao.

On peut toutefois faire remarquer que dans la boucle nigérienne au contact des populations qui emploient des cases cylindriques en terre surmontées d'un toit conique, des groupements de ces primitifs ont souvent adopté sur leurs ruches ovoïdes, des toits coniques et un léger revêtement intérieur en terre.

Les dialectes de ces descendants des primitifs, appartiennent à des idiomes isolants, avec tendance à la flexion, et par là se rapprochent des langages Ethiopiens.

Ces tribus et ces familles paraissent en général n'avoir pas eu de totem particulier. Cependant parmi la collection des nombreux animaux éponymiques, qu'elles ont été obligées d'accepter successivement en passant sous la dénomination de nouveaux conquérants, nous retrouvons chez presque toutes un poisson ; ce qui montre qu'à une époque lointaine elles ont été englobées dans la confédération « des poissons », dont le clan principal des Mâ (lamentin) a donné un nom à toute une région soudanaise du N.-O. *Mandingué* (1).

Chasseurs et pêcheurs, ces indigènes se livrent à quelques

---

(1) Mandé veut dire Nda des Mâ ou père des Mâ : Ce culte paraît être un culte plus Chaldéen qu'Egyptien, c'est la représentation d'Anou de Bel chez les Phéniciens. Chez les Carthaginois, la famille des Barca avait des poissons sacrés comme totem (Salambo).

L'introduction de ce totem paraît revenir aux peuples Semites. Sumériens que nous verrons apparaître après les Hamites primitifs se superposant et se mélangeant à eux.

cultures mais restent actuellement les seuls à broyer leurs grains avec des pierres sur des meules dormantes et à fabriquer de la poterie ornementée. Tous les hommes portent un bracelet généralement en pierre, passé au bras au-dessus du coude. Chez ceux qui ne sont pas trop englobés par des populations musulmanes on trouve les restes d'une religion « spiritualiste ? » culte rendu à des génies locaux sous la protection desquels ils se placent particulièrement et avec qui ils échangent des signes d'alliance. Ils ont des intermédiaires officiels avec ces génies et peuvent devenir propriétaires exclusifs de la protection d'une de ces puissances occultes.

Les cérémonies religieuses consistent surtout à offrir des sacrifices et des libations à ces divinités de puissances variables, avec accompagnement de danses par des jeunes gens masqués.

Ils se livrent à des pratiques de « magie » pour se préserver de la maladie, des sortilèges, et connaître l'avenir.

Enfin, si les hommes sont circoncis, les femmes ne sont jamais excisées. Les relations sexuelles sont très libres, le mariage existe par consentement réciproque, et la polygamie reste généralement admise.

Les morts, excepté dans les groupements islamisés, sont placés accroupis ou fléchis dans des excavations verticales ou même dans de grands vases enterrés dans le sol ; l'ouverture supérieure de la tombe est fermée par un vase renversé, entouré d'un petit cercle de 8 à 10 grosses pierres.

Lorsqu'à une époque ancienne, les chefs étaient placés dans une chambre funéraire sous tumuli, le revêtement extérieur du monument servait de cimetière au peuple.

Jusqu'à nos jours, on plaçait auprès de chaque mort, les objets nécessaires et utiles pour une nouvelle existence dans un monde lointain, et même on chargeait le mort d'offrandes, de cadeaux et de commissions pour les gens qui l'avaient précédé dans l'autre vie (1).

Mais des idées religieuses et les restes d'une conception philosophique orientale dont l'étude plus complète présenterait un intérêt capital, se trouvent également chez les tribus des primitifs non islamisés ; toutefois, dans l'état actuel de nos observations, il ne semble pas que ces idées soient absolument personnelles à ces primitifs ; elles ont pu être empruntées aux envahisseurs rouges venus du Nord, actuellement musulmans fervents pour la plus grande partie.

Chez ces peuples nous retrouvons les éléments d'un culte *astral et divin*. Le grand chef religieux et le feu portent le même nom (2). Dans plusieurs cérémonies on transporte le feu, on lui offre des sacrifices et des libations ; puis chez ces mêmes indigènes la femme, le soleil, et la divinité sont désignés par le même terme (3) ; enfin un culte spécial est rendu au Soleil emblème générateur du feu fécondant et à la lune, honorée comme principe actif, principe mâle, (cette dernière coutume a laissé des traces nombreuses chez les musulmans nigériens et principalement chez les Markas, qui saluent la lune). Au-dessus de ces deux forces divines et

(1) Usage ayant cours au Yagha chez les Songhoï non islamisés vers Tera la Sirba, le Mossi, le Gourma, Lobi.
(2) Au mossi gourma-Tera-Doforohe, le grand prêtre, chef théocratique se désigne par Hougon et Bougon, le feu se dit Bougo.
(3) Chez les Songhoï, la femme se dit Oueï, féminin Oueïnne et soleil Oueina ?

les englobant existe la grande divinité toute puissante, Amma,
Ammo, Amba, *Eternelle puissance créatrice.*

Mais ce qui est encore plus curieux que cette reproduction
de la triade Thébaine des forces créatrices, c'est la division
des tribus, en mâles ou femelles, selon le principe divin
qu'elles adorent. Cette coutume très répandue dans la
Boucle nigérienne est caractérisée par la dénomination des
familles (1), la décoration donnée aux monuments, et la
forme des autels élevés à la puissance céleste suivant le principe divin adoré par le groupement. Chaque tribu est en outre
dirigée par un chef théocratique dont le devoir est de prier
lui-même la triade divine sur un autel à trois pointes.

Mais les observations et les études de ces conceptions philosophiques, n'ont été jusqu'à ce jour que très imparfaitement
recueillies, il serait donc prématuré d'attribuer, comme on
l'a dit plus haut, ces idées religieuses ainsi que leur diffusion
dans les régions nigériennes, exclusivement aux descendants
des primitifs néolithiques. En effet, si d'après les traditions
qu'aucun document n'a encore permis de vérifier, ces Ethiopiens noirs, en colonisant les bords du Niger trouvèrent
dans ces régions des Négrilles et des peuplades sauvages
avec qui elles s'allièrent, nous y voyons aussi les traces nombreuses d'une migration lente et continue d'hommes rouges
descendus dès la plus haute antiquité des régions méditerranéennes et venant se mélanger et se superposer aux primitifs

(1) Les Mosschis, la femme se dit Oueïna, le soleil (Oueïniga, Dieu
Ouendé, Ouendiga) ; les Gourma, la femme se dit ngo-tiengo, le soleil
(Tiengo, Dieu Tiengo). C'est le Dieu féminin que l'on invoque.
   Les tribus mâles sont précédées du terme qui signifie mâle Ahr, Har,
Sar, Mar, Her, Kar, ainsi on a : Har-Ona, la tribu des Ona mâles, de même
Harma Kar-amba Markas, Sar Kollé et la divinité, Dieu devient pour eux

Fig. 225. — Une maison de village de Dourou près de Pelou.

Fig. 226. — Une maison Habbé-Gara de la région de Bandiagara
construite en briques séchées au soleil.
Dans la frise en ligne brisée sont aménagées des nids
pour les hirondelles (Tannas).

Fig. 227. — Case habitée par une association de jeunes gens à Guimini-Engem. Les ornements coniques du toit ont reçu des libations de dône.

Fig. 228. — La maison du Laggam de Kani Kombole, ornée d'emblèmes totémiques, de signes de reconnaissance et de figurines en haut relief.

noirs en leur apportant une civilisation, une industrie, des
arts, un langage et un esprit religieux nouveau se rattachant également aux conceptions orientales et asiatiques.

III

CONSIDÉRATIONS SUR LES PEUPLES CIVILISATEURS
DESCENDUES DU NORD DIT PEUPLES ROUGES

Tous les documents écrits (1) que nous possédons sur la
période protohistorique soudanaise nous parlent de peuplades rouges, cuivrées, établies sur les bords du Niger moyen ;
confirmant ainsi les récits que nous avaient légués l'antiquité
grecque et latine sur les Ethiopiens rouges habitant les
régions sahariennes de l'Ouest africain.

Au commencement de la période historique l'auteur du
Tarick-es-Soudan (p. 8, traduction O. Houdas) nous parle de
Ganna, la capitale de cet empire des Ouakoré, qui avait étendu
sa domination sur toutes les populations noires et rouges du
Soudan actuel. Cette ville voisine du Niger (2) était le grand

comme à Tombouctou Har-Koï ou Herkoï, le chef des mâles, divinités mas-
culines. Le grand prêtre des Mosschis adorant le soleil, principe générateur
femelle est le Hougo-Ouango. (Le prêtre du feu de la tribu de Oua femelle)
et toutes ces tribus femelles se terminent par ngo.

(1) *El. Bekri-Yakhout, Ibn-Khaldoun,* manuscrit *de Bello* et *Tarik-
es-Soudan.*

(2) Ganatah était situé à cheval sur un petit marigot à quelques kilomètres du Niger près de Banamba ou d'après les indigènes ces ruines sont très
visibles. Je n'ai malheureusement pas pu vérifier personnellement les dires
de mes indicateurs (35 kil. du nord de Nyamina).

centre de la confédération des Oua (1) (Aigle) dans laquelle
toutes les tribus confédérées prirent comme totem un oiseau ;
coutume qui permet de retrouver facilement de nos jours
d'anciens membres de ces groupements Oua chez les Touaregs, les Maures Senahdjah, les Foulbés et les noirs pêcheurs.

D'ailleurs les historiens nous apprennent que cette confédération formait une triade de tribus, car on avait les *Oua-
Kore* (les oiseaux blancs), les *Oua-Gara*, (les oiseaux rouges),
et enfin les *Oua-bibi* (oiseaux noirs) ou *Gabibi*. C'est cette confédération des oiseaux (Oua) qui, avec Ganna comme capitale, supplanta dans le Nord l'ancienne confédération des
Poissons (Mandé). Aussi, dans tout le Soudan actuel nigérien,
les peuples soumis ou ralliés prirent le titre de Rouge (Oule
ou Gara) qui est celui de la famille régnante des Anna. dont
la capitale est Ga-anna (campement des gens Anna) (2).

Si l'époque de l'immigration de ces Rouges, que nous
voyons ainsi établis sur les bords du Niger dès la période protohistorique, reste encore inconnue, les légendes des tribus du
Plateau central soudanais et celles des Maures de l'Ouest
saharien s'accordent pour donner à leur venue dans la région
soudanaise une très haute antiquité. Selon les traditions des
montagnards soudanais, ce seraient ces envahisseurs qui

---

(1) Dans les tribus nononkés de la montagne, le chef religieux est salué
du titre Hogon-Oua (aigle des Hogon, ainsi que de Har-Hogon Hogon des
mâles). Les chefs de village âgés se nomment Anna-gara Homme rouge ou
Kas-anna.

(2) Le terme Ga signifie (campement des gens de) : il est très employé
dans le nord soudanais, partout on trouve des Ga-Koré (campement des
blancs) gabibi (campement des noirs). Gagara (campement des rouges). Les
capitales des Oua s'appelleront souvent Ouaga (près de Nioro et dans le
Mossi). Ce fut lorsque les Sosòs et malinké arrivèrent que ces peuples ajoutèrent par superfétation dou ou dougou qui fait Onagadou et Onagadougou.

apportèrent sur les bords du Niger l'industrie du fer, l'art de construire des maisons en terre, en briques ou en pierres, connaissances qu'ils transmirent avec le titre de « oulé » ou de « gara » à toutes les tribus de la Boucle qui leur furent soumises. Partout ils essaimèrent des colonies de pasteurs et de commerçants que nous rencontrons avec leur langage si spécial dans tout le Soudan, sous les noms de Sonninkés (1), Sarakollès, Ouakorès, Ouagara, Nononkés, Haroua Poulo et Markas). Enfin nous pouvons contrôler leur aire d'extension, jalonnée par les tombes à tuyaux de poteries et par ces grands Tumuli de l'âge du fer à cheminée centrale. Monuments funéraires de leurs chefs, qui marquent l'extrême limite de leur domination dans le haut Dahomey, la haute Côte d'Ivoire et sur les bords des fleuves de la Sénégambie.

Mais en dehors du Soudan dans tout l'Ouest saharien, le Tagant, le Hodh et l'Adrar, ces peuples ont laissé d'autres monuments témoins de leur passage. Sur les crêtes des plateaux et rebords des falaises, M. l'Adr Arnaud, de la mission Coppolani, vient de retrouver des quantités de ruines, de constructions en pierre, que les Beïdhan (Blancs), Maures, Berbères, disent avoir été élevées par les Ga-gara (gens rouges) qui occupaient le pays avant eux. Ces constructeurs chassés de leur territoire par les invasions des Maures, seraient venus occuper les plateaux du Mandingues qui portent leur nom (le Gangara) vers Kitha. Ces ruines se retrou-

---

(1) Les Sonninkès qui ont fait partie de la confédération des Sanhadja ou Souna comme beaucoup (légende de Faram) de pêcheurs du fleuve et de Berbères, Maures et Touaregs faisaient dans le clan des Oua partie des blancs, tandis que les Maures Allouchs, les Meschdoufs, les Foulbés, faisaient partie des rouges. Ces derniers avaient auparavant fait partie du clan des poissons. Ma, sous le nom de Gara-mâ.

vent sur toutes les hauteurs jusqu'aux limites de la zone forestière soudanaise (1) semblables à celles des Nononkés des
plateaux de Bandiagara.

Dans ces constructions ils avaient mis un véritable art
architectural des plus curieux et d'une originalité pleine
d'imprévu. Les constructions de Djenné et de Tombouctou,
l'ornementation décorative des maisons dans la montagne de
Bandiagara, le style des mosquées nigériennes, celles du
Touat du Tidikelt (2) et l'ornementation des maisons de Tozeur
dans le sud tunisien, montrent une unité de conception
architecturale surprenante.

Ce sont les restes de cette civilisation que Duveyrier a
découverts à Garama, au Quecir el-Watwat, si semblables
aux curieuses ruines du Ksar-el-Barca à Tidjikdja au Tagant
(Mauritanie) (3).

Avec ces principes architecturaux ils apportèrent l'art
du tissage de la laine agrémentée de dessins originaux
(Kassa) (4), la fabrication et l'utilisation des métaux, celle des
bijoux filligrannés et fondus à cire perdue, dont les modèles
de nos jours se retrouvent immuables dans les grands Tumuli,
côte à côte avec quelques instruments de l'âge de la pierre, et

(1) Dr E. Ruelle, *Populations noires du 2e territoire militaire, Anthropologie*, t. XV, n° 6.

(2) Voir le n° de l'*Illustration* du 28 décembre 1901, n° 3070, p. 419.
Les photographies du Marabout de Zaouï et Kountah, du Marabout de Mera-
geen (Touat) et du Marabout Sebaïn Salah (in Salah) exactement semblable
aux mosquées de Tombouctou de Nyamina. Sansanding ou de Kong.

(3) Voir : *Dépêche coloniale illustrée*, 6e année n° 3 ; 15 février 1906,
Œuvre de la France en Mauritanie.

(4) Les grands tapis, couvertures en laine fabriquées sur les bords du
Niger et nommées « Tioki » à Goundam, Niafunke, etc.., se fabriquent iden-
diquement dans les Ksours du Sud Algérien et dans la Kabilie.

des poteries décorées et faites au tour. Ce tour très primitif,
il est vrai, n'est en usage que chez les pêcheurs qui ont été
les alliés des « Rouges » : Les *Korongoï*, chez qui nous retrouvons également l'usage des grands filets (sennes) qu'ignorent
encore les Sorkos et les pêcheurs primitifs de l'Est.

Ces peuples ont amené du Nord le bœuf et le cheval barbe
avec des troupeaux de chèvres et de moutons. Dans tout le
Sahara, dans le Hombori et les grandes plaines, ils ont creusé
pour abreuver leurs troupeaux ces admirables puits de plus
de 60 mètres souvent, qui servent de temps immémorial avec
leur revêtement de pierres.

Ils apportèrent également aux populations soudanaises des
conceptions religieuses nouvelles et des principes de philosophie animiste nouveaux ; introduisant un culte des morts
consistant en offrandes aux mânes des défunts sur leurs tombeaux, et sur l'autel de famille où les âmes des ancêtres viennent se reposer avant de se réincarner dans la famille pour
perpétuer la race ? Leurs morts sont ensevelis couchés souvent en collectivité, mais non par famille, les gens de même
âge ensemble, dans des chambres funéraires placées sous les
rochers ou dans des caveaux sous tumuli. Ils orientent les
corps différemment suivant le sexe ou la fonction de l'individu, mais ménagent toujours dans le tombeau une communication avec l'extérieur. Les pêcheurs Korongoï placent à la
tête du mort un tuyau de poterie ; les Peuhls, souvent des
morceaux de bambous creux (1) ; disposition que nous
trouvons ménagée dans les grands Tumuli, et qui est desti-

(1) Lieutenant Moreau, *Les Races Soudanaises* ou *Ethnographie des
Races du Soudan*, p. 20.

née à pouvoir faire passer des libations aux âmes des morts.
Cette coutume subsiste encore chez les tribus non islamisées.

Dans les populations Habbés, métis d'ailleurs de ces « Rouges », se conserve le culte d'une triade divine avec l'adoration des principes mâles et femelles, puis les vestiges d'un culte astral semblable à celui de la triade thébaine.

Toutefois ces envahisseurs paraissent avoir également introduit des sacrifices rituels humains sur les rives du Niger, car toutes les chroniques locales des pêcheurs Bozos les accusent d'avoir fait ensevelir vivantes des jeunes filles, sous les fondations des villes qu'ils créèrent au Soudan pour en assurer la prospérité (2). Une coutume asiatique (3) analogue aurait existé dans les montagnes de Bandiagara, au moment des semailles pour assurer une bonne récolte.

Mais dans la constitution de la famille, et l'organisation politique, on retrouve de grandes similitudes de mœurs avec les Berbères. La femme est toujours considérée comme l'égale de l'homme et d'après les chroniques locales on lui voit souvent jouer un rôle politique. Le mariage se fait par consentement de deux libres volontés, on simule souvent le rapt. En général on ne doit pas voir ses beaux-parents et surtout en aucun cas manger en leur présence. La polygamie n'existe que chez les chefs et n'a dû naître que tardivement par suite

---

(1) M. l'administrateur Monteil dans sa monographie de Djenné, à démontré que Djenné (comme Tombouctou) d'ailleurs avait été fondée par des Ouakoré gens de Ganna, de la famille Sonna et non par des Songhoï pêcheurs dont les tribus indépendantes ignorent encore totalement l'art de construire en terre et vivent dans des huttes.

(2) Monteil, monographie de Djenne, *Tarick* ; F. Dubois, *Tombouctou-la-Mystérieuse*.

(3) Coutume babylonienne.

du mélange des races. Les tribus des villages paraissent avoir formé des confédérations dirigées par des *djémaa*, où les vieillards avaient la prédominance et le chef religieux le pouvoir exécutif.

Quand on examine attentivement le langage et le genre de vie des différentes tribus de ces « peuples rouges » on peut les classer en deux groupements bien différents. Tout d'abord, il semble qu'une première invasion de ces peuples, déjà formés probablement d'éléments divers, s'est superposée, fondue et mélangée avec les noirs aborigènes. Cette fusion s'est faite dans le nord chez le groupement envahisseur le plus actif, le plus industriel et le plus progressiste. Ce seraient les différents métis de ces sédentaires, métallurgistes, constructeurs, commerçants, qui habitent actuellement des maisons en terre. La base de leur langage est formée en partie par les idiomes des primitifs noirs fortement impressionnés par les accords phonétiques Peuhls et les radicaux Berbères (ainsi que le démontre Faidherbe (1); leurs tribus sont connues aujourd'hui sous le nom de Gara ou Wa-Koré, Garama, Hanné-Hara, Sara-Kolé, Sonninkés, Nonokés, Markas (2) En majeure partie elles furent à une époque lointaine mélangées aux populations et affiliées aux clans des colonies phéniciennes et carthaginoises du Nord de l'Afrique. Par suite, dans leurs migrations, elles importèrent un grand nombre d'idées et de coutumes phénico-égyptiennes et libyco-berbères.

(1) Général Faidherbe, *Grammaire de Langue Poul.*
(2) Seuls les Markas quoique se revendiquant Ouagara ou Oua Koré ne parlent plus le Sonninké. Comme on le verra plus loin à la chute de Ganna ils s'étaient alliés au clan des Keïta Malinké, depuis on les nomme souvent Malinkobé dont ils parlent un dialecte, Keïta et Marka sont du clan de la panthère.

Le second groupement serait celui des tribus pastorales dont la pénétration chez les noirs s'est produite très lentement et de concert avec celle des autres « Gara ». Ces Oulé, Oua, Poulo, Poular, Foulbés, Foulannes, Foufouldés paraissent représenter un type ethnique tout particulier ; c'est l'élément traditionnaliste, conservateur et peu perfectible de ces immigrants descendus du Nord. Ces pasteurs formant la fraction pauvre et nomadisante de ces populations rouges, ont mieux gardé la pureté de leur race et de leur langage si particulier avec ses genres « Hominian et brute » et ses accords phonétiques. Toutefois même parmi eux on distingue deux types ethniques très différents ; d'où l'on peut conclure qu'ils n'étaient qu'un agrégat de plusieurs races superposées et d'origine bien différente, dont les fractions pastorales malgré leur contact continu avec des peuples plus civilisés n'ont jamais pu s'assimiler aucun progrès matériel, et sont toujours restés figés dans le même stade primitif de pasteurs.

Les peuples « Ou » qui nous apparaissent dans le Nord de l'Afrique au début de la préhistoire, se sont répandus dans tous les pays de pâturages en se mélangeant aux primitifs. Une partie de leurs tribus, les Foulbés, ont pénétré dans le Soudan par le Nord-Ouest, suivant l'opinion de Barth, confirmée par le Tarick ès Soudan, qui donne le Sous (1) Tichitt et Chinguitti comme pays originaire d'une fraction de ces Peuhls (2). Confédérés aux Berbères Allouchs et Meschdoufs et aux Hara ils ont fait partie des Sonnadhja après la dissolution du clan des oiseaux (Ouagara). La plus grande partie de ces Ouagara vint pendant la période protohistorique de

(1) Le Sous, pays où s'arrêteront les Berbères (Bello) au sud du Maroc.
(2) *Tarich-es-Soudan*, trad. de O. Houdas, p. 38 et 281.

l'empire de Ganna s'établir dans la cuvette lacustre nigérienne ; ils fondèrent avec le concours des pêcheurs noirs
une capitale dans l'île de Tekrour sur le Marigot de Diaka
qui, à la chute de Ganna, devint le centre de l'influence
musulmane en pays noir. Depuis, le nom de Tekrour ou
Tekoror ou Tokolor (1) a été donné à tous les métis musulmans de Peuhls et de noirs, tandis que les tribus Foulbés
qui nomadisaient autour du lac Débo conservaient leur nom
de Ouan-Garbès (2).

Mais jusqu'à maintenant, l'origine de ce mouvement de
migration, et la composition ethnographique de ces deux
peuples, que les Anciens et les Nigeriens nomment Ethiopiens
rouges, restent encore très obscures, car, ainsi que nous
l'avons vu, on trouve des traces de leur passage dans toute
l'Afrique du Nord.

Nous pouvons constater seulement qu'ils ont apporté avec
eux d'évidentes coutumes et traditions asiatiques, semites ou
Babyloniennes, que M. C. Chatelier avait déjà signalées dans
son livre *L'Islam en Afrique occidentale.*

Peut-être retrouvera-t-on chez les sédentaires Hara la suite
des invasions sémites-sumériennes qui pénétrèrent en Egypte
pendant la période préhistorique, apportant les éléments de
la civilisation de l'Euphrate, la culture du blé, la domestica-
tion du bœuf et du mouton, l'art de préparer les métaux et
de faire des briques (3) ; et devra-t-on aussi rechercher

---

(1) La ville a été fondée à Tekrour Rundee (île des nénuphars). Tous les
pêcheurs noirs mangent beaucoup de nénuphars (lotus) fruits ou racines et
appellent cette région Tekrou, Tokoror. Pays des nénuphars. Hérodote cite
déjà des populations lotophages dans le Nord de l'Afrique.

(2) Ouagara fait au pluriel Ouangarbé.

(3) Dr Blanckenhorn, *Anthropologie*, t. XVI, p. 672.

l'origine d'une partie de ces vachers « Oule » dans cette suite de migrations de peuples pasteurs qui envahirent l'Egypte 2.300 ans avant notre ère et n'en furent chassés que vers 1700, pour continuer leur marche vers l'Ouest sous la conduite de leur roi Arclès (1). En tout cas à l'époque préhistorique, des légendes grecques, romaines et arabes, font arriver à l'extrémité orientale du Maroc un Hercule et son armée composée de cent peuples divers.

On peut attribuer facilement à l'un de ces groupements d'envahisseurs « Rouges », aux sédentaires industriels venus du Nord, les textes anciens sur les *Farusï* ou *Phrarusï* que les premiers chroniqueurs latins nous montrent s'enfonçant de plus en plus vers le Sud.

D'après les légendes, Farès serait le fondateur de Fez, et Salluste nous dit que les fils de Persée ou Perses de l'armée d'Hercule (Pharousii) en se mêlant aux Gétules ont formé la nation des Numides.

Salluste au chapitre XVIII de sa guerre de Jugurtha dit encore que les Perses de l'armée d'Hercule après la mort de celui-ci s'étaient établis dans la région des Syrtes en s'abritant sous leur vaisseau renversé et leurs descendants auraient adopté cette disposition pour leurs cases (1) (mapalia). Stra-

(1) Voir Maspéro.

(2) Dans les traductions arabes rapportées dans le manuscrit de Bello, ces peuples sont appelés Berbères et pendant que l'auteur signale une invasion qui suit les côtes de la Méditerranée jusqu'au Maroc s'arrêtant au pays de Soussa, il nous montre une autre allant en Abyssinie et une troisième conquérant l'Air.

(3) On peut retrouver cette forme de navire renversé dans les cases des tribus Ouagar, Ouagarbes du Farimanké ou Farmaga et dans toute la région lacustre.

Tarick-es-Soudan, Trad. O. Houdas.

bon (XVII, III, 7) parlant, lui, des populations marocaines au commencement de notre ère dit : « Ces peuples sont appelés Maurusii par les Grecs, et Mauri par les Romains et les indigènes ». Plus loin il signale leurs relations avec les Pharusii et les Nigrètes qui habitent au-dessus d'eux dans le voisinage des Ethiopiens occidentaux... « Les Pharusii com-
« muniquent à de rares intervalles avec les Marusii. Ils sus-
« pendent alors pour la traversée du désert des outres d'eau
« sous le ventre de leurs chevaux... Dans le pays des Pha-
« rusii on prétend que l'été est la saison des grandes pluies
« et que l'hiver est au contraire la saison sèche (XVII, III, 7) ».

Il ressort de ces écrits de l'antiquité, que les anciens distinguaient parfaitement les Maures marocains des Pharusii, des Ethiopiens noirs et des Nigrètes, noirs Prögnathes (Pline, V, I, 17) ; que d'après leurs traditions, des peuplades d'origine asiatique se seraient enfoncées peu à peu dans le Sahara et qu'au commencement de l'ère chrétienne elles étaient déjà établies dans la région des pluies équatoriales, sur les bords des grands fleuves du Sénégal et du Niger. Actuellement les provinces qui bordent la rive Nord du lac Débo s'appellent Farimaké ou Pharmagha et les noms et titres de Far, Faram, Fari sont très employés dans toute l'histoire soudanaise. D'ailleurs ces légendes latines sont en concordance avec la tradition arabe de « Bello » dont le manuscrit rapporté par Clapperton nous dit en parlant des peuples du Sénégal : « les Sarankali du Sénégal (Sarakolles) descendent des Perses » (1).

Malgré tout, le problème des origines et des groupements ethniques qui composaient ces rouges reste jusqu'à mainte-

(1) Dcham et Clapperton.

nant très obscur, toujours réduit à des hypothèses fondées sur d'incertaines probabilités, que seules des recherches dans le sud marocain, l'Adrar occidental et les Ouasis sahariennes de Mauritanie nous permettront peut-être d'élucider. Un fait cependant nous reste acquis, c'est l'arrivée au Soudan d'une population nouvelle, qui, en s'infiltrant lentement et en se mélangeant aux noirs éthiopiens, leur a apporté les éléments de la civilisation méditerranéenne, phenico-égyptienne, ou lybico-berbère.

Il semblerait encore qu'une indication sur les régions occupées successivement par les tribus de ces peuples cavaliers et pasteurs peut nous être fournie par les dessins rupestres si abondants dans la zone saharienne.

En effet, dans la plupart de ces reproductions grossières d'hommes et d'animaux ou d'instruments de travail, emblèmes des tribus et des corporations, nous remarquons beaucoup de cavaliers et de figuration d'autruches, animal totemique des clans des « Oua » pasteurs des régions sahariennes. Or cette ornementation des roches de l'Afrique vient d'être retrouvée dans toute la zone d'extension de ces peuples pasteurs et cavaliers que « Bello » appelle les Berbères.

Le rabbin Mardochée les avait signalés très nombreux dans le *Sous-marocain*, pays d'origine d'une partie des migrations Foulbès et M. Robert Arnaud a marqué en Mauritanie, selon l'expression de M. le docteur Hamy (1), les étapes les plus méridionales des auteurs de ces décorations rupestres, dont M. Foureau limitait récemment l'aire géographique au puits

_____

(1) *Bulletin de la Société d'Anthropologie de Paris,* 1906, n° 2. E. T. Hamy : « Pierres levées et figures rupestres du Tagout », p. 100.

de Taghazi et de Oued-Tidelk dans le Sahara central ; tandis que le lieutenant Luigi Talamonti fixait en Erythrée cette même frontière dans la basse vallée de Basia.

Ces dessins, comme nous l'avons vu, sont comparables à ceux que j'ai signalés, sur les rochers de Niodougou dans la région nigérienne lacustre et sur le plateau de Bandiagara à Sangha ; ils semblent donc jalonner les étapes de ces pasteurs du clan des oiseaux « Oua » dont les Berbères Foulbès formèrent la majorité, en arrivant au Soudan, alliés aux Gara, (les Oua-Cara) et qui donnèrent dans la suite leur nom aux régions des Gagara : (Tagant). (1)

(1) Cf. H. Duveyrier « Sculptures antiques de la province marocaine de Sous », découvertes par le rabbin Mardochée (*Bull. Soc. de Geogr.* 6 sept. t. XII, p. 129, 1876 ; *F. Foureau d'Alger au Congo par le Tchad*, Paris 1902, vol. in-8, p. 151-156 ; Conti, Rossini, Carlo. « Documenti per l'archeologia eritrea nella baisa valli del Basia, Roma, *R. Acc. di Lincei*, 1903, br. in-8, p. 4 5, 10.

IV

CONSIDÉRATIONS SUR LES ENVAHISSEURS BARBARES
VENUS DU S.-E. DES RÉGIONS FORESTIÈRES

Mais cette civilisation soudanaise créée par le mélange et le contact dans le Sahara et sur les rives du Niger de plusieurs races humaines bien distinctes, va s'écrouler et disparaître sous les coups répétés d'une série d'invasions de peuples barbares et destructeurs, apportant de l'Est et du Sud des éléments nouveaux qui vont encore se superposer au métissage déjà si disparate des populations nigériennes.

Ce sont des hordes de cavaliers composées d'individus de toutes races, pasteurs nomades (1) et trappeurs des forêts venus du Sud-Est formant le grand clan des serpents groupés autour d'une tribu qui les dirige, sous le commandement du Silatigui. La première de ces invasions est celle des Soussous (2), arrivant par le Haoussa et le Ouadaï, leurs dernières conquêtes. Ces barbares en envahissant le Soudan, fondent l'empire des Mossis, et renversent l'empire Ouakoré en détruisant sa capitale Ganna (3) vers 1230. Après avoir longtemps séjourné dans la boucle nigérienne, où toutes les tribus ont dû adopter le « Totem » du serpent, ils poussent jusqu'à l'Atlantique où nous les retrouvons sous des noms divers :

(1) Ces pastoriens étaient probablement de race Foulbés plus ou moins métissés.

(2) Soussous, Soces, Sansan, Sanké, Sara. . les peuples et tribus qui se rallient à ce clan des serpents deviennent les so, si, sa. sankara, etc.

(3) *Tarick-es-Soudan*, O. Houdas.

Soussous de Sierra-Leone, *Soces* de Cazamance, de Gambie
et des pays Sérères, enfin *Soses* ou *Sissoko* de la Falémé du
Sénégal et du Kassonké. Mais leur tribu principale station-
née sur le plateau Mandingue, réorganise en s'alliant aux
« Markas » (1) l'ancien empire de Ganna et forme le grand
clan des hippopotames (Malinké) avec les anciennes tribus
Oua ou Mandès réduites en servage.

Cependant, dès 1430, cette féodalité s'effrite pour donner
naissance aux clans du *lion* dans le Nord-Ouest, de la *panthère* au centre sur les plateaux et de la *hyène* sur le fleuve
(Korongoï-Markas). C'est à cette période de désorganisation
que correspond la formation, sous les Malinkès Couloubali,
du nouveau clan des *Bammanas* ou Caïmans, composé d'une
masse hétérogène de primitifs prognathes sortis des forêts
du Sud. Pendant tout le xviie et le xviiie siècle, les bandes
de ce clan progressent vers le Nord, réduisant en captivité
ou en servage les groupements qui ne se rallient pas à
leurs confédérations politiques. Il vient échouer au commencement du xixe siècle aux limites du désert sur le plateau Mandingue. où la conquête européenne les trouve et
leur donne le nom de Mandé, quoique beaucoup de ces
familles de Bammanas n'aient jamais fait partie des anciens
clans du « poisson ». Tous ces envahisseurs parlaient la
même langue, dont les idiomes des Soces et des Malinkés
méridionaux sont restés purement agglutinants, détaillant
bien les assonnances, tandis que les idiomes des Malinkés du
Nord et des Bambaras acquéraient au contact des langues
Peuhls ou Sonninké une physionomie différente par de nombreuses élisions ou additions euphoniques.

(1) Markas-taraoré.

Les individus de ces groupements, s'intitulant des *Moro Fing* (1) (hommes noirs), avaient une civilisation bien inférieure à celle des populations soudanaises qu'ils soumirent ; car ils ignoraient l'art de fabriquer le fer, les étoffes et même la poterie, etc., et pour la plupart, n'utilisaient que des ustensiles faits avec des fruits de calebasses (courges).

L'art de construire en briques ou en pierres, l'industrie du tissage et l'usage de pierres meulières pour écraser le grain leur étaient inconnus. Ils habitaient des cases cylindriques en terre avec toit conique en paille. La polygamie était la règle de leurs unions, la femme s'obtenait par achat et occupait un rang inférieur dans la famille. Tous, tatoués, portaient de larges incisions et leurs dents étaient souvent limées en pointe.

Partout ils ont établi une forme de gouvernement féodal au pouvoir central très autoritaire et fortement constitué ; la guerre a toujours été pour eux une nécessité et un moyen de gouvernement, pour réduire les vaincus en castes d'artisans industriels ou en faire des esclaves.

Excessivement superstitieux, quoique n'ayant, en fait de religion, qu'un grossier spiritualisme tournant au pur fétichisme, ils vivent toujours dans la crainte des esprits supérieurs et des divinités des vaincus (2) ; et pour conjurer des dangers surnaturels, ils se livrent à toute espèce de sortilège

(1) Ce terme moro ou boro fait au pluriel suivant les idiomes Mori, Moroï. Mosschis, Moriba, Moroïba, Morogoïba, Mossibés.

(2) Les castes asservies ont exploité abondamment cette crédulité et ces superstitions, fondant des associations secrètes (Koma ou Naba) et se faisant les prêtres des divinités dont ils gardent entre leurs mains la puissance. Les castes de forgerons ont surtout réussi à s'imposer par leur nama les mêmes figures masquées qui figurent dans les cérémonies cultuelles de la montagne chez les Rouges.

Fig. 229. — Ruines du Ksar el Barka à Tidjikdja dans le Tagant
(Mauritanie Sénégalienne).

Fig. 230. — Une façade de vieille maison ruinée
sur les plateaux-nigériens vers Bandiagara.

Fig. 231. — Dames de Tombouctou sur la place du marché
portant, l'une la coiffure de Tombouctou (cadenettes),
l'autre la coiffure Djenné (boules).

Fig. 232. — Jeunes femmes Maures arabisées
de la tribu des Berabiches (Tombouctou).

et de pratique magique dans lesquelles ils ont une confiance absolue. Ils n'ont que de très vagues et incertaines idées d'animisme ; leurs cérémonies cultuelles sont toujours tenues secrètes et consistent en de grossiers sacrifices. Enfin, si les garçons sont circoncis, les femmes sont toujours excisées très jeunes. Une constatation curieuse faite depuis longtemps par un grand nombre d'observateurs, est la présence de types mongoloïdes dans les familles royales des Keitas et des Kouloubalis et chez les gens de castes nobles Sisokho, qui ont tous appartenu au clan des serpents Sanké. Raffenel, dans son nouveau voyage au Soudan, dit, page 189, en parlant d'un de ces chefs : « Sakhe est d'une taille « élevée, mais d'une extrême maigreur, son visage est « démesurément long, son œil est bridé et taillé obliquement « dans un front bombé comme l'œil des Chinois (j'ai retrouvé « depuis chez d'autres Kouloubalis ce signe caractéristi-« que), il a le regard éteint comme celui d'un homme « adonné à l'ivresse, sa couleur est celle des Peuhls...; les « Kouloubalis sont la caste souveraine des Bambaras du « Kaarta ». Nombreux sont les observateurs qui ont fait la différence entre le type des familles de chef, et le type populaire. Chez les premiers on remarque, avec quelques caractères mongoloïdes, le teint rouge clair, la taille élancée, tandis que le type peuple des tribus Bammanas est trapu, souvent très prognathe, avec une musculature puissante jointe à un aspect ramassé.

Actuellement, l'histoire de ces envahisseurs des clans du serpent, de l'hippopotame et du caïman, conduits par des Sakha ou Sanké, ne nous est connue que par les légendes orales recueillies sur le plateau central nigérien et par les traditions écrites de « Bello » dans le manuscrit rapporté par Clapperton. Toutes les légendes Habbés signalent ces *Sansan*, *Sousous* ou *Sansa*, comme des hordes de cavaliers qui massacrent tout, détruisent villes et récoltes, s'établissant dans la région des Mares près du Hombori. Pour leur échapper, les habitants rouges et noirs de l'empire Ouakoré s'allièrent, disent les mêmes légendes, aux nains négrilles des montagnes, et avec leur aide érigèrent ces habitations troglodytes si étranges que nous voyons accrochées aux falaises de Bandiagara et du Hombori.

Ces traditions sont confirmées en partie par le manuscrit de Bello qui, nous parlant des peuples de la Boucle, dit : « Ceux des montagnes sont de la tribu des Sakaï. Ce sont « de grands guerriers. Ils ont beaucoup de chevaux et de « bœufs...; on trouve dans leurs régions une ville du nom « de Hombori dont le roi s'appelle Nohou Ghalou, fama de « la tribu des Sakaï ».

D'autre part (1), ces envahisseurs sont compris par Bello dans les invasions des Berbères qui vinrent d'Asie au moment où « Africus régnait sur Yémen et les Berbères en Syrie ».

D'après l'histoire de Salomé, ce temps correspondrait au moment de la conquête de l'Egypte par les peuples pasteurs, Hyksos. Bello, en parlant de ces envahisseurs Berbères dont les uns suivent les côtes de la Méditerranée, dit : « Les « autres... allèrent d'abord dans un canton voisin de l'Abys- « sinie, la fortune les seconda et bientôt leur domination « s'étendit jusqu'à l'extrémité de cette partie de la terre.

---

(1) Lieutenant Moreau, *Etude Ethnographique sur les races du Soudan*.

« Le Ouadaï, ainsi que tous les pays de Haoussa, étaient en
« leur pouvoir...; ces Berbères avaient un naturel sangui-
« naire et aimaient la guerre et le pillage ».

Mais la plus curieuse coïncidence est celle qui nous les
fait arriver au Soudan, eux et leurs chefs, avec les mêmes
noms que leur avait donnés les Egyptiens...

Maspéro dit : « Les barbares élurent roi un de leurs chefs,
« Salati (1). Les Egyptiens leur appliquèrent le nom de
« Shous, Shasous, pillards, voleurs, leur roi fut, dans leur
« bouche, Salati-Hyk-Shasou, le roi des Sahasous, dont les
« Grecs ont fait Hyksos ».

Les Hyksos (2) introduisirent en Egypte le cheval jusqu'a-
lors inconnu qu'ils appelaient « *Sous* », comme *Sousou* et
Sousi des Assyriens (Pietremont), mais au Soudan ces envahisseurs Sousous appelèrent aussi le cheval « Souo », terme
encore employé par tous les peuples berbères du Nord, comme
l'a démontré Faidherbe (3).

Si donc l'assertion de Bello est fondée, c'est-à-dire si nous
pouvons considérer ces Sousous comme faisant partie de l'invasion berbère confondue avec celle des peuples pasteurs, il
ne serait pas étrange de retrouver des survivances du type
mongol parmi leurs chefs, car dans une communication faite
le 21 janvier 1875 à la Société d'anthropologie de Paris, M. le
docteur E. T. Hamy a démontré que les rois Hyksos dont

----

(1) Le titre des Keïta est Solatique, ce titre est porté par des chefs Foulbés
Si, Sâ du Sénégal.

(2) Les Sousous ou Sansas en arrivant au Soudan étaient commandés par
un Sitatigui de la famille des Kaïta.

(3) *Grammaire Poul*, général Faidherbe où l'on voit que cheval se dit :
Si en Sonninké, is et itchou en Zénaga, Fas en Oulof, Poutchiou en Peulh,
Eis et Issan en Touareg.

les bustes furent trouvés dans les ruines de Tanis, étaient Mongols.

C'est également à cette invasion que l'on peut attribuer une des origines des si nombreux radicaux phonétiques chinois ou annamites observés et recueillis par M. le général Frey dans les dialectes soudanais occidentaux.

D'ailleurs Bello nous dit très explicitement que ces envahisseurs de races diverses, les Berbères, avaient, d'après les traditions, des alliances mongoles : « Les Berbères descendent « d'Abraham, quelques-uns prétendent qu'ils sont issus de « Japhet et d'autres de Gog et Magog, dont une tribu qui « se trouvait à Gaïroum s'était unie avec les Turcs et les « Tartares... Africus régnait en Yemen et les Berbères... en « Syrie ».

V

CONCLUSIONS

Dans le chaos de tribus superposées et métissées que nous rencontrons dans notre empire soudanais nigérien, il paraît donc exister, d'après les légendes, traditions et documents scientifiques :

1º Un fonds de tribus très primitives et de négrilles dont, sauf dans quelques légendes locales, on ne retrouve plus actuellement de traces en dehors de la zone forestière ;

---

(1) Les Egyptiens préhistoriques identifiés avec les Annamites, d'après les inscriptions hiéroglyphiques, par le général H. Frey de l'*Armée Coloniale*, Hachette 1905.

Fig. 233. — Aïkkat. Jeune femme Targui des Kel-Haoussa N. Kounder.

Fig. 234. — Jeune femme Targui jouant, de la Diorka (Violon)
abritée par des tentures nigériennes semblables aux tentures kabyles algériens.

Fig. 235. — Jeune femme Kountah sur la terrasse
d'une maison de Tombouctou.

Fig. 236. — Koddadje. Jeune fille Maure Kountah.

2⁰ Une couche de peuples noirs peu prognathes, que les anciens nommaient Ethiopiens noirs, descendants des populations néolithiques soudanaises d'origine hamitique qui ont laissé de nombreuses traces dans tout le Nord africain. Ces peuples sont caractérisés actuellement par l'emploi d'outils en pierre, et l'usage de la poterie. Ils se livrent à l'agriculture, la chasse et la pêche, habitant des cases de paille en forme de ruche. Les femmes ne sont pas excisées. Tous restent fortement attachés à leur culte spiritualiste et ne donnent que de tièdes musulmans. Morts, ils sont encore enterrés assis, accroupis ou repliés (1) ;

3⁰ Toute une série de populations dénommées rouges par les légendes locales et les écrivains anciens, parmi lesquelles nous entrevoyons une juxtaposition de plusieurs éléments ethniques dont l'un, probablement Semites-Sumériens, est représenté par les sédentaires industriels auteurs de la civilisation saharienne et soudanaise, caractérisé par des habitations en terre ou en pierre édifiées avec un sentiment de la décoration très prononcé. Ce groupe reste de préférence industriel et commerçant, quoique bon agriculteur.

L'autre élément se compose des tribus pastorales nomades, de civilisation primitive et stationnaire, provenant, selon toute probabilité, des peuples pasteurs que les traditions locales de Bello assimilent aux Berbères.

Les individus non islamisés de ces deux groupes ont introduit au Soudan une philosophie animiste avec le culte des ancêtres, le respect des morts, et la croyance à une triade

---

(1) Ce genre de sépulture a été signalé par Hérodote pour les Nasamons et se retrouve dans toute l'Afrique du Nord.

divine ; mais dès qu'ils sont convertis à la religion musulmane, ils deviennent tous des prosélytes fervents de l'islamisme ;

4° Nous voyons enfin se superposer à ces groupements métissés toute une série de populations hétérogènes, nègres prognathes, pasteurs et cavaliers nomades, venant du Sud et
de l'Est occuper l'Ouest soudanais sous la conduite de familles d'origine et de type Mongol. Les traditions locales et la
linguistique font descendre ces familles d'une invasion des
pasteurs en Egypte décrite par Bello comme un exode vers
le Sud d'une partie des Berbères.

Ils amènent avec eux des bœufs et des chevaux (type Dongola) de l'Afrique orientale, et produisent une forte régression dans la civilisation soudanaise, en méprisant toutes les
industries, même celle de la construction, car ils habitent
des cases cylindriques en terre à toit conique de paille. Ils
apportent une langue agglutinante et établissent de fortes
organisations féodales ; mais, ignorant tout travail d'art, ils
réduisent les primitifs en servage. Polygames, ils introdui-
sent l'excision chez les femmes qu'ils se procurent par achat.
Enfin, n'ayant que des idées religieuses simplistes tournant
au fétichisme, ils restent généralement réfractaires à l'islamisme.

Toutes ces hypothèses et toutes ces probabilités doivent
encore être sérieusement confirmées par une série de recherches dans la préhistoire, l'archéologie, l'anthropologie et la
linguistique des peuples soudanais et sahariens, vastes
champs ouverts à l'activité des explorateurs, des chercheurs et des savants dont les découvertes et les trouvailles

permettront sans doute de soulever peu à peu le voile qui recouvre dans ce coin de l'Afrique les origines de l'humanité.

Toutefois, on peut conclure, d'après la longue série d'observations et de faits exposés dans cette étude sur les populations nigériennes et soudanaises, que les primitifs négroïdes et les négrilles se sont généralement montrés toujours incapables de créer par eux-mêmes une « société organisée » et de soumettre à des règles leur individualisme intransigeant.

Ces peuplades refoulées peu à peu dans les forêts du Sud et de l'Ouest y végètent encore dans le même stade de sauvagerie qu'aux temps préhistoriques.

Quant aux tribus qui sont parvenues à une organisation sociale embryonnaire, comme les Oumbi, Bobo, Lobi, etc., elles ne le doivent qu'à un métissage continu et une infiltration lente de populations venues de l'Est, sachant utiliser la pierre et connaissant la poterie. Elles deviennent alors plus aptes à s'imprégner des idées civilisatrices importées du Nord-Est par des populations contenant des éléments asiatiques.

En effet, il apparaît clairement que nous devons tout l'éclat des empires soudanais aux groupements migrateurs et colonisateurs qui ont fait pénétrer, jusqu'aux rives du Niger, en partant des bords de la Méditerranée, avec leur organisation sociale en confédération, leurs arts, leur industrie, leurs conceptions religieuses, et une civilisation pleine d'affinités phénico-égyptiennes et lybico-berbères.

Nous constatons également que les éléments ethniques étrangers, introduits par les populations colonisatrices ou envahissantes du Nord, disparaissent en Nigritie absorbés lentement par de nombreux métissages avec les aborigènes noirs ; et, chaque fois que le fonds des peuples primitifs nigrètes est arrivé à prendre une prédominance marquée ou la prépondérance politique, nous voyons la civilisation soudanaise subir une forte régression vers la barbarie.

Cependant, en songeant que dans notre Afrique occidentale française nous trouvons éparpillées dans tous ses vastes territoires de nombreuses colonies d'industriels, de commerçants et d'agriculteurs qui avaient créé Ganna, Djenné, Tombouctou, Gao, villes commerciales si célèbres dans le monde au moyen âge qu'elles excitèrent jusqu'à nos jours la curiosité et l'imagination de l'univers, nous devons envisager avec beaucoup d'espoir l'avenir, persuadés qu'avec le concours de tels auxiliaires nous pourrons continuer à appliquer à la Nigritie le proverbe que l'ancienne opulence développée par ces colonisateurs avait fait naître :

« Contre la gale du chameau emploie le goudron et contre la misère un voyage au Soudan ».

1906.   *La Galère (Théoule Supérieur), A. M.*

TABLE DES MATIÈRES

QUATRIÈME PARTIE

Conclusions sur les origines des diverses populations nigériennes.

TABLE DES GRAVURES

DEUXIÈME PARTIE

Ethnographie

LAVAL. — IMPRIMERIE L. BARNÉOUD ET Cie

9 781160 169646